Vorwort

W0414061

Mehrsprachigkeit und *kulturelle Kompetenz* sind die zentralen Themen dieser umfassenden Publikation zum Fremdsprachenlernen, die die Ergebnisse einer langjährigen Diskussion unter Fremdsprachenexperten aus 40 Ländern zusammenfasst. Sie enthält vor allem ein differenziertes System von sechsstufigen Skalen zur Beschreibung von kommunikativen Aktivitäten und von Sprachkompetenzniveaus. Erfasst werden darin jenes Wissen und jene Fertigkeiten, mit denen Sprachenlernende im öffentlichen, beruflichen und privaten Bereich sprachlich handlungsfähig werden. Diese Handlungsfähigkeit ist wichtig für ein mehrsprachiges und plurikulturelles Europa, das der Europarat seit vielen Jahren als politisches Ziel propagiert. Außerdem liefert dieses System eine Basis für den Vergleich der zahlreichen Abschlüsse, Kursstufen und Prüfungsniveaus in Europa. Das Dokument ist ein notwendiges Werkzeug für alle, die professionell im Bildungsbereich tätig sind. Didaktikern, Fortbildern, Lehrwerkautoren und Prüfungsexperten dient es bei der Entwicklung von Lehrplänen, Lehrwerken und Sprachprüfungen. Es ist mittlerweile in ganz Europa anerkannt und wird bereits in den vielfältigsten Zusammenhängen benutzt.

Auf Anregung von Joseph Sheils, *Head of the Modern Languages Section* des Europarats Strasbourg, übernahm das Goethe-Institut Inter Nationes die Federführung bei der deutschen Übersetzung der endgültigen englischen Fassung des COMMON EUROPEAN FRAMEWORK OF REFERENCE, die seit Anfang September 2000 vorliegt.

Beteiligt an dem Kooperationsprojekt waren die deutsche Kultusministerkonferenz (KMK), das österreichische Bundesministerium für Bildung, Wissenschaft und Kultur (BMBWK) gemeinsam mit dem Österreichischen Sprachdiplom Deutsch (ÖSD) sowie die Schweizerische Konferenz der Kantonalen Erziehungsdirektoren (EDK).

Zu Dank sind wir all jenen verpflichtet, die durch ihre Vorarbeiten zum Gelingen des Projekts und zur Optimierung der Übersetzung beigetragen haben.

Die *International Certificate Conference* (ICC) hat eine erste deutsche Fassung in Kooperation mit dem deutschen Ministerium für Wissenschaft und Forschung erstellt. Die entsprechenden Nutzungsrechte an dieser früheren deutschen Übersetzung wurden dem Goethe-Institut Inter Nationes seitens des deutschen Bundesministeriums für Bildung und Forschung übertragen. Die dort enthaltenen Teile dienten als Ausgangspunkt für die hier vorgelegte Übersetzung.

Grundlage für die deutschsprachige Fassung der Skalen in den Kapiteln drei, vier und fünf des *Referenzrahmens* waren die deutschen Kompetenzbeschreibungen, die – wie die englischen – im Rahmen eines Projekts des Schweizerischen Nationalfonds zur Förderung der wissenschaftlichen Forschung unter der Leitung von Professor Dr. Günther Schneider (Universität Fribourg), dem die Übersetzung viele weitere Anregungen und Formulierungen verdankt, entwickelt wurden.

Die Übersetzungen der Skalen in den Anhängen C und D stammen von DIALANG und von der *Association of Language Teachers in Europe* (ALTE).

Die Übersetzung wurde angefertigt von Professor Dr. Jürgen Quetz (Institut für England- und Amerikastudien der Johann Wolfgang Goethe-Universität, Frankfurt am Main), in Zusammenarbeit mit Raimund Schieß und Dr. Ulrike Sköries.

Unterstützt wurde er dabei von einem Kommentatorenteam: Dr. Sibylle Bolton (Goethe-Institut Inter Nationes), Dr. Manuela Glaboniat (Österreichisches Sprachdiplom Deutsch), Dr. Günther Hasenkamp (Goethe-

Institut Inter Nationes), Dr. Eva Marquardt (Goethe-Institut Inter Nationes), Professor Dr. Günther Schneider (Universität Fribourg) sowie Dr. Peter H. Stoldt (für die Kultusministerkonferenz der Länder in der Bundesrepublik Deutschland).

Insbesondere ist allen Beteiligten dafür zu danken, dass die verantwortungsvolle und unter erheblichem Zeitdruck stehende Arbeit termingerecht zur Eröffnung des europäischen Sprachenjahres 2001 fertig gestellt wurde.

München, im September 2001

Dr. Werner Schmitz　　　　Dr. Hans Simon-Pelanda

Projektleiter Goethe-Institut Inter Nationes (München)
Sektion Forschung und Entwicklung

Inhalt

Vorbemerkung

Diese überarbeitete Fassung des *Gemeinsamen europäischen Referenzrahmens für Sprachen: lernen, lehren und beurteilen* stellt den jüngsten Stand eines Prozesses dar, der seit 1971 aktiv vorangetrieben wurde und der viel der Zusammenarbeit zahlreicher Experten für das Lehren von Sprachen in ganz Europa und darüber hinaus verdankt.

Der Europarat bedankt sich besonders bei folgenden Personen und Institutionen für ihre Beiträge:

- bei der *Projektgruppe „Sprachenlernen für europäische Bürger"*, in der alle Mitgliedsländer des *Rats für kulturelle Zusammenarbeit* sowie Kanada als beobachtendes Mitglied vertreten sind, für die begleitende Betreuung der Entwicklung;

- bei der Arbeitsgruppe, die von der Projektgruppe eingesetzt wurde, bestehend aus 20 Vertreterinnen und Vertretern aus den Mitgliedsländern, die verschiedene Fachinteressen repräsentieren, aber auch bei den Vertreterinnen und Vertretern der Europäischen Kommission und des LINGUA-Programms für ihren unschätzbaren Rat und für die wertvolle Beratung und die fachliche Betreuung des Projekts;

- bei der Autorengruppe, die von der Arbeitsgruppe eingesetzt wurde, bestehend aus Dr. J.L.M. Trim (Projektleiter), Professor D. Coste (*Ecole Normale Supérieure de Fontenay/Saint Cloud, CREDIF*, Frankreich), Dr. B. North (*Stiftung Eurocentres*, Schweiz) zusammen mit J. Sheils (Sekretariat). Der Europarat bedankt sich bei den genannten Institutionen dafür, dass sie es diesen Experten ermöglicht haben, zu dieser wichtigen Arbeit beizutragen.

- beim *Schweizerischen Nationalfonds zur Förderung der wissenschaftlichen Forschung* (SNF) für die Unterstützung der Arbeiten von Dr. B. North und Professor G. Schneider (Universität Freiburg, Schweiz) zur Entwicklung und Skalierung von Kompetenzbeschreibungen für die Gemeinsamen Referenzniveaus;

- bei der *Stiftung Eurocentres*, die ihre Erfahrung mit der Definition und Skalierung von Niveaus der Sprachkompetenz zur Verfügung gestellt hat;

- beim *U. S. National Foreign Languages Center* für die Förderung der Beiträge von Dr. Trim und Dr. North durch ein Mellon Fellowship;

- bei den vielen Kolleginnen und Kollegen sowie den Institutionen in ganz Europa, die oft mit großer Sorgfalt und in vielen konkreten Details auf die Bitte um Rückmeldung über die frühere Entwurfsfassung reagiert haben. Ein repräsentativer Querschnitt aus den verschiedenen Anwendergruppen wurde um Rückmeldung über den Nutzen des *Referenzrahmens* für die Praxis gebeten. Außerdem wurden andere Anwender eingeladen, dem Europarat ihre Erfahrungen und Ergebnisse beim Einsatz des *Referenzrahmens* für ihre speziellen Zwecke und Bedürfnisse mitzuteilen. Diese Rückmeldungen wurden in die Revision des *Referenzrahmens* und der *Handreichungen für Benutzer* mit einbezogen, bevor diese europaweit eingeführt wurden. Die Überarbeitung wurde von Dr. J.L.M. Trim und Dr. B. North durchgeführt.

Hinweise für Benutzer

Diese Hinweise sollen Ihnen dabei helfen, den *Gemeinsamen europäischen Referenzrahmen für Sprachen: Lernen, lehren und beurteilen* effektiver zu benutzen, und zwar entweder als Lernender[1] einer Sprache oder als Angehöriger einer der Berufsgruppen, die mit Sprachunterricht oder mit Beurteilen und Prüfen befasst sind. Die Hinweise gehen aber nicht darauf ein, wie Lehrende, Prüfende, Lehrwerkautoren, Lehreraus- und -fortbilder, Mitarbeiter in der Bildungsverwaltung usw. den *Referenzrahmen* für ihre spezifischen Zwecke benutzen können. Dies ist Aufgabe spezieller Anleitungen für die betreffenden Berufsgruppen, die in ausführlicheren Handreichungen (*User Guides*) enthalten sind. Diese kann man entweder vom Europarat beziehen oder auch auf seiner Website einsehen; die vorliegenden Hinweise sind nur als erste Einführung in den *Referenzrahmen* für alle seine Benutzer gedacht.

Sie können natürlich den *Referenzrahmen* – wie jede andere Veröffentlichung auch – nach Ihren eigenen Vorstellungen benutzen. Wir hoffen sogar, dass einige Leserinnen und Leser dazu angeregt werden, dieses Dokument in einer Weise zu nutzen, die wir nicht vorausgesehen haben. Es ist mit zwei Hauptzielen verfasst worden:

1. Praktiker aller Art im Sprachenbereich – einschließlich der Lernenden selbst – zu ermutigen, über Fragen wie die folgenden nachzudenken:

   - Was tun wir eigentlich, wenn wir miteinander sprechen (oder einander schreiben)?
   - Was befähigt uns dazu, auf diese Weise zu handeln?
   - Wie viel davon müssen wir lernen, wenn wir eine neue Sprache zu benutzen versuchen?
   - Wie setzen wir uns Ziele und wie stellen wir Lernfortschritte fest auf dem Weg von völliger Unwissenheit zur effektiven Sprachbeherrschung?
   - Wie läuft der Sprachlernprozess ab?
   - Was können wir tun, damit wir selbst und andere Sprachen besser lernen können?

2. es Praktikern zu erleichtern, sich untereinander auszutauschen und ihren Lernenden zu erläutern, welche Ziele sie ihnen zu erreichen helfen wollen und wie sie dies zu tun versuchen.

Eines wollen wir aber von vornherein klarstellen: Wir wollen Praktikern NICHT sagen, was sie tun sollen oder wie sie etwas tun sollen. Wir stellen nur Fragen, wir geben keine Antworten. Es ist nicht die Aufgabe des *Gemeinsamen europäischen Referenzrahmens* festzulegen, welche Ziele die Benutzer anstreben oder welche Methoden sie dabei einsetzen sollten.

Dies bedeutet nicht, dass dem Europarat solche Fragen gleichgültig sind. In der Tat haben viele Kolleginnen und Kollegen in den Mitgliedstaaten, die in den Sprachenprojekten des Europarats zusammenarbeiten, intensiv über Prinzipien und Praxis des Sprachenlernens und -lehrens und der Beurteilung nachgedacht. Solche grundlegenden Prinzipien und die praktischen Folgerungen daraus werden in Kapitel 1 dargestellt. Dort werden Sie sehen, dass es sich der Europarat zur Aufgabe gemacht hat, die Qualität der Kommunikation unter Europäern mit unterschiedlichem sprachlichen und kulturellen Hintergrund zu verbessern. Dies geschieht, weil eine verbesserte Kommunikation zu größerer Mobilität führt und zu vermehrten direkten Kontakten, was wiederum zu einem besseren Verständnis und zu besserer Zusammenarbeit führt. Der Europarat unterstützt Lern- und Lehrmethoden, die jungen Menschen, aber auch älteren Lernenden helfen, Einstellungen, Kenntnisse und Fähigkeiten zu entwickeln, die notwendig sind, um im Denken und Handeln unabhängiger zu werden und in ihren Beziehungen zu anderen Menschen verantwortungsbewusst und kooperativ zu handeln. Auf diese Weise trägt die Arbeit auch zur Förderung eines demokratischen, staatsbürgerlichen Bewusstseins bei. Angesichts dieser grundsätzlichen Ziele ermutigt der Europarat alle, die mit der Organisation des Sprachenlernens und -lehrens befasst sind, ihre Arbeit an den Bedürfnissen, der Motivation, den Dispositionen und den verfügbaren Mitteln der Lernenden zu orientieren. Dies bedeutet, dass man Antworten suchen muss auf Fragen wie:

[1] In dieser Übersetzung verwenden wir die generische Form „Lernender" usw. Wir tun dies, wohl wissend, dass die Mehrzahl der Lehrenden und vielleicht auch der Sprachenlernenden Frauen sind, möchten aber die Lektüre des Texts nicht durch ausführlichere und sicher angemessenere Formulierungen unnötig erschweren.

- Was werden Lernende mit der Sprache tun müssen?
- Was müssen sie lernen, um in der Lage zu sein, die Zielsprache zum Erreichen dieser Ziele einzusetzen?
- Was bewegt sie zum Lernen?
- Wer sind die Lernenden (Alter, Geschlecht, sozialer und Bildungshintergrund usw.)
- Über welche Kenntnisse, Fertigkeiten und Erfahrungen verfügen ihre Lehrenden?
- Welchen Zugang haben sie zu Lehrmaterialien und Nachschlagewerken (Wörterbüchern, Lerngrammatiken usw.), audiovisuellen Medien, Computern und Software usw.?
- Wie viel Zeit können (oder wollen) sie aufwenden?

Auf der Basis einer solchen Analyse der Sprachlern- und Sprachlehrsituation sehen wir es als grundlegend wichtig an, klar und explizit diejenigen Ziele zu formulieren, die in Hinblick auf die Bedürfnisse der Lernenden sinnvoll, gleichzeitig aber auch unter Berücksichtigung ihrer persönlichkeitsbezogenen Fertigkeiten und Ressourcen realistisch sind. An der Organisation des Sprachenlernens sind nicht nur die Lehrenden und die Lernenden im Klassenraum beteiligt, sondern auch Bildungsverwaltungen, Prüfungsanbieter, Autorinnen und Autoren sowie Verleger von Lehrmaterial usw. Wenn diese in ihren Vorstellungen übereinstimmen, können sie auch kohärent daran arbeiten, den Lernenden beim Erreichen ihrer Ziele zu helfen, selbst wenn sie dies ganz unabhängig voneinander tun. Sie sind dann auch in der Lage, ihre eigenen Ziele und Methoden zum Nutzen derer klar und deutlich zu beschreiben, die die Produkte ihrer Arbeit benutzen.

Wie in Kapitel 1 erklärt, ist der *Gemeinsame europäische Referenzrahmen* für genau diesen Zweck entwickelt worden. Um seine Aufgabe zu erfüllen, muss er bestimmten Kriterien genügen: Er muss umfassend, transparent und kohärent sein.

Diese Kriterien werden auch in Kapitel 1 erläutert. Eine Anmerkung zum Begriff ‚umfassend' ist aber vielleicht auch schon hier angebracht. Er bedeutet einfach, dass Sie im *Referenzrahmen* wirklich alles finden sollten, was Sie benötigen, um Ihre Ziele, Methoden und Produkte zu beschreiben. Das System der Parameter und Kategorien sowie die Beispiele in Kapitel 2 (zusammengefasst im umrandeten Kasten am Beginn des Kapitels), die dann in den Kapiteln 4 und 5 ausführlicher erläutert werden, sollen Ihnen ein klares Bild der Kompetenzen (Kenntnisse, Fertigkeiten und Einstellungen) vermitteln, die Sprachverwender mit wachsender Spracherfahrung aufbauen und die sie dazu befähigen, die Herausforderungen der Kommunikation über sprachliche und kulturelle Grenzen hinaus anzunehmen und zu meistern (d. h. kommunikative Aufgaben und Handlungen in den verschiedensten Lebensbereichen – mit all ihren Bedingungen und Beschränkungen – auszuführen). Die in Kapitel 3 vorgestellten Gemeinsamen Referenzniveaus bieten ein Mittel an, Fortschritte der Lernenden beim Aufbau ihrer Sprachkompetenz in den Kategorien des Beschreibungssystems abzubilden.

Wenn das Ziel eines jeden Sprachunterrichts darin besteht, die Lernenden in der Zielsprache kompetent zu machen, dann muss der *Referenzrahmen* Ihnen ermöglichen, Ihre Ziele klar und umfassend zu definieren und zu beschreiben. Sie könnten dabei durchaus entdecken, dass dieses System mehr enthält, als Sie selbst benötigen. Von Kapitel 4 an finden Sie am Schluss eines jeden Abschnitts eine Anzahl von Fragen, die Sie dazu auffordern zu überlegen, ob der jeweilige Abschnitt für Ihre Ziele und Belange relevant ist und, wenn ja, in welcher Weise. Es kann aber auch sein, dass Sie einen Abschnitt nicht für relevant halten, weil er vielleicht nicht hinreichend auf die Lerngruppen eingeht, mit denen Sie arbeiten, oder dass er – obgleich er vielleicht für Ihre Gruppen nützlich wäre – keine Priorität besitzt, weil Zeit oder andere Ressourcen fehlen. In einem solchen Fall können Sie den Abschnitt auch übergehen. Wenn er hingegen relevant ist (und vielleicht erregt ja überhaupt erst der Kontext, in dem er steht, Ihre Aufmerksamkeit), können die Kapitel 4 und 5 des *Referenzrahmens* Ihnen Begriffe und einige Beispiele für die wichtigsten Parameter und Kategorien zur Verfügung stellen.

Weder die Kategorien noch die Beispiele können für sich in Anspruch nehmen, vollständig zu sein. Wenn Sie einen speziellen Problembereich beschreiben wollen, kann es durchaus sein, dass Sie genauere Unterkategorien formulieren müssen, als die vorliegende Klassifikation sie enthält. Die Beispiele sind nur Vorschläge. Vielleicht möchten Sie einige benutzen, andere verwerfen und eigene hinzufügen. Das können Sie gerne tun, weil nur Sie selbst über Ihre Ziele und Produkte entscheiden können. Bedenken Sie aber, dass das, was Sie selbst für unwichtig halten, im *Gemeinsamen Referenzrahmen* steht, weil ein anderer es für wesentlich halten könnte, jemand mit anderen Interessen, der in einer anderen Situation arbeitet und für andere Gruppen von Lernenden verantwortlich ist. Im Falle der ‚Bedingungen und Einschränkungen' von Kommunikation zum Beispiel könnte es ein Lehrer an einer Schule unnötig finden, den Lärmpegel zu berücksichtigen, während ein

Sprachlehrender für Piloten, der es nicht schafft, dass seine Schüler selbst bei entsetzlichem Lärm während der Boden-Luft-Kommunikation alle Details hundertprozentig zu verstehen lernen, diese und ihre Passagiere zum Tode verurteilen könnte! Andererseits könnten die zusätzlichen Kategorien und ihre sprachlichen Realisierungen, die Sie als notwendig hinzufügen, sehr wohl auch von anderen als nützlich empfunden werden. Deshalb sehen wir das taxonomische System in den Kapiteln 4 und 5 des *Referenzrahmens* nicht als ein geschlossenes an, sondern als eines, das weiteren Entwicklungen auf der Basis von Erfahrungen offen steht.

Dieses Prinzip gilt auch für die Beschreibungen der sprachlichen Kompetenzniveaus. Kapitel 3 stellt klar, dass die Zahl der Niveaustufen, die ein bestimmter Anwender unterscheiden möchte, bedingt ist durch die Gründe für diese Unterscheidung, also dadurch, was man mit der daraus resultierenden Information machen möchte. Niveaustufen sollten – wie übrigens alle Messeinheiten – nicht unnötig vermehrt werden! Das Verzweigungsprinzip nach Art von Hypertext, das in Abschnitt 3.5 beschrieben wird, ermöglicht es Praktikern, weit oder eng gefasste Niveaus anzusetzen, je nachdem, ob sie feinere oder gröbere Unterschiede in der Gesamtheit ihrer Lernenden erfassen möchten. Natürlich ist es auch möglich (und sogar üblich), die Lernziele in einem Niveausystem zu beschreiben und ihr Erreichen dann durch ein Notensystem zu bestätigen.

Das System mit sechs Niveaustufen, das wir durchgängig benutzen, entspricht dem, was bei einer Reihe von Prüfungsanbietern üblich ist. Die Deskriptoren, die vorgeschlagen werden, basieren auf jenen, die „von Gruppen muttersprachlicher wie nicht-muttersprachlichen Lehrender aus verschiedenen Bildungssektoren und mit sehr unterschiedlicher Sprachkenntnis und Lehrerfahrung als ‚transparent', ‚nützlich' und ‚relevant' beurteilt" wurden (Abschnitt 3.4). Dennoch werden sie nur als Empfehlungen angeboten und sind in keiner Weise verpflichtend; sie dienen „als Basis für weiteres Nachdenken, für Diskussionen und weiteres Handeln. (...) Ziel der Beispiele ist es, neue Möglichkeiten aufzuzeigen, nicht etwa Entscheidungen vorwegzunehmen" (a. a. O.). Es hat sich jedoch schon gezeigt, dass ein System von Referenzniveaus als Kalibrierungsinstrument besonders von Praktikern aller Art begrüßt wird, die es, wie in vielen anderen Arbeitsbereichen auch, vorteilhaft finden, mit stabilen und anerkannten Mess- und Formatstandards zu arbeiten.

Als Benutzer sind Sie eingeladen, das Skalierungssystem und die Deskriptoren kritisch zu verwenden. Die Sektion ‚Moderne Sprachen' des Europarats würde sich freuen, einen Bericht zu erhalten, der Ihre Erfahrungen bei der Umsetzung in die Praxis wiedergibt. Bitte beachten Sie auch, dass nicht nur allgemeine Kompetenzskalen angeboten werden, sondern auch solche, die sich auf viele der einzelnen Parameter der Sprachkompetenz beziehen, die in den Kapiteln 4 und 5 im Detail dargestellt werden. Das macht es möglich, sehr differenzierte Profile für bestimmte Lernende oder Lernergruppen zu erstellen.

In Kapitel 6 wenden wir uns methodischen Fragen zu. Wie wird eine Sprache erworben oder gelernt? Was können wir tun, um diesen Erwerbs- oder Lernprozess zu erleichtern? Auch hier will der *Gemeinsame Referenzrahmen* keine bestimmte Methode vorschreiben oder empfehlen. Er präsentiert vielmehr Optionen und lädt Sie ein, Ihre eigene gegenwärtige Praxis zu reflektieren, Entscheidungen zu treffen und zu beschreiben, was genau Sie tun. Natürlich würden wir Sie gerne dazu ermutigen, wenn Sie ohnehin schon über Ihre Ziele und Vorhaben nachdenken, auch die Empfehlungen des Ministerkomitees mit in Betracht zu ziehen, aber der *Gemeinsame Referenzrahmen* will Ihnen vor allem bei Ihrer eigenen Entscheidungsfindung helfen.

Kapitel 7 untersucht die Rolle, die kommunikative Aufgaben beim Sprachenlernen und -lehren spielen; dies ist einer der Bereiche, in denen in den letzten Jahren große Fortschritte gemacht wurden.

Kapitel 8 diskutiert die Prinzipien der Curriculumentwicklung und der Differenzierung sprachlicher Lernziele, besonders unter dem Aspekt der Entwicklung einer mehrsprachigen und plurikulturellen Kompetenz des Menschen, der sich den kommunikativen Herausforderungen stellen muss, die das Leben in einem vielsprachigen und multikulturellen Europa bietet. Das Kapitel verdient die aufmerksame Lektüre aller, die Curricula für mehrere Sprachen erstellen und die Optionen prüfen wollen, die sich ihnen bieten, wenn sie die Ressourcen für verschiedene Kategorien von Lernenden auf bestmögliche Weise zu verteilen versuchen.

Kapitel 9 ist schließlich der Frage der Beurteilung und Leistungsmessung gewidmet, erläutert die Relevanz des *Gemeinsamen Referenzrahmens* für die Beurteilung des sprachlichen Könnens und des Lernerfolgs und widmet sich dann Beurteilungskriterien und verschiedenen Ansätzen der Leistungsmessung.

Die Anhänge behandeln weitere Aspekte der Skalierung, die interessierte Benutzer nützlich finden könnten. Anhang A behandelt einige generelle und theoretische Fragen, von denen Benutzer profitieren können, die spezifische Skalen für besondere Lernergruppen entwickeln möchten. Anhang B informiert über das Schweizer Projekt, in dem die im *Gemeinsamen europäischen Referenzrahmen* verwendeten Niveaubeschreibungen entwickelt wurden. Die Anhänge C und D präsentieren Skalen, die von anderen Institutionen entwickelt wurden, nämlich die von DIALANG und die *can-do-*/KANN-Skalen der *Association of Language Testers in Europe* (ALTE).

Überblick

Kapitel 1
definiert die *Absichten, Ziele und Funktionen* des hier vorgelegten *Referenzrahmens* im Licht der allgemeinen Sprachenpolitik des Europarats und besonders der Förderung der *Mehrsprachigkeit* als Reaktion auf die linguistische und kulturelle Vielfalt Europas. Sodann stellt es die *Kriterien* dar, die der *Referenzrahmen* erfüllen sollte.

Kapitel 2
erklärt den *Ansatz*, der gewählt wurde. Das Beschreibungssystem basiert auf einer Analyse der Sprachverwendung. Diese geht von *Strategien* aus, mit denen die Lernenden ihre *allgemeinen* und ihre *kommunikativen Kompetenzen* aktivieren. Beide sind nötig, um *sprachliche Aktivitäten* und *Prozesse* auszuführen, die bei der *Produktion* und *Rezeption* von *Texten* und zur Ausführung von Diskursen über bestimmte *Themen* beteiligt sind. Sie ermöglichen den Lernenden, unter den in bestimmten *Situationen* gegebenen *Bedingungen und Beschränkungen kommunikative Aufgaben* zu erfüllen, denen sie sich in den verschiedenen *Lebensbereichen* (Domänen) gegenüber sehen. (Die kursiv geschriebenen Wörter bezeichnen die Parameter der Beschreibung des Sprachgebrauchs und der Fähigkeit der Sprachverwendenden bzw. Sprachenlernenden, Sprache zu benutzen.)

Kapitel 3
stellt die *Gemeinsamen Referenzniveaus* vor. Fortschritte beim Erlernen einer Sprache können unter Bezug auf die Parameter des Beschreibungssystems in einer *flexiblen Reihe von Stufen des Sprachstands* kalibriert werden, die mit Hilfe angemessener Deskriptoren definiert sind. Dieser Beschreibungsapparat sollte umfassend genug sein, um das volle Ausmaß der Bedürfnisse von Lernenden zu erfassen und somit auch die Ziele, die verschiedene Anbieter verfolgen, oder auch die Anforderungen zu präzisieren, die in Sprachprüfungen und bei Qualifikationsnachweisen an die Kandidaten gestellt werden.

Kapitel 4
setzt, gemäß den identifizierten Parametern, recht detailliert (wenn auch nicht vollständig oder endgültig) die Kategorien fest (wenn möglich, in Skalen), die man zur Beschreibung der *Sprachverwendung und der Sprachverwendenden bzw. Sprachenlernenden* benötigt. Dazu gehören: Domänen (Lebensbereiche) und Situationen, die den Kontext für den Sprachgebrauch darstellen; Themen, kommunikative Aufgaben und Ziele der Kommunikation; kommunikative Aktivitäten, Strategien und Prozesse sowie Texte, besonders in ihrem Bezug zu sprachlichen Aktivitäten und Medien.

Kapitel 5
kategorisiert im Detail die allgemeinen und kommunikativen *Kompetenzen* des Sprachverwendenden bzw. Sprachenlernenden, wo möglich *in Skalen.*

Kapitel 6
betrachtet die *Prozesse des Sprachenlernens und -lehrens* und befasst sich mit den Beziehungen zwischen Erwerben und Lernen sowie mit der Beschaffenheit und der Entwicklung einer mehrsprachigen Kompetenz, aber auch mit den Optionen der Methodik auf allgemeinerer oder spezifischer Ebene, und zwar unter Bezug auf die in Kapitel 3 und 4 dargelegten Kategorien.

Kapitel 7
prüft im Detail die Rolle, die *kommunikative Aufgaben* beim Sprachenlernen und -lehren spielen.

Kapitel 8
befasst sich mit den Implikationen der *Sprachenvielfalt* für die *Curriculumentwicklung* und behandelt offene Fragen wie: Mehrsprachigkeit und Plurikulturalität; differenzierte Sprachlernziele; Grundlagen der Curriculumentwicklung; Curriculumszenarien; lebenslanges Lernen; Modularität und Teilkompetenzen.

Kapitel 9
diskutiert die verschiedenen *Funktionen des Prüfens und Beurteilens* sowie die entsprechenden Beurteilungs- und Bewertungsverfahren, vor allem auch in Hinblick auf die Notwendigkeit, die konkurrierenden Kriterien der Vollständigkeit, Genauigkeit und praktischen Durchführbarkeit in Einklang zu bringen.

Die allgemeine ***Bibliographie*** enthält eine Auswahl von Büchern und Artikeln, die die Benutzer des *Gemeinsamen Referenzrahmens* vielleicht konsultieren möchten, um die angeschnittenen Fragen zu vertiefen. Die Bibliographie enthält sowohl relevante Publikationen des Europarats als auch andere.

Anhang A behandelt die Entwicklung von Deskriptoren für Sprachkompetenz. Hier werden Methoden und Kriterien für die Skalierung erklärt sowie die Anforderungen an die Formulierung von Deskriptoren für die Parameter und Kategorien, die an anderer Stelle eingeführt werden.

Anhang B gibt einen Überblick über das Schweizer Projekt, in dem Beispieldeskriptoren entwickelt und skaliert wurden. Alle im Text enthaltenen Beispielskalen sind mit den Seitenangaben zusammengestellt.

Anhang C enthält die Deskriptoren zur Selbstbeurteilung auf den Niveaustufen, die vom DIALANG-Projekt der Europäischen Kommission zur Verwendung im Internet übernommen wurden.

Anhang D enthält die Kann-Deskriptoren für die Folge von Niveaustufen, die von der *Association of Language Testers in Europe* (ALTE) entwickelt wurden.

Kapitel 1 – Der Gemeinsame europäische Referenzrahmen in seinem politischen und bildungspolitischen Kontext

1.1 – Was ist der Gemeinsame europäische Referenzrahmen?

Der *Gemeinsame europäische Referenzrahmen* stellt eine gemeinsame Basis dar für die Entwicklung von zielsprachlichen Lehrplänen, curricularen Richtlinien, Prüfungen, Lehrwerken usw. in ganz Europa. Er beschreibt umfassend, was Lernende zu tun lernen müssen, um eine Sprache für kommunikative Zwecke zu benutzen, und welche Kenntnisse und Fertigkeiten sie entwickeln müssen, um in der Lage zu sein, kommunikativ erfolgreich zu handeln. Die Beschreibung deckt auch den kulturellen Kontext ab, in den Sprache eingebettet ist. Der *Referenzrahmen* definiert auch Kompetenzniveaus, sodass man Lernfortschritte lebenslang und auf jeder Stufe des Lernprozesses messen kann.

Der *Gemeinsame europäische Referenzrahmen* will helfen, die Barrieren zu überwinden, die aus den Unterschieden zwischen den Bildungssystemen in Europa entstehen und die der Kommunikation unter Personen, die mit der Vermittlung moderner Sprachen befasst sind, im Wege stehen. Er stellt Werkzeuge zur Verfügung für Verantwortliche im Bildungswesen, für Lehrwerkautoren, Lehrende, Lehrerausbilder, Prüfungsanbieter usw., die ihre Tätigkeiten reflektieren wollen, um ihre Bemühungen einzuordnen und zu koordinieren sowie sicherzustellen, dass sie die wirklichen Bedürfnisse der Lernenden, für die sie verantwortlich sind, befriedigen.

Indem er eine gemeinsame Basis für die explizite Beschreibung von Zielen, Inhalten und Methoden zur Verfügung stellt, erhöht der *Referenzrahmen* die Transparenz von Kursen, Lehrplänen und Richtlinien und von Qualifikationsnachweisen und trägt dadurch zu einer Verstärkung der internationalen Zusammenarbeit auf dem Gebiet der modernen Sprachen bei. Die Bereitstellung objektiver Kriterien für die Beschreibung von Sprachkompetenz erleichtert die gegenseitige Anerkennung von Qualifikationsnachweisen, die in unterschiedlichen Kontexten erworben wurden, und fördert so auch die Mobilität in Europa.

Die taxonomische Struktur des *Referenzrahmens* bringt es zwangsläufig mit sich, dass man versuchen muss, die große Komplexität menschlicher Sprache überschaubarer zu machen, indem man Sprachkompetenz in ihre einzelnen Komponenten aufgliedert. Dies konfrontiert uns mit weitreichenden psychologischen und lerntheoretischen Problemen. Kommunikation nimmt den Menschen als Ganzes in Anspruch. Die Kompetenzen, die im Folgenden getrennt behandelt und klassifiziert werden, interagieren auf komplexe Weise bei der Entwicklung jedes einzelnen Menschen. Als sozial Handelnder geht jeder Mensch Beziehungen mit einem sich ständig erweiternden Geflecht überlappender sozialer Gruppen ein, was insgesamt seine Identität definiert. In einem interkulturellen Ansatz ist es ein zentrales Ziel fremdsprachlicher Bildung, eine günstige Entwicklung der gesamten Persönlichkeit des Lernenden und seines Identitätsgefühls als Reaktion auf die bereichernde Erfahrung des Andersseins anderer Sprachen und Kulturen zu fördern. Man muss es den Lehrenden und den Lernenden selbst überlassen, die vielen Teile wieder in ein sich abgerundet entwickelndes Ganzes zu integrieren.

Der *Referenzrahmen* schließt die Beschreibung von Teilqualifikationen mit ein, die ausreichen, wenn nur eine eher begrenzte Kenntnis der Sprache gefordert wird (z. B. das Verstehen einer Sprache, nicht aber das Sprechen) oder wenn nur begrenzte Zeit zur Verfügung steht, um eine dritte oder vierte Sprache zu lernen. Dabei kann man vielleicht nützlichere Ergebnisse erzielen, indem man z. B. eher die Fertigkeit zum ‚Wiedererkennen' trainiert statt das ‚Aktivieren sprachlicher Formen'. Solche Fähigkeiten auch formell anzuerkennen, hilft sicherlich dabei, Mehrsprachigkeit zu fördern, weil dann eine größere Zahl an europäischen Sprachen gelernt werden kann.

1.2 – Die sprachenpolitischen Ziele des Europarats

Der *Gemeinsame europäische Referenzrahmen* dient dem Gesamtziel des Europarats, wie es in den Empfehlungen R (82) 18 und R (98) 6 des Ministerkomitees niedergelegt ist, nämlich eine „größere Einheit unter seinen Mitgliedstaaten zu erreichen" und dieses Ziel „durch gemeinsame Schritte auf kulturellem Gebiet" zu verfolgen. Die Arbeit des Rats für kulturelle Zusammenarbeit des Europarats auf dem Gebiet der modernen

Sprachen hat sich seit seiner Gründung in einer Reihe von mittelfristigen Projekten niedergeschlagen. Ihre Kohärenz und Kontinuität basiert auf drei grundlegenden Prinzipien, die in der Präambel zur Empfehlung R (82) 18 des Ministerkomitees des Europarats niedergelegt sind:

- „dass das reiche Erbe der Vielfalt der Sprachen und Kulturen in Europa ein wertvoller gemeinsamer Schatz ist, den es zu schützen und zu entwickeln gilt, und dass es großer Anstrengungen im Bildungs- und Erziehungswesen bedarf, um diese Vielfalt aus einem Hindernis für die Verständigung in eine Quelle gegenseitiger Bereicherung und gegenseitigen Verstehens umzuwandeln;

- dass es allein durch die bessere Kenntnis moderner europäischer Sprachen möglich sein wird, die Kommunikation und Interaktion zwischen Europäern verschiedener Muttersprachen zu erleichtern, und dass dadurch wiederum die Mobilität in Europa sowie gegenseitiges Verstehen und die Zusammenarbeit gefördert und Vorurteile und Diskriminierung überwunden werden können;

- dass Mitgliedstaaten, wenn sie ihre nationalen bildungspolitischen Grundsätze im Bereich des modernen Sprachenlernens und -lehrens beschließen oder entwickeln, auf europäischer Ebene durch Vereinbarungen über kontinuierliche Kooperation und Koordination eine größere Konvergenz der politischen Maßnahmen erreichen können."

Zur Umsetzung dieser Prinzipien hat das Ministerkomitee die Regierungen der Mitgliedstaaten aufgerufen,

(F14) „die nationale und internationale Zusammenarbeit von staatlichen und nicht-staatlichen Organisationen und Einrichtungen zu fördern, die sich mit der Entwicklung von Lehrmethoden und der Evaluation im Bereich des Lernens moderner Sprachen und der Erstellung und dem Einsatz von Materialien befassen, einschließlich solcher Einrichtungen, die an der Produktion und der Verwendung von multimedialen Materialien beteiligt sind;"

(F17) „Maßnahmen zu ergreifen, die für die Schaffung eines effektiven europäischen Systems für den Informationsaustausch über alle Aspekte des Sprachenlernens und Sprachenlehrens und der Sprachlernforschung notwendig sind, wobei in vollem Umfang auch die Informationstechnologie eingesetzt werden sollte."

Entsprechend diesen Forderungen haben sich die Aktivitäten des CDCC (Rat für kulturelle Zusammenarbeit), seines Bildungsausschusses und seiner Sektion ‚Moderne Sprachen' darauf konzentriert, die Bemühungen der Regierungen der Mitgliedstaaten und der nicht-staatlichen Einrichtungen zur Verbesserung des Sprachenlernens in Übereinstimmung mit den genannten Grundsätzen zu ermutigen, zu unterstützen und zu koordinieren, insbesondere solche Schritte, die die Umsetzung der allgemeinen Maßnahmen zum Inhalt haben, die im Anhang zu R (82) 18 niedergelegt sind:

A. Allgemeine Maßnahmen

1. So weit wie möglich sicherzustellen, dass alle Bevölkerungsgruppen zu wirkungsvollen Mitteln und Wegen Zugang haben, Kenntnisse der Sprachen anderer Mitgliedstaaten (oder anderer Sprachgemeinschaften innerhalb des eigenen Landes) ebenso zu erwerben wie die Fertigkeiten im Gebrauch jener Sprachen, die sie befähigen, ihre kommunikativen Bedürfnisse zu befriedigen, insbesondere um

   1.1 das tägliche Leben in einem anderen Land zu meistern und um Ausländern im eigenen Land zu helfen, ihren Alltag zu bewältigen;

   1.2 Informationen und Ideen mit jungen Menschen und Erwachsenen auszutauschen, die eine andere Sprache sprechen, und um eigene Gedanken und Gefühle mitzuteilen;

   1.3 ein besseres und tieferes Verständnis für die Lebensart und die Denkweisen anderer Menschen und für ihr kulturelles Erbe zu gewinnen.

2. Die Bemühungen der Lehrenden und Lernenden auf allen Stufen zu fördern, sie zu ermutigen und darin zu unterstützen, in ihrer jeweiligen Situation die Grundsätze für den Aufbau von Sprachlernsystemen (wie sie im Rahmen des Sprachenprogramms des Europarats schrittweise entwickelt werden) anzuwenden, indem

   2.1 das Lehren und Lernen von Sprachen an den Bedürfnissen, an der Motivation, den Dispositionen und den Lernmöglichkeiten der Lernenden orientiert wird;

   2.2 sinnvolle und realistische Lernziele formuliert und möglichst genau beschrieben werden;

   2.3 angemessene Methoden und Materialien entwickelt werden;

   2.4 geeignete Verfahren und Instrumente zur Evaluation von Lehrprogrammen entwickelt werden.

3. Forschungs- und Entwicklungsvorhaben zu fördern, die dazu beitragen, dass auf allen Ebenen eines Bildungssystems Methoden und Materialien eingeführt werden können, die am besten geeignet sind, den verschiedenen Gruppen und Typen von Lernenden den Erwerb einer Sprachkompetenz zu ermöglichen, die ihren spezifischen Bedürfnissen entspricht.

In der Präambel zu R (98) 6 werden noch einmal die politischen Handlungsziele auf dem Gebiet der modernen Sprachen bestätigt:

- „alle Europäerinnen und Europäer mit dem nötigen Rüstzeug auszustatten für die Herausforderungen verstärkter internationaler Mobilität und engerer Zusammenarbeit, nicht nur im Bildungswesen und in kulturellen und wissenschaftlichen Belangen, sondern auch in Handel und Industrie;

- durch effektivere internationale Kommunikation gegenseitiges Verständnis und Toleranz sowie die Achtung von Identitäten und von kultureller Vielfalt zu fördern;

- durch vermehrte Kenntnis nationaler und regionaler Sprachen – auch solcher, die seltener gelehrt werden – den Reichtum und die Vielfalt des kulturellen Lebens in Europa zu erhalten und weiterzuentwickeln;

- den Bedürfnissen eines vielsprachigen und multikulturellen Europas dadurch entgegenzukommen, dass die Fähigkeit der Europäer, über sprachliche und kulturelle Grenzen hinweg miteinander zu kommunizieren, deutlich verbessert wird. Das erfordert von ihnen ununterbrochene, lebenslange Bemühungen, zu denen sie ermutigt werden müssen; diese Bemühungen müssen auf organisatorisch sicherem Boden stehen und auf allen Ebenen des Bildungswesens von den zuständigen Körperschaften finanziert werden.

- die Gefahren abzuwenden, die aus einer Marginalisierung derjenigen resultieren könnten, die nicht über die Fertigkeiten verfügen, in einem interaktiven Europa zu kommunizieren."

Besondere Dringlichkeit wurde diesen Zielen auf dem ersten Gipfel der Staatsoberhäupter beigemessen, der Fremdenfeindlichkeit und den Rückfall in einen extremen Nationalismus als Haupthindernisse der europäischen Mobilität und Integration bezeichnete und gleichzeitig als erhebliche Bedrohung der europäischen Stabilität und des gesunden Funktionierens der Demokratie. Der zweite Gipfel erklärte die Vorbereitung auf eine demokratische Staatsbürgerschaft zum vorrangigen Bildungsziel und verlieh dadurch einem weiteren Anliegen Nachdruck, das in neueren Projekten verfolgt wird, nämlich:

- Methoden des modernen Sprachunterrichts zu fördern, die die Unabhängigkeit des Denkens, des Urteilens und des Handelns zusammen mit sozialen Fähigkeiten und Verantwortungsbewusstsein stärken.

In Anbetracht dieser Ziele hat das Ministerkomitee die „gegenwärtige und zukünftige politische Bedeutung der Entwicklung spezifischer Handlungsfelder" betont, „wie zum Beispiel Strategien der Diversifizierung und Intensivierung des Sprachenlernens, um Mehrsprachigkeit im gesamteuropäischen Kontext zu fördern", und auf die Wichtigkeit aufmerksam gemacht, Vernetzungen und Austausch im Bildungswesen weiterzuentwickeln sowie alle Möglichkeiten der neuen Kommunikations- und Informationstechnologien auszuschöpfen.

1.3 – Was bedeutet ‚Mehrsprachigkeit'?

In den letzten Jahren hat das Konzept der Mehrsprachigkeit im Ansatz des Europarats zum Sprachenlernen an Bedeutung gewonnen. ‚Mehrsprachigkeit' unterscheidet sich von ‚Vielsprachigkeit', also der Kenntnis einer Anzahl von Sprachen oder der Koexistenz verschiedener Sprachen in einer bestimmten Gesellschaft. Vielsprachigkeit kann man erreichen, indem man einfach das Sprachenangebot in einer Schule oder in einem Bildungssystem vielfältig gestaltet oder indem man Schüler dazu anhält, mehr als eine Sprache zu lernen, oder indem man die dominante Stellung des Englischen in internationaler Kommunikation beschränkt. Mehrsprachigkeit jedoch betont die Tatsache, dass sich die Spracherfahrung eines Menschen in seinen kulturellen Kontexten erweitert, von der Sprache im Elternhaus über die Sprache der ganzen Gesellschaft bis zu den Sprachen anderer Völker (die er entweder in der Schule oder auf der Universität lernt oder durch direkte Erfahrung erwirbt). Diese Sprachen und Kulturen werden aber nicht in strikt voneinander getrennten mentalen Bereichen gespeichert, sondern bilden vielmehr gemeinsam eine kommunikative Kompetenz, zu der alle Sprachkenntnisse und Spracherfahrungen beitragen und in der die Sprachen miteinander in Beziehung stehen und interagieren. In verschiedenen Situationen können Menschen flexibel auf verschiedene Teile dieser Kompetenz zurückgreifen, um eine effektive Kommunikation mit einem bestimmten Gesprächspartner zu erreichen. Zum Beispiel können Gesprächspartner von einer Sprache oder einem Dialekt zu einer oder einem anderen wechseln und dadurch alle Möglichkeiten der jeweiligen Sprache oder Varietät ausschöpfen, indem sie sich z. B. in einer Sprache ausdrücken und den Partner in der anderen verstehen. Man kann auch auf die Kenntnis mehrerer Sprachen zurückgreifen, um den Sinn eines geschriebenen oder gesprochenen Textes zu verstehen, der in einer eigentlich unbekannten Sprache verfasst wurde; dabei erkennt man zum Beispiel Wörter aus einem Vorrat an Internationalismen, die hier nur in neuer Gestalt auftreten. Jemand mit – wenn vielleicht auch nur geringen – Sprachkenntnissen kann diese benutzen, um anderen, die über gar keine verfügen, bei der Kommunikation zu helfen, indem er zwischen den Gesprächspartnern ohne gemeinsame Sprache sprachmittelnd aktiv wird. Auch wenn kein Sprachmittler zur Verfügung steht, können solche Menschen trotzdem bis zu einem gewissen Grad kommunizieren, indem sie ihren ganzen Vorrat an linguistischem Wissen ins Spiel bringen und mit alternativen Formen des Ausdrucks in verschiedenen Sprachen oder Dialekten experimentieren und dabei paralinguistische Mittel nutzen (Mimik, Gestik, Gesichtsausdruck usw.) und ihre Sprache radikal vereinfachen.

Aus dieser Perspektive ändert sich das Ziel des Sprachunterrichts ganz grundsätzlich. Man kann es nicht mehr in der Beherrschung einer, zweier oder vielleicht dreier Sprachen sehen, wobei jede isoliert gelernt und dabei der ‚ideale Muttersprachler' als höchstes Vorbild betrachtet wird. Vielmehr liegt das Ziel darin, ein sprachliches Repertoire zu entwickeln, in dem alle sprachlichen Fähigkeiten ihren Platz haben. Dies impliziert natürlich, dass das Sprachenangebot der Bildungseinrichtungen diversifiziert wird und dass die Lernenden die Möglichkeit erhalten, eine mehrsprachige Kompetenz zu entwickeln. Wenn man darüber hinaus anerkennt, dass Sprachenlernen eine lebenslange Aufgabe ist, wird es besonders wichtig, die Motivation und die Fähigkeiten, aber auch das Selbstvertrauen junger Menschen zu fördern, sich auch außerhalb der Schule neuen Spracherfahrungen zu stellen. Die Verantwortlichkeit der Bildungsbehörden und der Prüfungsanbieter, die Qualifikationen feststellen, sowie der Lehrenden kann sich nicht darin erschöpfen, für das Erreichen eines bestimmten Kompetenzniveaus in einer bestimmten Sprache zu einem bestimmten Zeitpunkt zu sorgen – so wichtig das zweifellos ist.

Welche Implikationen dieser Paradigmenwechsel letztlich hat, muss noch genauer herausgearbeitet und in praktisches Handeln übertragen werden. Die jüngsten Entwicklungen im Sprachenprogramm des Europarats wurden so angelegt, dass sie allen Angehörigen der Sprachlehrberufe Handwerkszeug zur Förderung der Mehrsprachigkeit zur Verfügung stellen. Besonders das *Europäische Sprachenportfolio* (ESP) bietet eine Form an, in der höchst unterschiedliche Arten des Sprachenlernens und der interkulturellen Erfahrungen dokumentiert und formell anerkannt werden können. Zu diesem Zweck bietet der *Referenzrahmen* nicht nur Skalen für die allgemeine Beherrschung einer bestimmten Sprache an, sondern auch eine Aufteilung in spezifische Kategorien der Sprachverwendung und der Sprachkompetenz, was es Praktikern erleichtert, Lernziele zu spezifizieren und Lernerfolge in den unterschiedlichsten Bereichen zu beschreiben, und zwar in Übereinstimmung mit den wechselnden Bedürfnissen, den persönlichkeitsbezogenen Kompetenzen und den Lernbedingungen der Lernenden.

1.4 – Warum brauchen wir einen Gemeinsamen Referenzrahmen?

Wir beantworten diese Frage mit den Worten des intergouvernementalen Symposiums in Rüschlikon, das auf Initiative der Schweizer Bundesregierung im November 1991 unter dem Thema „Transparenz und Kohärenz im Sprachenlernen in Europa: Ziele, Evaluation, Zertifizierung" stattgefunden hat:

1. Es ist notwendig, das Sprachenlernen und den Sprachunterricht in den Mitgliedstaaten im Interesse einer verstärkten Mobilität, einer effektiveren internationalen Kommunikation weiter zu intensivieren, gemeinsam mit der Achtung von Identität und kultureller Vielfalt, mit einem besseren Zugang zu Informationen, mit intensiverer Interaktion zwischen den Menschen, mit verbesserten Arbeitsbeziehungen und einem tieferen gegenseitigen Verstehen.

2. Um diese Ziele zu erreichen, muss Sprachenlernen eine lebenslange Aufgabe sein, die in allen Bereichen des Bildungssystems gefördert und unterstützt werden muss, vom Kindergarten bis hin zur Erwachsenenbildung.

3. Es ist darum erstrebenswert, einen *Gemeinsamen europäischen Referenzrahmen* für das Sprachenlernen auf allen Ebenen zu entwickeln, um

   - die Kooperation zwischen den Bildungseinrichtungen in den verschiedenen Ländern zu fördern und zu erleichtern;
   - die gegenseitige Anerkennung der sprachlichen Qualifikationen auf eine solide Basis zu stellen;
   - Lernende und Lehrende, Autoren von Sprachkursen, Prüfungsanbieter und die Bildungsverwaltung dabei zu unterstützen, ihre Bemühungen in diesen Rahmen einzubetten und sie zu koordinieren.

Mehrsprachigkeit muss im Kontext der Plurikulturalität gesehen werden. Sprache ist nicht nur ein besonders wichtiger Aspekt einer Kultur, sondern auch ein Mittel des Zugangs zu kulturellen Erscheinungsformen und Produkten. Vieles von dem, was oben gesagt wurde, betrifft in gleicher Weise auch den allgemeineren Bereich der Kultur. Die verschiedenen (nationalen, regionalen oder sozialen) Kulturen, zu denen ein Mensch Zugang gefunden hat, existieren in seiner kulturellen Kompetenz nicht einfach nebeneinander. Sie werden verglichen und kontrastiert, und sie interagieren beim Entstehen einer reicheren, integrierten plurikulturellen Kompetenz; mehrsprachige Kompetenz ist eine ihrer Komponenten, die wiederum mit anderen Komponenten interagiert.

1.5 – Für welche Zwecke ist der Referenzrahmen gedacht?

Der *Referenzrahmen* soll unter anderem folgenden Zwecken dienen:

der Planung von Sprachlernprogrammen unter Berücksichtigung
- von vorausgegangenem Sprachenlernen und von Vorkenntnissen, besonders an den Schnittstellen zwischen Primarstufe, Sekundarstufe I, Sekundarstufe II, der Hochschule und dem tertiären Bereich der Weiterbildung und der Erwachsenenbildung;
- ihrer Ziele;
- ihrer Inhalte;

der Planung von Sprachzertifikaten mit Bezug auf
- die Inhalte von Prüfungen;
- die Beurteilungskriterien, die eher zu den positiven Aspekten einer Leistung Aussagen machen und nicht nur negativ über Defizite definiert sein sollten;

der Planung von selbst bestimmtem Lernen, was mit einschließt,
- das Bewusstsein der Lernenden für den Kenntnisstand, den sie erreicht haben, zu entwickeln;
- dass erreichbare und sinnvolle Lernziele durch die Lernenden selbst festgelegt werden;
- die Auswahl von Lernmaterialien;
- die Anwendung von Instrumenten der Selbstbeurteilung.

Lernprogramme und Zertifikate können sein:

- *umfassend:* und darauf zielen, die Lernenden in allen Bereichen des Sprachkönnens und der kommunikativen Kompetenz voranzubringen;

- *modular:* und darauf zielen, die Sprachkompetenz des Lernenden nur in bestimmten Bereichen und für einen spezifischen Zweck zu verbessern;

- *gewichtet:* und das Sprachenlernen in bestimmte Richtungen betonen und dadurch ein besonderes ‚Profil' entwickeln, das in gewissen Bereichen eine höhere Niveaustufe von Kenntnissen und Fertigkeiten aufweist als in anderen;

- *partiell:* und nur auf bestimmte Aktivitäten und Fertigkeiten (z. B. die rezeptiven) abzielen und andere ausklammern.

Der *Referenzrahmen* ist so angelegt, dass er diesen verschiedenen Möglichkeiten angepasst werden kann.

Auf den höheren Niveaustufen des Sprachenlernens muss der *Referenzrahmen* vor allem die Veränderungen in den Bedürfnissen der Lernenden und die Gegebenheiten berücksichtigen, in denen sie leben, studieren und arbeiten. Auch oberhalb des Schwellenniveaus (*Threshold Level, Niveau-Seuil, Kontaktschwelle*) bestehen Bedürfnisse nach allgemeinen Qualifikationen, die man zum *Referenzrahmen* in Bezug setzen kann. Sie müssen nur gut definiert und den nationalen Bedingungen angepasst sein und gleichzeitig neue Bereiche umfassen, besonders auf dem Gebiet der Kultur, aber auch in spezifischeren Fachgebieten. Außerdem werden Module und Gruppen von Modulen, die auf spezifische Bedürfnisse, Charakteristika und Möglichkeiten der Lernenden ausgerichtet sind, eine wichtige Rolle spielen.

1.6 – Welchen Kriterien muss der Referenzrahmen genügen?

Um seine Aufgaben zu erfüllen, muss ein *Gemeinsamer europäischer Referenzrahmen* umfassend, transparent und kohärent sein.

Umfassend bedeutet, dass der *Gemeinsame europäische Referenzrahmen* versuchen sollte, ein möglichst breites Spektrum von Sprachkenntnissen, Fertigkeiten und Sprachverwendung so detailliert wie möglich aufzuführen (ohne natürlich zu versuchen, *a priori* alle Möglichkeiten der Sprachverwendung in allen Situationen vorherzusagen – was eine unerfüllbare Aufgabe wäre!) und alle Benutzer in die Lage zu versetzen, die Ziele usw. ihrer Arbeit unter Bezug auf diesen *Referenzrahmen* zu beschreiben. Der *Gemeinsame europäische Referenzrahmen* sollte zwischen den verschiedenen Dimensionen der Beschreibung sprachlichen Könnens unterscheiden und eine Reihe von Bezugspunkten anbieten (Niveaustufen), mit deren Hilfe man Lernfortschritte kalibrieren kann. Dabei sollte man bedenken, dass die Entwicklung kommunikativer Kompetenz auch andere Dimensionen umfasst als nur sprachliche im engeren Sinne (z. B. soziokulturelles Bewusstsein, Erfahrungen im Bereich der Imagination, affektive Beziehungen, das Lernen zu lernen usw.).

Transparent bedeutet, dass die Informationen klar und explizit formuliert und für den Benutzer verfügbar und leicht verständlich sein müssen.

Kohärent bedeutet, dass die Beschreibung frei von inneren Widersprüchen sein muss. Mit Blick auf die Erziehungssysteme bedeutet kohärent, dass eine sinnvolle Beziehung bestehen muss zwischen Komponenten wie:

- der Identifikation von Bedürfnissen;
- der Bestimmung von Lernzielen;
- der Beschreibung und Festlegung von Inhalten;
- der Auswahl und Erstellung von Materialien;
- der Erstellung und Einführung von Lehr- und Lernprogrammen;
- den eingesetzten Lehr- und Lernmethoden;
- der Evaluation, dem Testen und der Beurteilung.

Die Erstellung eines umfassenden, transparenten und kohärenten Referenzrahmens für das Lernen und Lehren von Sprachen bedeutet nicht, dass allen Beteiligten ein einziges, einheitliches System aufgezwungen werden soll. Ganz im Gegenteil sollte der *Referenzrahmen* offen und flexibel sein, damit er in allen spezifischen Situationen eingesetzt werden kann – wenn nötig natürlich mit entsprechenden Anpassungen.

Der *Referenzrahmen* sollte sein:

- *multi-funktional:* nutzbar für die ganze Bandbreite von Zwecken und Zielsetzungen bei der Planung und Bereitstellung von Sprachlernmöglichkeiten;
- *flexibel:* adaptierbar für die Benutzung unter unterschiedlichen Bedingungen und Umständen;
- *offen:* geeignet für Erweiterungen und Verfeinerungen des Systems;
- *dynamisch* durch die kontinuierliche Weiterentwicklung als Reaktion auf Erfahrungen aus seiner Verwendung;
- *benutzerfreundlich:* abgefasst in einer für die Adressaten leicht verständlichen und brauchbaren Form;
- *undogmatisch:* nicht unwiderruflich und ausschließlich einer der vielen verschiedenen konkurrierenden linguistischen oder lerntheoretischen Theorien bzw. einem einzigen didaktischen Ansatz verpflichtet.

Kapitel 2 – Der Ansatz des Referenzrahmens

2.1 – Ein handlungsorientierter Ansatz

Ein umfassender, transparenter und kohärenter Referenzrahmen für das Lernen, Lehren und Beurteilen im Sprachenbereich muss von einer sehr umfassenden Sicht von Sprachverwendung und Sprachenlernen ausgehen. Der hier gewählte Ansatz ist im Großen und Ganzen *handlungsorientiert*, weil er Sprachverwendende und Sprachenlernende vor allem als *sozial Handelnde* betrachtet, d. h. als Mitglieder einer Gesellschaft, die unter bestimmten Umständen und in spezifischen Umgebungen und Handlungsfeldern kommunikative Aufgaben bewältigen müssen, und zwar nicht nur sprachliche. Einzelne Sprachhandlungen treten zwar im Rahmen sprachlicher Aktivitäten auf; diese sind aber wiederum Bestandteil des breiteren sozialen Kontexts, der allein ihnen ihre volle Bedeutung verleihen kann. Wir sprechen von kommunikativen *Aufgaben*, weil Menschen bei ihrer Ausführung ihre spezifischen Kompetenzen strategisch planvoll einsetzen, um ein bestimmtes Ergebnis zu erzielen. Der handlungsorientierte Ansatz berücksichtigt deshalb auch die kognitiven und emotionalen Möglichkeiten und die Absichten von Menschen sowie das ganze Spektrum der Fähigkeiten, über das Menschen verfügen und das sie als sozial Handelnde (soziale Akteure) einsetzen.

Dementsprechend kann man jede Art von Sprachverwendung und den Erwerb einer Sprache auf folgende Weise beschreiben:

> Sprachverwendung – und dies schließt auch das Lernen einer Sprache mit ein – umfasst die Handlungen von Menschen, die als Individuen und als gesellschaftlich Handelnde eine Vielzahl von ***Kompetenzen*** entwickeln, und zwar ***allgemeine***, besonders aber ***kommunikative Sprachkompetenzen***. Sie greifen in verschiedenen ***Kontexten*** und unter verschiedenen ***Bedingungen und Beschränkungen*** auf diese Kompetenzen zurück, wenn sie ***sprachliche Aktivitäten*** ausführen, an denen (wiederum) ***Sprachprozesse*** beteiligt sind, um ***Texte*** über bestimmte ***Themen*** aus verschiedenen ***Lebensbereichen*** (Domänen) zu produzieren und/oder zu rezipieren. Dabei setzen sie ***Strategien*** ein, die für die Ausführung dieser ***Aufgaben*** am geeignetsten erscheinen. Die Erfahrungen, die Teilnehmer in solchen kommunikativen Aktivitäten machen, können zur Verstärkung oder zur Veränderung der Kompetenzen führen.

Kompetenzen sind die Summe des (deklarativen) Wissens, der (prozeduralen) Fertigkeiten und der persönlichkeitsbezogenen Kompetenzen und allgemeinen kognitiven Fähigkeiten, die es einem Menschen erlauben, Handlungen auszuführen.

Allgemeine Kompetenzen sind diejenigen, die nicht sprachspezifisch sind, sondern die man bei Handlungen aller Art einsetzt, natürlich auch bei sprachlichen.

Kommunikative Sprachkompetenzen befähigen Menschen zum Handeln mit Hilfe spezifisch sprachlicher Mittel.

Kontext bezeichnet die Gesamtheit der Ereignisse und situativen Faktoren (materielle und andere), die sowohl in der Person selbst als auch in ihrem Umfeld existieren können, in das kommunikatives Handeln eingebettet ist.

Sprachliche Aktivitäten umfassen die Ausübung der kommunikativen Sprachkompetenz eines Menschen in einem bestimmten Lebensbereich, um zur Ausführung einer Aufgabe einen oder mehrere Texte (rezeptiv oder produktiv) zu verarbeiten.

Sprachprozesse sind die Kette von neurologischen und physiologischen Vorgängen bei der Produktion und bei der Rezeption von gesprochener oder geschriebener Sprache.

Text heißt jeder Diskurs (mündlich oder schriftlich), der sich auf einen bestimmten Lebensbereich bezieht. Texte werden während der Ausführung einer Aufgabe Anlass für Sprachaktivitäten, indem sie diese unterstützen oder sogar als Prozess oder als Produkt Ziel der Aktivitäten sind.

Domäne bezeichnet die *Lebensbereiche*, in denen Menschen als soziale Wesen agieren. In diesem *Referenzrahmen* wurden sie nur auf sehr hoher Abstraktionsebene kategorisiert und beschränkt auf die für das Sprachenlernen und die Sprachbenutzung wesentlichsten Kategorien, nämlich das Bildungswesen, den beruflichen Bereich, den Bereich des öffentlichen Lebens und den privaten Bereich.

Strategie bedeutet jede organisierte, zielgerichtete und gelenkte Abfolge von Handlungen oder Prozessen, die eine Person wählt, um eine Aufgabe auszuführen, die sie sich selbst stellt oder mit der sie konfrontiert wird.

(Kommunikative) Aufgabe wird definiert als jede zielgerichtete Handlung, die eine Person für notwendig hält, um ein bestimmtes Ergebnis zu erzielen. Dies kann ein Problem sein, das es zu lösen gilt, aber auch eine Verpflichtung, der man nachkommen muss, oder irgendein anderes Ziel, das man sich gesetzt hat. Die Definition trifft auf eine Vielzahl von Handlungen zu, wie z. B.: einen Schrank umstellen, ein Buch schreiben, bei Vertragsverhandlungen bestimmte Bedingungen aushandeln, Karten spielen, im Restaurant eine Mahlzeit bestellen, einen fremdsprachlichen Text übersetzen oder in Gruppenarbeit eine Klassenzeitung erstellen.

Unterstellt man, dass die oben aufgeführten verschiedenen Dimensionen bei der Verwendung von Sprache und beim Sprachenlernen miteinander verknüpft sind, dann ist jede Tätigkeit beim Sprachenlernen und -lehren auf die eine oder andere Weise mit jeder dieser Dimensionen verbunden: mit den Strategien, den Aufgaben, den Texten, mit den allgemeinen Kompetenzen und der kommunikativen Sprachkompetenz, mit kommunikativen Sprachaktivitäten und Sprachprozessen, mit Kontexten und mit Lebensbereichen.

Jedoch ist es im Sprachenlernen und -lehren auch möglich, dass sich ein Ziel – und damit auch die Bewertung des Lernerfolgs – nur auf eine bestimmte Komponente oder eine untergeordnete Teilkomponente bezieht (wobei andere Komponenten als Mittel zum Zweck angesehen werden bzw. als Aspekte, denen man zu einem anderen Zeitpunkt mehr Aufmerksamkeit widmen möchte, oder als solche, die unter den gegebenen Umständen unwichtig sind). Lernende, Lehrende, Verfasser von Richtlinien und Lehr-/Lernprogrammen, Autorinnen und Autoren von Lehr- und Lernmaterialien und Testautoren sind immer wieder dazu gezwungen, sich auf einen bestimmten Teilaspekt zu konzentrieren und zu entscheiden, in welchem Umfang andere Teilaspekte berücksichtigt werden müssen und wie man das am besten tun könnte. Dies wird in den Beispielen weiter unten veranschaulicht. Klar ist aber auch Folgendes: Lehr- und Lernprogramme nehmen oft für sich in Anspruch, die kommunikativen Fertigkeiten der Lernenden zu fördern (vielleicht weil das für eine Methode im Fremdsprachenunterricht besonders charakteristisch ist?); in Wirklichkeit streben manche Programme aber eine qualitative oder eine quantitative Entwicklung von sprachlichen Aktivitäten in der Sprache an; andere betonen die Performanz in einem bestimmten Lebensbereich, wieder andere fördern die Entwicklung bestimmter allgemeiner Kompetenzen, während andere sich vorwiegend auf die Verbesserung von Strategien konzentrieren. Die Feststellung, dass „alles miteinander verbunden" ist, steht also nicht im Widerspruch zu einer Differenzierung der Zielsetzungen.

Jede der oben aufgeführten Hauptkategorien kann in immer noch sehr allgemeine Unterkategorien aufgefächert werden; diese sollen im folgenden Kapitel näher betrachtet werden. An dieser Stelle wollen wir nur einen Blick auf die verschiedenen Komponenten der *allgemeinen Kompetenzen*, der *kommunikativen Sprachkompetenz*, der *kommunikativen Sprachaktivitäten* und der *Lebensbereiche* (Domänen) werfen.

2.1.1 – Allgemeine Kompetenzen

Die *allgemeinen Kompetenzen* der Sprachenlernenden oder auch der Sprachverwendenden (vgl. Abschnitt 5.1) bestehen insbesondere aus deren Wissen und Fertigkeiten, der persönlichkeitsbezogenen Kompetenz und den Einstellungen sowie aus der Fähigkeit zum Lernen. ***Wissen***, d. h. deklaratives Wissen (*savoir*, vgl. Abschnitt 5.1.1), wird verstanden als Ergebnis von Erfahrungslernen (Weltwissen) und von formalen Lernprozessen (theoretisches Wissen). Menschliche Kommunikation hängt davon ab, dass die Gesprächspartner über ein gemeinsames Weltwissen verfügen. Was Sprachverwendung und Sprachenlernen anbetrifft, so ist das Wissen, das dabei ins Spiel kommt, nicht ein rein sprachliches oder kulturelles. Theoretisches Wissen auf wissenschaftlichem oder technischem Gebiet, aber auch theoretisches Wissen und Erfahrungen auf beruflichem Gebiet spielen selbstverständlich eine wichtige Rolle bei der Rezeption und beim Verstehen von Texten, die aus eben diesen Gebieten stammen. Genauso wichtig für Aktivitäten in einer Sprache ist aber auch das auf Erfahrung beruhende Alltagswissen aus öffentlichen oder privaten Lebensbereichen (Tagesabläufe, Mahlzeiten, Verkehrsmittel, Kommunikation und Information). Die Kenntnis gemeinsamer Werte und Überzeugungen, die gesellschaftliche Gruppen in anderen Ländern oder Regionen haben – wie z. B. religiöse Überzeugungen, Tabus, eine gemeinsam erfahrene Geschichte usw. –, sind wesentlich für interkulturelle Kommunikation. Die mannigfaltigen Wissensbereiche sind von Mensch zu Mensch unterschiedlich. Sie können zwar kulturspezifisch sein, stehen aber dennoch auch mit universellen Parametern und Konstanten in Verbindung.

Neues Wissen wird nicht einfach zum vorhandenen addiert, sondern ist abhängig von der Beschaffenheit, dem Reichtum und der Struktur des bereits vorhandenen Wissens; zudem strukturiert das neue Wissen das vorhandene – zumindest teilweise – auch um. Das Wissen, das ein Mensch bereits erworben hat, ist unmittelbar bedeutsam für das Sprachenlernen. In vielen Fällen setzen Lehr- und Lernmethoden solches Weltwissen voraus. In bestimmten Kontexten (z. B. bei der Immersion oder wenn man eine Schule oder eine Universität besucht, in der die Unterrichtssprache nicht die Muttersprache des Lernenden ist) wird gleichzeitig das sprachliche und das allgemeine Wissen erweitert und bereichert. Man muss dann die Beziehungen zwischen allgemeinem Wissen und kommunikativer Kompetenz sorgfältig bedenken.

Fertigkeiten und prozedurales Wissen (*savoir-faire*, vgl. Abschnitt 5.1.2) – ganz gleich, ob es sich dabei um Autofahren, Geigespielen oder den Vorsitz bei einer Besprechung handelt – basieren mehr auf der Fähigkeit, Handlungen und Prozesse auszuführen, als auf deklarativem Wissen, obgleich solche Fähigkeiten durch den Erwerb von „vergessbarem" deklarativem Wissen gefördert werden können. Sie können auch durch persönlichkeitsbezogene Kompetenzen und durch Einstellungen (*savoir-être*) beeinflusst werden (z. B. Entspannung oder Anspannung bei der Ausführung einer Aufgabe). Das eben zitierte Beispiel des Autofahrens – das ja durch wiederholtes Üben und durch Erfahrung zu einer Abfolge von fast automatisch ablaufenden Prozessen wird (Kuppeln, Schalten usw.) – erfordert anfangs ein ausdrückliches Auffächern in bewusste und verbalisierbare Operationen (*Treten Sie langsam das Kupplungspedal herunter, legen Sie den dritten Gang ein* usw.) und das Erlernen bestimmten Sachverhalte (es gibt in einem Auto ohne Automatik drei Pedale, und die sind wie folgt angeordnet …), an die man aber nicht mehr bewusst denken muss, wenn man einmal das nötige Know-how (also das prozedurale Wissen) erworben hat und „weiß, wie man fährt". Während man noch fahren lernt, muss man sich gewöhnlich sehr stark konzentrieren und ist auch sehr mit sich selbst beschäftigt und befangen, weil das Selbstbild besonders verletzlich ist (Fehlerrisiko/Risiko, inkompetent zu erscheinen). Wenn jemand die Fertigkeiten erst einmal beherrscht, wird er oder sie viel entspannter und selbstbewusster sein; wäre das nicht der Fall, würde das die Mitfahrenden und andere Verkehrsteilnehmer sehr beunruhigen. Es ist offensichtlich, dass es in diesem Punkt Parallelen zu bestimmten Aspekten des Sprachenlernens gibt, die man auch quasi automatisch beherrschen muss (z. B. die Aussprache und einige Komponenten der Grammatik, wie z. B. die Flexionsmorphologie).

Unter ***persönlichkeitsbezogener Kompetenz*** (*savoir-être*, vgl. Abschnitt 5.1.3) wird die Summe der individuellen Eigenschaften, der Persönlichkeitsmerkmale und Einstellungen verstanden, wie zum Beispiel das Selbstbild und die Sicht anderer Menschen, die Bereitschaft, sich auf soziale Interaktion mit anderen einzulassen. Diese Art von Kompetenz resultiert unserer Meinung nach nicht einfach aus unveränderlichen Persönlichkeitsmerkmalen; sie schließt Faktoren mit ein, die Ergebnis verschiedenster Akkulturationsprozesse sein können und die durchaus veränderbar sind.

Diese persönlichkeitsbezogenen Kompetenzen, Einstellungen und Eigenheiten von Menschen sind Parameter, die man beim Sprachenlernen und -lehren in Rechnung stellen muss. Obgleich sie schwierig zu definieren sind, müssen sie in einem Referenzrahmen ihren Platz haben. Sie werden als Teil der allgemeinen Kompetenzen eines Menschen angesehen und folglich auch als ein wichtiger Aspekt seiner Fähigkeiten. Sofern sie erworben werden können oder sich durch ihren Gebrauch bzw. beim Lernen (z. B. einer oder mehrerer Sprachen) verändern, kann die Entwicklung von Einstellungen durchaus auch ein Lehrziel sein. Wie oft angemerkt wurde, sind persönlichkeitsbezogene Kompetenzen kulturspezifisch beeinflusst und deshalb heikle Felder interkultureller Wahrnehmung und Beziehungen: Die Art und Weise, wie ein Angehöriger der einen Kultur Freundlichkeit und Interesse ausdrückt, kann von einer Person aus einer anderen Kultur als aggressives oder gar beleidigendes Verhalten wahrgenommen werden.

Die ***Lernfähigkeit*** (*savoir-apprendre*, vgl. Abschnitt 5.1.4) aktiviert die persönlichkeitsbezogenen Kompetenzen, das deklarative Wissen und die prozeduralen Fertigkeiten und stützt sich auf verschiedene Arten von Kompetenz. Die Fähigkeit zum Lernen kann man deshalb auch verstehen als ‚prozedurales Wissen oder Bereitschaft für die Entdeckung des ‚Anderen" – gleich, ob es sich dabei um eine andere Sprache oder Kultur, andere Menschen oder neue Bereiche des Wissens handelt.

Die Fähigkeit zum Lernen ist in vielen Bereichen einsetzbar; sie ist aber besonders relevant für das Sprachenlernen. Je nachdem, um welche Lernenden es sich handelt, umfasst die Fähigkeit zum Lernen verschiedene Ausprägungen und Kombinationen

- der persönlichkeitsbezogenen Kompetenz, wie z. B.: die Bereitschaft, die Initiative zu ergreifen oder auch bei direkter (*face-to-face*) Kommunikation Risiken einzugehen, um sich selbst Gelegenheit zum Sprechen zu verschaffen; die Bereitschaft, Gesprächspartner zu Hilfen zu veranlassen, indem man sie bittet, etwas in einfacheren Worten zu wiederholen usw. Dazu gehört auch die Fähigkeit zum Hörverstehen, einschließlich der Aufmerksamkeit dafür, was gesagt wurde, und eines geschärften Bewusstseins für die Risiken interkultureller Missverständnisse.

- des deklarativen Wissens, wie z. B.: die Kenntnis der morphosyntaktischen Eigenschaften des Flexionssystems einer Sprache oder ein Gefühl für Tabus oder besondere Rituale, die in bestimmten Ländern mit Aspekten der Ernährung oder der Sexualität verbunden sein könnten, bzw. dafür, dass diese religiöse Konnotationen haben könnten;

- von Fertigkeiten und prozeduralem Wissen, wie z. B.: die Fähigkeit, ein Wörterbuch zu benutzen oder sich in einem Dokumentationszentrum zurechtzufinden; die Fähigkeit, audiovisuelle Medien oder einen Computer oder das Internet als Lernhilfe zu benutzen.

Bei ein und derselben Person kann der Gebrauch der Fertigkeiten und des prozeduralen Wissens ebenso variieren wie die Fähigkeit zum Umgang mit Unbekanntem. Diese Variation hängt ab

- vom Sprechanlass, je nachdem, ob die Person mit neuen Gesprächspartnern zu tun hat, einem völlig unbekannten Wissensgebiet, einer wenig vertrauten Kultur oder einer fremden Sprache;

- vom Kontext: Konfrontiert mit der gleichen Erscheinung (z. B. Eltern-Kind-Beziehungen in einer bestimmten Gesellschaft), wird der Prozess der Erkenntnisgewinnung und der Bedeutungszuschreibung zweifellos bei einem Ethnologen anders sein als bei einem Touristen, einem Missionar, einem Journalisten, einem Pädagogen oder einem Arzt, weil jeder von ihnen nach den Regeln seiner Disziplin oder nach seinen eigenen Interessen handeln wird.

- von den herrschenden Umständen oder früheren Erfahrungen: Es ist durchaus möglich, dass die Fertigkeiten, die beim Lernen einer fünften Sprache eingesetzt werden, verschieden sind von denen beim Erlernen der ersten.

Solche Variation muss man neben Konzepten wie ‚Lernstile' oder ‚Lernerprofile' berücksichtigen, wenn man diese nicht als endgültig und unveränderbar ansehen möchte.

Welche Strategien ein Mensch zur Bewältigung einer Lernaufgabe auswählt, hängt davon ab, wie vielfältig seine verschiedenen Fähigkeiten zum Lernen ausgeprägt sind. Aber auch durch die Vielfalt der Lernerfahrungen – vorausgesetzt, sie sind nicht isoliert oder einfache Wiederholungen – kann ein Mensch seine Lernfähigkeit erweitern.

2.1.2 – Kommunikative Sprachkompetenz

Kommunikative Sprachkompetenz besteht aus mehreren Komponenten: aus einer *linguistischen*, einer *soziolinguistischen* und einer *pragmatischen* Komponente. Für jede dieser Komponenten nimmt man an, dass sie vor allem deklaratives Wissen sowie Fertigkeiten und prozedurales Wissen umfasst. Die ***linguistischen Kompe-***

tenzen bestehen aus lexikalischen, phonologischen und syntaktischen Kenntnissen und Fertigkeiten und aus anderen Dimensionen des Sprachsystems, unabhängig von soziolinguistisch determinierter Variation und von ihrer pragmatischen Funktion im Sprachgebrauch. Diese Komponente der kommunikativen Sprachkompetenz eines Individuums steht nicht nur mit dem Umfang und der Qualität seines deklarativen Wissens im Zusammenhang (z. B. den phonetischen Unterscheidungen, die es treffen kann, oder dem Umfang und der Genauigkeit in der Wortwahl), sondern auch mit seiner kognitiven Organisation und der Art, wie seine Kenntnisse gespeichert sind (z. B. die verschiedenen assoziativen Netzwerke, in die ein Sprecher ein Wort einbettet) und mit den Zugriffsmöglichkeiten (Aktivierung, Abrufbarkeit und Verfügbarkeit). Solche Kenntnisse können bewusst und leicht zu verbalisieren sein – oder nicht (als Beispiel kann hier wieder die Beherrschung eines phonetischen Systems dienen). Die Organisation des Wissens und die Zugriffsmöglichkeiten variieren von Mensch zu Mensch; sie variieren auch beim gleichen Sprecher (z. B. bei einer mehrsprachigen Person je nach den Varietäten, die Bestandteil ihrer mehrsprachigen Kompetenz sind). Man kann auch annehmen, dass die kognitive Organisation des Wortschatzes und die Speicherung von Redewendungen usw. unter anderem von kulturellen Eigenschaften der Sprachgemeinschaft oder Sprachgemeinschaften abhängen, in denen ein Mensch aufgewachsen und sozialisiert worden ist und in denen sein Lernen stattgefunden hat.

Soziolinguistische Kompetenzen sind definiert durch die soziokulturellen Bedingungen der Sprachverwendung. Wegen ihrer starken Abhängigkeit von gesellschaftlichen Konventionen (Höflichkeitsregeln; Normen, die die Beziehungen zwischen den Generationen, Geschlechtern, sozialen Schichten und Gruppen regeln; linguistische Kodierungen bestimmter fundamentaler Rituale im gesellschaftlichen Zusammenleben) wirkt die soziolinguistische Komponente buchstäblich auf alle sprachliche Kommunikation zwischen Repräsentanten verschiedener Kulturen ein, obgleich die Gesprächsteilnehmer sich dieses Einflusses oft gar nicht bewusst sein mögen.

Pragmatische Kompetenzen regeln den funktionalen Gebrauch sprachlicher Ressourcen (Ausdruck von Sprachfunktionen, Sprechakte), indem sie auf interaktionelle Szenarien und Skripts zurückgreifen. Sie beinhalten auch die Diskurskompetenz, Kohäsion und Kohärenz sowie die Identifikation von Textsorten und Texttypen, Ironie und Parodie. Noch weniger als bei der linguistischen braucht man bei dieser Kompetenz die bedeutende Wirkung der Interaktionen und der kulturellen Umgebung zu betonen, in der solche Fähigkeiten entstehen.

Alle der hier aufgeführten Kategorien sollen die Reichweite und die Formen der internalisierten Kompetenzen eines gesellschaftlich handelnden Menschen charakterisieren, d. h. ihre internen Repräsentationen, ihre Mechanismen und Fähigkeiten. Man kann annehmen, dass deren mentale Existenz das beobachtbare Verhalten und die Performanz von Menschen bestimmt. Dabei gilt, dass jedes Lernen diese internen Repräsentationen, Mechanismen und Fähigkeiten weiterentwickelt und verändert.

Jede dieser Komponenten wird in Kapitel 5 genauer untersucht, das sich außerdem mit den *Strategien* befasst, die von Sprachbenutzern bei der Beteiligung an sprachlichen Aktivitäten eingesetzt werden.

2.1.3 – Kommunikative Sprachaktivitäten (language activities)

Die kommunikative Sprachkompetenz eines Lernenden oder Sprachverwendenden wird in verschiedenen *kommunikativen Sprachaktivitäten* aktiviert, die *Rezeption, Produktion, Interaktion* und *Sprachmittlung* (insbesondere Dolmetschen und Übersetzung) umfassen, wobei jeder dieser Typen von Aktivitäten in mündlicher oder schriftlicher Form oder in beiden vorkommen kann.

Rezeption und ***Produktion*** (mündlich und/oder schriftlich) sind ganz offensichtlich primäre Prozesse, weil beide bei der Interaktion benötigt werden. In diesem *Referenzrahmen* benutzen wir diese Begriffe zur Bezeichnung von Sprachaktivitäten nur, wenn sie jeweils als einzelne gemeint sind. Zu den rezeptiven Aktivitäten gehören auch das stille Lesen und das Verfolgen von Sendungen in den Medien. Sie sind auch wichtig bei vielen Formen des Lernens (den Inhalt eines Kurses verstehen, Lehrbücher, Nachschlagewerke und andere Dokumente zurate ziehen). Produktive Aktivitäten spielen in vielen schulischen und beruflichen Bereichen eine wichtige Rolle (Vorträge, schriftliche Studien und Berichte); sie genießen auch besondere Wertschätzung in der Gesellschaft (Beurteilungen schriftlich vorgelegter Leistungen, Beurteilung flüssigen Sprechens bei einem Vortrag).

In mündlichen oder schriftlichen ***Interaktionen*** tauschen sich mindestens zwei Personen aus, wobei sie abwechselnd Produzierende oder Rezipierende sind, bei mündlicher Interaktion manchmal beides überlappend. Es kommt nämlich nicht nur vor, dass zwei Gesprächspartner gleichzeitig sprechen und einander zuhören. Selbst wenn Sprecherwechsel (*turn taking*) genau beachtet werden, bildet sich der Hörer bereits beim Hören Hypothesen über den Fortgang der Äußerung des Sprechers und plant seine Antwort. Diese Interaktionsweise zu erlernen, erfordert daher mehr als nur das einfache Empfangen bzw. Produzieren von Äußerungen. Der Interaktion wird allgemein in der Sprachverwendung und beim Sprachenlernen hohe Bedeutung zugeschrieben, weil sie eine so zentrale Rolle bei der Kommunikation spielt.

Sowohl bei der rezeptiven als auch bei der produktiven Sprachverwendung ermöglichen die mündlichen und/oder schriftlichen Aktivitäten der ***Sprachmittlung*** Kommunikation zwischen Menschen, die aus irgendwelchen Gründen nicht direkt miteinander kommunizieren können. Übersetzung oder Dolmetschen, die Zusammenfassung oder der Bericht ergeben eine (Neu)Fassung eines Ausgangstexts für Dritte, die keinen unmittelbaren Zugriff darauf haben. Sprachmittelnde Aktivitäten, also die Umformung eines schon vorhandenen Textes, nehmen eine wichtige Stellung im alltäglichen sprachlichen Funktionieren unserer Gesellschaften ein.

2.1.4 – Lebensbereiche (Domänen)

Sprachliche Aktivitäten finden in Lebensbereichen (in der Linguistik oft: Domänen) statt und erhalten durch sie ihren Kontext. Die Lebensbereiche können sehr vielfältig sein. In Hinblick auf das Sprachenlernen genügt es, vier größere Bereiche zu unterscheiden: den *öffentlichen Bereich*, den *privaten Bereich*, das *Bildungswesen* und den *beruflichen Bereich*.

Der ***öffentliche*** *Bereich* umfasst alles, was mit normaler sozialer Interaktion zu tun hat (in Geschäften und Behörden, in öffentlichen Einrichtungen, bei kulturellen und bei Freizeitaktivitäten in einem öffentlichen Kontext, im Umgang mit Medien usw.). Komplementär dazu umfasst der ***private*** *Bereich* familiäre Beziehungen und individuelle soziale Gewohnheiten

Der ***berufliche*** *Bereich* umfasst alles, was mit den beruflichen Aktivitäten eines Menschen zu tun hat. Das ***Bildungs****wesen* umfasst den (meist institutionellen) Lern- und Lehrkontext, in dem es um den Erwerb spezifischer Kenntnisse und Fertigkeiten geht.

2.1.5 – Kommunikative Aufgaben, Strategien und Texte

Kommunikation und Sprachenlernen schließen die Bewältigung von ***Aufgaben*** ein, die nicht nur rein sprachlicher Natur sind, selbst wenn sie innerhalb kommunikativer Sprachaktivitäten stattfinden und die kommunikative Sprachkompetenz eines Menschen in Anspruch nehmen. Soweit diese Aufgaben weder Routine noch automatisierte Aufgaben sind, benötigt man zu ihrer Bewältigung ***Strategien*** für die Kommunikation und für das Lernen. Sofern die Ausführung dieser Aufgaben kommunikative Sprachaktivitäten umfasst, wird die Verarbeitung von gesprochenen oder geschriebenen ***Texten*** (durch Rezeption, Produktion, Interaktion und Sprachmittlung) notwendig.

Der oben dargestellte allgemeine Ansatz ist eindeutig handlungsorientiert. In seinem Mittelpunkt steht die Beziehung zwischen (a) der Verwendung von Strategien durch die Handelnden (diese Verwendung steht in Beziehung zu ihren Kompetenzen und dazu, wie die Handelnden eine Situation wahrnehmen und interpretieren) und (b) der Aufgabe oder den Aufgaben, die in einem spezifischen Kontext und unter bestimmten Gegebenheiten zu bewältigen sind.

So kann jemand, der einen Schrank umstellen soll (= die Aufgabe), versuchen, ihn zu schieben; er kann ihn aber auch auseinander nehmen, um ihn leichter transportieren zu können, und ihn nachher wieder zusammenbauen. Er kann auch eine Arbeitskraft anstellen oder gar das Vorhaben aufgeben und sich selber davon überzeugen, dass die Sache auch bis zum nächsten Tag warten kann usw.; das alles sind Strategien. Abhängig von der gewählten Strategie, kann – oder kann auch nicht – die Ausführung der Aufgabe (oder ihre

Vermeidung, Vertagung oder Umdeutung) eine sprachliche Aktivität und eine Verarbeitung von Texten (z. B. das Lesen einer Montageanleitung für den Abbau, ein Telefonat führen usw.) umfassen. Ebenso können Schüler, die einen Text aus einer anderen Sprache übersetzen müssen (= die Aufgabe) nachschauen, ob es bereits eine Übersetzung gibt, oder andere Schüler fragen, was sie gemacht haben. Sie können ein Wörterbuch zu Hilfe nehmen, ausgehend von einigen bereits bekannten Wörtern und Strukturen einen Sinn erschließen, sich eine gute Entschuldigung dafür ausdenken, dass sie die Hausaufgabe nicht gemacht haben usw. (= alles denkbare Strategien). In allen hier vorgestellten Fällen wird eine sprachliche Aktivität und eine Textverarbeitung notwendig (Übersetzung/Sprachmittlung, mündliche Beratung mit einer Klassenkameradin bzw. einem Klassenkameraden, ein Brief oder mündliche Entschuldigungen für die Lehrenden usw.).

Die Beziehung zwischen Strategien, Aufgabe und Text hängt von der Art der Aufgabe ab. Die kann vorwiegend sprachbezogen sein, d. h. sie kann vorwiegend kommunikative Sprachaktivitäten erfordern, auf die sich die benötigten Strategien dann vor allem beziehen (z. B. einen Text lesen und kommentieren; bei einer Aufgabe Lücken ausfüllen; einen Vortrag halten; sich während eines Vortrags Notizen machen). Sie kann aber auch nur eine sprachliche Komponente einschließen, nämlich dann, wenn kommunikative Sprachaktivitäten nur ein Teil dessen sind, was gefordert ist, und die benutzten Strategien sich folglich auch (oder vielleicht sogar vorwiegend) auf andere Aktivitäten beziehen (z. B. nach einem Rezept kochen). Viele Aufgaben kann man wahrscheinlich auch ganz ohne Rückgriff auf Sprachaktivitäten erledigen. In solchen Fällen sind die dabei ablaufenden Aktivitäten nicht notwendigerweise sprachbezogen, und die benutzten Strategien beziehen sich dann eben auf diese nicht-sprachlichen Aktivitäten. Ein Zelt zum Beispiel können mehrere Menschen auch schweigend aufbauen, wenn sie wissen, wie man das macht. Vielleicht müssen sie sich ein paar technische Anweisungen geben, vielleicht unterhalten sie sich dabei aber auch über etwas, was mit dem Aufbau gar nichts zu tun hat, und eventuell summt einer dabei ein Lied. Die Verwendung von Sprache wird nur notwendig, wenn einer aus der Gruppe nicht weiß, was er als Nächstes tun soll, oder wenn aus irgendeinem Grund die eingefahrene Routine nicht klappt.

In dieser Art von Analyse sind Kommunikationsstrategien und Lernstrategien nur Strategien unter vielen anderen, ebenso wie Kommunikationsaufgaben und Lernaufgaben auch nur Aufgaben unter anderen sind. Genauso sind authentische Texte und didaktische Texte für Unterrichtszwecke, Texte in Lehrbüchern oder Texte, die die Lernenden erstellen, auch nur Texte unter anderen.

In den folgenden Kapiteln werden diese Dimensionen und ihre Unterkategorien genauer diskutiert, wenn angebracht mit Beispielen und Skalen. Kapitel 4 befasst sich mit Dimensionen des Sprachgebrauchs – welche Sprachhandlungen von einem Sprachbenutzer oder -lernenden erwartet werden. Kapitel 5 behandelt die Kompetenzen, die einen Sprachbenutzer handlungsfähig machen.

2.2 – Gemeinsame Referenzniveaus der Sprachkompetenz

Zusätzlich zu dem Beschreibungssystem, das oben erläutert wurde, versieht das Kapitel 3 den *Referenzrahmen* mit einer ‚vertikalen Dimension' und skizziert eine Abfolge von allgemeinen Niveaustufen zur Beschreibung der Kompetenz von Lernenden. Das System der deskriptiven Kategorien, das in den Kapiteln 4 und 5 eingeführt wird, stellt die ‚horizontale Dimension' dar, die Parameter kommunikativer Sprachaktivitäten und der kommunikativen Sprachkompetenz enthält. Es ist durchaus üblich, eine Abfolge von Niveaustufen für eine Reihe von Parametern als Profilraster mit horizontaler und vertikaler Dimension darzustellen. Natürlich ist dies eine grobe Vereinfachung, weil schon durch die Hinzufügung der Lebensbereiche (Domänen) aus dem Raster ein dreidimensionales Gebilde, ein Konzept-Würfel entstehen würde. Die grafische Darstellung der Multidimensionalität sprachlichen Handelns wäre theoretisch zwar reizvoll, praktisch aber wohl nicht möglich.

Das Hinzufügen wenigstens der vertikalen Dimension zum *Referenzrahmen* ermöglicht jedoch, dass man ein zwar einfaches, aber übersichtliches Profil oder eine Art Landkarte des Spektrums sprachlichen Lernens entwerfen kann. Dies ist aus verschiedenen Gründen nützlich:

- Die Definition von Kompetenzbeschreibungen mit Hilfe der Kategorien des *Referenzrahmens* könnte dazu beitragen zu konkretisieren, was auf den einzelnen Niveaus erwartet werden kann. Dies könnte dann zur Entwicklung von transparenten und realistischen Beschreibungen von globalen Lernzielen beitragen.

- Wenn sich Lernen über einen längeren Zeitraum erstreckt, muss es in Einheiten unterteilt werden, die Progressionen bzw. Lernfortschritte berücksichtigen und Kontinuität gewährleisten. Lernzielbeschreibungen und Materialien müssen aufeinander bezogen werden. Ein Referenzrahmen mit Niveaustufen wäre für diesen Prozess äußerst hilfreich.

- Lernleistungen im Rahmen solcher Ziele und Einheiten müssen ebenfalls auf der vertikalen Achse eingeordnet, d. h. als Fortschritte in der Sprachkompetenz beurteilt werden. Sprachkompetenzbeschreibungen könnten dabei hilfreich sein.

- Eine solche Beurteilung sollte auch zufälliges Lernen, außerschulische Erfahrungen und „nebenbei" erworbene Bereicherungen der Sprache berücksichtigen, wie wir sie weiter oben erwähnt haben. Die Bereitstellung von Sprachkompetenzbeschreibungen, die über den Bereich spezifischer Lehrpläne hinausgehen, wäre für diesen Zweck nützlich.

- Ein System von gemeinsamen Sprachkompetenzbeschreibungen erleichtert den Vergleich von Lernzielen, Niveaustufen, Materialien, Tests und von Lernerfolgen in unterschiedlichen Systemen und Situationen.

- Ein System, das sowohl eine horizontale als auch eine vertikale Dimension enthält, erleichtert die Definition von Teillernzielen und die Anerkennung ungleichmäßiger Profile und von Teilkompetenzen.

- Ein System von Niveaustufen und Kategorien, welche die Definition unterschiedlicher Lernzielprofile für bestimmte Zwecke erleichtern, könnte auch bei der Schulaufsicht helfen. Ein solches Bezugssystem könnte helfen zu beurteilen, ob Lernende in verschiedenen Bereichen auf dem angemessenem Niveau arbeiten. Es kann auch helfen, sachlich zu entscheiden, ob die Leistung in diesen Bereichen einem Standard entspricht, der für diese Lernstufe angemessen ist, ob sie Zielen in der nahen Zukunft entspricht oder dem langfristigen Ziel einer effektiven Sprachbeherrschung und persönlichen Entwicklung.

- Sprachenlernende gehen im Verlauf ihrer Lerngeschichte meist durch unterschiedliche Bildungssektoren und Bildungsinstitutionen, die Sprachunterricht anbieten. Ein gemeinsames Niveausystem würde die Zusammenarbeit zwischen den einzelnen Bildungssektoren erleichtern. Nicht zuletzt aufgrund der größeren persönlichen Mobilität kommt es häufig vor, dass Lernende zwischen den jeweiligen Bildungssektoren hin- und herwechseln, manchmal nach Abschluss eines Lernabschnitts, manchmal mittendrin. Folglich ist ein alle Bildungssektoren umfassendes gemeinsames Skalensystem, in dem sie ihre Lernerfolge beschreiben können, nötiger denn je.

Wenn man die vertikale Dimension des *Referenzrahmens* betrachtet, so sollte man nicht vergessen, dass sich der Prozess des Sprachenlernens über eine lange Zeit erstreckt und individuell ist. Keine zwei Sprachbenutzer, ganz gleich ob Muttersprachler oder Sprachenlernende, verfügen über eine genau gleiche Kompetenz oder entwickeln sie auf die gleiche Weise. Jeder Versuch, ‚Niveaustufen' der Sprachkompetenz festzusetzen, ist daher bis zu einem gewissen Grad willkürlich, wie das in allen Bereichen des Wissens oder der Fertigkeiten der Fall ist. Für praktische Zwecke, wie z. B. die Erstellung sprachlicher Curricula oder für Abschlussprüfungen, ist es dennoch nützlich, den Sprachlernprozess in Segmente zu gliedern und eine Skala von klar definierten Niveaustufen zu erstellen. Anzahl und Höhe der Stufen richten sich im Wesentlichen danach, wie ein Bildungssystem organisiert ist und für welche Zwecke die Skalen aufgestellt werden. Es ist aber durchaus möglich, Verfahren und Kriterien für die Erstellung von Skalen und die Formulierung der Deskriptoren festzulegen, die man für die Beschreibung der Abfolge von Kompetenzniveaus benutzen kann. Die damit verbundenen Fragen und Optionen werden im Anhang A genau dargestellt. Wir raten den Benutzern dieses *Referenzrahmens* dringend, diesen Abschnitt und die Bibliographie dazu zurate zu ziehen, bevor sie selbst Entscheidungen über eine Skalenbildung treffen.

Man sollte allerdings stets daran denken, dass Niveaustufen immer nur die vertikale Dimension wiedergeben. Sie können also nur in begrenztem Umfang der Tatsache Rechnung tragen, dass Sprachenlernen sowohl in horizontaler als auch in vertikaler Richtung fortschreitet, wenn Lernende die Fähigkeit erwerben, in einem erweiterten Spektrum von kommunikativen Sprachaktivitäten zu handeln. Lernfortschritt ist nicht nur einfach das Vorankommen auf einer vertikalen Skala. Es gibt keinen zwingenden logischen Grund dafür, dass Lernende sämtliche niedrigeren Stufen einer Teilskala durchlaufen müssen. Sie können auch „zur Seite hin" Lernfortschritte machen (wenn sie in einer benachbarten Kategorie arbeiten), indem sie ihre Sprachkompetenz verbreitern, statt immer nur in der gleichen Kategorie voranzukommen. Umgekehrt zeigt der Ausdruck „seine Kenntnisse vertiefen" an, dass man durchaus das Bedürfnis verspüren kann, an irgendeiner Stelle den Zugewinn im pragmatischen Bereich auf ein solides Fundament zu stellen, indem man einen Blick auf die Grundlagen wirft (d. h. Fertigkeiten auf niedrigerem Niveau erwirbt), die man sich in einem Bereich erschlossen hat, in den man von der Seite her vorgedrungen ist.

Man sollte sich schließlich auch davor hüten, Niveaus und Sprachkompetenzskalen als eine lineare Mess-Skala – wie z. B. einen Zollstock – zu interpretieren. Keine bekannte Sprachkompetenzskala und kein System von Niveaustufen kann solche Linearität für sich in Anspruch nehmen. Wir wollen das an den Lernzielbeschreibungen des Europarats erläutern. Auch wenn die Abstände zwischen *Waystage, Threshold* und *Vantage* auf den Skalen halbwegs gleich zu sein scheinen, *Waystage* also im System der Niveaustufen auf halbem Weg zu *Threshold Level* angesiedelt ist und *Threshold Level* auf halbem Weg zu *Vantage Level*, so zeigt die Erfahrung mit bestehenden Skalen doch, dass viele Lernende für den Weg von *Waystage* zu *Threshold* doppelt so viel Zeit benötigen wie zuvor für den Weg zu *Waystage*. Sie werden folglich wohl auch mehr als doppelt so lange brauchen, um von *Threshold* aus *Vantage* zu erreichen – selbst, wenn die Niveaustufen auf der Skala den gleichen Abstand voneinander zu haben scheinen. Das ist darauf zurückzuführen, dass sich das Spektrum der Sprachaktivitäten, der Fertigkeiten und der sprachlichen Mittel nach oben hin notwendigerweise verbreitert. Diese Tatsache spiegelt sich darin, dass eine Skala von Niveaustufen oft als Diagramm „im Eistütenformat" dargestellt wird, als ein dreidimensionaler Konus, der nach oben hin breiter wird. Was Aussagen zur durchschnittlichen Lernzeit für das Erreichen eines bestimmten Niveaus mit bestimmten Zielen betrifft, ist größte Vorsicht geboten.

2.3 – Sprachen lernen und lehren

2.3.1 Aussagen über Lernziele besagen nichts über die Prozesse, mit deren Hilfe Lernende befähigt werden, in der von ihnen gewünschten Weise zu handeln, oder durch die sie die Kompetenzen aufbauen und entwickeln, die solches Handeln möglich machen. Sie besagen auch nichts über die Maßnahmen, mit deren Hilfe Lehrende die Prozesse des Spracherwerbs und des Sprachenlernens fördern und erleichtern. Eines der vorrangigen Ziele des *Referenzrahmens* ist es, die verschiedenen am Sprachenlernen und -lehren Beteiligten zu ermutigen und zu befähigen, die anderen so klar wie möglich über ihre Ziele und Absichten zu informieren. Ebenso wichtig ist es aber, dass sie auch über die Methoden, die sie benutzen, und über die Resultate, die sie erzielen, informieren können. Es ist daher klar, dass der *Referenzrahmen* sich nicht nur auf die Beschreibung von Kenntnissen, Fertigkeiten und Einstellungen beschränken kann, die Lernende erwerben müssen, wenn sie als kompetente Sprachverwendende agieren wollen, sondern dass er sich auch mit den Prozessen des Spracherwerbs und des Sprachenlernens sowie mit Lehrmethoden befassen muss. Diese Aspekte werden in Kapitel 6 behandelt.

2.3.2 Die Rolle des *Referenzrahmens* in Bezug auf Aussagen über Spracherwerb und das Lernen und Lehren von Sprachen muss allerdings noch einmal klargestellt werden. In Übereinstimmung mit den grundlegenden Prinzipien einer pluralistischen Demokratie strebt der *Referenzrahmen* danach, nicht nur umfassend, transparent und kohärent zu sein, sondern auch offen, dynamisch und undogmatisch. Deshalb kann er in der aktuellen Theoriediskussion über das Verhältnis von Spracherwerb zu Sprachenlernen auch keine Position für die eine oder die andere Seite beziehen. Er sollte auch keinen speziellen Ansatz zur Erklärung des Sprachenlernens darstellen, der andere Ansätze ausschließt. Die Rolle, die ihm zusteht, ist die, alle an Sprachlern- und -lehrprozessen als Partner Beteiligten zu ermutigen, ihre eigene theoretische Basis und ihre methodische Praxis so explizit und so transparent wie möglich darzulegen. Um das zu leisten, steckt er Parameter, Kategorien, Kriterien und Skalen ab, auf die die Benutzer zurückgreifen können und die sie vielleicht dazu anregen, ein größeres Spektrum von Optionen in Betracht zu ziehen als vorher – oder sogar zuvor ungeprüfte Annahmen über das Lernen und Lehren von Sprachen in Frage zu stellen, die in ihrem Arbeitskontext als Tradition gelten. Das soll nicht heißen, dass solche Traditionen falsch sind, sondern nur, dass alle, die für Planungsprozesse verantwortlich sind, von einer Überprüfung ihrer Theorien und Methoden profitieren können, wenn sie die Entscheidungen anderer Praktiker in ihrem eigenen Land und besonders in anderen europäischen Ländern in ihre Überlegungen mit einbeziehen.

Die Tatsache, dass der *Referenzrahmen* offen und neutral ist, impliziert natürlich nicht, dass er keine Politik verfolgt. Mit dem Angebot eines solchen Referenzrahmens zieht sich der Europarat keineswegs von den Prinzipien zurück, die in Kapitel 1 dargelegt wurden und die auch in den Empfehlungen R(82) 18 und R(98) 6 des Ministerrats an die Regierungen der Mitgliedstaaten gerichtet wurden.

2.3.3 Kapitel 4 und 5 befassen sich vorwiegend mit den Handlungen und Kompetenzen, die von Sprachverwendenden oder Sprachenlernenden in Bezug auf irgendeine Sprache erwartet werden, wenn sie mit anderen Benutzern dieser Sprache kommunizieren wollen. Vieles in Kapitel 6 bezieht sich auf die Art und Weise, in der diese notwendigen Fähigkeiten entwickelt werden können, und darauf, wie man diese Entwicklung erleichtern kann. Kapitel 7 prüft dann genauer die Rolle, die kommunikative Aufgaben (*tasks*) bei der Sprachverwendung und beim Sprachenlernen spielen. Damit sind dann aber immer noch nicht alle Implikationen eines mehrsprachigen und plurikulturellen Ansatzes untersucht. Kapitel 8 prüft daher zunächst im Detail die Beschaffenheit einer mehrsprachigen Kompetenz und wie sie sich entwickelt. Danach werden die Implikationen für die Diversifikation des Fremdsprachenunterrichts sowie dafür notwendige bildungspolitische Maßnahmen beleuchtet.

2.4 – Beurteilung und Leistungsmessung

Dieses Dokument ist ein *Gemeinsamer Europäischer Referenzrahmen für Sprachen: Lernen, lehren und beurteilen.* Bis zu diesem Punkt lag der Schwerpunkt unserer Ausführungen auf dem Wesen der Sprachverwendung und des Sprachverwendenden sowie auf den Implikationen für das Lernen und Lehren.

In Kapitel 9, dem letzten Kapitel, richten wir unsere Aufmerksamkeit auf die Funktionen, die der *Referenzrahmen* für die Beurteilung und die Bewertung von Sprachkompetenz hat. Das Kapitel umreißt die wichtigsten drei Verwendungszwecke des *Referenzrahmens*:

1. Er kann inhaltliche Spezifizierungen für Tests und Prüfungen liefern.

2. Er kann Kriterien bereitstellen, mit deren Hilfe man bei der Beurteilung einer bestimmten mündlichen oder schriftlichen Leistung feststellen kann, ob ein Lernziel erreicht wurde oder nicht, und er kann dies sowohl für die kontinuierliche Beurteilung durch Lehrende oder die Lerngruppe tun als auch für die Selbstbeurteilung.

3. Er kann helfen, die Kompetenzniveaus von bereits existierenden Tests und Prüfungen zu beschreiben und dadurch den Vergleich zwischen unterschiedlichen Qualifikationssystemen ermöglichen.

Das Kapitel stellt dann im Detail die Entscheidungen dar, die man bei der Beurteilung treffen muss. Die Wahlmöglichkeiten werden als Oppositionspaare dargestellt. In jedem Fall werden die benutzten Termini klar definiert und die Vor- oder Nachteile, die sich bei ihrer Verwendung im jeweiligen Bildungskontext ergeben könnten, erörtert. Die Implikationen, die sich aus der Entscheidung für eine der Alternativen ergeben, werden ebenfalls aufgeführt.

Das Kapitel geht weiter mit Überlegungen zur Durchführbarkeit von Beurteilungsverfahren. Der Ansatz basiert dabei auf der Beobachtung, dass ein praktikables Prüfungssystem nicht zu kleinschrittig und elaboriert sein darf. Bei der Erstellung einer konkreten Prüfung oder bei der Einrichtung einer Itembank muss man zwar sehr detailliert vorgehen; die Anzahl derjenigen Details hingegen, die man z. B. in einem veröffentlichten Lehrplan bzw. Prüfungscurriculum berücksichtigen will, muss umsichtig festgelegt werden. Bewerter sind, besonders wenn sie mündliche Leistungen bewerten sollen, einem hohen Zeitdruck ausgesetzt und können nur eine streng begrenzte Zahl von Kriterien handhaben. Lernende, die selbst ihre Sprachkompetenz beurteilen wollen, um vielleicht zu entscheiden, welcher Lernaufgabe sie sich als nächster zuwenden sollen, haben zwar mehr Zeit, müssen aber diejenigen Komponenten der Sprachkompetenz, die für sie relevant sind, richtig auswählen. Diese Überlegungen veranschaulichen das übergeordnete Prinzip, dass der *Referenzrahmen* umfassend sein muss und dass alle seine Benutzer aus ihm auswählen müssen. Dieses Auswählen kann durchaus auch bedeuten, dass man ein einfacheres Klassifikationssystem benutzt, in dem – das haben wir am Beispiel der ‚kommunikativen Sprachaktivitäten' gesehen – Kategorien zusammenfallen können, die in einem umfassenderen System getrennt sind. Andererseits können es die Zwecke, die ein Benutzer verfolgt, auch mit sich bringen, dass er einzelne Kategorien und die entsprechenden Sprachmittel auf besonders relevanten Gebieten erweitert. In diesem Kapitel werden solche Probleme diskutiert und mit Beispielen veranschaulicht, indem Kriterien und Systeme vorgestellt werden, die bereits von einer Reihe von Prüfungsanbietern für die Beurteilung der Sprachkompetenz benutzt werden.

Vielen Benutzern wird das Kapitel 9 ermöglichen, sich Beschreibungen öffentlicher Prüfungen einsichtiger und zugleich kritischer zuzuwenden. Sie werden dies mit höheren Erwartungen in Bezug auf die Informationen tun, die ihnen Prüfungsanbieter (z. B. ALTE, WBT, Goethe-Institut) über diejenigen Ziele, Inhalte, Kriterien und Verfahren liefern sollten, die sie bei Prüfungen benutzen, in denen nationale und internationale Qualifikationen vergeben werden. In der Lehrerausbildung und in der Lehrerweiterbildung wird man den *Referenzrahmen* nützlich finden, um das Bewusstsein von Lehrenden für Fragen der Beurteilung zu schärfen. Lehrer übernehmen nämlich verstärkt Verantwortung für die formative und die summative Beurteilung ihrer Schüler und Studierenden auf allen Stufen. Auch an die Lernenden wird immer öfter appelliert, Möglichkeiten der Selbstbeurteilung zu nutzen, sei es, um Pläne für ihr weiteres Lernen zu entwerfen oder um ihre Kenntnisse in Sprachen zu dokumentieren, die sie außerhalb des Bildungssystems erworben haben, die aber zur Entwicklung ihrer Mehrsprachigkeit beitragen.

Die Einführung eines ***Europäischen Sprachenportfolios*** mit internationaler Gültigkeit steht unmittelbar bevor. Das Portfolio wird es ermöglichen, dass Lernende ihre Fortschritte in Richtung einer mehrsprachigen Kompetenz dokumentieren können, indem sie alle Arten von Lernerfahrungen in zahlreichen Sprachen festhalten. Ohne ein Portfolio würde vieles ohne Bestätigung und Anerkennung bleiben. Das Portfolio soll Lernende ermutigen, regelmäßig eine auf den aktuellsten Stand gebrachte Aussage über die von ihnen selbst beurteilte Kompetenz in jeder ihrer Sprachen einzufügen. Für die Glaubwürdigkeit eines solchen Dokuments wird es von großer Bedeutung sein, dass die Einträge verantwortlich und transparent erfolgen. Der Bezug auf den *Referenzrahmen* wird dafür von besonderem Wert sein.

Personen, die beruflich mit der Entwicklung und Durchführung von offiziellen Prüfungen befasst sind, werden das Kapitel 9 zusammen mit den *Handreichungen für Prüfende* (*Guide for Examiners*, Dokument CC-LANG (96) 10 rev) zurate ziehen wollen. Diese Handreichungen befassen sich detailliert mit der Entwicklung und Evaluation von Tests und sind eine Ergänzung zu Kapitel 9. Sie enthalten auch Vorschläge für die weitere Lektüre, einen Anhang über Itemanalyse und ein Glossar.

Kapitel 3 – Gemeinsame Referenzniveaus

3.1 – Kriterien für Deskriptoren der Referenzniveaus

Eines der Ziele des *Referenzrahmens* ist es, allen beteiligten Partnern bei der Beschreibung der Kompetenzniveaus zu helfen, die gemäß den Standards ihrer Tests und Prüfungen erwartet werden. Dies soll den Vergleich zwischen verschiedenen Qualifikationssystemen erleichtern. Zu diesem Zweck sind ein Beschreibungssystem und die Gemeinsamen Referenzniveaus entwickelt worden. Beide gemeinsam stellen ein Begriffsraster zur Verfügung, das die Benutzer der Beschreibung ihres eigenen Systems zugrunde legen können. Idealerweise sollte eine Skala von Referenzniveaus in einem gemeinsamen Referenzrahmen die folgenden vier Kriterien erfüllen. Zwei davon beziehen sich auf Fragen der Beschreibung, zwei weitere beziehen sich auf Messverfahren.

Fragen der Beschreibung

- Eine gemeinsame Referenzskala sollte *kontextfrei* sein, um Raum zu lassen für generalisierbare Ergebnisse aus verschiedenen spezifischen Kontexten. Das heißt, dass eine gemeinsame Skala beispielsweise nicht zuerst speziell für Schulen entwickelt und dann in der Erwachsenenbildung benutzt werden sollte oder umgekehrt. Dennoch müssen die Deskriptoren in einem gemeinsamen Referenzrahmen *kontext-relevant* sein, also auf alle nur denkbaren relevanten Kontexte bezogen und in sie übersetzt werden können; sie müssen für die Funktionen geeignet sein, die sie dort übernehmen sollen. Die Beschreibungskategorien dafür, was Lernende in unterschiedlichen Verwendungskontexten tun, müssen folglich immer auch auf andere Gruppen aus der Gesamtpopulation von Verwendern zu beziehen sein.

- Die Beschreibung muss auch auf *Theorien der Sprachkompetenz* basieren. Dies ist nur schwer zu erreichen, weil die verfügbaren Theorien und Forschungen nicht als Basis für eine solche Beschreibung ausreichen. Dennoch müssen sowohl die Kategorisierung als auch die Beschreibung theoretisch fundiert sein. Hinzu kommt noch, dass die Beschreibung trotz ihres Theoriebezugs *benutzerfreundlich* bleiben – also auch Praktikern zugänglich sein muss. Sie sollte nämlich alle Benutzer ermutigen, intensiver darüber nachzudenken, was ‚Kompetenz' in ihrem Kontext bedeutet.

Fragen der Messverfahren

- Der Ort auf der Skala, an dem bestimmte Aktivitäten und Kompetenzen in einem gemeinsamen Referenzrahmen angesiedelt werden, sollte im Rahmen einer Theorie der Messverfahren *objektiv festgesetzt* werden. Dies hilft, Fehler bei der Systematisierung zu vermeiden, die dadurch entstehen, dass man wissenschaftlich nicht fundierte Konventionen und „Daumenregeln" von Autoren oder Praktikern anwendet oder solche aus existierenden Skalen übernimmt.

- Die *Anzahl der Niveaus*, die man einführt, sollte geeignet sein, in verschiedenen Bereichen Fortschritte zu erfassen. Sie sollte aber in keinem Kontext die Zahl überschreiten, bei der Menschen noch hinreichend konsistente Unterscheidungen treffen können. Dies kann bedeuten, dass man für bestimmte Dimensionen auf einer Skala unterschiedlich große Stufen benutzt bzw. ein zweischichtiges Modell mit breiteren (gemeinsamen, konventionellen) und mit engeren (lokal anwendbaren, didaktischen) Niveaustufen.

Diese Kriterien sind sehr schwer zu erfüllen, aber sie sind ein nützlicher Orientierungswert. Sie können in der Tat nur durch eine Kombination intuitiver, qualitativer und quantitativer Methoden eingelöst werden. Dies steht im Gegensatz zu den ausschließlich intuitiven Methoden, mit deren Hilfe man Sprachkompetenzskalen üblicherweise entwickelt. Das intuitive Formulieren von Niveaustufen durch Autorenteams mag für die Entwicklung von Systemen in bestimmten Kontexten vielleicht hinreichend sein, es hat aber seine Grenzen, wenn es um die Entwicklung einer gemeinsamen Referenzskala geht. Die größte Schwäche intuitiver Verfahren besteht darin, dass die Platzierung einer Formulierung auf der Skala subjektiv erfolgt. Weiterhin ist es möglich, dass Benutzer aus unterschiedlichen Bildungssektoren vernünftigerweise verschiedene Auffassungen davon haben können, was ihre Lernenden benötigen. Eine Skala wie auch ein Test besitzen Validität in Bezug auf die Kontexte, in denen sie sich bewährt haben. Validierung – und das schließt auch quantitative Analysen ein – ist ein permanenter und theoretisch unendlicher Prozess. Das methodische Verfahren zur Entwicklung der Gemeinsamen Referenzniveaus und der Beispieldeskriptoren ist deshalb sehr streng gewesen: Es wurde eine systematische Kombination von intuitiven, qualitativen und quantitativen Forschungsmethoden benutzt. Zunächst wurden bereits existierende Skalen mit Bezug auf die Beschreibungskategorien im *Referenzrahmen* analysiert. Dann wurde dieses Material in einer intuitiven Phase bearbeitet; es wurden neue Deskriptoren formuliert und die ganze Sammlung wurde von Experten diskutiert. Danach wurden verschiedene qualitative Methoden benutzt, um zu überprüfen, dass Lehrende mit den ausgewählten Beschreibungskategorien etwas anfangen konnten und dass die Deskriptoren wirklich diejenigen Kategorien beschrieben, die sie beschreiben sollten. Schließlich wurden die besten Deskriptoren aus dieser Sammlung mit Hilfe quantitativer Methoden skaliert. Die Richtigkeit der Skalierung ist seitdem in vielen Folgeuntersuchungen überprüft worden.

Technische Probleme in Bezug auf die Entwicklung und Skalierung der Deskriptoren für Sprachkompetenz werden in den Anhängen erörtert. Anhang A gibt eine Einführung in Skalen und Skalierung sowie in Verfahren, die bei deren Entwicklung benutzt werden können. Anhang B gibt einen kurzen Überblick über das Projekt des *Schweizerischen Nationalfonds zur Förderung der wissenschaftlichen Forschung* (SNF), in dessen Rahmen die Gemeinsamen Referenzniveaus und die Beispieldeskriptoren entwickelt wurden; dies geschah in einem Projekt, das verschiedene Sektoren des Bildungswesens erfasste. Die Anhänge C und D geben eine Einführung in zwei europäische Projekte, die dann ähnliche Methoden benutzen, um Deskriptoren in Bezug auf junge Erwachsene zu entwickeln und zu validieren. In Anhang C wird das DIALANG-Projekt beschrieben; als Teil eines umfassenderen Beurteilungsinstruments hat DIALANG Deskriptoren aus dem *Gemeinsamen Referenzrahmen* für die Selbstbeurteilung erweitert und adaptiert. In Anhang D wird das *can-do*-Projekt der ALTE (*Association of Language Testers in Europe*) beschrieben. In diesem Projekt ist eine große Sammlung von Deskriptoren entwickelt und validiert worden, die ebenfalls auf den *Gemeinsamen Referenzrahmen* bezogen werden können. Diese Deskriptoren vervollständigen diejenigen des *Referenzrahmens*, weil sie mit Bezug auf die Lebensbereiche (die Domänen) von Erwachsenen organisiert sind.

Die Projekte, die in den Anhängen beschrieben werden, zeigen einen hohen Grad an Gemeinsamkeit in Bezug sowohl auf die Gemeinsamen Referenzniveaus selbst als auch in Bezug auf die in den Beispieldeskriptoren den verschiedenen Niveaus zugeordneten Inhalte. Das bedeutet, dass es bereits eine wachsende Zahl an Nachweisen dafür gibt, dass die oben umrissenen Kriterien zumindest teilweise erfüllt werden.

3.2 – Die Gemeinsamen Referenzniveaus

Es scheint in der Praxis einen breiten, wenn auch nicht vollständigen Konsens darüber zu geben, wie viele Niveaustufen für die Organisation des Sprachenlernens und für die öffentliche Anerkennung von Sprachkenntnissen angemessen sind und wie sie zu beschreiben sind. Für Sprachenlernende in Europa steckt wahrscheinlich ein Rahmen von sechs breit angelegten Stufen den relevanten Lernraum angemessen ab.

- ***Breakthrough***, von Wilkins 1978 als ‚*Formulaic Proficiency*' bezeichnet und von Trim in der gleichen Publikation[2] ‚*Introductory*' genannt.

- ***Waystage*** entspricht der bestehenden Lernzielbeschreibung des Europarats.

- ***Threshold*** entspricht der bestehenden Lernzielbeschreibung des Europarats.

- ***Vantage*** entspricht der dritten Lernzielbeschreibung des Europarats, oberhalb von *Threshold*, von Wilkins bezeichnet als ‚*Limited Operational Proficiency*' (‚begrenzt selbstständige Sprachverwendung') und von Trim als ‚*adequate response to situations normally encountered*' (‚angemessene Reaktion auf Situationen, denen man normalerweise begegnet').

---

[2] Trim, J.L.M. (1978) *Some possible Lines of Development of an Overall Structure for a European Unit Credit Scheme for Foreign Language Learning by Adults*. Strasbourg, Council of Europe.

- ***Effective Operational Proficiency***, von Trim als *,Effective Proficiency'* und von Wilkins als *,Adequate Operational Proficiency'* bezeichnet, entspricht einem fortgeschrittenen Kompetenzniveau, das die Bewältigung komplexerer kommunikativer Aufgaben in Beruf und Studium ermöglicht.

- ***Mastery*** (Trim: *,Comprehensive mastery'*; Wilkins: *,Comprehensive Operational Proficiency'*) entspricht dem obersten Prüfungsziel innerhalb des Systems von ALTE (*Association of Language Testers in Europe*). Diese Stufe könnte auch ausgedehnt werden auf die noch weiterentwickelte interkulturelle Kompetenz oberhalb dieses Niveaus, die von vielen erreicht wird, die sich beruflich mit Sprachen befassen.

Betrachtet man aber diese sechs Niveaus, merkt man, dass hier die klassische Aufteilung des Lernbereichs in Grund-, Mittel- und Oberstufe noch einmal in je eine höhere bzw. niedrigere Stufe aufgefächert wird. Weiterhin fällt auf, dass manche der vom Europarat gewählten Bezeichnungen für diese Stufen sich nicht so einfach übersetzen lassen (z. B. *Waystage, Vantage*). Unser System schlägt daher Verzweigungen wie in einem Hypertext vor, die von einer Unterteilung in drei große Referenzniveaus A, B und C ausgehen:

A		B		C	
Elementare Sprachverwendung		**Selbstständige Sprachverwendung**		**Kompetente Sprachverwendung**	
/	\	/	\	/	\
A 1	**A 2**	**B 1**	**B 2**	**C 1**	**C 2**
(Breakthrough)	*(Waystage)*	*(Threshold)*	*(Vantage)*	*(Effective Operational Proficiency)*	*(Mastery)*

Abbildung 1

3.3 – Beschreibung der Gemeinsamen Referenzniveaus

Die Einrichtung eines Systems gemeinsamer Referenzpunkte schränkt in keiner Weise ein, wie verschiedene Bildungssektoren mit unterschiedlicher didaktischer Tradition ihr eigenes System von Niveaus und Modulen organisieren und beschreiben. Man kann weiterhin annehmen, dass sich die konkreten Formulierungen des Systems von Referenzpunkten – also der Wortlaut der Deskriptoren – im Lauf der Zeit noch verfeinern werden, wenn nämlich die Erfahrungen, die in den Mitgliedstaaten und in Institutionen mit entsprechendem Fachwissen gemacht werden, in eben diese Beschreibungen mit eingearbeitet werden.

Es ist auch wünschenswert, dass die gemeinsamen Referenzpunkte für unterschiedliche Zwecke auf unterschiedliche Weise präsentiert werden. Für einige Zwecke wird es genügen, das System der Gemeinsamen Referenzniveaus in einfachen, holistischen Abschnitten zusammenzufassen wie in Tabelle 1. Eine solche einfache ,globale' Darstellung macht es leichter, das System Nichtfachleuten zu vermitteln, und es kann zugleich Lehrenden und Curriculumplanern Orientierungspunkte geben.

Kompetente Sprach-verwendung	**C2**	Kann praktisch alles, was er/sie liest oder hört, mühelos verstehen. Kann Informationen aus verschiedenen schriftlichen und mündlichen Quellen zusammenfassen und dabei Begründungen und Erklärungen in einer zusammenhängenden Darstellung wiedergeben. Kann sich spontan, sehr flüssig und genau ausdrücken und auch bei komplexeren Sachverhalten feinere Bedeutungsnuancen deutlich machen.
	C1	Kann ein breites Spektrum anspruchsvoller, längerer Texte verstehen und auch implizite Bedeutungen erfassen. Kann sich spontan und fließend ausdrücken, ohne öfter deutlich erkennbar nach Worten suchen zu müssen. Kann die Sprache im gesellschaftlichen und beruflichen Leben oder in Ausbildung und Studium wirksam und flexibel gebrauchen. Kann sich klar, strukturiert und ausführlich zu komplexen Sachverhalten äußern und dabei verschiedene Mittel zur Textverknüpfung angemessen verwenden.
Selbstständige Sprach-verwendung	**B2**	Kann die Hauptinhalte komplexer Texte zu konkreten und abstrakten Themen verstehen; versteht im eigenen Spezialgebiet auch Fachdiskussionen. Kann sich so spontan und fließend verständigen, dass ein normales Gespräch mit Muttersprachlern ohne größere Anstrengung auf beiden Seiten gut möglich ist. Kann sich zu einem breiten Themenspektrum klar und detailliert ausdrücken, einen Standpunkt zu einer aktuellen Frage erläutern und die Vor- und Nachteile verschiedener Möglichkeiten angeben.
	B1	Kann die Hauptpunkte verstehen, wenn klare Standardsprache verwendet wird und wenn es um vertraute Dinge aus Arbeit, Schule, Freizeit usw. geht. Kann die meisten Situationen bewältigen, denen man auf Reisen im Sprachgebiet begegnet. Kann sich einfach und zusammenhängend über vertraute Themen und persönliche Interessengebiete äußern. Kann über Erfahrungen und Ereignisse berichten, Träume, Hoffnungen und Ziele beschreiben und zu Plänen und Ansichten kurze Begründungen oder Erklärungen geben.
Elementare Sprach-verwendung	**A2**	Kann Sätze und häufig gebrauchte Ausdrücke verstehen, die mit Bereichen von ganz unmittelbarer Bedeutung zusammenhängen (z. B. Informationen zur Person und zur Familie, Einkaufen, Arbeit, nähere Umgebung). Kann sich in einfachen, routinemäßigen Situationen verständigen, in denen es um einen einfachen und direkten Austausch von Informationen über vertraute und geläufige Dinge geht. Kann mit einfachen Mitteln die eigene Herkunft und Ausbildung, die direkte Umgebung und Dinge im Zusammenhang mit unmittelbaren Bedürfnissen beschreiben.
	A1	Kann vertraute, alltägliche Ausdrücke und ganz einfache Sätze verstehen und verwenden, die auf die Befriedigung konkreter Bedürfnisse zielen. Kann sich und andere vorstellen und anderen Leuten Fragen zu ihrer Person stellen – z. B. wo sie wohnen, was für Leute sie kennen oder was für Dinge sie haben – und kann auf Fragen dieser Art Antwort geben. Kann sich auf einfache Art verständigen, wenn die Gesprächspartnerinnen oder Gesprächspartner langsam und deutlich sprechen und bereit sind zu helfen.

Tabelle 1 – Gemeinsame Referenzniveaus: Globalskala

		A1	A2	B1	B2	C1	C2
VERSTEHEN	Hören	Ich kann vertraute Wörter und ganz einfache Sätze verstehen, die sich auf mich selbst, meine Familie oder auf konkrete Dinge um mich herum beziehen, vorausgesetzt, es wird langsam und deutlich gesprochen.	Ich kann einzelne Sätze und die gebräuchlichsten Wörter verstehen, wenn es um für mich wichtige Dinge geht (z. B. sehr einfache Informationen zur Person und zur Familie, Einkaufen, Arbeit, nähere Umgebung). Ich verstehe das Wesentliche von kurzen, klaren und einfachen Mitteilungen und Durchsagen.	Ich kann die Hauptpunkte verstehen, wenn klare Standardsprache verwendet wird und wenn es um vertraute Dinge aus Arbeit, Schule, Freizeit usw. geht. Ich kann vielen Radio- oder Fernsehsendungen über aktuelle Ereignisse und über Themen aus meinem Berufs- oder Interessengebiet die Hauptinformation entnehmen, wenn relativ langsam und deutlich gesprochen wird.	Ich kann längere Redebeiträge und Vorträge verstehen und auch komplexer Argumentation folgen, wenn mir das Thema einigermaßen vertraut ist. Ich kann im Fernsehen die meisten Nachrichtensendungen und aktuellen Reportagen verstehen. Ich kann die meisten Spielfilme verstehen, sofern Standardsprache gesprochen wird.	Ich kann längeren Redebeiträgen folgen, auch wenn diese nicht klar strukturiert sind und wenn Zusammenhänge nicht explizit ausgedrückt sind. Ich kann ohne allzu große Mühe Fernsehsendungen und Spielfilme verstehen.	Ich habe keinerlei Schwierigkeit, gesprochene Sprache zu verstehen, gleichgültig ob live oder in den Medien, und zwar auch wenn schnell gesprochen wird. Ich brauche nur etwas Zeit, mich an einen besonderen Akzent zu gewöhnen.
	Lesen	Ich kann einzelne vertraute Namen, Wörter und ganz einfache Sätze verstehen, z. B. auf Schildern, Plakaten oder in Katalogen.	Ich kann ganz kurze, einfache Texte lesen. Ich kann in einfachen Alltagstexten (z. B. Anzeigen, Prospekten, Speisekarten oder Fahrplänen) konkrete, vorhersehbare Informationen auffinden, und ich kann kurze, einfache persönliche Briefe verstehen.	Ich kann Texte verstehen, in denen vor allem sehr gebräuchliche Alltags- oder Berufssprache vorkommt. Ich kann private Briefe verstehen, in denen von Ereignissen, Gefühlen und Wünschen berichtet wird.	Ich kann Artikel und Berichte über Probleme der Gegenwart lesen und verstehen, in denen die Schreibenden eine bestimmte Haltung oder einen bestimmten Standpunkt vertreten. Ich kann zeitgenössische literarische Prosatexte verstehen.	Ich kann lange, komplexe Sachtexte und literarische Texte verstehen und Stilunterschiede wahrnehmen. Ich kann Fachartikel und längere technische Anleitungen verstehen, auch wenn sie nicht in meinem Fachgebiet liegen.	Ich kann praktisch jede Art von geschriebenen Texten mühelos lesen, auch wenn sie abstrakt oder inhaltlich und sprachlich komplex sind, z. B. Handbücher, Fachartikel und literarische Werke.
SPRECHEN	An Gesprächen teilnehmen	Ich kann mich auf einfache Art verständigen, wenn mein Gesprächspartner bereit ist, etwas langsamer zu wiederholen oder anders zu sagen, und mir dabei hilft zu formulieren, was ich zu sagen versuche. Ich kann einfache Fragen stellen und beantworten, sofern es sich um unmittelbar notwendige Dinge und um sehr vertraute Themen handelt.	Ich kann mich in einfachen, routinemäßigen Situationen verständigen, in denen es um einen einfachen, direkten Austausch von Informationen und um vertraute Themen und Tätigkeiten geht. Ich kann ein sehr kurzes Kontaktgespräch führen, verstehe aber normalerweise nicht genug, um selbst das Gespräch in Gang zu halten.	Ich kann die meisten Situationen bewältigen, denen man auf Reisen im Sprachgebiet begegnet. Ich kann ohne Vorbereitung an Gesprächen über Themen teilnehmen, die mir vertraut sind, die mich persönlich interessieren oder die sich auf Themen des Alltags wie Familie, Hobbys, Arbeit, Reisen, aktuelle Ereignisse usw. beziehen.	Ich kann mich so spontan und fließend verständigen, dass ein normales Gespräch mit einem Muttersprachler recht gut möglich ist. Ich kann mich in vertrauten Situationen aktiv an einer Diskussion beteiligen und meine Ansichten begründen und verteidigen.	Ich kann mich spontan und fließend ausdrücken, ohne öfter deutlich erkennbar nach Worten suchen zu müssen. Ich kann die Sprache im gesellschaftlichen und beruflichen Leben wirksam und flexibel gebrauchen. Ich kann meine Gedanken und Meinungen präzise ausdrücken und meine eigenen Beiträge geschickt mit denen anderer verknüpfen.	Ich kann mich mühelos an allen Gesprächen und Diskussionen beteiligen und bin auch mit Redewendungen und umgangssprachlichen Wendungen gut vertraut. Ich kann fließend sprechen und auch feinere Bedeutungsnuancen genau ausdrücken. Bei Ausdrucksschwierigkeiten kann ich so reibungslos wieder ansetzen und umformulieren, dass man es kaum merkt.
	Zusammenhängend. Sprechen	Ich kann einfache Wendungen und Sätze gebrauchen, um Leute, die ich kenne, zu beschreiben und um zu beschreiben, wo ich wohne.	Ich kann mit einer Reihe von Sätzen und mit einfachen Mitteln z. B. meine Familie, andere Leute, meine Wohnsituation, meine Ausbildung und meine gegenwärtige oder letzte berufliche Tätigkeit beschreiben.	Ich kann in einfachen, zusammenhängenden Sätzen sprechen, um Erfahrungen und Ereignisse oder meine Träume, Hoffnungen und Ziele zu beschreiben. Ich kann kurz meine Meinungen und Pläne erklären und begründen. Ich kann eine Geschichte erzählen oder die Handlung eines Buches oder Films wiedergeben und meine Reaktionen beschreiben.	Ich kann zu vielen Themen aus meinen Interessengebieten eine klare und detaillierte Darstellung geben. Ich kann einen Standpunkt zu einer aktuellen Frage erläutern und Vor- und Nachteile verschiedener Möglichkeiten angeben.	Ich kann komplexe Sachverhalte ausführlich darstellen und dabei Themenpunkte miteinander verbinden, bestimmte Aspekte besonders ausführen und meinen Beitrag angemessen abschließen.	Ich kann Sachverhalte klar, flüssig und im Stil der jeweiligen Situation angemessen darstellen und erörtern; ich kann meine Darstellung logisch aufbauen und es so den Zuhörern erleichtern, wichtige Punkte zu erkennen und sich diese zu merken.
SCHREIBEN	Schreiben	Ich kann eine kurze, einfache Postkarte schreiben, z. B. Feriengrüße. Ich kann auf Formularen, z. B. in Hotels, Namen, Adresse, Nationalität usw. eintragen.	Ich kann kurze, einfache Notizen und Mitteilungen schreiben. Ich kann einen ganz einfachen persönlichen Brief schreiben, z. B. um mich für etwas zu bedanken.	Ich kann über Themen, die mir vertraut sind oder mich persönlich interessieren, einfache, zusammenhängende Texte schreiben. Ich kann persönliche Briefe schreiben und darin von Erfahrungen und Eindrücken berichten.	Ich kann über eine Vielzahl von Themen, die mich interessieren, klare und detaillierte Texte schreiben. Ich kann in einem Aufsatz oder Bericht Informationen wiedergeben oder Argumente und Gegenargumente für oder gegen einen bestimmten Standpunkt darlegen. Ich kann Briefe schreiben und darin die persönliche Bedeutung von Ereignissen und Erfahrungen deutlich machen.	Ich kann mich schriftlich klar und gut strukturiert ausdrücken und meine Ansicht ausführlich darstellen. Ich kann in Briefen, Aufsätzen oder Berichten über komplexe Sachverhalte schreiben und die für mich wesentlichen Aspekte hervorheben. Ich kann in meinen schriftlichen Texten den Stil wählen, der für die jeweiligen Leser angemessen ist.	Ich kann klar, flüssig und stilistisch dem jeweiligen Zweck angemessen schreiben. Ich kann anspruchsvolle Briefe und komplexe Berichte oder Artikel verfassen, die einen Sachverhalt gut strukturiert darstellen und so dem Leser helfen, wichtige Punkte zu erkennen und sich diese zu merken. Ich kann Fachtexte und literarische Werke schriftlich zusammenfassen und besprechen.

Tabelle 2 – Gemeinsame Referenzniveaus: Raster zur Selbstbeurteilung

Um Lernenden, Lehrenden und anderen Benutzern für praktische Zwecke eine Orientierung im Bildungssystem zu geben, ist wahrscheinlich ein detaillierterer Überblick nötig. Solch ein Überblick kann die Form eines Rasters haben, das die wichtigsten Kategorien der Sprachverwendung auf jedem der sechs Niveaus zeigt. Das Beispiel in Tabelle 2 ist der Entwurf eines Instruments zur ersten Orientierung bei der Selbstbeurteilung in Bezug auf die sechs Niveaus. Es soll Lernenden helfen, ein Profil ihrer wichtigsten Sprachfertigkeiten zu erstellen und dann zu entscheiden, für welches Niveau sie Checklisten mit detaillierteren Deskriptoren benutzen wollen, um ihr Kompetenzniveau selbst zu beurteilen.

Für wieder andere Zwecke könnte es wünschenswert sein, die Aufmerksamkeit auf ein bestimmtes Spektrum von Niveaus und auf bestimmte Kategorien zu richten. Wenn man sich nämlich auf einen Ausschnitt aus den Niveaus und den Kategorien beschränkt, der für einen bestimmten Zweck relevant ist, kann man weitere Details hinzufügen, d. h. feinere Niveaus und Kategorien benutzen. Solche Detaillierung macht es möglich, eine Reihe von Modulen zueinander in Beziehung zu setzen – und natürlich auch in Bezug auf den *Gemeinsamen Referenzrahmen* zu situieren.

Statt ein Profil unter Bezug auf die Kategorien kommunikativer Aktivitäten zu erstellen, könnte man Performanz auch auf der Basis von Aspekten der kommunikativen Sprachkompetenz beurteilen wollen, die man aus diesen Aktivitäten ableiten kann. Das Raster in Tabelle 3 wurde darauf angelegt, mündliche Performanz zu beurteilen. Sie konzentriert sich auf verschiedene qualitative Aspekte des Sprachgebrauchs.

Beurteilungsraster zur mündlichen Kommunikation

	Spektrum	Korrektheit	Flüssigkeit	Interaktion	Kohärenz
C2	Zeigt viel Flexibilität, Gedanken mit verschiedenen sprachlichen Mitteln zu formulieren, um feinere Bedeutungsnuancen deutlich zu machen oder um etwas hervorzuheben, zu differenzieren oder um Mehrdeutigkeit zu beseitigen. Verfügt auch über gute Kenntnisse umgangssprachlicher und idiomatischer Wendungen.	Zeigt auch bei der Verwendung komplexer Sprachmittel eine durchgehende Beherrschung der Grammatik, selbst wenn die Aufmerksamkeit anderweitig beansprucht wird (z. B. durch vorausblickendes Planen oder Konzentration auf die Reaktionen anderer).	Kann sich spontan und mit natürlichem Sprachfluss in längeren Redebeiträgen äußern und dabei Schwierigkeiten so glatt umgehen oder neu ansetzen, dass die Gesprächspartner es kaum merken.	Kann sich leicht und gewandt verständigen, wobei er/sie auch Mittel der Intonation und nicht-sprachliche Mittel offenbar mühelos registriert und verwendet. Kann eigene Redebeiträge ins Gespräch einflechten, indem er/sie ganz natürlich das Wort ergreift, auf etwas Bezug nimmt, Anspielungen macht usw.	Kann kohärente, zusammenhängende Redebeiträge machen; verwendet dabei in angemessener Weise unterschiedliche Mittel zur Gliederung sowie ein breites Spektrum von Verknüpfungsmitteln.
C1	Verfügt über ein breites Spektrum von Redemitteln, aus dem er/sie geeignete Formulierungen auswählen kann, um sich klar und angemessen über ein breites Spektrum allgemeiner, wissenschaftlicher, beruflicher Themen oder über Freizeitthemen zu äußern, ohne sich in dem, was er/sie sagen möchte, einschränken zu müssen.	Behält durchgehend ein hohes Maß an grammatischer Korrektheit; Fehler sind selten, fallen kaum auf und werden in der Regel selbst korrigiert.	Kann sich beinahe mühelos spontan und fließend ausdrücken; nur begrifflich schwierige Themen können den natürlichen Sprachfluss beeinträchtigen.	Kann aus einem ohne weiteres verfügbaren Repertoire von Diskursmitteln eine geeignete Wendung auswählen, um seine/ihre Äußerung angemessen einzuleiten, wenn er/sie das Wort ergreifen oder behalten will, oder um die eigenen Beiträge geschickt mit denen anderer Personen zu verbinden.	Kann klar, sehr fließend und gut strukturiert sprechen und zeigt, dass er/sie Gliederungs- und Verknüpfungsmittel beherrscht.
B2+					
B2	Verfügt über ein ausreichend breites Spektrum von Redemitteln, um in klaren Beschreibungen oder Berichten über die meisten Themen allgemeiner Art zu sprechen und eigene Standpunkte auszudrücken; sucht nicht auffällig nach Worten und verwendet einige komplexe Satzstrukturen.	Zeigt eine recht gute Beherrschung der Grammatik. Macht keine Fehler, die zu Missverständnissen führen, und kann die meisten eigenen Fehler selbst korrigieren.	Kann in recht gleichmäßigem Tempo sprechen. Auch wenn er/sie eventuell zögert, um nach Strukturen oder Wörtern zu suchen, entstehen kaum auffällig lange Pausen.	Kann Gespräche beginnen, die Sprecherrolle übernehmen, wenn es angemessen ist, und das Gespräch beenden, wenn er/sie möchte, auch wenn das möglicherweise nicht immer elegant gelingt. Kann auf vertrautem Gebiet zum Fortgang des Gesprächs beitragen, indem er/sie das Verstehen bestätigt, andere zum Sprechen auffordert usw.	Kann eine begrenzte Anzahl von Verknüpfungsmitteln verwenden, um seine/ihre Äußerungen zu einem klaren, zusammenhängenden Beitrag zu verbinden; längere Beiträge sind möglicherweise etwas sprunghaft.

	Spektrum	Korrektheit	Flüssigkeit	Interaktion	Kohärenz
B1+					
B1	Verfügt über genügend sprachliche Mittel, um zurechtzukommen; der Wortschatz reicht aus, um sich, wenn auch manchmal zögernd und mit Hilfe von Umschreibungen, über Themen wie Familie, Hobbys und Interessen, Arbeit, Reisen und aktuelle Ereignisse äußern zu können.	Verwendet verhältnismäßig korrekt ein Repertoire gebräuchlicher Strukturen und Redeformeln, die mit eher vorhersehbaren Situationen zusammenhängen.	Kann sich ohne viel Stocken verständlich ausdrücken, obwohl er/sie deutliche Pausen macht, um die Äußerungen grammatisch und in der Wortwahl zu planen oder zu korrigieren, vor allem, wenn er/sie länger frei spricht.	Kann ein einfaches, direktes Gespräch über vertraute oder persönlich interessierende Themen beginnen, in Gang halten und beenden. Kann Teile von dem, was jemand gesagt hat, wiederholen, um das gegenseitige Verstehen zu sichern.	Kann eine Reihe kurzer, einfacher Einzelelemente zu einer zusammenhängenden, linearen Äußerung verknüpfen.
A2+					
A2	Verwendet elementare Satzstrukturen mit memorierten Wendungen, kurzen Wortgruppen und Redeformeln, um damit in einfachen Alltagssituationen begrenzte Informationen auszutauschen.	Verwendet einige einfache Strukturen korrekt, macht aber noch systematisch elementare Fehler.	Kann sich in sehr kurzen Redebeiträgen verständlich machen, obwohl er/sie offensichtlich häufig stockt und neu ansetzen oder umformulieren muss.	Kann Fragen stellen und Fragen beantworten sowie auf einfache Feststellungen reagieren. Kann anzeigen, wann er/sie versteht, aber versteht kaum genug, um selbst das Gespräch in Gang zu halten.	Kann Wortgruppen durch einfache Konnektoren wie *und, aber* und *weil* verknüpfen.
A1	Hat ein sehr begrenztes Repertoire an Wörtern und Wendungen, die sich auf Informationen zur Person und einzelne konkrete Situationen beziehen.	Zeigt nur eine begrenzte Beherrschung von einigen wenigen einfachen grammatischen Strukturen und Satzmustern in einem auswendig gelernten Repertoire.	Kann ganz kurze, isolierte, weitgehend vorgefertigte Äußerungen benutzen; braucht viele Pausen, um nach Ausdrücken zu suchen, weniger vertraute Wörter zu artikulieren oder um Verständigungsprobleme zu beheben.	Kann Fragen zur Person stellen und auf entsprechende Fragen Antwort geben. Kann sich auf einfache Art verständigen, doch ist die Kommunikation völlig davon abhängig, dass etwas langsamer wiederholt, umformuliert oder korrigiert wird.	Kann Wörter oder Wortgruppen durch einfache Konnektoren wie *und* oder *dann* verknüpfen.

Tabelle 3 – Gemeinsame Referenzniveaus: Qualitative Aspekte des mündlichen Sprachgebrauchs

3.4 – Beispieldeskriptoren

Die drei Tabellen, mit deren Hilfe wir die Gemeinsamen Referenzniveaus vorgestellt haben, sind als eine Zusammenfassung von Deskriptoren aus einer Datenbank entstanden; diese wurden in dem in Anhang B beschriebenen Forschungsprojekt für den *Gemeinsamen europäischen Referenzrahmen* entwickelt und validiert. Die Formulierungen wurden mit Hilfe statistischer Verfahren skaliert und den Niveaus zugeordnet, indem untersucht wurde, wie sie bei der Beurteilung einer großen Anzahl von Lernenden verwendet und interpretiert worden waren.

Um die Übersicht zu erleichtern, sind die Skalen mit Deskriptoren den entsprechenden Kategorien des Beschreibungssystems in Kapitel 4 und 5 zugeordnet. Die Deskriptoren beziehen sich auf die drei folgenden übergeordneten Kategorien in diesem Beschreibungssystem:

Kommunikative Aktivitäten

Für die Bereiche ‚Rezeption', ‚Interaktion' und ‚Produktion' werden Kann-Beschreibungen aufgeführt. Dabei sind bei einigen Unterkategorien nicht alle Stufen abgedeckt, weil man manche Aktivitäten nicht ausführen kann, bevor man ein bestimmtes Kompetenzniveau erreicht hat. Andere Kategorien hingegen sind auf höheren Niveaus kein Lernziel mehr.

Strategien

Für einige der Strategien, die man bei der Ausführung kommunikativer Aktivitäten einsetzt, werden Kann-Beschreibungen aufgeführt. Strategien werden als Gelenkstellen zwischen den Ressourcen der Lernenden (Kompetenzen) und dem, was sie mit ihnen tun können (kommunikative Aktivitäten) betrachtet. In den Abschnitten in Kapitel 4, die sich mit Interaktions- und mit Produktionsstrategien befassen, werden folgende Strategiegruppen beschrieben: (a) Planung von Handlungen, (b) Ressourcen sinnvoll gewichtet einsetzen und Defizite bei der Ausführung von Aktivitäten kompensieren, (c) Kontrolle (*monitoring*) der Ergebnisse und – wenn nötig – Reparaturhandlungen.

Kommunikative Sprachkompetenzen

Für Aspekte der linguistischen, der pragmatischen und der soziolinguistischen Kompetenz werden skalierte Deskriptoren aufgeführt. Gewisse Aspekte der Kompetenz scheinen sich aber anscheinend nicht auf allen Referenzniveaus definieren zu lassen; Unterscheidungen werden folglich nur dort getroffen, wo sie sinnvoll sind.

Diese Deskriptoren müssen holistisch bleiben, um einen Überblick zu ermöglichen; detaillierte Listen von Mikrofunktionen, grammatischen Formen und Wortschatz werden in den Lernzielbeschreibungen für einzelne Sprachen präsentiert (z. B. im *Threshold Level 1990* oder in der *Kontaktschwelle*). Eine genaue Analyse sprachlicher Funktionen und allgemeiner und spezifischer Notionen, die bei der Ausführung der in den Skalen beschriebenen kommunikativen Aufgaben benötigt werden, sowie deren Skalierung könnte allerdings Bestandteil der Entwicklung neuer Lernzielbeschreibungen sein. Auch allgemeine Kompetenzen (z. B. Weltwissen, kognitive Fähigkeiten), die implizit Bestandteil eines solchen Moduls sind, könnten auf ähnliche Weise aufgelistet werden.

Die Deskriptoren, die dem Text in den Kapiteln 4 und 5 zugeordnet werden, zeichnen sich durch folgende Eigenschaften aus:

- Für ihre Formulierung wurden die Erfahrungen vieler Institutionen genutzt, die auf dem Gebiet der Definition von Kompetenzniveaus tätig sind.

- Sie sind gemeinsam mit der Entwicklung des in den Kapiteln 4 und 5 dargestellten Modells entwickelt worden, und zwar in Wechselwirkung zwischen (a) der theoretischen Arbeit der Autorengruppe, (b) einer Analyse bereits existierender Sprachkompetenzsskalen und (c) praxisorientierten Workshops mit Lehrenden. Das System deckt zwar nicht alle in den Kapiteln 4 und 5 dargestellten Kategorien vollständig ab, vermittelt aber doch einen Eindruck davon, wie so ein System von Deskriptoren aussehen könnte, das alle Aspekte abdeckt.

- Die Deskriptoren sind dem System Gemeinsamer Referenzniveaus zugeordnet: A1 (*Breakthrough*), A2 (*Waystage*), B1 (*Threshold*), B2 (*Vantage*), C1 (*Effective Operational Proficiency*) und C2 (*Mastery*).

- Die Deskriptoren erfüllen die in Anhang A umrissenen Kriterien für effektive Kompetenzbeschreibungen: Sie sind kurz, klar und transparent sowie positiv formuliert; sie beschreiben etwas Bestimmtes und sind unabhängig, d. h. sie können für sich alleine stehen und ohne Bezug auf die Formulierungen in anderen Deskriptoren verstanden und interpretiert werden.

- Die Deskriptoren wurden von Gruppen muttersprachlicher wie nicht-muttersprachlicher Lehrender aus verschiedenen Bildungssektoren und mit sehr unterschiedlicher Sprachkenntnis und Lehrerfahrung als ‚transparent', ‚nützlich' und ‚relevant' beurteilt. Lehrende können offensichtlich die Sammlung von Deskriptoren gut verstehen, die gemeinsam mit ihnen in Workshops aus einem anfänglichen Bestand von einigen Tausend Beispielen verfeinert wurde.

- Die Deskriptoren sind relevant für die Beschreibung der tatsächlichen Lernerfolge auf der Sekundarstufe (I und II), im berufsbildenden Bereich und in der Erwachsenenbildung; sie können deshalb auch realistische Lernziele darstellen.

- Sie sind (mit den angegebenen Ausnahmen) auf einer gemeinsamen Skala ‚objektiv kalibriert'. Das bedeutet, dass der Ort der allermeisten Deskriptoren auf der Skala dadurch bestimmt wurde, wie sie bei der Beurteilung der Leistungen von Lernenden verwendet wurden, also *nicht* nur auf der Grundlage der Meinung ihrer Autoren.

- Sie stellen eine Sammlung von genau beschriebenen kriterienbezogenen Aussagen zum Kontinuum der fremdsprachlichen Kompetenz dar; man kann sie flexibel benutzen, um kriteriumsorientierte Beurteilungen zu entwickeln. Sie können auf jedes lokale System bezogen werden; man kann sie auch auf der Basis lokaler Erfahrungen erweitern und/oder dazu benutzen, neue Systeme von Lernzielen zu entwickeln.

Das System als Ganzes ist zwar nicht allumfassend und ist auch nur in einem einzigen (wenngleich mehrsprachigen und viele Sektoren umfassenden) Kontext des Sprachenlernens in Unterrichtssituationen skaliert worden. Das System ist jedoch

flexibel. – Die gleiche Sammlung von Deskriptoren kann – wie hier – in dem System breiter ‚konventioneller Niveaustufen' organisiert werden, die auf dem Symposium in Rüschlikon bestimmt wurden und wie sie im DIALANG-Projekt der Europäischen Kommission (vgl. Anhang C) und ebenso von ALTE (der *Association of Language Testers in Europe*) benutzt werden (vgl. Anhang D). Die Deskriptoren können aber auch als enger gefasste ‚didaktische Niveaus' dargestellt werden.

kohärent – was seinen Inhalt anbetrifft. Es hat sich herausgestellt, dass ähnliche oder identische Elemente, die in verschiedenen Deskriptoren enthalten sind, auch sehr ähnliche Skalenwerte haben. Diese Skalenwerte bestätigen auch weitgehend die ursprünglichen Intentionen der Autoren derjenigen Sprachkompetenzskalen, die als Quelle verwendet wurden. Sie stehen in kohärenter Beziehung zu den Inhalten der Lernzielkataloge des Europarats wie zu den Niveaustufen, die von DIALANG und ALTE vorgeschlagen werden.

3.5 – Ein flexibles Verzweigungsmodell

Referenzniveau A1 (*Breakthrough*) ist vermutlich die niedrigste identifizierbare Stufe einer unabhängigen Sprachkompetenz. Bevor diese Stufe jedoch erreicht ist, mag es durchaus eine gewisse Bandbreite an spezifischen Aufgaben geben, die für die Lernenden relevant sind und die sie erfolgreich ausführen können, indem sie ein sehr beschränktes Spektrum an Sprachmitteln benutzen. Die Untersuchung des *Schweizerischen Nationalfonds* von 1994/1995, in dem die Beispiele für Deskriptoren entwickelt und skaliert wurden, identifizierte ein solches Niveau des Sprachgebrauchs, das auf die Ausführung isolierter Aufgaben begrenzt ist; die Bewältigung solcher Aufgaben kann man aber bei der Definition des Referenzniveaus A1 voraussetzen. In einigen Kontexten, z. B. bei sehr jungen Lernenden, kann es angemessen sein, einen solchen „Meilenstein" auszuarbeiten. Die folgenden Deskriptoren beziehen sich auf einfache allgemeine Aufgaben, die unterhalb des Niveaus A1 angesiedelt wurden, die aber ein nützliches Lernziel für Anfänger darstellen können:

- Kann einfache Einkäufe tätigen, wenn die sprachliche Äußerung durch Zeigen oder andere Gesten unterstützt werden kann.
- Kann Tag, Uhrzeit und Datum erfragen und angeben.
- Kann einige einfache Grußformeln verwenden.
- Kann *ja, nein, Entschuldigung, bitte, danke, Tut mir Leid* sagen.
- Kann unkomplizierte Formulare mit persönlichen Angaben wie Name, Nationalität, Familienstand ausfüllen.
- Kann eine kurze, einfache Postkarte schreiben.

Dies sind realitätsnahe Aufgaben touristischer Art; in einer schulischen Lernumgebung könnte man sich eine besondere Liste ‚didaktischer Aufgaben' vorstellen, die auch spielerische Aspekte der Sprache umfassen, insbesondere auf der Elementarstufe (in der Grundschule).

Weiterhin legen die empirischen Ergebnisse der Schweizer Untersuchung eine kohärente Skala von neun Stufen mehr oder minder gleicher Größe nahe, wie sie Abbildung 2 zeigt. Diese Skala enthält weitere Stufen zwischen A2 (*Waystage*) und B1 (*Threshold*), zwischen B1 (*Threshold*) und B2 (*Vantage*) sowie zwischen B2 (*Vantage*) und C1 (*Effective Operational Proficiency*). Dass es möglich ist, solche engeren Niveaus zu schaffen, kann in *Lern*kontexten interessant sein; diese Zwischenstufen können in *Prüfungs*kontexten aber immer noch auf die breiteren konventionellen Stufen bezogen werden.

A
Elementare Sprachverwendung
/ \
A 1 *A 2*

B
Selbstständige Sprachverwendung
/ \
B 1 *B 2*

C
Kompetente Sprachverwendung
/ \
C 1 *C 2*

A 2+ *B 1+* *B 2+*

Abbildung 2

Bei den Beispieldeskriptoren wird ein Unterschied gemacht zwischen den ‚Kriterien-Niveaus' (z. B. A2 bzw. A2.1) und den ‚Plus-Niveaus' (z. B. A2+ bzw. A2.2). Letztere werden durch eine horizontale Linie abgetrennt, wie das folgende Beispiel für ‚Hörverstehen allgemein' zeigt:

A2	Versteht genug, um Bedürfnisse konkreter Art befriedigen zu können, sofern deutlich und langsam gesprochen wird.
	Kann Wendungen und Wörter verstehen, wenn es um Dinge von ganz unmittelbarer Bedeutung geht (z. B. ganz grundlegende Informationen zu Person, Familie, Einkaufen, Arbeit, nähere Umgebung), sofern deutlich und langsam gesprochen wird.

Tabelle 4 – Niveaus A2.1 und A2.2 (A2+): Hörverstehen

Niveaugrenzen festzusetzen, ist immer ein subjektives Verfahren. Einige Institutionen bevorzugen breite Stufen, andere enger gefasste. Der Vorteil eines Verzweigungsansatzes besteht darin, dass ein gemeinsames System von Referenzniveaus und/oder Deskriptoren in lokal benötigte Niveaus unterteilt werden kann; die Schnitte erfolgen dann an verschiedenen Punkten, je nachdem, wie die verschiedenen Benutzer ihre lokalen Bedürfnissen definieren, und sie haben dennoch einen klaren Bezug zum gemeinsamen System. Die Nummerierung erlaubt weitere Unterteilungen, ohne dass der Bezug zum übergeordneten Ziel verloren geht. Mit einem solchen flexiblen Verzweigungssystem können Institutionen diejenigen „Zweige", die für sie wichtig sind, bis zu einem angemessenen Grad an Differenziertheit verfeinern und ihnen dabei doch stets einen Ort im *Gemeinsamen Referenzrahmen* zuweisen.

Beispiel 1:
In einem Schulsystem, das von der Primarstufe bis zur Sekundarstufe 1 reicht, oder in einem System der Erwachsenenbildung, in denen es für notwendig erachtet wird, Fortschritte auf niedrigeren Stufen sichtbar zu machen, könnte man den Stamm ‚Elementare Sprachverwendung' weiterverzweigen und ein System von sechs „Meilensteinen" mit ausdifferenzierten Zwischenstufen auf dem Niveau A 2 (*Waystage*) entwickeln, auf dem es wahrscheinlich eine große Zahl von Lernenden gibt.

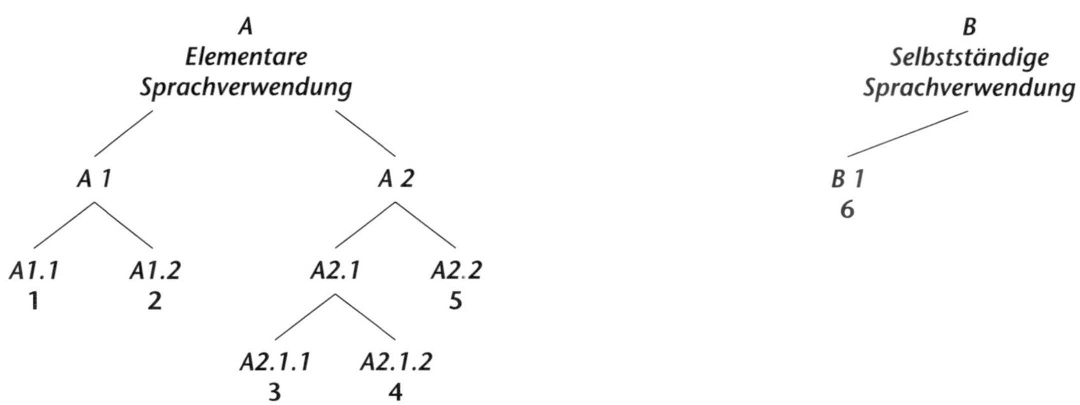

Abbildung 3

Beispiel 2:
In einer Sprachlernumgebung im Zielsprachengebiet könnte man den Stamm ‚Selbstständige Sprachverwendung' weiterverzweigen, indem man die mittleren Stufen der Skala durch eine weitere ausdifferenzierte Schicht ergänzt:

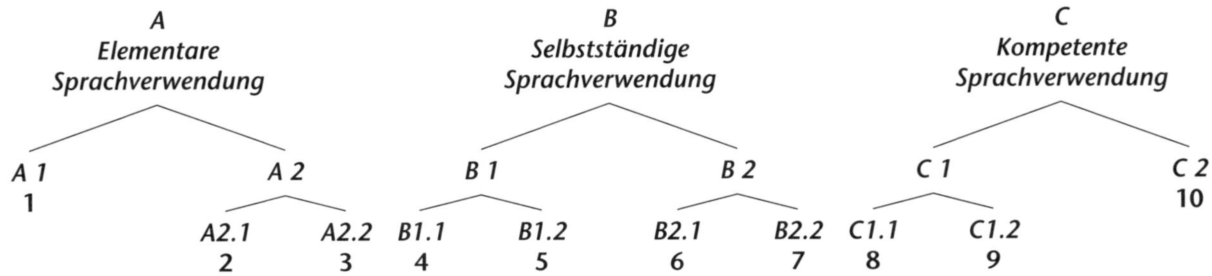

Abbildung 4

Beispiel 3:
Systeme, die zur Förderung höherer Stufen von Sprachfertigkeit für berufliche Zwecke benutzt werden, würden wahrscheinlich den Stamm ‚Kompetente Sprachverwendung' weiterverzweigen:

Abbildung 5

3.6 – Inhaltliche Kohärenz der Gemeinsamen Referenzniveaus

Eine Analyse der Sprachfunktionen und Notionen, der Grammatik und des Wortschatzes, die man für die Ausführung der in den Skalen beschriebenen kommunikativen Aufgaben benötigt, könnte ein wichtiges Element der Entwicklung neuer Lernzielkataloge für das Sprachenlernen sein.

- **Niveau A1** (***Breakthrough***) wird als die niedrigste Ebene einer generativen Sprachverwendung angesehen – der Punkt, an dem Lernende *sich auf ganz einfache Weise verständigen können.* Sie können *einfache Fragen zur Person stellen – z. B. zum Wohnort, zu Bekannten, zu Dingen, die man besitzt, usw. – und können auf entsprechende Fragen Antwort geben.* Sie können *einfache Feststellungen treffen oder auf solche reagieren, sofern es sich um unmittelbare Bedürfnisse oder um sehr vertraute Themen handelt*, wobei sie sich nicht nur auf ein begrenztes, eingeübtes und lexikalisch organisiertes Repertoire situationsspezifischer Wendungen verlassen müssen.

- **Niveau A2** spiegelt das Niveau der Lernzielbestimmungen in ***Waystage*** wider. Auf dieser Stufe findet man die Mehrzahl der Deskriptoren zur Beschreibung sozialer Funktionen wie z. B.: *Kann einfache, alltägliche Höflichkeitsformeln verwenden, um jemanden zu grüßen oder anzusprechen; kann jemanden grüßen, nach dem Befinden fragen und auf Neuigkeiten reagieren; kann sehr kurze soziale Kontaktgespräche führen; kann fragen, was jemand bei der Arbeit und in der Freizeit macht und kann entsprechende Fragen anderer beantworten; kann jemanden einladen und auf Einladungen reagieren; kann mit anderen besprechen, was man tun/wohin man gehen will, kann Verabredungen treffen; kann etwas anbieten und Angebote annehmen.* Hier findet man auch Deskriptoren für sprachliche Interaktion auf Reisen und im Ausland, d. h. eine vereinfachte und reduzierte Version der vollständigen Kataloge im *Threshold Level* für im Ausland lebende Erwachsene, wie z. B.: *Kann in Geschäften, Postämtern und Banken nach etwas fragen und einfache Erledi-*

gungen machen; kann sich einfache Reiseinformationen beschaffen, öffentliche Verkehrsmittel wie Bus, Zug oder Taxi benutzen; kann nach dem Weg fragen und den Weg erklären sowie Fahrkarten kaufen; kann um alltägliche Waren und Dienstleistungen bitten und solche anbieten.

- Die nächste Stufe umfasst **eine starke Variante** der Performanz auf der Ebene von ***Waystage*** (A2+). Bemerkenswert ist eine aktivere Teilnahme an Unterhaltungen, wobei einige Einschränkungen bestehen und oft Unterstützung nötig wird, z. B.: *Kann im direkten Kontakt ein einfaches, begrenztes Gespräch beginnen, in Gang halten und beenden; versteht genug, um ohne übermäßige Mühe in einfachen Routinegesprächen zurechtzukommen; kann sich in vorhersehbaren Alltagssituationen über vertraute Themen verständigen und Gedanken und Informationen austauschen, sofern die Gesprächspartner, falls nötig, helfen; kann sich erfolgreich über Alltagsthemen verständigen, sofern er/sie für das, was er/sie sagen möchte, um Hilfe bitten kann; kann Alltagssituationen mit voraussagbaren Inhalten bewältigen, muss allerdings in der Regel Kompromisse in Bezug auf die Realisierung der Sprechabsicht machen und nach Worten suchen; kann sich relativ leicht in strukturierten Situationen verständigen, sofern die Gesprächspartner, falls nötig, helfen – die Beteiligung an offenen Diskussionen ist aber nur begrenzt möglich.* Dazu kommt, dass die Fähigkeit zum zusammenhängenden monologischen Sprechen besser ausgeprägt ist, z. B.: *Kann in einfachen Worten sagen, wie es ihm/ihr geht; kann ausführlich über alltägliche Aspekte des eigenen Lebensbereich berichten, z. B. über Leute, Orte, Erfahrungen in Beruf oder Ausbildung; kann Pläne und Vereinbarungen, Gewohnheiten und Alltagsbeschäftigungen beschreiben sowie über vergangene Aktivitäten und persönliche Erfahrungen berichten; kann erklären, was er/sie an etwas mag oder nicht mag; kann kurz und einfach über ein Ereignis oder eine Tätigkeit berichten; kann Tiere oder Dinge, die ihm/ihr gehören, beschreiben; kann mit einfachen Mitteln Gegenstände sowie Dinge, die ihm/ihr gehören, kurz beschreiben und vergleichen.*

- **Niveau B1** entspricht der Lernzielbestimmung des ***Threshold Level*** für Reisende in ein anderes Land. Sie zeichnet sich besonders durch zwei Merkmale aus: (1) die Fähigkeit, Interaktion aufrechtzuerhalten und in einem Spektrum von Situationen auszudrücken, was man sagen möchte, z. B.: *Kann im Allgemeinen den Hauptpunkten von längeren Gesprächen folgen, die in seiner/ihrer Gegenwart geführt werden, sofern deutlich artikuliert und in der Standardsprache gesprochen wird; kann in einer Diskussion mit Freunden persönliche Standpunkte und Meinungen äußern und erfragen; kann das Wesentliche von dem, was er/sie sagen möchte, verständlich ausdrücken; kann ein breites Spektrum einfacher sprachlicher Mittel flexibel einsetzen, um viel von dem auszudrücken, was er/sie sagen möchte; kann ein Gespräch oder eine Diskussion in Gang halten, ist aber möglicherweise manchmal schwer zu verstehen, wenn er/sie versucht, genau auszudrücken, was er/sie sagen möchte; kann sich ohne viel Stocken verständlich ausdrücken, obwohl er/sie deutliche Pausen macht, um die Äußerungen grammatisch oder in der Wortwahl zu planen oder zu korrigieren, vor allem, wenn er/sie länger frei spricht.* (2) Das zweite Merkmal ist die Fähigkeit, sprachliche Probleme des Alltagslebens flexibel zu bewältigen, z. B.: *Kann auch mit weniger routinemäßigen Situationen in öffentlichen Verkehrsmitteln umgehen; kann die meisten Situationen bewältigen, die gewöhnlich beim Buchen einer Reise durch ein Reisebüro oder auf der Reise selbst auftreten; kann ohne Vorbereitung in ein Gespräch über vertraute Themen eintreten; kann sich beschweren; kann in einem Interview- oder Konsultationsgespräch eine gewisse Initiative ergreifen (z. B. ein neues Thema einführen), ist aber bei der Gesprächsführung sehr stark vom Interviewer abhängig; kann andere bitten zu erklären oder genauer zu erläutern, was sie gerade gesagt haben.*

- Das folgende Niveau könnte eine **starke Variante** des ***Threshold Level*** sein (B1+). Dabei sind die beiden oben erwähnten Merkmale weiter vorhanden, wobei aber eine Reihe von Deskriptoren hinzukommen, die sich auf den Umfang der Information beziehen, die bewältigt wird, z. B.: *Kann eine Nachricht notieren, wenn jemand nach Informationen fragt oder ein Problem erläutert; kann in einem Interview- oder Konsultationsgespräch konkrete Auskünfte geben (z. B. beim Arzt Symptome beschreiben), tut das aber mit begrenzter Genauigkeit; kann erklären, warum etwas ein Problem ist; kann eine kurze Geschichte, einen Artikel, einen Vortrag, ein Interview oder eine Dokumentarsendung zusammenfassen, dazu Stellung nehmen und Informationsfragen dazu beantworten; kann ein vorbereitetes Interview durchführen, Informationen kontrollieren und bestätigen, muss aber möglicherweise gelegentlich um Wiederholung bitten, wenn der Gesprächspartner zu schnell oder zu ausführlich antwortet; kann beschreiben, wie man etwas macht, und kann genaue Anweisungen geben; kann im eigenen Sachgebiet mit einer gewissen Sicherheit größere Mengen von Sachinformationen über vertraute Routineangelegenheiten und über weniger routinemäßige Dinge austauschen.*

- **Niveau B2** liegt so weit oberhalb von B1 (*Threshold*), wie A2 (*Waystage*) darunter liegt. Es soll die Lernziele des ***Vantage Level*** widerspiegeln. Die Metapher *vantage* (= günstiger Ausgangspunkt) bedeutet, dass ein Lernender, der langsam aber sicher das mittlere Lernplateau durchschritten hat, merkt, dass er/sie jetzt an einem Punkt angekommen ist, von dem aus die Dinge in einem anderen Licht erscheinen und sich neue Perspektiven eröffnen. Dieses Konzept wird in hohem Maße durch die Deskriptoren unterstützt, die für dieses Niveau kalibriert wurden. Sie weichen nämlich ganz erheblich von den bisherigen Inhalten ab. Am unteren Ende dieses Niveaus liegt der Schwerpunkt z. B. auf erfolgreichem Argumentieren: *Kann in Diskussionen die eigenen Ansichten durch relevante Erklärungen, Argumente und Kommentare begründen und verteidigen; kann den eigenen Standpunkt zu einem Problem erklären und die Vor- und Nachteile verschiedener Alternativen angeben; kann seine/ihre Argumentation logisch aufbauen und verbinden; kann etwas erörtern und dabei Gründe für oder gegen einen bestimmten Standpunkt angeben; kann ein Problem erläutern, das aufgetreten ist, und klar machen, dass der betreffende Anbieter der Dienstleistung oder der Kunde Zugeständnisse machen müssen; kann Vermutungen anstellen über Ursachen und Folgen und kann über hypothetische Situationen sprechen; kann sich in vertrauten Situationen aktiv an informellen Diskussionen beteiligen, indem er/sie Stellung nimmt, einen Standpunkt klar darlegt, verschiedene Vorschläge beurteilt, Hypothesen aufstellt oder auf Hypothesen reagiert.* Weiterhin gibt es auf dem gesamten Niveau zwei weitere neue Schwerpunkte. Der erste davon ist, dass man im Diskurs mehr kann als sich selbst behaupten, z. B.: *Kann sich auf natürliche, fließende und effektive Weise an Gesprächen beteiligen; kann im Detail verstehen, was zu ihm/ihr in der Standardsprache gesagt wird, auch wenn es in der Umgebung störende Geräusche gibt; kann ein Gespräch beginnen, die Sprecherrolle übernehmen, wenn es angemessen ist, und das Gespräch, wenn er/sie möchte, beenden, auch wenn das möglicherweise nicht immer elegant gelingt; kann Versatzstücke wie „Das ist eine schwierige Frage." verwenden, um Zeit zum Formulieren zu gewinnen und das Rederecht zu behalten; kann sich so spontan und fließend verständigen, dass ein normales Gespräch mit einem Muttersprachler ohne Belastung für eine der beiden Seiten möglich ist; kann sich den in der Konversation üblichen Wechseln der Gesprächsrichtung, des Stils oder des Tons anpassen; kann Beziehungen zu Muttersprachlern aufrechterhalten, ohne sie unfreiwillig zu belustigen oder zu irritieren oder sie zu veranlassen, sich anders zu verhalten als bei Muttersprachlern; kann Fehler korrigieren, wenn sie zu Missverständnissen geführt haben; kann sich seine Hauptfehler merken und sich beim Sprechen bewusst in Bezug auf diese Fehler kontrollieren; kann Versprecher oder Fehler normalerweise selbst korrigieren, wenn sie ihm/ihr bewusst werden; kann planen, was und wie er/sie etwas sagen will, und dabei die Wirkung auf die Zuhörer berücksichtigen.* Insgesamt scheint dies eine neue Schwelle zu sein, die Sprachenlernende überschreiten müssen.

- Auf der nächsten Stufe – einer **starken Variante** von ***Vantage*** (B2+) – liegt das Gewicht weiterhin auf der Fähigkeit zum Argumentieren, zu effektivem sozialem Diskurs und auf einer stärkeren Sprachbewusstheit. Die Fokussierung auf Argumentieren und sozialen Diskurs kann jedoch auch als ein neuer Schwerpunkt bei den Diskursfertigkeiten interpretiert werden. Dieser höhere Grad an Diskurskompetenz zeigt sich im ‚Diskursmanagement' (Kooperationstrategien): *Kann sich auf Aussagen und Folgerungen anderer Sprecher beziehen, daran anknüpfen und so zur Entwicklung des Gesprächs beitragen; kann eigene Beiträge geschickt mit denen anderer Gesprächspartner verbinden.* Sie zeigt sich auch in Bezug auf Kohärenz und Kohäsion: *Kann eine begrenzte Zahl von Verknüpfungsmitteln verwenden, um seine/ihre Äußerungen zu einem klaren, zusammenhängenden Text zu verbinden; kann verschiedene Verknüpfungswörter sinnvoll verwenden, um inhaltliche Beziehungen deutlich zu machen; kann etwas systematisch erörtern und dabei entscheidende Punkte in angemessener Weise hervorheben und stützende Einzelheiten anführen.* Schließlich konzentrieren sich auf dieser Stufe auch Sprachmittel zum Verhandeln: *Kann einen Schadensersatzfall darlegen, jemanden überzeugen, eine Wiedergutmachung zu leisten und dabei klar die Grenzen für Zugeständnisse abstecken, die er/sie zu machen bereit ist.*

- **Niveau C1** wurde ***Effective Operational Proficiency*** genannt (Kompetente Sprachverwendung). Es ist kennzeichnend für dieses Niveau, dass hier ein breites Spektrum sprachlicher Mittel zur Verfügung steht, das flüssige, spontane Kommunikation ermöglicht, wie die folgenden Beispiele zeigen: *Kann sich beinahe mühelos spontan und fließend ausdrücken; beherrscht einen großen Wortschatz und kann bei Wortschatzlücken problemlos Umschreibungen gebrauchen; offensichtliches Suchen nach Worten oder der Rückgriff auf Vermeidungsstrategien sind selten, nur begrifflich schwierige Themen können den natürlichen Sprachfluss beeinträchtigen.* Die Diskursfertigkeiten, die für das vorhergehende Niveau charakteristisch waren, sind auch hier evident, wobei das Gewicht jetzt auf dem Aspekt größerer Flüssigkeit liegt, z. B.: *Kann aus einem geläufigen Repertoire von Diskursmitteln eine geeignete Wendung auswählen und der eigenen Äußerung vor-*

anstellen, um das Wort zu ergreifen oder um Zeit zu gewinnen und das Wort zu behalten, während er/sie überlegt; kann klar, sehr fließend und gut strukturiert sprechen und zeigt, dass er/sie die Mittel der Gliederung sowie der inhaltlichen und sprachlichen Verknüpfung beherrscht.

- **Niveau C2** wird zwar als kompetente Sprachverwendung (***Mastery***) bezeichnet, dies bedeutet aber nicht, dass eine muttersprachliche oder fast muttersprachliche Kompetenz erreicht ist. Beabsichtigt ist nur, die Präzision, Angemessenheit und Leichtigkeit zu charakterisieren, welche die Sprache dieser sehr erfolgreichen Lernenden auszeichnen. Zu den Deskriptoren, die für dieses Niveau kalibriert wurden, gehören: *Kann ein großes Repertoire an Graduierungs- und Abtönungsmitteln weitgehend korrekt verwenden und damit feinere Bedeutungsnuancen deutlich machen; beherrscht idiomatische und umgangssprachliche Wendungen gut und ist sich der jeweiligen Konnotationen bewusst; kann bei Ausdrucksschwierigkeiten so reibungslos neu ansetzen und umformulieren, dass die Gesprächspartner kaum etwas davon bemerken.*

Die Gemeinsamen Referenzniveaus können in sehr vielfältigen Formaten und unterschiedlich detailliert dargestellt werden. Jedoch sorgt schon das Vorhandensein von festen gemeinsamen Referenzpunkten für Transparenz und Kohärenz und ist ein Werkzeug für zukünftige Planungen und eine Basis zukünftiger Entwicklungen. Dieses System von Deskriptoren soll – zusammen mit den Kriterien und Methoden für die weitere Entwicklung von Deskriptoren – Entscheidungsträgern helfen, Umsetzungen zu entwerfen, die ihren Arbeitskontexten entsprechen.

3.7 – Wie man die Skalen und die Deskriptoren lesen sollte

Die hier benutzten Referenzniveaus sind die sechs, die in diesem Kapitel 3 eingeführt wurden: A1 (*Breakthrough*), A2 (*Waystage*), B1 (*Threshold*), B2 (*Vantage*), C1 (*Effective Operational Proficiency*) und C2 (*Mastery*). Die Niveaus in der Mitte der Skala (*Waystage, Threshold, Vantage*) sind – wie weiter oben beschrieben – oft noch einmal durch eine dünne Linie unterteilt. Wo dies der Fall ist, repräsentieren die Deskriptoren unterhalb der Linie das Kriterium des jeweiligen Niveaus. Deskriptoren oberhalb der Linie definieren ein Kompetenzniveau, das signifikant höher liegt als das Kriterium des Niveaus, das aber nicht den Standard des darauf folgenden Niveaus erreicht. Grundlage dieser Unterscheidung ist eine empirische Kalibrierung der Deskriptoren. Wo es in A2 (*Waystage*), B1 (*Threshold*) oder B2 (*Vantage*) keine Unterteilung gibt, repräsentiert der Deskriptor das Kriterium des jeweiligen Referenzniveaus. In diesen Fällen wurde keine Formulierung für ein Kriterium gefunden, das zwischen den zwei Ebenen liegt.

Manche Leser bevorzugen es, eine Skala mit Deskriptoren von unten nach oben zu lesen, andere bevorzugen die umgekehrte Richtung. Um konsistent zu bleiben, sind alle Skalen so angelegt, dass C2 (*Mastery*) oben steht und A1 (*Breakthrough*) unten.

Jedes Niveau sollte so verstanden werden, dass es alle anderen niedrigeren Niveaus auf der Skala mit einschließt. Das heißt, dass jemand, der B1 (*Threshold*) erreicht hat, auch alles tun kann, was in A2 (*Waystage*) aufgeführt ist, und dies sogar besser kann als in A2 beschrieben. Das bedeutet auch, dass Einschränkungen, die bei Leistungen auf dem Niveau A2 formuliert werden – z. B. *sofern klar und deutlich gesprochen wird* –, bei einer Leistung auf Niveau B1 (*Threshold*) weniger Gewicht haben oder gar nicht mehr bestehen.

Nicht jedes Element oder jeder Aspekt eines Deskriptors wird auf der jeweils folgenden Ebene wiederholt. Das heißt, dass die Einträge auf jedem Referenzniveau selektiv beschreiben, was als charakteristisch ins Auge fällt. Sie wiederholen also nicht systematisch all die Elemente, die auf dem Niveau darunter aufgeführt sind, mit geringfügig geänderten Formulierungen, um einen höheren Schwierigkeitsgrad zu signalisieren.

Es gibt nicht in allen Skalen Beschreibungen für alle Niveaus. Es ist schwer, aus dem Fehlen eines bestimmten Bereichs auf einem bestimmten Niveau irgendwelche Rückschlüsse zu ziehen, weil dies einen oder mehrere der folgenden Gründe haben kann:

- Der Bereich existiert auf diesem Niveau: Es gab zwar im Forschungsprojekt einige Deskriptoren, diese wurden dann aber bei der Qualitätskontrolle fallen gelassen.

- Der Bereich existiert höchstwahrscheinlich auf diesem Niveau: Man könnte Deskriptoren dafür entwickeln – dies ist aber nicht geschehen.
- Der Bereich könnte vielleicht auf diesem Niveau existieren: Die Formulierung von Deskriptoren scheint aber schwierig oder gar unmöglich zu sein.
- Der Bereich existiert nicht auf diesem Niveau oder ist für dieses Niveau nicht relevant; eine Unterscheidung kann hier nicht gemacht werden.

Wenn Benutzer des *Referenzrahmens* die Deskriptoren verwenden wollen, müssen sie sich entscheiden, wie sie mit den Lücken in den angebotenen Deskriptoren umgehen wollen. Es kann durchaus sein, dass man die Lücken füllen kann, indem man für den jeweiligen Verwendungskontext neue Deskriptoren erarbeitet oder vorhandenes Material aus dem System des Benutzers integriert. Andererseits können manche Lücken auch zu Recht bestehen bleiben. Es könnte sein, dass eine bestimmte Kategorie auf den oberen oder den unteren Stufen der Skala nicht relevant ist. Eine Lücke in der Mitte einer Skala hingegen kann darauf hinweisen, dass eine sinnvolle Unterscheidung nicht einfach zu formulieren ist.

3.8 – Wie man die Skalen und die Deskriptoren der Sprachkompetenz benutzen kann

Die Gemeinsamen Referenzniveaus, die in den Tabellen 1, 2 und 3 veranschaulicht sind, stellen eine verbal formulierte Kompetenzskala dar. Technische Probleme bei Erstellung solch einer Skala werden in Anhang A diskutiert. Kapitel 9 (‚Beurteilen und Bewerten') beschreibt, wie man die Skala mit Gemeinsamen Referenzniveaus als Hilfsmittel bei der Beurteilung von Sprachkompetenz benutzen kann.

Sehr wichtige Fragen bei der Erörterung von Skalen der Sprachkompetenz sind jedoch (a) die genaue Identifikation des Zwecks, dem die Skala dienen soll, sowie (b) eine diesem Zweck angemessene Formulierung der Deskriptoren.

Man unterscheidet drei Arten von Sprachkompetenzskalen nach ihrer Funktion: (a) Skalen für Benutzer (benutzerorientierte Skalen), (b) Skalen für Beurteilende (beurteilungsorientierte Skalen) und (c) Skalen für Testautoren (aufgabenorientierte Skalen) (Alderson 1991). Probleme können sich ergeben, wenn eine Skala, die für einen bestimmten Zweck konstruiert wurde, für einen anderen Zweck eingesetzt wird – es sei denn, die Formulierung ist nachweislich auch dafür angemessen.

(a) ***Skalen für Benutzer*** (*benutzerorientierte Skalen*) haben die Aufgabe, das typische oder wahrscheinliche Verhalten von Lernenden auf den verschiedenen Niveaus zu beschreiben. Dies Skalen sagen typischerweise etwas darüber aus, ***was der Lernende tun kann.*** Sie sind meistens positiv formuliert, auch auf niedrigen Niveaus:

> Kann einfaches Deutsch verstehen, wenn man sich langsam und sorgfältig sprechend direkt an ihn/sie wendet, und kann die Hauptpunkte in kurzen, klaren und einfachen Mitteilungen und Durchsagen mitbekommen.
> *Zertifikat der Eurozentren: Sprachkompetenzskala 1993: Hörverstehen: Niveau 2*[3]

Gleichwohl können auch Einschränkungen zum Ausdruck kommen:

> Kann in einfachen und routinemäßigen Aufgaben und Situationen kommunizieren. Kann unter Zuhilfenahme eines Wörterbuches einfach geschriebene Mitteilungen, ohne Wörterbuch ihre Kernaussage verstehen. Die begrenzte Sprachfertigkeit führt zu häufigen Brüchen in der Kommunikation und Missverständnissen in nicht-routinemäßigen Situationen.
> *Finnish Nine Level Scale of Language Proficiency 1993: Level 2*

Skalen für Benutzer sind oft *holistisch* und geben nur einen Deskriptor pro Niveau an. Die zitierte finnische Skala gehört zu diesem Typ. Tabelle 1, mit deren Hilfe weiter oben in diesem Kapitel die Gemeinsamen Referenzniveaus vorgestellt wurden, bietet den Benutzern ebenfalls eine holistische Zusammenfassung der für die

[3] Alle in diesem Kapitel erwähnten Skalen werden mit vollständigen Quellenangaben ausführlich behandelt in North, B. (1994) *Scales of language proficiency: a survey of some existing systems.* Strasbourg, Council of Europe CC-LANG (94) 24.

jeweilige Stufe charakteristischen Kompetenz an. Skalen für Benutzer können auch die vier Fertigkeiten abbilden, wie das in der oben zitierten Skala der *Eurozentren* geschieht, aber die Haupteigenschaft von Skalen mit dieser Funktion ist ihre Einfachheit.

(b) ***Skalen für Beurteilende*** (*beurteilungsorientierte Skalen*) haben die Aufgabe, den Beurteilungsprozess zu lenken; die Beschreibungen formulieren typischerweise Aspekte der Qualität der erwarteten Leistung. Mit Beurteilung ist hier die summative Beurteilung bzw. Bewertung einer bestimmten Leistung gemeint. Solche Skalen konzentrieren sich darauf, ***wie gut ein Lernender die Sprache verwenden kann***. Sie werden auch auf höheren Niveaus oft negativ formuliert, besonders dann, wenn die Formulierung normorientiert ist in Bezug auf eine Mindestnote für das Bestehen einer Prüfung.

> Unterbrochener Redefluss und/oder häufige Verzögerungen behindern die Kommunikation und strapazieren den Zuhörer ständig.
> *Certificate in Advanced English 1991, Paper 5 (Oral) Criteria for Assessment: Fluency: Band 1-2 (bottom of 4 bands)*

Negative Formulierungen kann man weitgehend vermeiden, wenn bei der Entwicklung ein qualitativer Ansatz benutzt wird, bei dem Informanten die Schlüsselmerkmale der Performanz einer repräsentativen Lernergruppe bzw. Stichprobe beschreiben.

Einige Skalen für Beurteilende sind *holistische* Skalen, die nur einen Deskriptor pro Niveau enthalten. Andere wiederum sind *analytische* Skalen, die sich auf verschiedene Aspekte der Leistung beziehen, wie z. B. Spektrum, Korrektheit, Flüssigkeit, Aussprache. Die weiter oben in diesem Kapitel abgedruckte Tabelle 3 ist ein Beispiel für eine positiv formulierte *analytische* Skala für Beurteilende, die aus den Deskriptoren des *Gemeinsamen Referenzrahmens* abgeleitet ist.

Einige analytische Skalen haben eine Vielzahl von Kategorien, mit denen sie Lernerfolgsprofile abbilden wollen. Solche Ansätze werden allerdings als weniger geeignet für Zwecke der Beurteilung angesehen, weil Bewerter es oft schwer finden, mit mehr als drei bis fünf Kategorien umzugehen. Analytische Skalen wie die in Tabelle 3 sind daher auch als ***diagnoseorientiert*** bezeichnet worden, weil einer ihrer Zwecke darin besteht, ein Profil des aktuelles Lernstands zu erfassen, ein Profil der Bedürfnisse und Ziele in relevanten Kategorien zu erstellen sowie eine Diagnose, was man zur Erreichung dieser Ziele noch abdecken muss.

(c) ***Skalen für Testautoren*** (*aufgabenorientierte Skalen*) sind als Anleitungen für die Testerstellung auf den jeweiligen Niveaus gedacht. Typischerweise werden sie als kommunikative Aufgaben formuliert, wie sie von Lernenden in Tests zu lösen sind. Diese Arten von Skalen oder Listen von Leistungsbeschreibungen richten ihr Augenmerk darauf, ***was der Lernende mit der Sprache tun kann***.

> Kann detaillierte Information über die eigene Familie, über seine Lebensbedingungen und seine Ausbildung geben; kann alltägliche Vorkommnisse und Objekte in seiner Umgebung (z. B. seinen Vorort, das Wetter) beschreiben und sich darüber unterhalten; kann seine derzeitige Arbeit oder Tätigkeit beschreiben; kann an Ort und Stelle mit Mitarbeitern oder unmittelbaren Vorgesetzten kommunizieren (z. B. Fragen über die Arbeit stellen, Beschwerden über Arbeitsbedingungen, Pausenzeiten usw. vorbringen); kann am Telefon einfache Mitteilungen machen; kann Anleitungen und Anweisungen für einfache Aufgaben im alltäglichen Leben (z. B. an Handwerker) geben; beherrscht ansatzweise Mittel für höfliche Bitten; wirkt unter Umständen manchmal verletzend aufgrund unbeabsichtigter Beiläufigkeit oder Aggressivität oder beleidigend durch übertriebene Unterwürfigkeit in Fällen, in denen Muttersprachler informelles Verhalten erwarten.
> *Australian Second Language Proficiency Ratings 1982; Speaking; Level 2: Beispiele für spezifische Aufgaben im Bereich Englisch als Zweitsprache (eine von drei Spalten)*

Diesen holistischen Deskriptor könnte man in kürzere Teilbeschreibungen für folgende Kategorien zerlegen: *Informationsaustausch (privater Lebensbereich; beruflicher Lebensbereich), Beschreibung, Konversation, Telefonieren, Anweisungen geben, Soziokulturelles.*

Nicht zuletzt funktionieren Checklisten oder Skalen mit Kompetenzbeschreibungen, die für die kontinuierliche Beurteilung durch Lehrende – oder für die Selbstbeurteilung – benutzt werden, am besten, wenn die Deskriptoren nicht nur aussagen, *was* die Lernenden tun, sondern auch, *wie gut* sie es tun können. Dass man keine angemessene Information darüber mit einbezog, wie gut Lernende Aufgaben ausführen sollten, führte in früheren Versionen der Zielvorgaben des Englischen Nationalen Curriculums ebenso wie bei den Australischen Curriculumprofilen zu Problemen. Lehrende bevorzugen offenbar detailliertere Ausführungen, die sich einerseits auf Aufgaben im Curriculum (eine Verbindung zur Aufgabenorientierung), andererseits auf qualitative Kriterien beziehen (eine Verbindung zur Diagnose-Orientierung). Auch Deskriptoren für die Selbstbeurteilung sind typischerweise effektiver, wenn sie zeigen, wie gut jemand Aufgaben auf verschiedenen Niveaus ausführen können soll.

Zusammenfassend kann man Skalen der Sprachkompetenz eine oder mehrere der folgenden Orientierungen zuweisen:

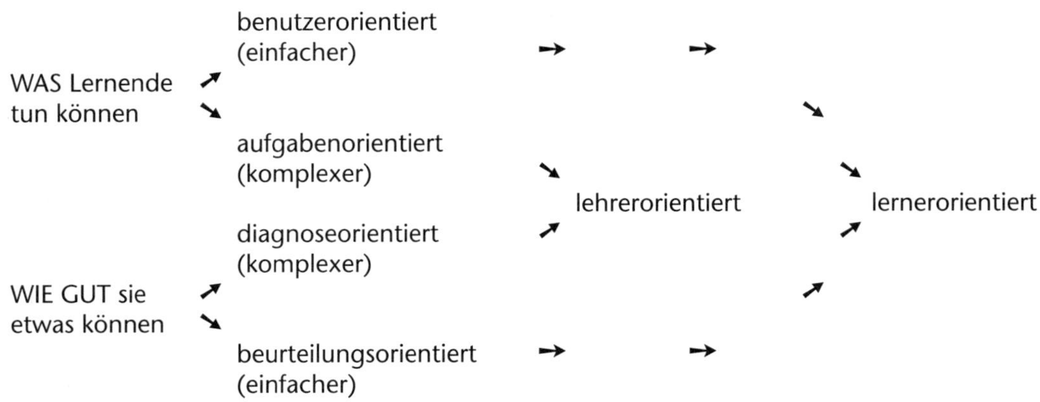

Abbildung 6

Alle diese Orientierungen sind für den *Gemeinsamen Referenzrahmen* relevant.

Man kann diese vier Orientierungen auch wie folgt betrachten: Eine Skala für Benutzer stellt eine weniger detaillierte Version einer aufgabenorientierten Skala dar; schließlich soll sie ja eher einen allgemeinen Überblick vermitteln. Ganz ähnlich stellt eine Skala für Beurteilende eine weniger detaillierte Version einer diagnoseorientierten Skala dar. Einige Skalen für Benutzer setzen diesen Prozess der Reduktion von Details bis zu seinem logischen Endpunkt fort: Sie präsentieren nur noch eine ‚Globalskala', die für jede Stufe typische Leistungen beschreibt. In einigen Fällen ersetzt sie detaillierte Beschreibungen (wie z. B. die oben zitierte finnische Skala). In anderen Fällen dient sie dazu, Punktwerte, die für einzelne Fertigkeiten vergeben wurden, inhaltlich zu erklären (wie z. B. bei IELTS: *International English Language Testing System*). In wieder anderen Fällen dient sie als Zugangspunkt oder Übersicht zu einem detaillierteren System von Profilen und Beschreibungen (wie z. B. bei den Skalen der *Eurozentren*). In all diesen Fällen ist der Ansatz mit dem Prinzip der Hypertextdarstellung beim Computer vergleichbar. Man bietet dem Anwender Informationen in Form einer Pyramide an. Er bekommt eine klare Übersicht, indem er die obere Schicht der Hierarchie (hier die Globalskala) betrachtet. Details können dann dargestellt und betrachtet werden, indem man die verschiedenen Schichten des Systems nach unten geht, aber immer ist das, was man anschaut, auf ein oder zwei Bildschirmfenster bzw. auf ein bis zwei Blatt Papier beschränkt. Auf diese Art und Weise kann man komplexe Sachverhalte darstellen, ohne dass sie bis zur Banalität vereinfacht sind und ohne dass die Benutzer von irrelevanten Details erschlagen werden. Alle notwendigen Details sind trotzdem immer vorhanden – wenn sie benötigt werden.

Hypertext ist eine sehr nützliche Analogie, wenn man über ein Beschreibungssystem nachdenkt. Sie entspricht dem Ansatz des Systems der Leistungsstufen der ESU (*English Speaking Union*) für Prüfungen im Bereich Englisch als Fremdsprache. In den Skalen, die in den Kapiteln 4 und 5 zu sehen sind, wird dieser Ansatz weitergeführt. So ist z. B. die Skala für Interaktion in Bezug auf die kommunikativen Aktivitäten eine Zusammenfassung von Subskalen dieser Kategorie.

Die Benutzer des *Referenzrahmens* sollten bedenken und, soweit sinnvoll, angeben,

- inwieweit sich ihr Interesse an Niveaustufen auf Lernziele bezieht sowie auf curriculare Inhalte, Richtlinien für Lehrende und Aufgaben zur kontinuierlichen Beurteilung (konstruktionsorientiert);
- inwieweit sich ihr Interesse auf eine verbesserte Konsistenz von Beurteilungen bezieht, indem gut definierte Kriterien für die verschiedenen Fertigkeitsniveaus angeboten werden (beurteilungsorientiert);
- inwieweit sich ihr Interesse darauf bezieht, die Beurteilungsresultate Arbeitgebern, anderen Bildungssektoren, Eltern und den Lernenden selbst mitzuteilen (benutzerorientiert).

3.9 – Sprachkompetenzniveaus und Benotungssysteme

Es ist wichtig, bei Skalen zwischen (a) der Definition von Stufen der Sprachkompetenz (wie in den Gemeinsamen Referenzniveaus) und (b) der Bewertung von erreichten Leistungen in Bezug auf Ziele auf einem bestimmten Niveau zu unterscheiden. Eine Skala der Sprachkompetenz (wie die der Gemeinsamen Referenzniveaus) beschreibt eine ansteigende Abfolge von Kompetenzstufen. Sie kann das gesamte Spektrum der Kompetenzen von Lernenden abdecken, sie kann aber auch nur das Kompetenzspektrum abdecken, das für einen bestimmten Sektor oder eine bestimmte Institution relevant ist. Eine Einstufung auf Niveau B2 könnte als hervorragende Leistung für einen Lernenden gelten, der vor gerade erst zwei Monaten auf B1 stand, aber ebenso als mittelmäßige Leistung für einen anderen Lernenden, der auch schon vor zwei Jahren auf B2 eingestuft wurde.

Ein Lernziel mag auf einem bestimmten Niveau platziert sein. In Abbildung 7 (weiter unten) zielt Prüfung Y darauf ab, die Kompetenzspanne, die auf den Niveaus 4 und 5 auf der Sprachkompetenzskala dargestellt wird, abzudecken. Es gibt andere Prüfungen, die auf andere Niveaus zielen. Die Sprachkompetenzskala kann dafür benutzt werden, deren Verhältnis zueinander transparenter zu machen. Dies ist der Grundgedanke sowohl des *Framework*-Projekts für Prüfungen in Englisch als Fremdsprache der *English Speaking Union* (ESU) als auch des Systems von ALTE, Prüfungen für unterschiedliche europäische Sprachen miteinander vergleichbar zu machen.

Das erreichte Niveau in Prüfung Y kann auch im Rahmen einer Notenskala bewertet werden, z. B. durch die Noten 1 bis 5, wobei eine 3 die Norm sein mag, bei der man die Prüfung bestanden hat. Eine solche Benotungsskala kann man für die direkte Bewertung der Leistung in subjektiv benoteten Prüfungsaufgaben benutzen – was typisch ist für Prüfungen im mündlichen und schriftlichen Ausdruck. Man kann sie auch benutzen, um ein Prüfungsergebnis mitzuteilen. Prüfung Y kann auch ein Teil eines Prüfungssystems mit verschiedenen Stufen, z. B. X, Y und Z, sein. Jede Prüfung kann dabei ähnlich beschaffene Notenskalen haben; es ist aber offensichtlich, dass die Note 4 in Prüfung X bezüglich der Sprachkompetenz nicht das Gleiche wie eine Note 4 in Prüfung Y bedeutet.

Wenn die Prüfungen X, Y und Z alle auf eine gemeinsame Kompetenzskala bezogen sind, dann sollte es möglich sein, innerhalb eines gewissen Zeitraums die Noten der einen Prüfung mit den Noten der anderen Prüfungen in Beziehung zu setzen. Dies kann man erreichen, indem man Fachkenntnisse zusammenbringt, Lernzielkataloge analysiert, offizielle Prüfungsbeispiele vergleicht und die Ergebnisse von Prüfungskandidaten skaliert.

Es ist möglich, das Verhältnis zwischen Prüfungsnoten und Kompetenzstufen auf diese Weise festzustellen, weil Prüfungen *per definitionem* einen Standard haben und über ein Team von geschulten Prüfern/Korrektoren verfügen, die diesen Standard interpretieren können. Es ist dabei notwendig, die gemeinsamen Standards explizit und transparent zu machen (wenn sie dies noch nicht sind) und Beispiele zu geben, die die Standards operationalisieren, und diese später auf einer Skala anzuordnen.

In vielen Ländern erfolgt die Beurteilung von Lernerfolgen durch Noten, manchmal auf einer Skala von 1 bis 6, wobei die Note 4 das Bestehen, die Mindestnorm oder ein „Ausreichend" darstellt. Was die verschiedenen Noten bedeuten, wird von den Lehrenden in den jeweiligen Kontexten internalisiert, aber selten definiert. Das Verhältnis zwischen der Notengebung der Lehrenden und den Kompetenzniveaus ist im Prinzip ähnlich wie das Verhältnis zwischen Prüfungsnoten und Kompetenzniveaus. Die Sache wird aber dadurch kompliziert, dass es unzählige Standards gibt. Selbst wenn man die benutzte Bewertungsform und die unterschiedliche Interpretation der Noten durch Lehrende im jeweiligen Kontext außer Acht lässt, wird jede Jahrgangsstufe in jedem Schultyp in jeder Region mit einem unterschiedlichen Bildungssystem naturgemäß einen anderen Standard haben. Es ist klar, dass die Note 4 am Ende des vierten Schuljahrs nicht das Gleiche bedeutet wie die Note 4 am Ende des dritten Schuljahrs in der gleichen weiterführenden Schule. Ebenso wenig wird die Note 4 am Ende des vierten Schuljahrs in zwei verschiedenen Schultypen dieselbe Bedeutung haben.

Es ist trotzdem zumindest annäherungsweise möglich, eine Beziehung zwischen dem Spektrum von Standards, die in einem bestimmten Bildungssektor in Gebrauch sind, herzustellen und sie auf bestimmte Referenzniveaus zu beziehen. Man kann dafür Techniken wie die folgenden kumulativ benutzen: (a) Standarddefinitionen für verschiedene Leistungsstufen in Hinblick auf das gleiche Ziel bereitstellen; (b) Lehrende auffordern, durchschnittliche Leistungen auf eine bereits bestehende Kompetenzskala oder ein Raster wie in Tabelle 1 oder 2 zu beziehen; (c) repräsentative Beispiele von verschiedenen Leistungen sammeln, um sie nachher in gemeinsamen Beurteilungssitzungen auf einer Skala zu kalibrieren; d) Lehrende auffordern, ihr normales Benotungssystem auf vorher standardisierte Videos von Prüfungen anzuwenden.

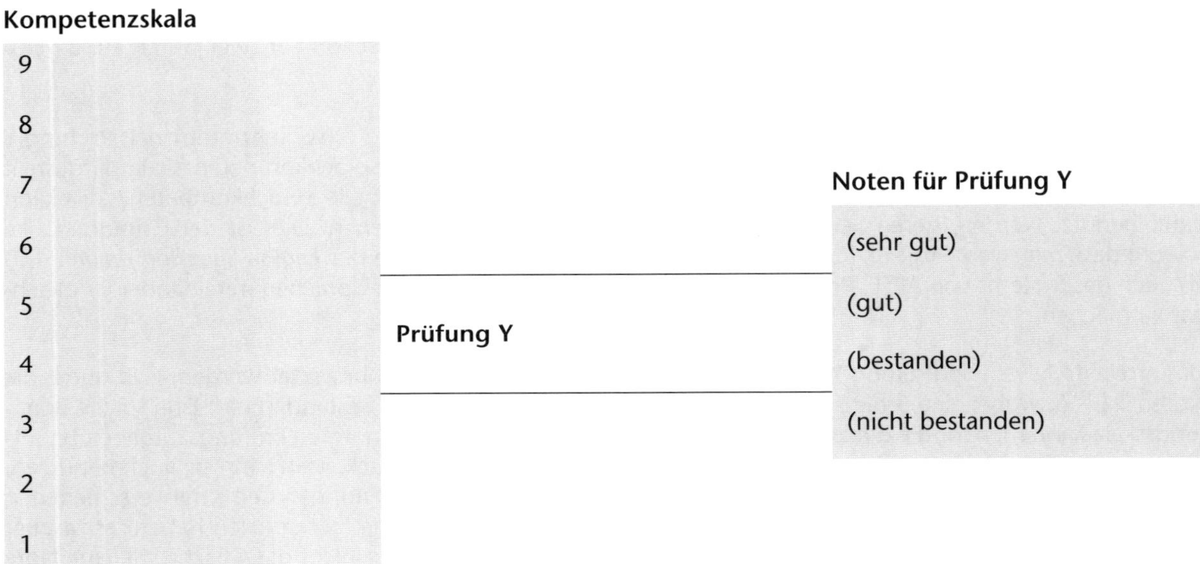

Abbildung 7

Die Benutzer des *Referenzrahmens* sollten bedenken und, soweit sinnvoll, angeben,

- inwieweit sich ihr Interesse auf die Schaffung eines Profilsystems richtet, das Lernerfolge innerhalb ihres eigenen Systems als Ganzem feststellen kann;
- inwieweit sich ihr Interesse darauf richtet, transparente Kriterien für die Vergabe von Noten im Rahmen des Lernzielsystems für eine bestimmte Leistungsstufe zu erhalten, vielleicht operationalisiert durch eine Prüfung oder durch die Beurteilung durch Lehrende;
- inwieweit sich ihr Interesse darauf richtet, einen gemeinsamen Rahmen zu entwickeln, um kohärente Bezüge zwischen verschiedenen Bildungssektoren, Leistungsstufen und Beurteilungsarten innerhalb ihres eigenen Systems zu schaffen.

Kapitel 4 – Sprachverwendung, Sprachverwendende und Sprachenlernende

Im Anschluss an die ersten drei einführenden Kapitel wird nun in den Kapiteln 4 und 5 ein recht detailliertes Kategoriensystem zur Beschreibung der Sprachverwendung und der Sprachverwendenden vorgestellt. Nach dem hier zugrunde liegenden handlungsorientierten Ansatz sind Sprachenlernende angehende Sprachverwendende, sodass auf beide die gleichen Kategorien zutreffen. Eine wichtiger Hinweis ist hier jedoch angebracht: Weder endet die muttersprachliche und kulturelle Kompetenz mit dem Erwerb einer zweiten oder fremden Sprache und Kultur, noch besteht die neue Kompetenz unabhängig von der alten. Die Sprachenlernenden erwerben nicht einfach zwei verschiedene, unverbundene Weisen des Handelns und Kommunizierens, sondern werden ***mehrsprachig*** und entwickeln ***Interkulturalität***. Die linguistischen und kulturellen Kompetenzen in der einen Sprache modifizieren die in einer anderen, und sie fördern interkulturelles Bewusstsein, Fertigkeiten und prozedurales Wissen. Außerdem tragen sie auch zur Entwicklung einer reicheren, komplexeren Persönlichkeit bei. Sie fördern ferner die Fähigkeit zum Erwerb weiterer Sprachen und die Offenheit gegenüber neuen kulturellen Erfahrungen. Zudem ermöglichen sie es den Lernenden, zwischen den Sprechern zweier Sprachen, die nicht direkt miteinander kommunizieren können, übersetzend und dolmetschend zu vermitteln. Wir widmen auch diesen Sprachaktivitäten (Abschnitt 4.4.4) und den Kompetenzen (Abschnitte 5.1.1.3, 5.1.2.2 und 5.1.4), in denen sich Lernende von monolingualen Muttersprachlern unterscheiden, besondere Aufmerksamkeit.

Fragekästen. Ab hier findet sich im weiteren Text nach jedem Abschnitt ein Fragekasten. „Die Benutzer des *Referenzrahmens* sollen bedenken und, soweit sinnvoll, angeben", wie sie die jeweils folgenden Fragen entscheiden würden. Die drei Formulierungen, die in den darauf folgenden Fragen benutzt werden, beziehen sich jeweils auf das Lernen, das Lehren und die Beurteilung: was die Lernenden „tun werden müssen oder wollen", worauf sie „vorbereitet werden sollen" und welche „Anforderungen an sie gestellt werden". Der Inhalt der Kästen ist eher als Vorschlag denn als Anweisung formuliert, um hervorzuheben, dass dieser *Referenzrahmen* nicht präskriptiv gemeint ist. Sollten Benutzer zu dem Schluss kommen, dass ein ganzer Themenbereich sie nicht direkt betrifft, so müssen sie nicht jeden Abschnitt darin im Detail durchdenken. Wir gehen jedoch davon aus, dass die Benutzer in den meisten Fällen über die in den Kästen angeführten Fragen nachdenken und sich so oder so entscheiden werden. Handelt es sich dabei um eine bedeutsame Entscheidung, so kann sie mit Hilfe der hier verwendeten Kategorien und Beispiele formuliert oder auch, je nach Zielsetzung, ergänzt werden.

Die Analyse der Sprachverwendung und der Sprachverwendenden in Kapitel 4 ist insofern grundlegend für die Benutzung dieses *Referenzrahmens*, als hier ein System von Parametern und Kategorien bereitgestellt wird, auf dessen Basis alle, die mit dem Lernen und Lehren von Sprachen und mit der Leistungsbeurteilung befasst sind, so konkret und so detailliert wie nötig formulieren können, was sie erwarten, z. B. in Hinsicht darauf, was Lernende – für die sie Verantwortung übernehmen – in und mit der Zielsprache tun können und was diese wissen sollten, um handlungsfähig zu sein. Ziel dieses *Referenzrahmens* ist es, nicht erschöpfend, sondern umfassend zu sein. Personen, die Sprachkurse planen, Lehrwerkautorinnen und -autoren, Lehrende und Prüfende werden über Textinhalte, Übungen, Aktivitäten, Tests usw. sehr konkrete und detaillierte Entscheidungen treffen müssen. Dieser Prozess lässt sich niemals auf das Auswählen aus einem vorgegebenen Menü reduzieren. Diese Entscheidungsebene muss und soll den betreffenden Praktikern vorbehalten sein – eine Aufgabe, die ihre Urteilskraft und ihre Kreativität erfordert. Jedoch sollten sie hier alle wichtigen Aspekte des Sprachgebrauchs und der Kompetenz finden, die sie berücksichtigen müssen. Die Gesamtstruktur von Kapitel 4 ist eine Art Checkliste für solche Aufgaben. Allen Benutzern dieses Referenzrahmens wird empfohlen, sich mit dieser Struktur vertraut zu machen und sich darauf zu beziehen, wenn sie sich Fragen stellen wie:

- Kann ich vorhersagen, in welchen Lebensbereichen (Domänen) die Lernenden agieren werden und welchen Situationen sie gerecht werden müssen? Wenn ja, welche Rollen müssen sie in diesen Lebensbereichen und Situationen übernehmen?
- Mit welcher Art von Menschen werden sie zu tun haben?
- Was werden ihre persönlichen oder beruflichen Beziehungen sein, und in welchem institutionellen Rahmen werden sie stattfinden?
- Auf welche Objekte werden sie sich beziehen müssen?

- Welche Aufgaben werden sie zu bewältigen haben?
- Mit welchen Themen werden sie umgehen müssen?
- Werden sie auch sprechen müssen oder nur verstehend zuhören oder lesen?
- Was werden sie hören oder lesen?
- Unter welchen Bedingungen werden sie handeln müssen?
- Welches Weltwissen oder welches Wissen über eine andere Kultur werden sie nutzen müssen?
- Welche Fertigkeiten müssen dafür entwickelt worden sein? Wie können sie sie selbst bleiben, ohne missverstanden zu werden?
- Für welche dieser Aspekte kann ich Verantwortung übernehmen?
- Wenn ich die Situationen, in denen die Lernenden die Zielsprache anwenden werden, nicht vorhersagen kann, wie kann ich sie dann am besten auf eine kommunikative Sprachverwendung vorbereiten, ohne sie unnötigerweise auf Situationen vorzubereiten, die sich vielleicht nie einstellen?
- Was kann ich ihnen mitgeben, das für sie langfristig wertvoll bleibt, wie unterschiedlich auch immer sich ihre spätere Entwicklung gestalten mag?
- Wie kann Sprachenlernen ihre persönliche und kulturelle Entwicklung als verantwortungsbewusste Bürger in einer pluralistischen demokratischen Gesellschaft am besten fördern?

Es ist klar, dass diese Fragen im *Referenzrahmen* nicht zu beantworten sind. Gerade weil die entsprechenden Antworten von einem umfassenden Verständnis der Lern-/Lehrsituation abhängen, vor allem der Bedürfnisse, Motivationen, Persönlichkeitsmerkmale und Ressourcen der Lernenden und der anderen Beteiligten, ist eine Diversifizierung der Maßnahmen nötig. Ziel der folgenden Kapitel ist es daher, das Problem so zu formulieren, dass die einzelnen Fragen transparent und rational durchdacht und, wo nötig, diskutiert werden und dass Entscheidungen allen Betroffenen klar und konkret mitgeteilt werden können.

Wo möglich, wird am Ende jeden Abschnitts in der Bibliographie auf weiterführende Literatur hingewiesen.

4.1 – Der Kontext der Sprachverwendung

Es ist seit langem bekannt, dass Sprache in ihrer Anwendung stark mit den Anforderungen des jeweiligen Kontexts variiert. So gesehen stellt Sprache kein neutrales Instrument des Denkens dar, wie etwa die Mathematik. Bedürfnis und Wunsch zum Kommunizieren entstehen in einer bestimmten Situation, und sowohl die Form als auch der Inhalt des Kommunizierens stellen jeweils eine Antwort auf diese Situation dar. Daher werden im ersten Abschnitt dieses Kapitels verschiedene Aspekte des Kontexts behandelt.

4.1.1 – Lebensbereiche (Domänen)

Jede Sprachverwendung findet im Kontext einer bestimmten Situation innerhalb eines der *Lebensbereiche (Domänen)* statt, in denen das soziale Leben organisiert ist. Die Auswahl der Bereiche, auf die Sprachenlernende vorbereitet werden, hat weitreichende Auswirkungen auf die Auswahl der Situationen, Ziele, Aufgaben, Themen und Texte für Lehr- und Testmaterialien und der Aktivitäten. So wäre etwa der Motivationseffekt zu bedenken, wenn man gegenwärtig wichtige Bereiche auswählt und dabei abwägen muss, ob sie auch für die Zukunft nützlich sind. Kinder zum Beispiel lassen sich leichter motivieren, wenn man sich auf Dinge konzentriert, die sie im Moment am meisten interessieren, nur befähigt sie das möglicherweise nicht, später in der Erwachsenenwelt zu kommunizieren. In der Erwachsenenbildung wiederum können Interessenkonflikte entstehen, wenn zum Beispiel Arbeitgeber beruflich orientierte Kurse erwarten und diese vielleicht auch finanziell fördern, das Hauptinteresse der Studierenden aber in der Pflege persönlicher Beziehungen liegt.

Die Anzahl der möglichen Bereiche ist unbestimmt, da jede definierbare Handlungs- oder Interessensphäre für einen einzelnen Benutzer oder einen bestimmten Sprachkurs relevant sein kann. Für allgemeine Zwecke des Sprachenlernens können zumindest die folgenden Unterscheidungen zur Orientierung hilfreich sein:

- der ***private*** *Bereich*, in dem jeder Mensch lebt, in dessen Mittelpunkt das Leben zu Hause mit Familie und Freunden steht, wo man privaten Beschäftigungen nachgeht, wie z. B. Lesen zur Unterhaltung, ein Tagebuch führen, ein Hobby ausüben usw.;

- der ***öffentliche*** *Bereich,* in dem der Mensch als Mitglied der allgemeinen Öffentlichkeit oder einer ihrer Organisationen Transaktionen verschiedener Art und zu verschiedenen Zwecken vornimmt;

- der ***berufliche*** *Bereich,* in dem der betreffende Mensch tätig ist;

- der ***Bildungs****bereich,* in dem der Mensch an organisiertem Lernen teilnimmt, insbesondere (wenn auch nicht notwendigerweise) im Rahmen von Bildungseinrichtungen.

Dazu sollte angemerkt werden, dass an vielen Situationen mehr als nur ein Bereich beteiligt ist. Bei Lehrenden etwa fallen der Berufs- und der Bildungsbereich zum großen Teil zusammen. Der öffentliche Bereich ist dort, wo er soziale und administrative Interaktionen und Transaktionen oder auch Medienkontakte umfasst, offen gegenüber anderen Bereichen. Sowohl im Bildungs- als auch im Berufsbereich dienen viele Interaktionen und Sprachaktivitäten mehr dem sozialen Funktionieren einer Gruppe als dem Erfüllen von beruflichen oder von Lernaufgaben. Ebenso sollte der private Bereich nicht als abgeschottet betrachtet werden (Eindringen der Medien in das familiäre und persönliche Leben, Verteilung verschiedener „öffentlicher" Dokumente in „private" Briefkästen, Werbung, öffentliche Texte auf Verpackungen von Produkten, die im privaten Alltag benutzt werden usw.).

Andererseits individualisiert oder personalisiert der private Bereich Handlungen in anderen Bereichen. Die betreffenden Menschen bringen sich selbst als Individuen ein, ohne dabei ihren Status als sozial Handelnde einzubüßen: Ein technischer Bericht, eine Präsentation in der Klasse, das Einkaufen usw. bieten zum Glück immer noch die Möglichkeit, dass man seine ‚Persönlichkeit' ausdrücken kann, und zwar über den Bezug zum Berufs-, Bildungs- oder Öffentlichkeitsbereich hinaus, in dessen örtlichem und zeitlichem Kontext die sprachlichen Handlungen stattfinden.

Die Benutzer des *Referenzrahmens* sollten bedenken und, soweit sinnvoll, angeben,
- in welchen Lebensbereichen die Lernenden handeln müssen, auf welche sie vorbereitet werden sollen und welche Anforderungen an sie gestellt werden.

4.1.2 – Situationen

In jedem Lebensbereich können die externen Situationen beschrieben werden in Hinsicht auf:

- *Orte* und *Zeiten,* an denen bzw. zu denen sie sich ergeben;
- *Institutionen* oder *Organisationen,* deren Strukturen und Verfahrensweisen einen großen Teil dessen bestimmen, was normalerweise geschehen kann;
- beteiligte *Personen,* insbesondere in ihren sozialen Rollen in Beziehung zum Sprachverwendenden bzw. Sprachenlernenden;
- *Objekte* (belebte und unbelebte) in der Umgebung;
- *Ereignisse,* die stattfinden;
- *Operationen,* die von den beteiligten Personen ausgeführt werden;
- *Texte,* die man in einer Situation vorfindet.

Tabelle 5 enthält einige Beispiele für die oben angeführten situativen Kategorien, geordnet nach Bereichen, die mit hoher Wahrscheinlichkeit in den meisten europäischen Ländern auftreten. Diese Tabelle hat reinen Beispiel- und Vorschlagscharakter und erhebt auch keinen Anspruch auf Vollständigkeit. Sie kann insbesondere nicht die dynamischen Aspekte einer interaktiven Situation erfassen, in der die Teilnehmenden die wichtigen Merkmale einer sich entwickelnden Situation identifizieren, die sie eher verändern als beschreiben wollen. (Zu den Beziehungen zwischen Partnern beim kommunikativen Handeln vgl. Abschnitte 4.1.4 und 4.1.5, zur internen Struktur kommunikativer Interaktion vgl. Abschnitt 5.2, zu soziokulturellen Aspekten vgl. Abschnitt 5.1.1.2, zu Strategien der Sprachverwendenden vgl. Abschnitt 4.4.)

Bereich	Orte	Institutionen	Personen	Objekte	Ereignisse	Handlungen	Texte
Privat	– Zu Hause: Haus, Zimmer, Garten: eigenes/r, der Familie, von Freunden, von Fremden – Eigener Platz in Wohnheim, Hotel – Auf dem Land, an der See usw.	– Familie – Soziale Netzwerke	– (Groß)Eltern, Kinder, Geschwister, Tanten, Onkel, Cousins, Cousinen, Schwiegereltern, Ehepartner – Vertraute, Freunde, Bekannte	– Einrichtung und Möbel – Kleidung – Haushaltsgeräte – Spielzeug, Werkzeug – Körperpflege – Kunstgegenstände, Bücher – Haustiere, Wilde/Nutztiere – Bäume, Pflanzen, Rasen, Teiche – Hausrat – Handtaschen – Freizeit-/Sportausrüstung	– Familienfeiern – Begegnungen – Zwischenfälle, Unfälle – Natürliche Phänomene – Feste, Besuche – Spazierengehen, Radfahren, Autofahren – Ferien, Ausflüge – Sportliche Ereignisse	– Lebensroutinen, wie z. B.: anziehen, ausziehen, kochen, essen, waschen – Heimwerken und basteln, Gartenarbeit – Lektüre, Radio und Fernsehen – Unterhaltung – Hobbys, Sport und Spiele	– Teletext – Garantien – Rezepte – Anleitungen – Romane – Zeitschriften, Zeitungen – Werbematerial – Broschüren – Persönliche Briefe – Gesendete und aufgenommene gesprochene Texte
Öffentlich	– Öffentliche Räume: Straße, Platz, Park usw. – Öffentliche Verkehrsmittel – Geschäfte, (Super)Märkte – Krankenhäuser, Arztpraxen, Kliniken – Sportstadien, Sportplätze/-hallen – Theater, Kinos, Veranstaltungen – Restaurant, Kneipe, Hotel – Andachtstätten	– Behörden – Politische Gremien – Justiz – Öffentliches Gesundheitswesen – Vereine, Gesellschaften – Politische Parteien – Kirchen	– Mitglieder der Öffentlichkeit – Beamte – Verkäufer – Polizisten, Soldaten, Sicherheitskräfte – Fahrer, Schaffner, Passagiere – Spieler, Fans, Zuschauer – Schauspieler, Publikum – Kellner, Barpersonal – Empfangspersonal – Priester, Gemeindemitglieder	– Geld, Portmonee, Brieftasche – Formulare – Güter – Waffen – Rucksäcke – Koffer, Reisetaschen – Bälle – Programme – Mahlzeiten, Getränke, Snacks – Pässe, Führerscheine	– Zwischenfälle, Unfälle, Krankheiten – Versammlungen – Rechtsstreitigkeiten, Gerichtsverhandlungen – Wohltätigkeitsveranstaltungen – Geldstrafen, Festnahmen – Spiele, Wettbewerbe – Aufführungen – Hochzeiten, Beerdigungen	– Einkaufen und öffentliche Dienste in Anspruch nehmen – Medizinische Dienste in Anspruch nehmen – Schiffs-, Bahn-, Flug-, Autoreisen – Öffentliche Unterhaltung und Freizeitaktivitäten – Gottesdienste	– Öffentliche Durchsagen – Aufschriften und Verpackungen – Handzettel – Graffiti – Fahrscheine, Fahrpläne – Anschläge, Vorschriften – Programme – Verträge – Speisekarten – Sakrale Texte, Predigten, Kirchenlieder
Beruflich	– Büros – Fabriken – Werkstätten – Häfen, Bahnanlagen – Flughäfen – Bauernhöfe – Geschäfte, Läden usw. – Dienstleistungsbetriebe – Hotels	– Firmen – Behörden – Multinationale Unternehmen – Staatsunternehmen – Gewerkschaften	– Arbeitgeber, Arbeitnehmer – Manager – Kollegen – Untergebene – Mandanten – Kunden – Empfangspersonal – Sekretärinnen – Reinigungskräfte usw.	– Büromaschinen – Industriemaschinen – Industrielle und handwerkliche Werkzeuge	– Besprechungen – Vorstellungsgespräche – Empfänge – Konferenzen – Messen – Beratungsgespräche – Ausverkäufe – Arbeitsunfälle – Tarifverhandlungen	– Verwaltung – Industriemanagement – Produktionsvorgänge – Bürovorgänge – Transporte – Verkäufe, Verkaufsmarketing – Computerarbeit – Büroreinigung	– Geschäftsbrief – Bericht, Mitteilung – Sicherheitshinweise – Bedienungsanleitungen und Handbücher – Vorschriften – Werbeschriften – Etiketten und Aufschriften – Arbeitsplatzbeschreibung – Schilder – Visitenkarten usw.
Bildung	– Schulen: Aula, Klassenraum, Schulhof, Sportplätze, Korridore – Hochschulen – Universitäten – Hörsäle – Seminarräume – Studentenvertretung – Wohnheime – Laboratorien – Mensa	– Schule – Hochschule – Universität – Wissenschaftliche Gesellschaften – Berufsvereinigungen – Weiterbildungseinrichtungen	– Lehrende, Lehrkörper – Hausmeister – Eltern – Klassenkameraden – Professoren, Dozenten – wissenschaftliche Mitarbeiter – Studierende – Bibliotheks- und Labormitarbeiter – Mensamitarbeiter, Reinigungspersonal – Pförtner, Sekretärinnen usw.	– Schreibmaterial – Schuluniformen – Sportausrüstung und -kleidung – Essen – Audiovisuelle Geräte – Tafel und Kreide – Computer – Aktenkoffer, Schultaschen	– Erster und letzter Schultag vor/nach den Ferien – Schüleraustausch – Elternabende – Sportfeste, Spiele – Disziplinarische Probleme	– Schulversammlung – Unterricht – Spiele – Pausen – Arbeitsgemeinschaft – Vorlesungen, Aufsatzschreiben – Laborarbeit – Bibliotheksarbeit – Seminare und Übungen – Hausarbeit – Diskussionen	– Authentische Texte (wie oben) – Lehrbücher, Reader – Nachschlagewerke – Tafelanschriebe – Texte auf Overhead-Projektor – Computerbildschirmtext – Videotext – Übungen – Zeitungsartikel – Zusammenfassungen – Wörterbücher

Tabelle 5 – Externer Verwendungskontext: Beschreibungskategorien

Die Benutzer des *Referenzrahmens* sollten bedenken und, soweit sinnvoll, angeben,

- welche Situationen die Lernenden bewältigen müssen, auf welche sie vorbereitet werden sollen und was von ihnen in dieser Hinsicht erwartet wird;
- mit welchen Orten, Institutionen/Organisationen, Personen, Objekten, Ereignissen und Handlungen die Lernenden zu tun haben werden.

4.1.3 – Bedingungen und Einschränkungen

Die externen Bedingungen, unter denen Kommunikation stattfindet, unterwerfen die Sprachverwendenden und ihre Gesprächspartner verschiedenen Einschränkungen, z. B.:

- materielle Bedingungen:

  a) des Mündlichen:
  - Klarheit der Aussprache;
  - Störgeräusche (Züge, Flugzeuge, atmosphärische Störungen usw.);
  - Hintergrundgeräusche (belebte Straße, Märkte, Lokale, Partys, Diskotheken usw.);
  - Verzerrungen (schlechte Telefonverbindung, Radioempfang, Lautsprecher);
  - Wetterbedingungen (Wind, extreme Kälte usw.);

  b) des Schriftlichen:
  - schlechte Druckqualität;
  - schlecht lesbare Handschrift;
  - schlechte Beleuchtung usw.

- soziale Bedingungen:

  - Anzahl der Gesprächspartner und der Grad ihrer Vertrautheit;
  - relativer Status der Teilnehmenden (Macht und Solidarität usw.);
  - An-/Abwesenheit von Zuhörenden oder Lauschenden;
  - soziale Beziehungen zwischen den Teilnehmenden (Freundschaft/Feindschaft, Kooperativität).

- Zeitdruck:

  - unterschiedlicher Zeitdruck für Sprechende/Hörende (Echtzeit) und Schreibende/Lesende (flexibler);
  - Vorbereitungszeit für Reden, Berichte usw. (z. B. improvisiert vs. routiniert vs. vorher vorbereitet);
  - Zeitbeschränkungen für Redebeiträge und Interaktionen (z. B. durch Regeln, Kosten, gleichzeitige Ereignisse und Verpflichtungen usw.);
  - andere Arten von Druck: finanziell, Spannung oder Angst erzeugende Situationen (z. B. Prüfungen) usw.

Die Fähigkeit aller Sprachverwendenden, insbesondere der Lernenden, ihre Sprachkompetenz einzusetzen, hängt zum großen Teil von den materiellen Bedingungen ab, unter denen die Kommunikation stattfindet. Die Hörwahrnehmung mündlicher Äußerungen wird durch störende Hintergrundgeräusche oder Verzerrungen sehr erschwert (Beispiele wurden genannt). Je nach Situation kann die Fähigkeit, sich auch unter schwierigen Bedingungen effizient und zuverlässig sprachlich zu behaupten, so entscheidend sein, dass kein Spielraum für einen Irrtum bleibt, dann z. B., wenn Piloten Landeinstruktionen erhalten. Wer dagegen lernt, in einer fremden Sprache öffentliche Durchsagen zu machen, muss auf eine besonders klare Aussprache achten, muss Schlüsselwörter wiederholen usw., um das Verständnis zu sichern. In Sprachlabors wurde oft mit Bändern gearbeitet, die von Kopien kopiert wurden, mit derart starken Hintergrundgeräuschen und Verzerrungen, dass man sie als völlig inakzeptabel zurückweisen würde, wenn es sich um visuelle, schriftliche Information handelte, weil sie das Sprachenlernen ernsthaft beeinträchtigen könnten.

Es muss sichergestellt werden, dass alle Kandidaten bei Hörverstehenstests die gleichen Bedingungen vorfinden. Gleiches gilt, *mutatis mutandis*, auch für das Leseverstehen und das Schreiben. Lehrende und Prüfende sollten sich ferner über die Auswirkungen sozialer Bedingungen und des Zeitdrucks auf Lernprozesse im Klaren sein, über deren Einfluss auf die Interaktion in der Klasse, auf die Kompetenz der Lernenden oder deren Fähigkeit sich in einer bestimmten Situation zu äußern.

> Die Benutzer des *Referenzrahmens* sollten bedenken und, soweit sinnvoll, angeben,
> - welchen Einfluss die materiellen Bedingungen, unter denen die Lernenden werden kommunizieren müssen, darauf haben, was von ihnen zu tun verlangt wird;
> - welchen Einfluss Anzahl und Art der Gesprächspartner darauf haben, was von den Lernenden verlangt wird;
> - unter welchem Zeitdruck die Lernenden agieren werden müssen.

4.1.4 – Der mentale Kontext der Sprachverwendenden/Sprachenlernenden

Der externe Kontext ist in hohem Maß unabhängig vom einzelnen Menschen organisiert. Diese Organisation ist extrem vielfältig. Sie stellt eine sehr feine Gliederung der Welt dar, die sich in der Sprache der jeweiligen Sprachgemeinschaft spiegelt und die deren Mitglieder im Laufe ihrer Entwicklung, ihrer Erziehung und mit wachsender Erfahrung erwerben, zumindest in dem Maß, in dem ihnen dies relevant erscheint. Dieser externe Kontext ist viel zu reichhaltig, als dass ein Individuum ihn in seiner ganzen Komplexität wahrnehmen oder gar bewältigen könnte. Er muss folglich als ein am kommunikativen Ereignis beteiligter Faktor unterschieden werden vom mentalen Kontext der Sprachverwendenden/Sprachenlernenden.

Dieser externe Kontext wird bei den Sprachverwendenden gefiltert und interpretiert durch

- den Wahrnehmungsapparat;
- Mechanismen der Aufmerksamkeit;
- Erfahrungen über eine lange Zeit, die sich auswirken auf Gedächtnis, Assoziationen, Konnotationen;
- die erfahrungsgeleitete Klassifizierung von Objekten, Ereignissen usw.;
- sprachliche Kategorisierungen.

Alle diese Faktoren beeinflussen die Wahrnehmung des Kontextes durch die Sprachverwendenden. Das Maß, in dem der wahrgenommene Kontext den mentalen Kontext des kommunikativen Ereignisses darstellt, hängt außerdem davon ab, was den Benutzern als relevant erscheint im Licht ihrer

- *Intentionen*, mit denen sie die Kommunikation aufnehmen;
- *Denkweisen*: der Ablauf der Gedanken, Ideen, Gefühle, Eindrücke usw., die einem Sprecher bewusst sind;
- *Erwartungen* im Lichte früherer Erfahrung;
- *Reflexionen*, die Wirkung gedanklicher Prozesse auf Erfahrungen (z. B. Deduktion, Induktion);
- *Bedürfnisse, Antriebe, Motivationen, Interessen*, die zur Entscheidung zum Handeln führen;
- *Bedingungen und Einschränkungen*, die die Handlungsauswahl bestimmen und begrenzen;
- *Geistige Verfassung* (Müdigkeit, Aufregung usw.), Gesundheit und persönliche Qualitäten (vgl. Abschnitt 5.1.3).

Der mentale Kontext ist also nicht nur dazu da, den Informationsgehalt des direkt wahrnehmbaren externen Kontexts zu reduzieren. Das Denken kann stärker vom Gedächtnis, von gespeichertem Wissen, der Vorstellungskraft und anderen internen kognitiven (und emotionalen) Prozessen beeinflusst sein. In diesem Fall steht das Gesagte in nur marginaler Relation zum wahrnehmbaren externen Kontext. Denken Sie etwa an einen Prüfungskandidaten/eine Prüfungskandidatin in einem kahlen Raum oder an einen Mathematiker/eine Mathematikerin oder einen Dichter/eine Dichterin in seinem oder ihrem Arbeitszimmer.

Externe Bedingungen und Einschränkungen sind ferner insoweit bedeutsam, als Sprachverwendende oder Sprachenlernende diese erkennen, akzeptieren und sich ihnen anpassen (oder nicht). Dies hängt stark ab von der individuellen Interpretation der Situation auf der Basis genereller Kompetenzen (vgl. Abschnitt 5.1), wie etwa Vorwissen, Werte und Überzeugungen.

> Die Benutzer des *Referenzrahmens* sollten bedenken und, soweit sinnvoll, angeben,
> - welche Annahmen hinsichtlich der Fähigkeit der Lernenden gemacht werden, relevante Merkmale der äußeren Kommunikationskontexte wahrzunehmen und zu identifizieren;
> - in welcher Beziehung kommunikative Aktivitäten und Lernaktivitäten zu den Antrieben, Motivationen und Interessen der Lernenden stehen;
> - inwieweit von den Lernenden verlangt wird, über eigene Erfahrungen nachzudenken;
> - in welcher Weise die mentalen Eigenschaften der Lernenden die Kommunikation bedingen und beschränken.

4.1.5 – Der mentale Kontext der Gesprächspartner

Bei einem kommunikativen Ereignis muss man auch die Gesprächspartner des Sprachverwendenden berücksichtigen. Das Bedürfnis zu kommunizieren setzt eine ‚Kommunikationslücke' voraus, die jedoch überbrückt werden kann, weil der mentale Kontext des betreffenden Sprachverwendenden und der seines Gesprächspartners (bzw. seiner Gesprächspartner) sich überlappen oder teilweise übereinstimmen.

Bei direkter (*face-to-face*) Interaktion stehen die Sprachverwendenden und der/die Gesprächspartner in ein und demselben externen Kontext (wesentlich ist allerdings, dass der Gesprächspartner dabei jeweils der andere ist!); dennoch unterscheidet sich deren Wahrnehmung und Interpretation dieses Kontexts aus den oben genannten Gründen. Die Wirkung einer kommunikativen Handlung – und oft auch deren gesamte Funktion oder ein Teil davon – besteht darin, die Übereinstimmung in der Interpretation der Situation zu vergrößern, damit die Kommunikation erfolgreich verläuft und damit die Beteiligten ihre Ziele kommunikativ möglichst effektiv verfolgen können. Das mag manchmal eine Frage des Informationsaustauschs sein. Schwerer zu überbrücken sind hingegen Differenzen in den Wertvorstellungen und Überzeugungen, Höflichkeitskonventionen, sozialen Erwartungen usw., innerhalb derer die Beteiligten die Interaktion interpretieren, es sei denn, sie hätten ein angemessenes interkulturelles Bewusstsein erworben.

Die Gesprächspartner können teilweise oder auch völlig anderen Bedingungen und Einschränkungen unterworfen sein als die Lernenden, und sie können auch verschieden auf diese reagieren. So bemerkt zum Beispiel ein Angestellter, der eine Lautsprecheranlage benutzt, vielleicht gar nicht, wie schlecht die Übertragung ist. Oder in einem Telefongespräch hat ein Gesprächspartner viel Zeit totzuschlagen, während auf den oder die andere ein Kunde wartet usw. Solche Unterschiede wirken sich stark auf den Druck aus, unter den Sprachbenutzer geraten können.

> Die Benutzer des *Referenzrahmens* sollten bedenken und, soweit sinnvoll, angeben,
> - inwieweit die Lernenden sich dem mentalen Kontext der Beteiligten anpassen können müssen;
> - wie man Lernende am besten darauf vorbereiten kann, die notwendige Anpassung vorzunehmen.

4.2 – Themen der Kommunikation

Innerhalb der verschiedenen Bereiche lassen sich Themen unterscheiden, die Gegenstand eines Diskurses, Gesprächs, der Reflexion oder eines schriftlichen Textes sind und die in bestimmten kommunikativen Aktivitäten im Zentrum der Aufmerksamkeit stehen. Thematische Kategorien können auf ganz unterschiedliche Weise klassifiziert werden. Eine einflussreiche Klassifikation in Themen, Subthemen und spezifische Konzepte (*specific notions*) legt der *Threshold Level 1990* in Kapitel 7 vor:

1. Informationen zur Person
2. Wohnen und Umwelt
3. Tägliches Leben
4. Freizeit, Unterhaltung
5. Reisen
6. Menschliche Beziehungen
7. Gesundheit und Hygiene
8. Bildung und Ausbildung
9. Einkaufen
10. Essen und Trinken
11. Dienstleistungen
12. Orte
13. Sprache
14. Wetter

Für jeden dieser Themenbereiche gibt es Subkategorien, wie zum Beispiel die Folgenden für den Bereich 4 ‚Freizeit und Unterhaltung':

4.1 Freizeit
4.2 Hobbys und Interessen
4.3 Radio und Fernsehen
4.4 Kino, Theater, Konzert usw.
4.5 Ausstellungen, Museen usw.
4.6 Geistige und künstlerische Beschäftigung
4.7 Sport
4.8 Presse

Für jedes Subthema werden spezifische Begriffe identifiziert. In dieser Hinsicht sind die in Tabelle 5 aufgeführten Kategorien besonders relevant, welche die Orte, Institutionen usw. abdecken, die behandelt werden sollen. Unter 4.7 ‚Sport' zum Beispiel führt *Threshold Level 1990* an:

1. Orte: Spielfeld, (Sport)Platz, Stadion
2. Einrichtungen und Organisationen: Sport, Mannschaft, Verein
3. Personen: Spieler
4. Objekte: Karten, Ball
5. Ereignisse: Rennen, Spiel
6. Handlungen: ein Spiel ansehen, (*Name des Sports* +) spielen, an einem Rennen teilnehmen, gewinnen, verlieren, unentschieden spielen

Natürlich ist diese Auswahl und Anordnung der Themen, Subthemen und spezifischen Konzepte keine endgültige, sondern beruht auf Einschätzungen und Entscheidungen, die die Autoren in Bezug auf die kommunikativen Bedürfnisse der betreffenden Lernenden getroffen haben. Es wird deutlich, dass die oben erwähnten Themen sich zumeist auf den privaten und öffentlichen Bereich beziehen, wie dies für vorübergehende Besucher, die voraussichtlich nicht am Berufs- und Bildungsleben des Landes teilnehmen werden, angemessener erscheint. Einige Themen (etwa Bereich 4) gehören teilweise in den privaten und teilweise in den öffentlichen Bereich. Benutzer dieses *Referenzrahmens* sowie, wenn möglich, die jeweiligen Lernenden selbst werden hier natürlich ihre eigenen Entscheidungen so treffen, wie sie die jeweiligen Bedürfnisse, Motive, Charakteristika und Lernmöglichkeiten der Lernenden in dem jeweils relevanten Bereich einschätzen. So werden im berufsorientierten Sprachenlernen Themen gewählt werden, die für das jeweilige Berufsfeld eines betreffenden Lernenden von Bedeutung sind. Studierende im höheren Bildungswesen dagegen werden sich eher mit wissenschaftlichen, technologischen, wirtschaftlichen usw. Themen befassen. Wird eine Fremdsprache als Unterrichtssprache verwendet, so ergibt sich zwangsläufig eine gründliche Auseinandersetzung mit den Inhalten des jeweils behandelten Bereichs.

Die Benutzer des *Referenzrahmens* sollten bedenken und, soweit sinnvoll, angeben,

- welche Themen Lernende in den ausgewählten Bereichen bewältigen müssen, auf welche sie vorbereitet werden sollen und was von ihnen in dieser Hinsicht erwartet wird;
- mit welchen Subthemen eines jeweiligen Themas sie umgehen werden;
- welche spezifischen Konzepte und Begriffe in Bezug auf Orte, Institutionen/Organisationen, Personen, Objekte, Ereignisse und Handlungen die Lernenden verwenden können müssen, um mit dem jeweiligen (Sub)Thema umgehen zu können, auf welche Begriffe dieser Art sie vorbereitet werden sollen und welche Anforderungen in dieser Beziehung an sie gestellt werden.

4.3 – Kommunikative Aufgaben und Ziele

4.3.1 Sprachverwendende nehmen im Allgemeinen an kommunikativen Aktivitäten mit einem oder mehreren Gesprächspartnern teil, um ihre Bedürfnisse in einer bestimmten Situation zu befriedigen. Im privaten Bereich könnten sie z. B. beabsichtigen, einen Besucher durch den Austausch von Informationen über Familie, Freunde, Vorlieben und Abneigungen zu unterhalten oder Erfahrungen und Einstellungen zu vergleichen usw. Im öffentlichen Bereich kann die Absicht die sein, Geschäfte zu tätigen, zum Beispiel qualitativ gute Kleidung zu einem vernünftigen Preis zu kaufen. Im beruflichen Bereich kann es darum gehen, neue Vorschriften und deren Folgen für einen Kunden oder Klienten zu verstehen, im Bildungsbereich dagegen darum, zu einem Rollenspiel oder einem Seminar beizutragen oder einen Artikel zu einem bestimmten Thema zu schreiben, etwa für eine Konferenz oder zur Veröffentlichung usw.

4.3.2 Bedürfnis- und Bedarfsanalysen haben im Lauf der Zeit eine umfangreiche Literatur zu Sprachverwendungsaufgaben hervorgebracht, die Lernende bewältigen können sollten, um den Anforderungen gewachsen zu sein, die sich aus Situationen in verschiedenen Lebensbereichen ergeben können. Als Beispiele für kommunikative Aufgaben im *beruflichen* Bereich könnten folgende aus dem *Threshold Level 1990* (Kapitel 2, Abschnitt 1.12) dienen:

Kommunikation in Beruf und Arbeitsleben:
Bei vorübergehendem Aufenthalt sollten Lernende folgendes tun können:

- die benötigte Arbeitserlaubnis usw. beantragen;
- sich (z. B. bei Arbeitsvermittlungen) über freie Stellen, die Art der Tätigkeit und die Beschäftigungsbedingungen (z. B. Arbeitsplatzbeschreibung, Bezahlung, gesetzliche Arbeitsbestimmungen, Freizeit und Urlaub, Kündigungsfrist) informieren;
- Stellenanzeigen lesen;
- Bewerbungsbriefe schreiben, Vorstellungsgespräche führen und dabei schriftlich oder mündlich Angaben zur Person, zur Berufsausbildung und -erfahrung machen sowie Fragen dazu beantworten;
- Einstellungsformalitäten verstehen und erfüllen;
- bei Aufnahme der Arbeit Fragen hinsichtlich der auszuführenden Aufgaben verstehen und stellen;
- Sicherheitsvorschriften verstehen;
- dem Arbeitgeber und der Versicherung einen Unfall melden;
- Sozialleistungen erlangen;

- angemessen mit Vorgesetzten, Kollegen und untergeordneten Mitarbeitern kommunizieren;
- am gesellschaftlichen Leben des Unternehmens oder der Institution (z. B. Kantine, Sport und anderen Freizeitaktivitäten) teilnehmen.

Als Mitglied der Gastgemeinschaft sollten Lernende in der Lage sein, einer die Zielsprache sprechenden Person (Muttersprachler oder Nicht-Muttersprachler) bei den oben genannten Aufgaben zu helfen.

Threshold Level 1990, Kapitel 7, Abschnitt 1 gibt Beispiele für Aufgaben im *privaten* Bereich:

Informationen zur Person

Die Lernenden können sagen, wer sie sind, ihren Namen buchstabieren, ihre Adresse und Telefonnummer nennen, sagen, wo und wann sie geboren sind, ihr Alter und Geschlecht angeben, sagen, ob sie verheiratet sind oder nicht, ihre Staatsangehörigkeit angeben, sagen, woher sie kommen, welchen Beruf sie ausüben, ihre Familie beschreiben, ihre Religionszugehörigkeit, wenn vorhanden, angeben, ihre Vorlieben und Abneigungen angeben, andere Menschen beschreiben; ähnliche Informationen von anderen erfragen und verstehen.

Praktiker (Lehrende, Autoren und Autorinnen von Unterrichtsmaterial, Prüfende, Curriculumentwickler usw.) und Abnehmer (Eltern, Schulbehörden, Arbeitgeber usw.), aber auch die Lernenden selbst halten solche konkreten Lernzielbeschreibungen für sehr sinnvoll und motivierend. Die Anzahl der Aufgaben ist jedoch unendlich. Es ist in einem allgemeinen Referenzrahmen nicht möglich, alle kommunikativen Aufgaben, die eventuell einmal in einer realen Situation zu bewältigen wären, ausführlich zu beschreiben. Es ist Aufgabe der Praktiker, über die kommunikativen Bedürfnisse ihrer Zielgruppe nachzudenken und diejenigen kommunikativen Aufgaben zu spezifizieren, auf die die Lernenden vorbereitet werden sollen. Dabei können sie alle im Modell des *Referenzrahmens* zur Verfügung gestellten Mittel ausschöpfen (wie z. B. in Kapitel 7 dargestellt). Auch die Lernenden sollten dazu gebracht werden, die eigenen kommunikativen Bedürfnisse zu reflektieren; dies ist ein wichtiger Aspekt eines bewussteren und selbst gesteuerten Lernens.

Die Benutzer des *Referenzrahmens* sollten bedenken und, soweit sinnvoll, angeben,
- welche kommunikativen Aufgaben im privaten, öffentlichen, beruflichen und/oder Bildungsbereich die Lernenden ausführen müssen, auf welche Aufgaben dieser Art sie vorbereitet werden sollen und welche Anforderungen an sie gestellt werden;
- wie die Bedürfnisse der Lernenden ermittelt werden, auf denen die Auswahl der Aufgaben beruht.

4.3.3 Im Bildungsbereich kann es hilfreich sein, zwischen Aufgaben zu unterscheiden, die Lernende als *Sprachverwendende* bewältigen sollen und auf die sie entsprechend vorbereitet werden müssen, und solchen, mit denen sie sich im *Sprachlernprozess* selbst befassen.

In Hinblick auf Aufgaben, die als Mittel der Planung, Ausführung und Kontrolle des Sprachlern- und Sprachlehrprozesses dienen, können Informationen zu folgenden Punkten gegeben werden:

- *Aufgabentypen*, z. B. Simulationen, Rollenspiele, Interaktion im Unterricht usw.;

- *Ziele*, z. B. die für die Gruppe geltenden Lernziele und ihre Beziehung zu den unterschiedlichen, weniger leicht voraussagbaren individuellen Lernzielen der Teilnehmenden;

- *Input* (Eingabe), z. B. Anweisungen, Materialien usw., die vom Lehrenden und/oder von den Lernenden ausgewählt oder hergestellt wurden;

- *Ergebnisse*, z. B. Produkte wie etwa Texte, Zusammenfassungen, Übersichtstabellen, Präsentationen usw. und Lernergebnisse, wie z. B. verbesserte Kompetenz, Sprachbewusstsein, Einsichten, Strategien, Erfahrungen beim Fällen von Entscheidungen und beim Verhandeln/Aushandeln usw.;

- *Sprachliche Aktivitäten*, z. B. kognitive/affektive, körperliche/mentale, in Gruppen/Paaren/einzeln ablaufende rezeptive oder produktive Prozesse usw. (vgl. Abschnitt 4.5);

- *Rollen*, die Rollen der Teilnehmenden sowohl bei den Aufgaben selbst als auch bei der Planung und Ausführung der Aufgaben;

- *Kontrolle und Bewertung* des relativen Erfolges der Aufgabe und ihrer Ausführung auf der Basis von Kriterien wie Relevanz, Erwartungen in Hinsicht auf Schwierigkeitsgrad und mögliche Einschränkungen sowie Angemessenheit.

Eine ausführlichere Behandlung der Rolle der Aufgaben im Sprachenlernen und -lehren findet sich in Kapitel 7.

> Die Benutzer des *Referenzrahmens* sollten bedenken und, soweit sinnvoll, angeben,
> - welche Aufgaben die Lernenden im Bildungsbereich bewältigen können sollen (a) als Teilnehmende an gelenkten, zielgerichteten Interaktionen, Projekten, Simulationen, Rollenspielen usw.; (b) in anderer Weise, wenn die L2 verwendet wird, um (i) die Sprache selbst oder (ii) andere Fächer zu unterrichten usw. Auf welche dieser Aufgaben sollen sie vorbereitet werden? Was wird in dieser Hinsicht von ihnen erwartet?

4.3.4 – Spielerische Sprachverwendung

Die Verwendung von Sprache zu spielerischen Zwecken hat oft eine wichtige Funktion beim Sprachenlernen und beim Spracherwerb, sie ist jedoch nicht auf den Bildungs- und Erziehungsbereich beschränkt. Beispiele für spielerische Aktivitäten sind:

Sprachspiele in der Gruppe:
- mündlich (Geschichte mit Fehlern; wie? wann? wo? usw.)
- schriftlich (Kettengeschichten, Buchstabenspiele wie *Scrabble*)
- audiovisuell (Bilderlotto, *Memory* usw.)
- Brett-, Karten- und Fragespiele (*Trivial Pursuit* usw.)
- Scharaden, Pantomime usw.

Einzelaktivitäten:
- Rätsel (Kreuzworträtsel, Rebus, Anagramme usw.)
- Sprachspiele in den Medien (TV und Radio: *Glücksrad* usw.)

Sprachwitz (Wortspiele usw.), zum Beispiel:
- in der Werbung *Käse aus dem Berner Oberland: Käse vom Fuße der Jungfrau! – Das Leben ist zu kurz für eine lange Leitung!* (Handy-Werbung)
- Zeitungstitel, z. B. *Feuer und Flamme für Rot!*
- Graffiti, z. B. *Als Gott den Mann erschuf, übte sie nur*

4.3.5 – Ästhetische Sprachverwendung

Künstlerische und die Vorstellungskraft herausfordernde Verwendung von Sprache hat einerseits ihren eigenen Wert, andererseits ist sie auch von hohem Bildungswert. Kreative und ästhetische Aktivitäten können produktiv sein, rezeptiv, interaktiv oder sprachmittelnd (vgl. Abschnitt 4.4.4), und sie können sowohl mündlich als auch schriftlich sein, z. B.:

- Singen (Kinderreime, Volkslieder, Schlager usw.);
- Nacherzählen oder Nachschreiben von Geschichten;
- Anhören, Lesen, Schreiben und Sprechen fiktionaler Texte (Geschichten, Reime usw.), einschließlich audiovisueller Texte, Cartoons, Bildgeschichten usw.;
- Aufführung geschriebener oder improvisierter Stücke usw.;
- Produktion, Rezeption und Aufführung literarischer Texte, z. B.: Lesen und Schreiben von Texten (Kurzgeschichten, Romanen, Gedichten usw.), Aufführung und Rezeption von Liedern, Dramen, Opern usw.

Eine so knappe Behandlung traditionell sehr wichtiger, ja oft dominanter Aspekte des modernen Sprachunterrichts im höheren Schulwesen und in der Universität mag abwertend erscheinen: dies ist jedoch nicht beabsichtigt. Nationale und regionale Literatur leistet einen wesentlichen Beitrag zum europäischen Kulturerbe; der Europarat betrachtet es als einen „wertvollen gemeinsamen Schatz, den es zu schützen und zu entwickeln gilt“. Literarische Studien dienen nicht nur rein ästhetischen, sondern vielen anderen erzieherischen Zwecken – intellektuell, moralisch und emotional, linguistisch und kulturell. Es bleibt zu hoffen, dass Lehrende, die auf allen Stufen mit literarischen Texten arbeiten, in diesem *Referenzrahmen* möglichst viele für sie wichtige Abschnitte finden, die ihnen helfen, ihre Ziele und Methoden transparenter zu machen.

Die Benutzer des *Referenzrahmens* sollten bedenken und, soweit sinnvoll, angeben,
- an welchen spielerischen und ästhetischen Formen der Sprachverwendung Lernende teilnehmen müssen, auf welche dieser Formen sie vorbereitet werden sollen und welche Anforderungen an sie gestellt werden.

4.4 – Kommunikative Aktivitäten und Strategien

Um kommunikative Aufgaben zu erfüllen, müssen Sprachverwendende kommunikative sprachliche Handlungen ausführen und kommunikative Strategien anwenden.

Viele kommunikativen Handlungen, etwa ein Gespräch oder ein Briefwechsel, sind interaktiv, d. h. die Beteiligten wechseln sich in ihren Rollen als Sender und Empfänger häufig über mehrere Redebeiträge hinweg ab.

In anderen Fällen, wenn z. B. Gesprochenes aufgenommen oder gesendet wird oder wenn geschriebene Texte versandt oder veröffentlicht werden, sind Sender und Empfänger voneinander getrennt, sodass die Empfänger nicht unmittelbar antworten können. Möglicherweise kennen sich Sender und Empfänger auch nicht persönlich. In diesen Fällen besteht das kommunikative Ereignis im *Sprechen, Schreiben, Hören* oder *Lesen* eines Textes.

Meistens produzieren die Sprachverwendenden, wenn sie sprechen oder schreiben, ihre eigenen Texte, um eigene Sprechabsichten darin auszudrücken. Manchmal agieren sie jedoch auch als Kommunikationskanal (oft, aber nicht notwendigerweise, in verschiedenen Sprachen) zwischen zwei oder mehreren Menschen, die aus irgendwelchen Gründen nicht direkt miteinander kommunizieren können. Dieser Prozess der Sprachmittlung kann interaktiv sein oder nicht.

Viele, wenn nicht die meisten Situationen umfassen eine Mischung verschiedener Handlungstypen. So kann z. B. im schulischen Fremdsprachenunterricht ein Lernender aufgefordert werden, den Ausführungen eines Lehrenden zuzuhören, ein Lehrbuch still oder laut zu lesen, mit Mitschülern in einer Gruppe oder einem Projekt zu interagieren, einen Übungstext oder einen Aufsatz zu schreiben oder auch etwas zu übersetzen, entweder zur Übung oder um einem Mitschüler oder einer Mitschülerin zu helfen.

Strategien werden von Sprachverwendenden dazu eingesetzt, die eigenen Ressourcen zu mobilisieren und ausgewogen zu nutzen, Fertigkeiten und Prozesse zu aktivieren, um die Anforderungen der Kommunikation in einem Kontext zu erfüllen und die jeweilige Aufgabe erfolgreich und möglichst ökonomisch der eigenen Absicht entsprechend zu erledigen. Kommunikations- und Kompensationsstrategien sollten daher nicht einfach im Sinne eines Defizitmodells aufgefasst werden, d. h. als eine Möglichkeit, sprachliche Defizite oder fehlgeschlagene Kommunikation auszugleichen. Vielmehr setzen auch Muttersprachler regelmäßig kommunikative Strategien aller Art ein, die der jeweiligen Situation angemessen sind (eine ausführliche Darstellung folgt unten).

Den Einsatz kommunikativer Strategien kann man auffassen als Anwendung der metakognitiven Prinzipien *Planung, Ausführung, Kontrolle* (*monitoring*) und *Reparaturhandlungen* bei den verschiedenen Arten kommunikativer Aktivitäten, nämlich Rezeption, Interaktion, Produktion und Mittlung. Der Begriff ‚Strategie' wird auf vielfältige Weise verwendet. In diesem Kontext ist damit die Auswahl einer möglichst effektiven Handlungsweise gemeint. Fertigkeiten, die für das Verstehen oder Artikulieren gesprochener oder geschriebener Sprache unverzichtbar sind (z. B. *chunking*, d. h. das Bündeln eines Kontinuums von Sprachlauten, um diese in eine Abfolge von Wörtern zu „übersetzen", die eine propositionale Bedeutung haben), werden in Hinblick auf die jeweiligen kommunikativen Prozesse als untergeordnete Fertigkeiten eingestuft (vgl. Abschnitt 4.5).

Ein Fortschritt im Sprachenlernen zeigt sich am deutlichsten darin, dass Lernende fähig sind, an beobachtbaren sprachlichen Aktivitäten teilzunehmen und kommunikative Strategien einzusetzen. Daher stellen beide eine gute Basis für die Skalierung der Sprachfähigkeit dar. In diesem Kapitel werden Skalen für verschiedene Aspekte der besprochenen sprachlichen Aktivitäten und Strategien vorgeschlagen.

4.4.1 – Produktive Aktivitäten und Strategien

Produktive Aktivitäten und Strategien umfassen sowohl Sprechen als auch Schreiben.

4.4.1.1 Bei ***produktiven mündlichen Aktivitäten*** (beim ***Sprechen***) produzieren die Sprachverwendenden einen gesprochenen Text, der von einem oder mehreren Zuhörern empfangen wird. Beispiele für solche Sprechaktivitäten sind:

- öffentliche Durchsagen (Mitteilungen, Anweisungen usw.);
- vor Zuhörern sprechen (öffentliche Reden, Vorlesungen, Predigten, unterhaltende Darbietungen, Sportreportagen, Verkaufspräsentationen usw.).

Dazu gehört zum Beispiel:

- einen geschriebenen Text vorlesen;
- anhand von Notizen oder anhand eines schriftlichen Textes oder mit anderen visuellen Stützen (Diagramme, Bilder, Schaubilder) sprechen;
- eine eingeübte Rolle spielen;
- spontan sprechen;
- singen.

Es stehen Beispielskalen zur Verfügung für:

- Mündliche Produktion allgemein;
- Zusammenhängendes monologisches Sprechen: Erfahrungen beschreiben;
- Zusammenhängendes monologisches Sprechen: Argumentieren (z. B. in einer Diskussion);
- Öffentliche Ankündigungen/Durchsagen machen;
- Vor Publikum sprechen.

	Mündliche Produktion allgemein
C2	Kann klar, flüssig und gut strukturiert sprechen und seinen Beitrag so logisch aufbauen, dass es den Zuhörern erleichtert wird, wichtige Punkte wahrzunehmen und zu behalten.
C1	Kann komplexe Sachverhalte klar und detailliert beschreiben und darstellen und dabei untergeordnete Themen integrieren, bestimmte Punkte genauer ausführen und alles mit einem angemessenen Schluss abrunden.
B2	Kann Sachverhalte klar und systematisch beschreiben und darstellen und dabei wichtige Punkte und relevante stützende Details angemessen hervorheben.
	Kann zu einer großen Bandbreite von Themen aus seinen/ihren Interessengebieten klare und detaillierte Beschreibungen und Darstellungen geben, Ideen ausführen und durch untergeordnete Punkte und relevante Beispiele abstützen.
B1	Kann relativ flüssig eine unkomplizierte, aber zusammenhängende Beschreibung zu Themen aus seinen/ihren Interessengebieten geben, wobei die einzelnen Punkte linear aneinander gereiht werden.
A2	Kann eine einfache Beschreibung von Menschen, Lebens- oder Arbeitsbedingungen, Alltagsroutinen, Vorlieben oder Abneigungen usw. geben, und zwar in kurzen, listenhaften Abfolgen aus einfachen Wendungen und Sätzen.
A1	Kann sich mit einfachen, überwiegend isolierten Wendungen über Menschen und Orte äußern.

	Zusammenhängendes monologisches Sprechen: Erfahrungen beschreiben
C2	Kann Sachverhalte klar, flüssig, ausführlich und oft sehr interessant darstellen.
C1	Kann komplexe Sachverhalte klar und detailliert darstellen. Kann Sachverhalte ausführlich beschreiben und Geschichten erzählen, kann untergeordnete Themen integrieren, bestimmte Punkte genauer ausführen und alles mit einem angemessenen Schluss abrunden.
B2	Kann im Rahmen des eigenen Interessengebiets zu einem breiten Themenspektrum klare und detaillierte Beschreibungen und Berichte geben.
B1	Kann zu verschiedenen vertrauten Themen des eigenen Interessenbereichs unkomplizierte Beschreibungen oder Berichte geben. Kann relativ flüssig unkomplizierte Geschichten oder Beschreibungen wiedergeben, indem er/sie die einzelnen Punkte linear aneinander reiht. Kann detailliert über eigene Erfahrungen berichten und dabei die eigenen Gefühle und Reaktionen beschreiben. Kann über die wichtigsten Einzelheiten eines unvorhergesehenen Ereignisses (z. B. eines Unfalls) berichten. Kann die Handlung eines Films oder eines Buchs wiedergeben und die eigenen Reaktionen beschreiben. Kann Träume, Hoffnungen, Ziele beschreiben. Kann reale und erfundene Ereignisse schildern. Kann eine Geschichte erzählen.

A2	Kann etwas erzählen oder in Form einer einfachen Aufzählung berichten. Kann über Aspekte des eigenen alltäglichen Lebensbereichs berichten, z. B. über Leute, Orte, Erfahrungen in Beruf oder Ausbildung. Kann kurz und einfach über ein Ereignis oder eine Tätigkeit berichten. Kann Pläne und Vereinbarungen, Gewohnheiten und Alltagsbeschäftigungen beschreiben sowie über vergangene Aktivitäten und persönliche Erfahrungen berichten. Kann mit einfachen Mitteln Gegenstände sowie Dinge, die ihm/ihr gehören, kurz beschreiben und vergleichen. Kann erklären, was er/sie an etwas mag oder nicht mag.
	Kann die Familie, Lebensverhältnisse, die Ausbildung und die gegenwärtige oder die letzte berufliche Tätigkeit beschreiben. Kann mit einfachen Worten Personen, Orte, Dinge beschreiben.
A1	Kann sich selbst beschreiben und sagen, was er/sie beruflich tut und wo er/sie wohnt.

	Zusammenhängendes monologisches Sprechen: Argumentieren (z. B. in einer Diskussion)
C2	Keine Deskriptoren verfügbar
C1	Keine Deskriptoren verfügbar
B2	Kann etwas systematisch erörtern und dabei entscheidende Punkte in angemessener Weise hervorheben und stützende Einzelheiten anführen.
	Kann etwas klar erörtern, indem er/sie die eigenen Standpunkte ausführlich darstellt und durch Unterpunkte oder geeignete Beispiele stützt. Kann seine/ihre Argumentation logisch aufbauen und verbinden. Kann den Standpunkt zu einem Problem erklären und die Vor- und Nachteile verschiedener Alternativen angeben.
B1	Kann eine Argumentation gut genug ausführen, um die meiste Zeit ohne Schwierigkeiten verstanden zu werden.
	Kann für Ansichten, Pläne oder Handlungen kurze Begründungen oder Erklärungen geben.
A2	Keine Deskriptoren verfügbar
A1	Keine Deskriptoren verfügbar

	Öffentliche Ankündigungen/Durchsagen machen
C2	Keine Deskriptoren verfügbar
C1	Kann beinahe mühelos öffentliche Ankündigungen vortragen und dabei durch Betonung und Intonation auch feinere Bedeutungsnuancen deutlich machen.
B2	Kann Ankündigungen zu den meisten allgemeinen Themen so klar, spontan und flüssig vortragen, dass man ihnen ohne große Mühe folgen kann.
B1	Kann kurze, eingeübte Ankündigungen zu alltäglichen Ereignissen aus dem eigenen Erfahrungsgebiet so vortragen, dass sie trotz fremder Intonation und Betonung klar verständlich sind.
A2	Kann sehr kurze, eingeübte Ankündigungen mit vorhersehbarem, auswendig gelerntem Inhalt vortragen, die bei konzentriertem Zuhören verständlich sind.
A1	Keine Deskriptoren verfügbar

Anmerkung: Die Deskriptoren dieser Sub-Skala sind noch nicht empirisch kalibriert worden.

	Vor Publikum sprechen
C2	Kann sicher und gut verständlich einem Publikum ein komplexes Thema vortragen, mit dem es nicht vertraut ist, und dabei die Rede flexibel den Bedürfnissen des Publikums anpassen und entsprechend strukturieren. Kann mit schwierigen und auch unfreundlichen Fragen umgehen.
C1	Kann ein komplexes Thema gut strukturiert und klar vortragen und dabei die eigenen Standpunkte ausführlich darstellen und durch Unterpunkte, geeignete Beispiele oder Begründungen stützen. Kann spontan und beinahe mühelos mit Zwischenrufen umgehen.
B2	Kann eine klare und systematisch angelegte Präsentation vortragen und dabei wesentliche Punkte und relevante unterstützende Details hervorheben. Kann spontan vom vorbereiteten Text abweichen und vom Publikum aufgeworfene interessante Fragen aufgreifen, häufig in bemerkenswert gewandter und flüssiger Weise.
	Kann eine klare, vorbereitete Präsentation vortragen und dabei Gründe für oder gegen einen Standpunkt anführen und die Vor- und Nachteile verschiedener Alternativen angeben. Kann flüssig und spontan eine Reihe von Nachfragen aufgreifen, ohne Anstrengung für sich oder das Publikum.
B1	Kann eine vorbereitete, unkomplizierte Präsentation zu einem vertrauten Thema aus seinem/ihrem Fachgebiet so klar vortragen, dass man ihr meist mühelos folgen kann, wobei die Hauptpunkte hinreichend präzise erläutert werden. Kann Nachfragen aufgreifen, muss aber möglicherweise um Wiederholung bitten, falls zu schnell gesprochen wurde.
A2	Kann eine kurze, eingeübte Präsentation zu einem Thema aus seinem/ihrem Alltag vortragen und dabei kurz Gründe und Erläuterungen zu Meinungen, Plänen und Handlungen geben. Kann mit einer begrenzten Anzahl unkomplizierter Nachfragen umgehen.
	Kann eine eingeübte, kurze, einfache Präsentation zu einem vertrauten Thema vortragen. Kann unkomplizierte Nachfragen beantworten, falls die Möglichkeit besteht, um Wiederholung oder um Hilfe beim Formulieren zu bitten.
A1	Kann ein kurzes, eingeübtes Statement verlesen, um z. B. einen Redner vorzustellen oder einen Toast auszubringen.

Anmerkung: Die Deskriptoren dieser Sub-Skala wurden durch Kombination von Elementen aus Deskriptoren anderer Skalen gewonnen.

> Die Benutzer des *Referenzrahmens* sollten bedenken und, soweit sinnvoll, angeben,
> – mit welchem Spektrum produktiver mündlicher Aktivitäten (Sprechen) die Lernenden befasst sein werden, wie sie darauf vorbereitet werden sollen und was von ihnen erwartet wird.

4.4.1.2 Bei ***produktiven schriftlichen Aktivitäten*** (beim ***Schreiben***) produzieren die Sprachverwendenden als Autoren einen geschriebenen Text, der von einem oder mehreren Lesern rezipiert wird.

Beispiele für schriftliche Aktivitäten sind:

- Formulare und Fragebögen ausfüllen;
- Artikel für Zeitungen, Zeitschriften, Rundschreiben usw. schreiben;
- Plakate herstellen;
- Berichte, Mitteilungen usw. schreiben;
- Notizen zur späteren Verwendung anfertigen;
- Mitteilungen nach Diktat schreiben;
- Kreatives Schreiben;
- persönliche Briefe oder Geschäftsbriefe usw. schreiben.

Es stehen folgende Beispielskalen zur Verfügung:

- Schriftliche Produktion allgemein;
- Kreatives Schreiben;
- Berichte und Aufsätze schreiben.

	Schriftliche Produktion allgemein
C2	Kann klare, flüssige, komplexe Texte in angemessenem und effektivem Stil schreiben, deren logische Struktur den Lesern das Auffinden der wesentlichen Punkte erleichtert.
C1	Kann klare, gut strukturierte Texte zu komplexen Themen verfassen und dabei die entscheidenden Punkte hervorheben, Standpunkte ausführlich darstellen und durch Unterpunkte oder geeignete Beispiele oder Begründungen stützen und den Text durch einen angemessenen Schluss abrunden.
B2	Kann klare, detaillierte Texte zu verschiedenen Themen aus seinem/ihrem Interessengebiet verfassen und dabei Informationen und Argumente aus verschiedenen Quellen zusammenführen und gegeneinander abwägen.
B1	Kann unkomplizierte, zusammenhängende Texte zu mehreren vertrauten Themen aus seinem/ihrem Interessengebiet verfassen, wobei einzelne kürzere Teile in linearer Abfolge verbunden werden.
A2	Kann eine Reihe einfacher Wendungen und Sätze schreiben und mit Konnektoren wie *und, aber* oder *weil* verbinden.
A1	Kann einfache, isolierte Wendungen und Sätze schreiben.

Anmerkung: Die Deskriptoren dieser Skala sowie der beiden folgenden Sub-Skalen (Kreatives Schreiben; Berichte und Aufsätze schreiben) sind nicht empirisch kalibriert worden. Daher wurden die Deskriptoren dieser drei Skalen durch eine Kombination von Elementen aus anderen Skalen erstellt.

	Kreatives Schreiben
C2	Kann klare, flüssige und fesselnde Geschichten und Beschreibungen von Erfahrungen verfassen, und zwar in einem Stil, der dem gewählten Genre angemessenen ist.
C1	Kann klare, detaillierte, gut strukturierte und ausführliche Beschreibungen oder auch eigene fiktionale Texte in lesergerechtem, überzeugendem, persönlichem und natürlichem Stil verfassen.
B2	Kann klare, detaillierte, zusammenhängende Beschreibungen realer oder fiktiver Ereignisse und Erfahrungen verfassen, dabei den Zusammenhang zwischen verschiedenen Ideen deutlich machen und die für das betreffende Genre geltenden Konventionen beachten.
	Kann klare, detaillierte Beschreibungen zu verschiedenen Themen aus seinem/ihrem Interessengebiet verfassen. Kann eine Rezension eines Films, Buchs oder Theaterstücks schreiben.
B1	Kann unkomplizierte, detaillierte Beschreibungen zu einer Reihe verschiedener Themen aus seinem/ihrem Interessengebiet verfassen. Kann Erfahrungsberichte schreiben, in denen Gefühle und Reaktion in einem einfachen, zusammenhängenden Text beschrieben werden. Kann eine Beschreibung eines realen oder fiktiven Ereignisses oder einer kürzlich unternommenen Reise verfassen. Kann eine Geschichte erzählen.

A2	Kann in Form verbundener Sätze etwas über alltägliche Aspekte des eigenen Umfelds schreiben, wie z. B. über Menschen, Orte, einen Job oder Studienerfahrungen. Kann eine sehr kurze, elementare Beschreibung von Ereignissen, vergangenen Handlungen und persönlichen Erfahrungen verfassen.
	Kann in einer Reihe einfacher Sätze über die eigene Familie, die Lebensumstände, den Bildungshintergrund oder die momentane oder vorige berufliche Tätigkeit schreiben. Kann kurze, einfache, fiktive Biographien und einfache Gedichte über Menschen schreiben.
A1	Kann einfache Wendungen und Sätze über sich selbst und fiktive Menschen schreiben: wo sie leben und was sie tun.

	Berichte und Aufsätze schreiben
C2	Kann klare, flüssige, komplexe Berichte, Artikel oder Aufsätze verfassen, in denen ein Argument entwickelt oder ein Vorschlag oder ein literarisches Werk kritisch gewürdigt wird. Kann den Texten einen angemessenen, effektiven logischen Aufbau geben, der den Lesenden hilft, die wesentlichen Punkte zu finden.
C1	Kann klare, gut strukturierte Ausführungen zu komplexen Themen schreiben und dabei zentrale Punkte hervorheben. Kann Standpunkte ausführlich darstellen und durch Unterpunkte, geeignete Beispiele oder Begründungen stützen.
B2	Kann einen Aufsatz oder Bericht schreiben, in dem etwas systematisch erörtert wird, wobei entscheidende Punkte angemessen hervorgehoben und stützende Details angeführt werden. Kann verschiedene Ideen oder Problemlösungen gegeneinander abwägen.
	Kann in einem Aufsatz oder Bericht etwas erörtern, dabei Gründe für oder gegen einen bestimmten Standpunkt angeben und die Vor- und Nachteile verschiedener Optionen erläutern. Kann Informationen und Argumente aus verschiedenen Quellen zusammenführen.
B1	Kann einen kurzen, einfachen Aufsatz zu Themen von allgemeinem Interesse schreiben. Kann im eigenen Sachgebiet mit einer gewissen Sicherheit größere Mengen von Sachinformationen über vertraute Routineangelegenheiten und über weniger routinemäßige Dinge zusammenfassen, darüber berichten und dazu Stellung nehmen.
	Kann in einem üblichen Standardformat sehr kurze Berichte schreiben, in denen Sachinformationen weitergegeben und Gründe für Handlungen angegeben werden.
A2	Keine Deskriptoren verfügbar
A1	Keine Deskriptoren verfügbar

Die Benutzer des *Referenzrahmens* sollten bedenken und, soweit sinnvoll, angeben,

- zu welchen Zwecken die Lernenden welche Schreibaktivitäten ausführen müssen, worauf sie in dieser Hinsicht vorbereitet werden sollen und welche Anforderungen an sie gestellt werden.

4.4.1.3 ***Produktionsstrategien*** involvieren das Mobilisieren von Ressourcen und das Ausbalancieren verschiedener Kompetenzen, d. h. das Ausnutzen der Stärken und Herunterspielen der Schwächen, um das vorhandene Potenzial im Sinne der jeweiligen Aufgabe einzusetzen. Interne Ressourcen müssen aktiviert werden, dabei kann bewusste Vorbereitung mit ins Spiel kommen (*Einüben*), es kann die Wirkung verschiedener Stile, Diskursstrukturen oder Formulierungen kalkuliert werden (*die Zuhörer mit bedenken*), es können Nachschlagewerke benutzt oder bei einem Problem Hilfen herangezogen werden (*Hilfsmittel finden und bereitstellen*). Falls es nicht gelungen ist, adäquate Hilfen zu mobilisieren oder zu finden, können Sprachverwendende gut beraten sein, eine leichtere Aufgabe anzugehen und z. B. nur eine Postkarte statt eines Briefs zu schreiben. Sollte es hingegen gelungen sein, die erforderliche Hilfe verfügbar zu machen, kann umgekehrt auch eine schwierigere Aufgabe gewählt werden (*Aufgabenanpassung*). Analog dazu können Lernende in Bezug auf das, was sie ausdrücken wollen, zu Kompromissen genötigt sein, wenn ihre sprachlichen Mittel nicht ausreichen. Umgekehrt kann eine zusätzliche sprachliche Unterstützung, die vielleicht erst bei einer späteren Überarbeitung zugänglich wird, zu anspruchsvollerem Formulieren der eigenen Gedanken führen (*Aussagenanpassung*).

Die Ansprüche nach unten zu korrigieren, um sie den Ressourcen anzupassen und so einen Erfolg in einem begrenztem Aufgabenbereich zu sichern, ist als *Vermeidungsstrategie* beschrieben worden, eine Korrektur nach oben und die Suche nach Wegen zur Bewältigung einer Aufgabe dagegen als *Problemlösungsstrategien.* Werden Problemlösungsstrategien eingesetzt, gehen die Sprachverwendenden positiv mit ihren Ressourcen um. Solche Strategien können sein: Annäherungen an das Gemeinte und Übergeneralisierung einfacherer Sprachmittel, Paraphrasen oder Beschreiben von Aspekten dessen, was man sagen will, manchmal sogar ‚Verfremden' (oder *foreignising*) von muttersprachlichen Ausdrücken (*Kompensieren*), aber auch das Verwenden häufig gebrauchter, vorgefertigter Wendungen, derer man sich sicher fühlt – als „sichere Inseln". So schafft man sich Trittsteine, über die man gehen kann, wenn man in neuen Situationen Konzepte versprachlichen will (*auf vorhandenem Wissen aufbauen*). Manchmal riskiert man auch einfach eine Formulierung, an die man sich nur halb erinnert, von der man aber glaubt, dass sie richtig sein *könnte* (*Ausprobieren*). Ob nun Sprachverwendende bewusst oder unbewusst kompensieren, sich auf dünnem Eis bewegen oder Sprache versuchsweise einsetzen, sie können anhand der Rückmeldung über Mimik, Gestik und den weiteren Gesprächsverlauf den Erfolg ihrer Äußerung kontrollieren (*Kontrolle des Erfolgs* oder *monitoring*). Zudem können Sprachverwendende ganz bewusst insbesondere in nicht-interaktiven Aktivitäten eine Kontrolle auf linguistischer und kommunikativer Ebene einsetzen (wie z. B. bei einer Präsentation oder beim Schreiben eines Berichts), sie können Versprecher und „Lieblingsfehler" entdecken und diese selbst korrigieren (*Selbstkorrektur*).

- Planung:
  - wiederholen und einüben;
  - Ressourcen lokalisieren;
  - die Adressaten mit bedenken;
  - Aufgabenanpassung;
  - Anpassung der Äußerungsabsicht.
- Ausführung:
  - kompensieren;
  - auf vorhandenem Wissen aufbauen;
  - ausprobieren.
- Kontrolle:
  - Erfolgskontrolle.
- Reparatur:
  - Selbstkorrektur.

Es stehen folgende Beispielskalen zur Verfügung:

- Planen;
- Kompensieren;
- Kontrolle und Reparaturen.

	Planen
C2	Wie B2
C1	Wie B2
B2	Kann planen, was und wie er/sie etwas sagen will, und dabei die Wirkung auf die Zuhörer berücksichtigen.
B1	Kann neue Ausdrücke und Kombinationen von Ausdrücken einüben, ausprobieren und um Rückmeldung dazu bitten.
	Kann planen, wie er/sie die wichtigsten Punkte, die er/sie vermitteln will, am besten zum Ausdruck bringt, wenn er/sie alle verfügbaren Mittel einsetzt und die Aussage den verfügbaren Ausdrucksmitteln entsprechend begrenzt.
A2	Kann aus seinem/ihrem Repertoire eine passende Serie von Wendungen abrufen und erproben.
A1	Keine Deskriptoren verfügbar

	Kompensieren
C2	Kann ein Wort, an das er/sie sich nicht erinnert, so reibungslos durch einen gleichbedeutenden Ausdruck ersetzen, dass dies kaum bemerkt wird.
C1	Wie B2+
B2	Kann etwas paraphrasieren und umschreiben, um Wortschatz- oder Grammatiklücken zu überbrücken.
B1	Kann die Merkmale von konkreten Dingen beschreiben, wenn ihm/ihr das entsprechende Wort nicht einfällt. Kann ausdrücken, was er/sie meint, indem er/sie ein Wort mit einer ähnlichen Bedeutung verwendet und näher bestimmt (z. B. *ein Bahnhof für Flugzeuge*).
	Kann ein einfaches Wort verwenden, das etwas Ähnliches bedeutetet, wie das was er/sie ausdrücken will, und eine Verbesserung herausfordern. Kann ein Wort aus der Muttersprache mit zielsprachlicher Aussprache verwenden und nachfragen, ob es verstanden wird.
A2	Kann aus seinem/ihrem Repertoire ein nicht ganz passendes Wort verwenden und durch Gesten klar machen, was er/sie meint.
	Kann durch Zeigen das Gemeinte identifizieren (*Ich möchte das da, bitte.*).
A1	Keine Deskriptoren verfügbar

	Kontrolle und Reparaturen
C2	Kann bei Ausdrucksschwierigkeiten so reibungslos neu ansetzen und umformulieren, dass die Gesprächspartner kaum etwas davon bemerken.
C1	Kann bei Ausdrucksschwierigkeiten neu ansetzen und umformulieren, ohne die Äußerung ganz abreißen zu lassen.
B2	Kann Versprecher oder Fehler normalerweise selbst korrigieren, wenn sie ihm/ihr bewusst werden. Kann eigene Fehler korrigieren, wenn sie zu Missverständnissen geführt haben. Kann sich seine Hauptfehler merken und sich beim Sprechen bewusst in Bezug auf diese Fehler kontrollieren.

B1	Kann Fehler bei Zeitformen oder bei Ausdrücken, die zu Missverständnissen führen, korrigieren, sofern die Gesprächspartner signalisieren, dass es ein Problem gibt.
	Kann um Bestätigung bitten, dass er/sie eine Form korrekt gebraucht hat. Kann noch einmal neu ansetzen und eine andere Taktik benutzen, wenn die Kommunikation zusammenbricht.
A2	Keine Deskriptoren verfügbar
A1	Keine Deskriptoren verfügbar

4.4.2 – Rezeptive Aktivitäten und Strategien

Rezeptive Aktivitäten umfassen Hören und Lesen.

4.4.2.1 Bei ***auditiven rezeptiven*** Aktivitäten (beim ***Hören***) empfangen und verarbeiten Sprachverwendende als Hörer einen von einem oder mehreren Sprechern produzierten gesprochenen Input. Zu den Höraktivitäten gehören:

- öffentliche Ankündigungen und Durchsagen (Informationen, Instruktionen, Warnungen usw.) hören (und verstehen);
- Medien (Radio, Fernsehen, Tonaufnahmen, Kino) rezipieren (hören, sehen und verstehen);
- als Zuschauer/Zuhörer im Publikum verstehen (Theater, öffentliche Versammlungen, öffentliche Vorträge, Unterhaltungsveranstaltungen usw.);
- Gespräche usw. mithören.

Mit dem Zuhören könnten in jedem dieser Fälle folgende Absichten verbunden sein:

- global verstehen (erfahren, was insgesamt gemeint ist);
- selektiv verstehen (eine ganz bestimmte Information erhalten);
- detailliert verstehen (das Gesprochene in allen Einzelheiten verstehen);
- Schlussfolgerungen ziehen können usw.

Es stehen folgende Beispielskalen zur Verfügung:

- Hörverstehen allgemein;
- Gespräche zwischen Muttersprachlern verstehen;
- Als Zuschauer/Zuhörer im Publikum verstehen;
- Ankündigungen, Durchsagen und Anweisungen verstehen;
- Radiosendungen und Tonaufnahmen verstehen.

	Hörverstehen allgemein
C2	Hat keinerlei Schwierigkeiten, alle Arten gesprochener Sprache zu verstehen, sei dies live oder in den Medien, und zwar auch wenn schnell gesprochen wird, wie Muttersprachler dies tun.
C1	Kann genug verstehen, um längeren Redebeiträgen über nicht vertraute, abstrakte und komplexe Themen zu folgen, wenn auch gelegentlich Details bestätigt werden müssen, insbesondere bei fremdem Akzent. Kann ein breites Spektrum idiomatischer Wendungen und umgangssprachlicher Ausdrucksformen verstehen und Registerwechsel richtig beurteilen. Kann längeren Reden und Gesprächen folgen, auch wenn diese nicht klar strukturiert sind und wenn Zusammenhänge nicht explizit ausgedrückt sind.

B2	Kann im direkten Kontakt und in den Medien gesprochene Standardsprache verstehen, wenn es um vertraute oder auch um weniger vertraute Themen geht, wie man ihnen normalerweise im privaten, gesellschaftlichen, beruflichen Leben oder in der Ausbildung begegnet. Nur extreme Hintergrundgeräusche, unangemessene Diskursstrukturen oder starke Idiomatik beeinträchtigen das Verständnis.
	Kann die Hauptaussagen von inhaltlich und sprachlich komplexen Redebeiträgen zu konkreten und abstrakten Themen verstehen, wenn Standardsprache gesprochen wird; versteht auch Fachdiskussionen im eigenen Spezialgebiet. Kann längeren Redebeiträgen und komplexer Argumentation folgen, sofern die Thematik einigermaßen vertraut ist und der Rede- oder Gesprächsverlauf durch explizite Signale gekennzeichnet ist.
B1	Kann unkomplizierte Sachinformationen über gewöhnliche alltags- oder berufsbezogene Themen verstehen und dabei die Hauptaussagen und Einzelinformationen erkennen, sofern klar artikuliert und mit vertrautem Akzent gesprochen wird.
	Kann die Hauptpunkte verstehen, wenn in deutlich artikulierter Standardsprache über vertraute Dinge gesprochen wird, denen man normalerweise bei der Arbeit, in der Ausbildung oder der Freizeit begegnet; kann auch kurze Erzählungen verstehen.
A2	Versteht genug, um Bedürfnisse konkreter Art befriedigen zu können, sofern deutlich und langsam gesprochen wird.
	Kann Wendungen und Wörter verstehen, wenn es um Dinge von ganz unmittelbarer Bedeutung geht (z. B. ganz grundlegende Informationen zu Person, Familie, Einkaufen, Arbeit, nähere Umgebung), sofern deutlich und langsam gesprochen wird.
A1	Kann verstehen, wenn sehr langsam und sorgfältig gesprochen wird und wenn lange Pausen Zeit lassen, den Sinn zu erfassen.

	Gespräche zwischen Muttersprachlern verstehen
C2	Wie C1
C1	Kann komplexer Interaktion Dritter in Gruppendiskussionen oder Debatten leicht folgen, auch wenn abstrakte, komplexe, nicht vertraute Themen behandelt werden.
B2	Kann in einem lebhaften Gespräch unter Muttersprachlern mithalten.
	Kann mit einiger Anstrengung vieles verstehen, was in Gesprächen, die in seiner/ihrer Gegenwart geführt werden, gesagt wird, dürfte aber Schwierigkeiten haben, sich wirklich an Gruppengesprächen mit Muttersprachlern zu beteiligen, die ihre Sprache in keiner Weise anpassen.
B1	Kann im Allgemeinen den Hauptpunkten von längeren Gesprächen folgen, die in seiner/ihrer Gegenwart geführt werden, sofern deutlich artikuliert und in der Standardsprache gesprochen wird.
A2	Kann im Allgemeinen das Thema von Gesprächen, die in seiner/ihrer Gegenwart geführt werden, erkennen, wenn langsam und deutlich gesprochen wird.
A1	Keine Deskriptoren verfügbar

	Als Zuschauer/Zuhörer im Publikum verstehen
C2	Kann Fachvorträge oder Präsentationen verstehen, die viele umgangssprachliche oder regional gefärbte Ausdrücke oder auch fremde Terminologie enthalten.
C1	Kann die meisten Vorlesungen, Diskussionen und Debatten relativ leicht verstehen.
B2	Kann die Hauptaussagen von inhaltlich und sprachlich komplexen Vorlesungen, Reden, Berichten und anderen akademischen oder berufsbezogenen Präsentationen verstehen.

B1	Kann Vorträge oder Reden auf dem eigenen Fachgebiet verstehen, wenn die Thematik vertraut und die Darstellung unkompliziert und klar strukturiert ist.
	Kann in groben Zügen kurze und unkomplizierte Vorträge zu vertrauten Themen verstehen, wenn deutlich und in der Standardsprache gesprochen wird.
A2	Keine Deskriptoren verfügbar
A1	Keine Deskriptoren verfügbar

	Ankündigungen, Durchsagen und Anweisungen verstehen
C2	Wie C1
C1	Kann auch bei schlechter Übertragungsqualität aus öffentlichen Durchsagen (z. B. am Bahnhof oder auf Sportveranstaltungen) Einzelinformationen heraushören. Kann komplexe technische Informationen verstehen, z. B. Bedienungsanleitungen oder Spezifikationen zu vertrauten Produkten und Dienstleistungen.
B2	Kann Ankündigungen und Mitteilungen zu konkreten und abstrakten Themen verstehen, die in normaler Geschwindigkeit in Standardsprache gesprochen werden.
B1	Kann einfache technische Informationen verstehen, wie z. B. Bedienungsanleitungen für Geräte des täglichen Gebrauchs. Kann detaillierten Wegbeschreibungen folgen.
A2	Kann das Wesentliche von kurzen, klaren und einfachen Durchsagen und Mitteilungen erfassen. Kann einfache Erklärungen, wie man zu Fuß oder mit öffentlichen Verkehrsmitteln an einen bestimmten Ort gelangt, verstehen.
A1	Kann Anweisungen, die langsam und deutlich an ihn/sie gerichtet werden, verstehen und kann kurzen, einfachen Wegerklärungen folgen.

	Radiosendungen und Tonaufnahmen verstehen
C2	Wie C1
C1	Kann ein breites Spektrum an Tonaufnahmen und Radiosendungen verstehen, auch wenn nicht unbedingt Standardsprache gesprochen wird; kann dabei feinere Details, implizit vermittelte Einstellungen oder Beziehungen zwischen Sprechenden erkennen.
B2	Kann Aufnahmen in Standardsprache verstehen, denen man normalerweise im gesellschaftlichen und beruflichen Leben oder in der Ausbildung begegnet und erfasst dabei nicht nur den Informationsgehalt, sondern auch Standpunkte und Einstellungen der Sprechenden.
	Kann im Radio die meisten Dokumentarsendungen, in denen Standardsprache gesprochen wird, verstehen und die Stimmung, den Ton usw. der Sprechenden richtig erfassen.
B1	Kann den Informationsgehalt der meisten Tonaufnahmen oder Rundfunksendungen über Themen von persönlichem Interesse verstehen, wenn deutlich und in der Standardsprache gesprochen wird.
	Kann in Radionachrichten und in einfacheren Tonaufnahmen über vertraute Themen die Hauptpunkte verstehen, wenn relativ langsam und deutlich gesprochen wird.
A2	Kann kurzen, langsam und deutlich gesprochenen Tonaufnahmen über vorhersehbare, alltägliche Dinge die wesentliche Information entnehmen.
A1	Keine Deskriptoren verfügbar

Die Benutzer des *Referenzrahmens* sollten bedenken und, soweit sinnvoll, angeben, – welches Spektrum an gesprochenem Input die Lernenden verstehen müssen, wie sie darauf vorbereitet werden sollen und was von ihnen in dieser Hinsicht erwartet wird; – mit welchen Absichten sie dem Input zuhören werden; – auf welche Art und Weise sie zuhören werden.

4.4.2.2 Bei ***visuellen rezeptiven*** Aktivitäten (beim ***Lesen***) empfangen und verarbeiten Sprachverwendende als Lesende geschriebene Texte als *Input* (Eingabe), der von einem oder mehreren Autoren geschrieben wurde. Zu den Lesetätigkeiten gehören:

- zur allgemeinen Orientierung lesen;
- lesen, um Informationen aufzunehmen, z. B. Nachschlagewerke benutzen;
- Anweisungen lesen und befolgen;
- zur Unterhaltung lesen.

Mit dem Lesen könnte folgende Absicht verbunden sein:

- global verstehen (erfassen, was insgesamt gemeint ist);
- selektiv verstehen (eine ganz bestimmte Information erhalten);
- detailliert verstehen (das Gesagte in seinen Einzelheiten verstehen);
- Schlussfolgerungen ziehen können usw.

Es stehen folgende Beispielskalen zur Verfügung:

- Leseverstehen allgemein;
- Korrespondenz lesen und verstehen;
- Zur Orientierung lesen;
- Information und Argumentation verstehen;
- Schriftliche Anweisungen verstehen.

	Leseverstehen allgemein
C2	Kann praktisch alle Arten geschriebener Texte verstehen und kritisch interpretieren (einschließlich abstrakte, strukturell komplexe oder stark umgangssprachliche literarische oder nicht-literarische Texte). Kann ein breites Spektrum langer und komplexer Texte verstehen und dabei feine stilistische Unterschiede und implizite Bedeutungen erfassen.
C1	Kann lange, komplexe Texte im Detail verstehen, auch wenn diese nicht dem eigenen Spezialgebiet angehören, sofern schwierige Passagen mehrmals gelesen werden können.
B2	Kann sehr selbstständig lesen, Lesestil und -tempo verschiedenen Texten und Zwecken anpassen und geeignete Nachschlagewerke selektiv benutzen. Verfügt über einen großen Lesewortschatz, hat aber möglicherweise Schwierigkeiten mit seltener gebrauchten Wendungen.
B1	Kann unkomplizierte Sachtexte über Themen, die mit den eigenen Interessen und Fachgebieten in Zusammenhang stehen, mit befriedigendem Verständnis lesen.

A2	Kann kurze, einfache Texte zu vertrauten, konkreten Themen verstehen, in denen gängige alltags- oder berufsbezogene Sprache verwendet wird.
	Kann kurze, einfache Texte lesen und verstehen, die einen sehr frequenten Wortschatz und einen gewissen Anteil international bekannter Wörter enthalten.
A1	Kann sehr kurze, einfache Texte Satz für Satz lesen und verstehen, indem er/sie bekannte Namen, Wörter und einfachste Wendungen heraussucht und, wenn nötig, den Text mehrmals liest.

	Korrespondenz lesen und verstehen
C2	Wie C1
C1	Kann unter gelegentlicher Zuhilfenahme des Wörterbuchs jegliche Korrespondenz verstehen.
B2	Kann Korrespondenz lesen, die sich auf das eigene Interessengebiet bezieht, und leicht die wesentliche Aussage erfassen.
B1	Kann die Beschreibung von Ereignissen, Gefühlen und Wünschen in privaten Briefen gut genug verstehen, um regelmäßig mit einem Brieffreund/einer Brieffreundin zu korrespondieren.
A2	Kann Grundtypen von Standard- und Routinebriefen sowie Faxe zu vertrauten Themen verstehen (wie Anfragen, Bestellungen, Auftragsbestätigungen usw.).
	Kann kurze, einfache persönliche Briefe verstehen.
A1	Kann kurze und einfache Mitteilungen auf Postkarten verstehen.

	Zur Orientierung lesen
C2	Wie B2
C1	Wie B2
B2	Kann lange und komplexe Texte rasch durchsuchen und wichtige Einzelinformationen auffinden. Kann rasch den Inhalt und die Wichtigkeit von Nachrichten, Artikeln und Berichten zu einem breiten Spektrum berufsbezogener Themen erfassen und entscheiden, ob sich ein genaueres Lesen lohnt.
B1	Kann längere Texte nach gewünschten Informationen durchsuchen und Informationen aus verschiedenen Texten oder Textteilen zusammentragen, um eine bestimmte Aufgabe zu lösen.
	Kann in einfachen Alltagstexten wie Briefen, Informationsbroschüren und kurzen offiziellen Dokumenten wichtige Informationen auffinden und verstehen.
A2	Kann konkrete, voraussagbare Informationen in einfachen Alltagstexten auffinden, z. B. in Anzeigen, Prospekten, Speisekarten, Literaturverzeichnissen und Fahrplänen. Kann Einzelinformationen in Listen ausfindig machen (z. B. in einem Straßenverzeichnis oder einem Register) und kann die gewünschte Information herausgreifen (z. B. im Branchenverzeichnis einen Handwerker finden). Kann gebräuchliche Zeichen und Schilder an öffentlichen Orten wie Straßen, Restaurants, Bahnstationen oder am Arbeitsplatz verstehen, z. B. Wegweiser, Gebotsschilder, Warnungen vor Gefahr.
A1	Kann vertraute Namen, Wörter und ganz elementare Wendungen in einfachen Mitteilungen in Zusammenhang mit den üblichsten Alltagssituationen erkennen.

	Information und Argumentation verstehen
C2	Wie C1
C1	Kann ein weites Spektrum langer, komplexer Texte, denen man im gesellschaftlichen, beruflichen Leben oder in der Ausbildung begegnet, verstehen und dabei feinere Nuancen auch von explizit oder implizit angesprochenen Einstellungen und Meinungen erfassen.
B2	Kann aus hoch spezialisierten Quellen des eigenen Fachgebiets Informationen, Gedanken und Meinungen entnehmen. Kann Fachartikel, die über das eigene Gebiet hinausgehen, lesen und verstehen, wenn er/sie ab und zu im Wörterbuch nachschlagen kann, um das Verständnis der verwendeten Terminologie zu überprüfen.
	Kann Artikel und Berichte zu aktuellen Fragen lesen und verstehen, in denen die Schreibenden eine bestimmte Haltung oder einen bestimmten Standpunkt vertreten.
B1	Kann in klar geschriebenen argumentativen Texten die wesentlichen Schlussfolgerungen erkennen. Kann bei der Behandlung eines Themas die Argumentation erfassen, wenn auch nicht unbedingt im Detail.
	Kann in unkomplizierten Zeitungsartikeln zu vertrauten Themen die wesentlichen Punkte erfassen.
A2	Kann aus einfacheren schriftlichen Materialien wie Briefen, Broschüren oder Zeitungsartikeln, in denen Ereignisse beschrieben werden, spezifische Informationen herausfinden.
A1	Kann sich bei einfacherem Informationsmaterial und kurzen, einfachen Beschreibungen eine Vorstellung vom Inhalt machen, besonders wenn es visuelle Hilfen gibt.

	Schriftliche Anweisungen verstehen
C2	Wie C1
C1	Kann lange, komplexe Anleitungen für neue Geräte oder neue Verfahren auch außerhalb des eigenen Fachgebietes im Detail verstehen, sofern schwierige Passagen mehrmals gelesen werden können.
B2	Kann lange, komplexe Anleitungen im eigenen Fachgebiet verstehen, auch detaillierte Vorschriften oder Warnungen, sofern schwierige Passagen mehrmals gelesen werden können.
B1	Kann klar formulierte, unkomplizierte Anleitungen zur Bedienung eines Geräts verstehen.
A2	Kann Vorschriften, z. B. Sicherheitsvorschriften, verstehen, wenn sie in einfacher Sprache formuliert sind.
	Kann einfache Anleitungen für Apparate, mit denen man im Alltag zu tun hat (z. B. öffentliches Telefon) verstehen.
A1	Kann kurze, einfache schriftliche Wegerklärungen verstehen.

Die Benutzer des *Referenzrahmens* sollten bedenken und, soweit sinnvoll, angeben,

- mit welchen Absichten Lernende lesen werden müssen, wie sie darauf vorbereitet werden sollen und was von ihnen in dieser Hinsicht erwartet wird;
- auf welche Art und Weise Lernende lesen werden müssen, wie sie darauf vorbereitet werden sollen und welche Anforderungen an sie gestellt werden.

4.4.2.3 Bei der ***audiovisuellen Rezeption*** empfangen Sprachverwendende gleichzeitig einen auditiven und einen visuellen Input. Beispiele solcher Aktivitäten sind:

- einen vorgelesenen Text mitlesen;
- eine Fernsehsendung oder Videoaufzeichnung oder einen Film mit Untertiteln ansehen;
- neue Technologien benutzen (Multimedia, CD-ROM usw.)

Eine Beispielskala gibt es zu ‚Fernsehsendungen und Filme verstehen':

	Fernsehsendungen und Filme verstehen
C2	Wie C1
C1	Kann Spielfilme verstehen, auch wenn viel saloppe Umgangssprache oder Gruppensprache und viel idiomatischer Sprachgebrauch darin vorkommt.
B2	Kann im Fernsehen die meisten Nachrichtensendungen und Reportagen verstehen.
	Kann Fernsehreportagen, Live-Interviews, Talk-Shows, Fernsehspiele sowie die meisten Filme verstehen, sofern Standardsprache gesprochen wird.
B1	Kann in vielen Fernsehsendungen zu Themen von persönlichem Interesse einen großen Teil verstehen, z. B. in Interviews, kurzen Vorträgen oder Nachrichtensendungen, wenn relativ langsam und deutlich gesprochen wird.
	Kann vielen Filmen folgen, deren Handlung im Wesentlichen durch Bild und Aktion getragen wird und deren Sprache klar und unkompliziert ist. Kann das Wesentliche von Fernsehprogrammen zu vertrauten Themen verstehen, sofern darin relativ langsam und deutlich gesprochen wird.
A2	Kann die Hauptinformation von Fernsehmeldungen über Ereignisse, Unglücksfälle usw. erfassen, wenn der Kommentar durch das Bild unterstützt wird.
	Kann dem Themenwechsel bei TV-Nachrichten folgen und sich eine Vorstellung vom Hauptinhalt machen.
A1	Keine Deskriptoren verfügbar

4.4.2.4 ***Rezeptionsstrategien*** umfassen das Identifizieren des Kontexts auf der Basis relevanten Weltwissens. In diesem Prozess werden geeignet erscheinende *Schemata* aktiviert, die ihrerseits Erwartungen in Bezug auf die Organisation und den Inhalt dessen schaffen, was rezipiert werden soll (*Framing*). Im Rezeptionsprozess werden aus dem (sprachlichen und nicht-sprachlichen) Gesamtkontext Hinweise herausgelesen: Man bildet auf Basis der von den Schemata geschaffenen kontextuellen Erwartungen eine Repräsentation der Bedeutung, die ausgedrückt wird, und dazu eine Hypothese über die hinter dieser Bedeutung stehende kommunikative Absicht. Durch schrittweise Annäherung dieser Hypothesen an die Aussage werden sichtbare oder mögliche inhaltliche Lücken aufgefüllt: Dadurch wird die mentale Repräsentation der Bedeutung vervollständigt, und es wird die Signifikanz des Gesagten und seiner Bestandteile herausgearbeitet (*Inferieren*). Solche Lücken, die man durch Schlüsse (Inferenzen) füllt, können durch sprachliche Beschränkungen verursacht sein, aber auch durch schwierige Rezeptionsbedingungen oder durch einen Mangel an notwendigem Wissen; sie können aber auch dadurch entstehen, dass der Sprecher/Schreiber Vertrautheit mit einem Sachverhalt voraussetzt, die nicht besteht. Ebenso können sie durch unklare Formulierungen oder durch Understatement entstehen. Ob die aktuelle, aus diesem Prozess hervorgegangene Vorstellung Bestand hat, wird dann durch einen Abgleich mit den eingehenden kotextuellen und kontextuellen Hinweisen getestet, um zu sehen, ob sie in das aktivierte Schema passen, d. h. ob die eigene Interpretation der Situation angemessen ist (*Hypothesentesten*). Ist sie das nicht, so führt dies zurück zu Schritt 1 (*Framing*), von wo aus erneut nach einem Schema gesucht wird, in das sich die empfangenen Hinweise sinnvoll integrieren lassen (*Revision der Hypothesen*).

- Planung: *Framing* (mentales Set auswählen, Schemata aktivieren, Erwartungen aufbauen);
- Ausführung: Hinweise identifizieren/erschließen;
- Kontrolle: Hypothese testen: Hinweise und Schemata abgleichen;
- Reparatur: Hypothese revidieren.

Dazu gibt es folgende Beispielskala:

	Hinweise identifizieren/erschließen
C2	Wie C1
C1	Besitzt die Fertigkeit, von Hinweisen im Kontext und grammatischen und lexikalischen Signalen Schlüsse auf Einstellungen, Stimmungen und Intentionen zu ziehen und zu antizipieren, was als Nächstes folgen wird.
B2	Kann eine Vielfalt von Strategien einsetzen, um das Verstehen zu sichern; dazu gehört, dass er/sie beim Zuhören auf Kernpunkte achtet sowie das Textverständnis anhand von Hinweisen aus dem Kontext überprüft.
B1	Kann in Texten mit Themen aus dem eigenen Fach- oder Interessengebiet unbekannte Wörter aus dem Kontext erschließen. Kann die Bedeutung einzelner unbekannter Wörter aus dem Kontext erschließen und die Satzbedeutung ableiten, sofern das behandelte Thema vertraut ist.
A2	Kann sich eine Vorstellung von der Gesamtaussage kurzer Texte und Äußerungen zu konkreten, alltäglichen Themen machen und die wahrscheinliche Bedeutung unbekannter Wörter aus dem Kontext erschließen.
A1	Keine Deskriptoren verfügbar

4.4.3 – Interaktive Aktivitäten und Strategien

4.4.3.1 – Mündliche Interaktion

Bei der mündlichen Interaktion handeln Sprachverwendende abwechselnd als Sprechende und Hörende mit einem oder mehreren Gesprächspartnern, um durch das Aushandeln von Bedeutung auf der Basis des Prinzips der Kooperation das Gespräch gemeinsam entstehen zu lassen.

Während einer Interaktion werden ständig Rezeptions- und Produktionsstrategien verwendet. Ferner gibt es Klassen von kognitiven und kooperativen Strategien (auch Diskurs- oder Kooperationsstrategien genannt), die die Kooperation und Interaktion steuern, wie etwa ‚Sprecherwechsel', ‚sich auf ein Thema einigen und darauf, wie man sich ihm nähert', ‚Lösungen vorschlagen und evaluieren', ‚rekapitulieren und den erreichten Gesprächsstand zusammenfassen', ‚in einem Konflikt vermitteln' usw.

Beispiele für interaktive Aktivitäten sind:

- Transaktionen: Dienstleistungsgespräche;
- zwanglose Unterhaltung;
- informelle Diskussion;
- formelle Diskussion;
- Debatte;
- Interview;
- Verhandlung;
- gemeinsames Planen;
- praktische zielorientierte Zusammenarbeit usw.

Beispielskalen gibt es zu:

- Mündliche Interaktion allgemein;
- Muttersprachliche Gesprächspartner verstehen;
- Konversation;
- Informelle Diskussion (unter Freunden);
- Formelle Diskussion und Besprechungen;
- Zielorientierte Kooperation;
- Transaktionen: Dienstleistungsgespräche;
- Informationsaustausch;
- Interviewgespräche.

	Mündliche Interaktion allgemein
C2	Beherrscht idiomatische und umgangssprachliche Wendungen gut und ist sich der jeweiligen Konnotationen bewusst. Kann ein großes Repertoire an Graduierungs- und Abtönungsmitteln weitgehend korrekt verwenden und damit feinere Bedeutungsnuancen deutlich machen. Kann bei Ausdrucksschwierigkeiten so reibungslos neu ansetzen und umformulieren, dass die Gesprächspartner kaum etwas davon bemerken.
C1	Kann sich beinahe mühelos spontan und fließend ausdrücken. Beherrscht einen großen Wortschatz und kann bei Wortschatzlücken problemlos Umschreibungen gebrauchen; offensichtliches Suchen nach Worten oder der Rückgriff auf Vermeidungsstrategien sind selten; nur begrifflich schwierige Themen können den natürlichen Sprachfluss beeinträchtigen.
B2	Kann die Sprache gebrauchen, um flüssig, korrekt und wirkungsvoll über ein breites Spektrum allgemeiner, wissenschaftlicher, beruflicher Themen oder über Freizeitthemen zu sprechen und dabei Zusammenhänge zwischen Ideen deutlich machen. Kann sich spontan und mit guter Beherrschung der Grammatik verständigen, praktisch ohne den Eindruck zu erwecken, sich in dem, was er/sie sagen möchte, einschränken zu müssen; der Grad an Formalität ist den Umständen angemessen.
	Kann sich so spontan und fließend verständigen, dass ein normales Gespräch und anhaltende Beziehungen zu Muttersprachlern ohne größere Anstrengung auf beiden Seiten gut möglich ist. Kann die Bedeutung von Ereignissen und Erfahrungen für sich selbst hervorheben und Standpunkte durch relevante Erklärungen und Argumente klar begründen und verteidigen.
B1	Kann sich mit einiger Sicherheit über vertraute Routineangelegenheiten, aber auch über andere Dinge aus dem eigenen Interessen- oder Berufsgebiet verständigen. Kann Informationen austauschen, prüfen und bestätigen, mit weniger routinemäßigen Situationen umgehen und erklären, warum etwas problematisch ist. Kann Gedanken zu eher abstrakten kulturellen Themen ausdrücken, wie z. B. zu Filmen, Büchern, Musik usw.
	Kann ein breites Spektrum einfacher sprachlicher Mittel einsetzen, um die meisten Situationen zu bewältigen, die typischerweise beim Reisen auftreten. Kann ohne Vorbereitung an Gesprächen über vertraute Themen teilnehmen, persönliche Meinungen ausdrücken und Informationen austauschen über Themen, die vertraut sind, persönlich interessieren oder sich auf das alltägliche Leben beziehen (z. B. Familie, Hobbys, Arbeit, Reisen und aktuelles Geschehen).
A2	Kann sich relativ leicht in strukturierten Situationen und kurzen Gesprächen verständigen, sofern die Gesprächspartner, falls nötig, helfen. Kann ohne übermäßige Mühe in einfachen Routinegesprächen zurechtkommen; kann Fragen stellen und beantworten und in vorhersehbaren Alltagssituationen Gedanken und Informationen zu vertrauten Themen austauschen.
	Kann sich in einfachen, routinemäßigen Situationen verständigen, in denen es um einen unkomplizierten und direkten Austausch von Informationen über vertraute Routineangelegenheiten in Zusammenhang mit Arbeit und Freizeit geht. Kann sehr kurze Kontaktgespräche führen, versteht aber kaum genug, um das Gespräch selbst in Gang halten zu können.
A1	Kann sich auf einfache Art verständigen, doch ist die Kommunikation völlig davon abhängig, dass etwas langsamer wiederholt, umformuliert oder korrigiert wird. Kann einfache Fragen stellen und beantworten, einfache Feststellungen treffen oder auf solche reagieren, sofern es sich um unmittelbare Bedürfnisse oder um sehr vertraute Themen handelt.

	Muttersprachliche Gesprächspartner verstehen
C2	Kann alle muttersprachlichen Gesprächspartner verstehen, auch wenn diese über abstrakte und komplexe Fachthemen sprechen, die nicht zum eigenen Spezialgebiet gehören, sofern er/sie Gelegenheit hat, sich auf einen ungewohnten Akzent oder Dialekt einzustellen.
C1	Kann im Detail verstehen, wenn über abstrakte, komplexe Themen auf fremden Fachgebieten gesprochen wird, muss jedoch manchmal Einzelheiten bestätigen lassen, besonders wenn mit wenig vertrautem Akzent gesprochen wird.
B2	Kann im Detail verstehen, was zu ihm/ihr in der Standardsprache gesagt wird – auch wenn es in der Umgebung störende Geräusche gibt.
B1	Kann verstehen, was man in einem Alltagsgespräch zu ihm/ihr sagt, falls deutlich gesprochen wird; muss aber manchmal um Wiederholung bestimmter Wörter und Wendungen bitten.
A2	Kann genug verstehen, um ohne übermäßige Mühe in einfachen Routinegesprächen zurechtzukommen. Kann im Allgemeinen verstehen, wenn mit ihm/ihr in deutlich artikulierter Standardsprache über vertraute Dinge gesprochen wird, vorausgesetzt, er/sie kann ab und zu darum bitten, etwas zu wiederholen oder anders zu formulieren.
	Kann verstehen, was in einem einfachen Alltagsgespräch langsam, deutlich und direkt an ihn/sie gerichtet gesagt wird, vorausgesetzt, die sprechende Person gibt sich Mühe, ihm/ihr verstehen zu helfen.
A1	Kann alltägliche Ausdrücke, die auf die Befriedigung einfacher, konkreter Bedürfnisse zielen, verstehen, wenn sich verständnisvolle Gesprächspartner direkt an ihn/sie richten und langsam, deutlich und mit Wiederholungen sprechen. Kann Fragen und Anweisungen verstehen, sofern diese klar und deutlich an ihn/sie gerichtet werden, und kann kurzen, einfachen Wegerklärungen folgen.

	Konversation
C2	Kann sich sicher und angemessen unterhalten und ist in seinem sozialen und persönlichen Leben in keiner Weise durch sprachliche Einschränkungen beeinträchtigt.
C1	Kann die Sprache wirksam und flexibel für soziale Zwecke gebrauchen, auch für den Ausdruck von Emotionen, Anspielungen oder zum Scherzen.
B2	Kann sich aktiv an längeren Gesprächen über die meisten Themen von allgemeinem Interesse beteiligen. Kann Beziehungen zu Muttersprachlern aufrechterhalten, ohne sie unfreiwillig zu belustigen oder zu irritieren oder sie zu veranlassen, sich anders zu verhalten als bei Muttersprachlern. Kann verschieden starke Gefühle zum Ausdruck bringen und die persönliche Bedeutung von Ereignissen und Erfahrungen hervorheben.
B1	Kann ohne Vorbereitung an Gesprächen über vertraute Themen teilnehmen. Kann verstehen, was man in einem Alltagsgespräch zu ihm/ihr sagt, falls deutlich gesprochen wird; muss aber manchmal um Wiederholung bestimmter Wörter und Wendungen bitten. Kann ein Gespräch oder eine Diskussion aufrechterhalten, ist aber möglicherweise manchmal schwer zu verstehen, wenn er/sie versucht, genau auszudrücken, was er/sie sagen möchte. Kann Gefühle wie Überraschung, Freude, Trauer, Interesse und Gleichgültigkeit ausdrücken und auf entsprechende Gefühlsäußerungen reagieren.

A2	Kann sozialen Kontakt herstellen durch Begrüßung, Abschied, Sich-Vorstellen, Danken. Kann im Allgemeinen verstehen, wenn mit ihm/ihr in deutlich artikulierter Standardsprache über vertraute Dinge gesprochen wird, vorausgesetzt, er/sie kann ab und zu darum bitten, etwas zu wiederholen oder anders zu formulieren. Kann in Routinesituationen an kurzen Gesprächen über Themen von Interesse teilnehmen. Kann in einfachen Worten sagen, wie es ihm/ihr geht, und Dank ausdrücken.
	Kann sehr kurze Kontaktgespräche führen, versteht aber kaum genug, um selbst das Gespräch in Gang zu halten; versteht jedoch, wenn die Gesprächspartner sich Mühe geben, sich ihm/ihr verständlich zu machen. Kann alltägliche Höflichkeitsformeln verwenden, um jemanden zu grüßen oder anzusprechen. Kann jemanden einladen und auf Einladungen reagieren. Kann um Entschuldigung bitten und auf Entschuldigungen reagieren. Kann sagen, was er/sie gerne hat und was nicht.
A1	Kann jemanden vorstellen und einfache Gruß- und Abschiedsformeln gebrauchen. Kann jemanden nach dem Befinden fragen und auf Neuigkeiten reagieren. Kann alltägliche Ausdrücke, die auf die Befriedigung einfacher, konkreter Bedürfnisse zielen, verstehen, wenn sich verständnisvolle Gesprächspartner direkt an ihn/sie richten und langsam, deutlich und mit Wiederholungen sprechen.

	Informelle Diskussion (unter Freunden)
C2	Wie C1
C1	Kann komplexen Gruppendiskussionen leicht folgen und auch dazu beitragen, selbst wenn abstrakte, komplexe und wenig vertraute Themen behandelt werden.
B2	Kann bei einer lebhaften Diskussion unter Muttersprachlern mithalten. Kann seine/ihre Gedanken und Meinungen präzise ausdrücken, überzeugend argumentieren und auf komplexe Argumentationen anderer reagieren.
	Kann sich in vertrauten Situationen aktiv an informellen Diskussionen beteiligen, indem er/sie Stellung nimmt, einen Standpunkt klar darlegt, verschiedene Vorschläge beurteilt, Hypothesen aufstellt oder auf Hypothesen reagiert. Kann mit einiger Anstrengung vieles verstehen, was in Gesprächen, die in seiner/ihrer Gegenwart geführt werden, gesagt wird, dürfte aber Schwierigkeiten haben, sich wirklich an Gruppengesprächen mit Muttersprachlern zu beteiligen, die ihre Sprache in keiner Weise anpassen. Kann in Diskussionen die eigenen Ansichten durch relevante Erklärungen, Argumente und Kommentare begründen und verteidigen.
B1	Kann vieles verstehen, was in Gesprächen, die in seiner/ihrer Gegenwart geführt werden, zu allgemeinen Themen gesagt wird, sofern die Gesprächspartner deutlich sprechen und stark idiomatischen Sprachgebrauch vermeiden. Kann Gedanken über abstrakte oder kulturelle Themen, z. B. über Musik oder Filme, ausdrücken. Kann erklären, warum etwas ein Problem ist. Kann in Diskussionen kurz zu den Standpunkten anderer Stellung nehmen. Kann in Gesprächen darüber, was man tun, wohin man gehen oder was man auswählen sollte, Vergleiche anstellen und verschiedene Möglichkeiten einander gegenüberstellen.
	Kann im Allgemeinen den wesentlichen Punkten einer informellen Diskussion mit Freunden folgen, sofern deutlich gesprochen und Standardsprache verwendet wird. Kann in einer Diskussion über Themen von Interesse persönliche Standpunkte und Meinungen äußern und erfragen. Kann seine/ihre Meinung oder Reaktion klar machen, wenn es darum geht, ein Problem zu lösen oder praktische Fragen zu klären im Zusammenhang damit, wohin man gehen oder was man tun sollte. Kann höflich Überzeugungen und Meinungen, Zustimmung und Ablehnung ausdrücken.

A2	Kann im Allgemeinen das Thema einer Diskussion, die in seiner/ihrer Gegenwart geführt wird, erkennen, wenn langsam und deutlich gesprochen wird. Kann mit anderen besprechen, was man am Abend oder am Wochenende machen könnte. Kann Vorschläge machen und auf Vorschläge reagieren. Kann anderen beipflichten oder widersprechen.
	Kann auf einfache Weise praktische Fragen des Alltags besprechen, wenn er/sie klar, langsam und direkt angesprochen wird. Kann mit anderen besprechen, was man tun oder wohin man gehen will; kann Verabredungen treffen.
A1	Keine Deskriptoren verfügbar

	Formelle Diskussion und Besprechungen
C2	Kann sich in formellen Diskussionen über komplexe Themen behaupten, indem er/sie klar und überzeugend argumentiert, ohne gegenüber Muttersprachlern im Nachteil zu sein.
C1	Kann in einer Debatte leicht mithalten, auch wenn abstrakte, komplexe und wenig vertraute Themen behandelt werden. Kann überzeugend eine Position vertreten, Fragen und Kommentare beantworten sowie auf komplexe Gegenargumente flüssig, spontan und angemessen reagieren.
B2	Kann in einer lebhaften Diskussion mithalten und Pro- und Kontra-Argumente klar erkennen. Kann seine/ihre Gedanken und Meinungen präzise ausdrücken, überzeugend argumentieren und auf komplexe Argumentationen anderer reagieren.
	Kann aktiv an routinemäßigen und anderen formellen Diskussionen teilnehmen. Kann einer Diskussion über Themen des eigenen Fachgebiets folgen und die von anderen betonten Punkte im Detail verstehen. Kann zur Diskussion beitragen, den eigenen Standpunkt begründen und verteidigen, alternative Vorschläge beurteilen, Hypothesen aufstellen und auf Hypothesen anderer reagieren.
B1	Kann vieles verstehen, was zu Themen des eigenen Fachgebiets gesagt wird, sofern die Gesprächspartner deutlich sprechen und stark idiomatischen Sprachgebrauch vermeiden.
	Kann einen Standpunkt klar machen, hat aber Schwierigkeiten wenn er/sie sich auf eine Debatte einlässt. Kann an routinemäßigen formellen Diskussionen über vertraute Themen teilnehmen, bei denen es darum geht, Sachinformationen auszutauschen, Anweisungen entgegenzunehmen oder Lösungsmöglichkeiten für praktische Probleme zu diskutieren, sofern deutlich gesprochen und Standardsprache verwendet wird.
A2	Kann im Allgemeinen in formellen Diskussionen im Rahmen des eigenen Fachgebiets wechselnden Themen folgen, wenn langsam und deutlich gesprochen wird. Kann relevante Informationen austauschen und, wenn direkt danach gefragt, die eigene Meinung zu einer praktischen Frage äußern, sofern er/sie Hilfe beim Formulieren erhält und, wenn nötig, darum bitten kann, dass Kernpunkte wiederholt werden.
	Kann, wenn direkt angesprochen, in einer formellen Diskussion sagen, was er/sie zu einer Sache meint, sofern er/sie darum bitten kann, dass Kernpunkte wiederholt werden.
A1	Keine Deskriptoren verfügbar

Anmerkung: Die Deskriptoren dieser Sub-Skala sind nicht empirisch kalibriert worden.

	Zielorientierte Kooperation (z. B. ein Auto reparieren, ein Dokument diskutieren, etwas organisieren)
C2	Wie B2
C1	Wie B2
B2	Kann detaillierte Instruktionen zuverlässig verstehen. Kann zum Fortgang einer Arbeit beitragen, indem er/sie andere auffordert mitzumachen oder zu sagen, was sie darüber denken usw. Kann eine Angelegenheit oder ein Problem klar darlegen, dabei Vermutungen über Ursachen und Folgen anstellen und die Vor- und Nachteile verschiedener Ansätze gegeneinander abwägen.
B1	Kann dem, was gesagt wird, folgen, muss aber gelegentlich um Wiederholung oder Klärung bitten, wenn andere schnell oder lange sprechen. Kann erklären, warum etwas ein Problem ist, kann diskutieren, was man als Nächstes tun sollte, und kann Alternativen vergleichen und einander gegenüberstellen. Kann die Standpunkte anderer kurz kommentieren. Kann dem, was gesagt wird, im Allgemeinen folgen und, falls nötig, Teile von dem, was jemand gesagt hat, wiederholen, um gegenseitiges Verstehen zu sichern. Kann durch kurze Begründungen und Erklärungen die eigene Meinung verständlich machen, wenn es z. B. um mögliche Lösungen oder um die Frage geht, was man als Nächstes tun sollte. Kann andere auffordern, ihre Meinung dazu zu sagen, wie man vorgehen sollte.
A2	Kann genug verstehen, um ohne übermäßige Mühe mit einfachen Routineaufgaben zurechtzukommen, und bittet auf einfache Weise um Wiederholung, falls er/sie etwas nicht versteht. Kann diskutieren, was man als Nächstes tun sollte, kann Vorschläge machen und auf Vorschläge reagieren, kann um Anleitungen bitten und Anleitungen geben. Kann anzeigen, wann er/sie versteht, und versteht das Nötigste, wenn sich die Gesprächspartner Mühe geben, sich ihm/ihr verständlich zu machen. Kann sich bei einfachen Routineaufgaben verständigen und dabei einfache Wendungen gebrauchen, um Dinge zu erbitten oder zu geben, einfache Informationen zu erfragen und zu besprechen, was man als Nächstes tun sollte.
A1	Kann Fragen und Anweisungen verstehen, die sorgfältig und langsam an ihn/sie gerichtet werden, und kann kurzen, einfachen Wegerklärungen folgen. Kann jemanden um etwas bitten und jemandem etwas geben.

	Transaktionen: Dienstleistungsgespräche
C2	Wie B2
C1	Wie B2
B2	Kann sprachlich Situationen bewältigen, in denen es darum geht, eine Lösung in einer Auseinandersetzung auszuhandeln, z. B. bei einem Streit um einen ungerechtfertigten Strafzettel, um die finanzielle Haftung für einen Schaden in der Wohnung oder um die Schuldfrage bei einem Unfall. Kann einen Schadensersatzfall darlegen, jemanden überzeugen, eine Wiedergutmachung zu leisten, und dabei klar die Grenzen für Zugeständnisse abstecken, die er/sie zu machen bereit ist. Kann ein Problem erläutern, das aufgetreten ist, und klar machen, dass der betreffende Anbieter der Dienstleistung oder der Kunde Zugeständnisse machen müssen.
B1	Kann die meisten Dienstleistungsgespräche bewältigen, die sich beim Buchen einer Reise oder einer Unterkunft, auf der Reise selbst oder beim Umgang mit Behörden während eines Auslandsaufenthalts ergeben. Kann auch mit weniger routinemäßigen Situationen, z. B. auf der Post, auf der Bank oder in einem Geschäft umgehen (z. B. mangelhafte Ware zurückgeben). Kann sich beschweren. Kann die meisten Situationen bewältigen, die gewöhnlich beim Buchen einer Reise durch ein Reisebüro oder auf der Reise selbst auftreten (z. B. einen anderen Fahrgast fragen, wo man für einen unbekannten Zielort aussteigen muss).

A2	Kommt mit gängigen Alltagssituationen wie Unterkunft, Reisen, Einkaufen und Essen zurecht. Kann in einem Fremdenverkehrsamt alle benötigten Informationen einholen, sofern es um unkomplizierte und nicht um spezielle Dinge geht.
	Kann um alltägliche Waren und Dienstleistungen bitten und solche anbieten. Kann sich einfache Reiseinformationen beschaffen und öffentliche Verkehrsmittel wie Bus, Zug, Taxi benutzen; kann nach dem Weg fragen und den Weg erklären sowie Fahrkarten kaufen. Kann in Geschäften, Postämtern, Banken nach etwas fragen und einfache Erledigungen machen. Kann Informationen über Mengen, Anzahl, Preise usw. geben und verstehen. Kann einfache Einkäufe machen, sagen, was er/sie sucht, und nach dem Preis fragen. Kann eine Mahlzeit bestellen.
A1	Kann andere um etwas bitten und anderen etwas geben. Kommt mit Zahlen, Mengenangaben, Preisen und Uhrzeiten zurecht.

	Informationsaustausch
C2	Wie B2
C1	Wie B2
B2	Kann komplexe Informationen und Ratschläge in Zusammenhang mit allen Dingen, die mit seinem/ihrem Beruf zu tun haben, verstehen und austauschen.
	Kann detaillierte Informationen zuverlässig weitergeben. Kann klar, detailliert beschreiben, wie bei einem Verfahren vorgegangen werden kann. Kann Informationen und Argumente aus verschiedenen Quellen zusammenfassen und wiedergeben.
B1	Kann im eigenen Sachgebiet mit einer gewissen Sicherheit größere Mengen von Sachinformationen über vertraute Routineangelegenheiten und über weniger routinemäßige Dinge austauschen. Kann beschreiben, wie man etwas macht, und kann genaue Anweisungen geben. Kann eine kurze Geschichte, einen Artikel, einen Vortrag, ein Interview oder eine Dokumentarsendung zusammenfassen, dazu Stellung nehmen und Informationsfragen dazu beantworten.
	Kann einfache Sachinformation herausfinden und weitergeben. Kann nach dem Weg fragen und einer detaillierten Wegbeschreibung folgen. Kann detailliertere Informationen einholen.
A2	Kann genug verstehen, um ohne übermäßige Mühe in einfachen Routinegesprächen zurechtzukommen. Kann mit praktischen Anforderungen des Alltags zurechtkommen: unkomplizierte Sachinformationen herausfinden und weitergeben. Kann Fragen über Gewohnheiten und Alltagsbeschäftigungen stellen und auf entsprechende Fragen Antwort geben. Kann Fragen zu Freizeitbeschäftigungen und zu vergangenen Aktivitäten stellen und kann auf entsprechende Fragen Antwort geben. Kann einfache Erklärungen und Anweisungen geben, z. B. den Weg erklären.
	Kann sich in einfachen, routinemäßigen Situationen verständigen, in denen es um einen unkomplizierten und direkten Austausch von Informationen geht. Kann begrenzte Informationen über vertraute und routinemäßige Beschäftigungen austauschen. Kann fragen, was jemand bei der Arbeit und in der Freizeit macht, und kann entsprechende Fragen anderer beantworten. Kann nach dem Weg fragen und den Weg erklären und dabei auf eine Karte oder einen Plan Bezug nehmen. Kann persönliche Informationen geben und erfragen.

A1	Kann Fragen und Anweisungen verstehen, die sorgfältig und langsam an ihn/sie gerichtet werden, und kann kurzen, einfachen Wegerklärungen folgen. Kann einfache Fragen stellen und beantworten, einfache Feststellungen treffen oder auf solche reagieren, sofern es sich um unmittelbare Bedürfnisse oder um sehr vertraute Themen handelt. Kann Fragen zur Person stellen – z. B. zum Wohnort, zu Bekannten, zu Dingen, die man besitzt, usw. – und kann auf entsprechende Fragen Antwort geben. Kann Zeitangaben machen mit Hilfe von Wendungen wie *nächste Woche, letzten Freitag, im November, um drei Uhr.*

	Interviewgespräche
C2	Kann seine/ihre Dialogrolle außerordentlich gut ausführen, strukturiert die Redebeiträge, interagiert überzeugend und vollkommen flüssig als Interviewer/in oder Interviewte/r; hat gegenüber Muttersprachlern keine Nachteile.
C1	Kann uneingeschränkt an einem Interview teilnehmen, sowohl als Interviewer/in als auch als Interviewte/r; kann die diskutierte Frage flüssig und ohne fremde Hilfe ausführen und entwickeln; kann gut mit Einwürfen umgehen.
B2	Kann wirksam und flüssig ein Interviewgespräch führen, von vorbereiteten Fragen spontan abweichen, auf interessante Antworten näher eingehen und nachfragen.
	Kann in einem Interviewgespräch – ohne viele Hilfen oder Anstöße des Interviewers – die Initiative ergreifen, Gedanken ausführen und entwickeln.
B1	Kann in einem Interview- oder Konsultationsgespräch konkrete Auskünfte geben (z. B. beim Arzt Symptome beschreiben), tut das aber mit begrenzter Genauigkeit. Kann ein vorbereitetes Interview durchführen, Informationen kontrollieren und bestätigen, muss aber möglicherweise gelegentlich um Wiederholung bitten, wenn der Gesprächspartner zu schnell oder zu ausführlich antwortet.
	Kann in einem Interview- oder Konsultationsgespräch gewisse Initiativen ergreifen (z. B. ein neues Thema einführen), ist aber bei der Gesprächsführung sehr stark vom Interviewer abhängig. Kann mit Hilfe eines vorbereiteten Fragebogens ein stark gesteuertes Interview mit einigen spontanen Zusatzfragen führen.
A2	Kann sich in einem Interview verständlich machen und Informationen und Ideen zu vertrauten Themen mitteilen, vorausgesetzt, er/sie kann gelegentlich um Klärung bitten und erhält Hilfe, das auszudrücken, was er/sie sagen möchte.
	Kann in einem Interview einfache Fragen beantworten und auf einfache Feststellungen reagieren.
A1	Kann in einem Interviewgespräch einfache, direkte Fragen zur Person beantworten, wenn die Fragen langsam, deutlich und in direkter, nicht-idiomatischer Sprache gestellt werden.

4.4.3.2 – Schriftliche Interaktion

Zur Interaktion im Medium der geschriebenen Sprache gehören sprachliche Aktivitäten wie:

- Notizen, Memos usw. weitergeben und austauschen, wenn mündliche Interaktion nicht möglich oder nicht passend ist;
- Korrespondenz durch Briefe, Fax, E-Mail usw.;
- den Wortlaut schriftlicher Vereinbarungen, Verträge, Kommuniqués usw. durch Austausch von Entwürfen, Änderungen, Korrekturversionen usw. aushandeln;
- an *online-* oder *offline*-Computerkonferenzen teilnehmen.

4.4.3.3 Bei der direkten (*face-to-face*) Interaktion kann es natürlich zu einer Mischung verschiedener Medien (mündlich, schriftlich, audiovisuell, paralinguistisch (vgl. Abschnitt 4.4.5.2) und paratextuell (vgl. 4.4.5.3)) kommen.

4.4.3.4 Die Weiterentwicklung und Verbesserung von Computersoftware führt dazu, dass die (schriftliche) interaktive Kommunikation zwischen Mensch und Maschine eine immer wichtigere Rolle im öffentlichen, beruflichen, Bildungs- und sogar im privaten Bereich spielt.

Beispielskalen stehen zur Verfügung für:

- Schriftliche Interaktion allgemein;
- Korrespondenz;
- Notizen, Mitteilungen und Formulare.

	Schriftliche Interaktion allgemein
C2	Wie C1
C1	Kann sich klar und präzise ausdrücken und sich flexibel und effektiv auf die Adressaten beziehen.
B2	Kann Neuigkeiten und Standpunkte effektiv schriftlich ausdrücken und sich auf solche von anderen beziehen.
B1	Kann Informationen und Gedanken zu abstrakten wie konkreten Themen mitteilen, Informationen prüfen und einigermaßen präzise ein Problem erklären oder Fragen dazu stellen.
	Kann in persönlichen Briefen und Mitteilungen einfache Informationen von unmittelbarer Bedeutung geben oder erfragen und dabei deutlich machen, was er/sie für wichtig hält.
A2	Kann kurze, einfache, formelhafte Notizen machen, wenn es um unmittelbar notwendige Dinge geht.
A1	Kann schriftlich Informationen zur Person erfragen oder weitergeben.

	Korrespondenz
C2	Wie C1
C1	Kann sich in persönlicher Korrespondenz klar und präzise ausdrücken und die Sprache wirksam und flexibel gebrauchen, auch für den Ausdruck von Emotionen, Anspielungen oder zum Scherzen.
B2	Kann in Briefen verschieden starke Gefühle zum Ausdruck bringen und die persönliche Bedeutung von Ereignissen und Erfahrungen hervorheben sowie Mitteilungen oder Ansichten der Korrespondenzpartner kommentieren.
B1	Kann in einem persönlichen Brief Neuigkeiten mitteilen und Gedanken zu abstrakten oder kulturellen Themen (z. B. Musik, Film) ausdrücken.
	Kann einen persönlichen Brief schreiben und darin detailliert über Erfahrungen, Gefühle, Ereignisse berichten.
A2	Kann einen ganz einfachen persönlichen Brief schreiben und sich darin für etwas bedanken oder entschuldigen.
A1	Kann kurze, einfache Postkarten schreiben.

	Notizen, Mitteilungen und Formulare
C2	Wie B1
C1	Wie B1
B2	Wie B1
B1	Kann eine Nachricht notieren, wenn jemand nach Informationen fragt oder ein Problem erläutert.
	Kann Notizen mit einfachen, unmittelbar relevanten Informationen für Freunde schreiben oder für Dienstleistende, Lehrende oder andere, mit denen er/sie im täglichen Leben zu tun hat, und kann das Wichtige darin verständlich machen.
A2	Kann eine kurze, einfache Mitteilung entgegennehmen, sofern er/sie dabei um Wiederholung oder Neuformulierung bitten kann.
	Kann kurze, einfache Notizen und Mitteilungen schreiben, die sich auf unmittelbare Bedürfnisse beziehen.
A1	Kann z. B. auf einem Anmeldezettel im Hotel oder bei der Einreise Zahlen und Daten, den eigenen Namen, Nationalität, Alter, Geburtsdatum, Ankunftsdatum usw. eintragen.

Die Benutzer des *Referenzrahmens* sollten bedenken und, soweit sinnvoll, angeben,
- an welchen Arten von kommunikativer Interaktion die Lernenden teilnehmen müssen, wie sie darauf vorbereitet werden sollen und was von ihnen in dieser Hinsicht erwartet wird;
- welche Rollen Lernende in der Interaktion übernehmen müssen, auf welche sie vorbereitet werden sollen und welche Anforderungen an sie gestellt werden.

4.4.3.5 – Interaktionsstrategien

Interaktion umfasst rezeptive und produktive sprachliche Aktivitäten, aber auch solche Handlungen, die für die Konstruktion des gemeinsamen Diskurses spezifisch sind; alle oben erwähnten Rezeptions- und Produktionsstrategien gehören also ebenfalls zur Interaktion. Da jedoch bei der mündlichen Interaktion auf der Basis eines gemeinsam etablierten mentalen Kontexts auch gemeinsam Bedeutung konstruiert wird, gibt es neben den erwähnten rezeptiven bzw. produktiven Strategien auch solche, die ausschließlich der Steuerung dieses Prozesses dienen. Beim Aushandeln dieses gemeinsamen mentalen Kontexts, das normalerweise in Echtzeit stattfindet, definieren die Interagierenden, was als gemeinsam bekannt unterstellt werden kann, finden heraus, wo sie jeweils stehen, gehen aufeinander zu oder auch auf Distanz. Dass Interaktion vor allem direkt zwischen Personen (*face-to-face*) stattfindet, führt zu einer weit höheren Redundanz sowohl auf der textuellen, linguistischen Ebene, als auch auf der Ebene paralinguistischer Merkmale und kontextueller Hinweise. All dies wird soweit herausgearbeitet oder expliziert, wie es aufgrund der ständigen Kontrolle dieses Prozesses durch die Interagierenden angemessen ist.

Die Planung der mündlichen Interaktion umfasst die Aktivierung von Schemata oder eines ‚Praxeogramms'[4] der in der folgenden Aktivität möglichen oder wahrscheinlichen sprachlichen Handlungen (*Framing*), und sie umfasst die Einschätzung der kommunikativen Distanz zu den anderen Gesprächspartnern (*Informations- oder Meinungslücken identifizieren; beurteilen, was als gemeinsam bekannt unterstellt werden kann*), um sich für den nächsten konversationellen Zug (Schritt, *move*) zu entscheiden (*Planung der konversationellen Züge*). Im Verlauf der Interaktion setzen die Sprachverwendenden Strategien des Sprecherwechsels ein, (1) um im Diskurs die Initiative zu ergreifen (*das Wort ergreifen*), (2) um die Kooperation zu sichern und die Interaktion auf-

[4] d. h. die übliche Abfolge kommunikativer Handlungen in einer bestimmten Situation, im Restaurant z. B. Platzwahl, Speisekarte anfordern, Speisen/Getränke wählen, wobei jeweils sprachliche und nicht-sprachliche Handlungen Hand in Hand gehen (vgl. auch Abschnitt 5.2.3.2 ‚Einkauf von Waren') (Anm. d. Übers.)

rechtzuerhalten (*interpersonale Kooperation*), (3) um das gegenseitige Verständnis zu sichern und (4) einen gemeinsamen Weg zur Ausführung der anstehenden Aufgabe zu finden (*ideationale Kooperation*) und (5) um sich gegenseitig bei Formulierungen zu unterstützen (*um Hilfe bitten*). Wie die Planung findet auf der kommunikativen Ebene auch Kontrolle statt: die Beurteilung, ob die aktivierten Schemata passen, die Beurteilung dessen, was gerade geschieht (*Kontrolle bzw. monitoring: Schemata, Praxeogramm*), sowie der Wirkung des Gesagten, also des kommunikativen Erfolgs (*Kontrolle bzw. monitoring: Wirkung, Erfolg*). Missverständnisse und Unklarheiten führen zur Aufforderung zur Klärung auf kommunikativer oder auch linguistischer Ebene (*um Klärung bitten; etwas klären*) und zu aktiven Interventionen, um die Kommunikation wieder herzustellen und, wo nötig, diese Missverständnisse aufzuklären (*kommunikative Reparatur*).

- Planung:
  - *Framing* (Praxeogramm auswählen);
  - Informations-/Meinungslücken identifizieren (Gelingensbedingungen);
  - gemeinsame/geteilte Auffassungen und Annahmen einschätzen;
  - konversationelle Züge planen.
- Ausführung:
  - das Wort ergreifen;
  - Kooperation (interpersonal);
  - Kooperation (ideational);
  - mit Unerwartetem umgehen;
  - um Hilfe bitten.
- Kontrolle:
  - Kontrolle (Schema, Praxeogramm);
  - Kontrolle (Wirkung, Erfolg).
- Reparatur:
  - um Klärung bitten;
  - etwas klären;
  - kommunikative Reparatur.

Beispielskalen gibt es zu:

- Sprecherwechsel;
- Kooperieren;
- Um Klärung bitten.

	Sprecherwechsel
C2	Wie C1
C1	Kann aus einem geläufigen Repertoire von Diskursmitteln eine geeignete Wendung auswählen und der eigenen Äußerung voranstellen, um das Wort zu ergreifen oder um Zeit zu gewinnen und das Wort zu behalten, während er/sie überlegt.
B2	Kann in Gesprächen auf angemessene Weise das Wort ergreifen und dazu verschiedene geeignete sprachliche Mittel verwenden. Kann Gespräche auf natürliche Art beginnen, in Gang halten und beenden und angemessen zwischen Sprecher- und Hörerrolle wechseln. Kann ein Gespräch beginnen, im Gespräch die Sprecherrolle übernehmen, wenn es angemessen ist, und das Gespräch, wenn er/sie möchte, beenden, auch wenn das vielleicht nicht immer elegant gelingt. Kann Versatzstücke wie *Das ist eine schwierige Frage* verwenden, um Zeit zum Formulieren zu gewinnen und das Rederecht zu behalten.

B1	Kann in ein Gespräch über ein vertrautes Thema eingreifen und dabei eine angemessene Wendung benutzen, um zu Wort zu kommen.
	Kann ein einfaches, direktes Gespräch über vertraute oder persönlich interessierende Themen beginnen, in Gang halten und beenden.
A2	Kann einfache Mittel anwenden, um ein kurzes Gespräch zu beginnen, in Gang zu halten und zu beenden. Kann im direkten Kontakt ein einfaches, begrenztes Gespräch beginnen, in Gang halten und beenden.
	Kann jemanden ansprechen.
A1	Keine Deskriptoren verfügbar

	Kooperieren
C2	Wie C1
C1	Kann eigene Beiträge geschickt mit denen anderer Gesprächspartner verbinden.
B2	Kann sich auf Aussagen und Folgerungen anderer Sprecher beziehen, daran anknüpfen und so zur Entwicklung des Gesprächs beitragen.
	Kann auf vertrautem Gebiet zum Fortgang eines Gesprächs beitragen, indem er/sie das Verstehen bestätigt, andere einlädt, sich am Gespräch zu beteiligen, usw.
B1	Kann auf ein Grundrepertoire von Sprachmitteln und Strategien zurückgreifen, um zum Fortgang eines Gesprächs oder einer Diskussion beizutragen. Kann den Stand einer Diskussion zusammenfassen und so zur Fokussierung eines Gesprächs beitragen.
	Kann Teile von dem, was jemand gesagt hat, wiederholen, um das gegenseitige Verstehen zu bekräftigen und zur Weiterführung eines Gedankens beizutragen. Kann andere auffordern, sich am Gespräch zu beteiligen.
A2	Kann anzeigen, wann er/sie versteht.
A1	Keine Deskriptoren verfügbar

	Um Klärung bitten
C2	Wie B2
C1	Wie B2
B2	Kann Anschlussfragen stellen, um zu überprüfen, ob er/sie verstanden hat, was ein Sprecher sagen wollte, und um missverständliche Punkte zu klären.
B1	Kann andere bitten zu erklären oder genauer zu erläutern, was sie gerade gesagt haben.
A2	Kann sehr einfach um Wiederholung bitten, wenn er/sie etwas nicht versteht. Kann mit Hilfe von fertigen Wendungen darum bitten, nicht verstandene Schlüsselwörter zu klären.
	Kann sagen, dass er/sie etwas nicht versteht.
A1	Keine Deskriptoren verfügbar

4.4.4 – Aktivitäten und Strategien der Sprachmittlung (Übersetzen, Dolmetschen)

Bei ***sprachmittelnden Aktivitäten*** geht es den Sprachverwendenden nicht darum, seine/ihre eigenen Absichten zum Ausdruck zu bringen, sondern darum, Mittler zwischen Gesprächspartnern zu sein, die einander nicht direkt verstehen können, weil sie Sprecher verschiedener Sprachen sind (was der häufigste, aber nicht der einzige Fall ist). Zu den sprachmittelnden Aktivitäten gehören Dolmetschen und Übersetzen sowie das

Zusammenfassen und Paraphrasieren von Texten in derselben Sprache, wenn derjenige, für den der Text gedacht ist, den Originaltext nicht versteht, z. B.:

4.4.4.1 – *Mündliche* Sprachmittlung:

- Simultan-Dolmetschen (Konferenzen, Besprechungen, Reden usw.);
- Konsekutiv-Dolmetschen (Begrüßungsansprachen, Führungen usw.);
- informelles Dolmetschen:
  - für ausländische Besucher im eigenen Land;
  - für Muttersprachler im Ausland;
  - in sozialen und in Dienstleistungssituationen für Freunde, Familienangehörige, Kunden, ausländische Besucher usw.;
  - von Schildern, Speisekarten, Anschlägen usw.

4.4.4.2 – *Schriftliche* Sprachmittlung:

- genaue Übersetzung (z. B. von Verträgen, juristischen und wissenschaftlichen Texten usw.);
- literarische Übersetzung (Romane, Dramen, Gedichte, Libretti usw.);
- Zusammenfassung der wesentlichsten Punkte (Zeitungs- und Zeitschriftenartikel usw.) in der L2 oder zwischen L1 und L2;
- Paraphrasieren (Fachtexte für Laien usw.).

4.4.4.3 ***Strategien der Sprachmittlung*** spiegeln wider, wie man mit begrenzten Mitteln Information verarbeiten und eine äquivalente Bedeutung herstellen kann. Dieser Prozess kann erfordern, dass man vorausplant und seine Hilfsmittel organisiert und maximiert (*Hintergrundwissen entwickeln; Unterstützung suchen; ein Glossar vorbereiten*) und dass man überlegt, wie die bevorstehende Aufgabe zu lösen ist (*Abwägen der Bedürfnisse des Gesprächspartners; Bestimmen des Umfangs der Übersetzungseinheit*). Während des Prozesses des Dolmetschens, des Erklärens oder des Übersetzens muss der Mittler antizipieren, was als Nächstes kommt, während er oder sie noch formuliert, was gerade gesagt wurde: Er/Sie jongliert also normalerweise mit zwei verschiedenen Informationsbündeln oder Übersetzungseinheiten zugleich (*Vorausschauen*). Er/Sie muss sich merken, wie man bestimmte Dinge ausdrückt, um das eigene „Wörterbuch" zu erweitern (*Möglichkeiten, Äquivalenzen festhalten*), und muss sich „sichere Inseln" (vorgefertigte *chunks*) schaffen; dies wiederum setzt Verarbeitungskapazitäten für das Vorausschauen frei. Außerdem muss er/sie auch Techniken einsetzen, um Unsicherheiten zu umschiffen und einen Zusammenbruch des Übersetzungsprozesses zu vermeiden, und dabei zugleich den Blick weiter auf das Kommende richten (*Lücken überbrücken*). Evaluiert wird dabei sowohl auf kommunikativer (*Kongruenzen prüfen*) als auch auf linguistischer Ebene (*Konsistenz in der Sprachverwendung prüfen*); dies führt, vor allem beim schriftlichen Übersetzen, zu Korrekturen, etwa durch das Heranziehen eines Nachschlagewerks oder indem man Menschen befragt, die sich in dem betreffenden Gebiet auskennen (*Verfeinern durch das Nachschlagen in Wörterbüchern, in einem Thesaurus, durch Expertenbefragung, durch das Heranziehen anderer Quellen*).

- Planung:
  - Hintergrundwissen entwickeln;
  - Unterstützung suchen;
  - ein Glossar vorbereiten;
  - die Bedürfnisse der Gesprächspartner abwägen;
  - Umfang der Übersetzungseinheit auswählen.
- Ausführung:
  - antizipieren/vorausschauen: Verarbeiten der Eingabe und gleichzeitiges Formulieren des letzten Bündels in Echtzeit;
  - Möglichkeiten und Äquivalenzen finden;
  - Lücken überbrücken.
- Evaluation:
  - die Kongruenz zweier Versionen prüfen;
  - die Konsistenz in der Verwendung prüfen.

- Korrektur:
  - Verfeinern durch Heranziehen von Wörterbüchern, eines Thesaurus;
  - Experten befragen, Quellen nutzen.

Es gibt hierzu noch keine Skalen.

Die Benutzer des *Referenzrahmens* sollten bedenken und, soweit sinnvoll, angeben,
- in welchen sprachmittelnden Aktivitäten die Lernenden aktiv werden müssen, wie sie darauf vorbereitet werden sollen und was von ihnen in dieser Hinsicht erwartet wird.

4.4.5 – Non-verbale Kommunikation

4.4.5.1 Zu den ***praktischen Handlungen***, die Sprachaktivitäten begleiten (normalerweise handelt es sich dabei um Aktivitäten in der direkten mündlichen Kommunikation), gehören:

- *auf etwas zeigen*, z. B. mit dem Finger, mit der Hand, durch einen Blick, ein Nicken. In diesen Handlungen werden deiktische Mittel zum Identifizieren von Objekten, Personen usw. benutzt, z. B.: *Kann ich das haben? Nein, nicht das, das!;*

- *etwas demonstrieren*, z. B. in Verbindung mit deiktischen Mitteln und einfachen Verben im Präsens und Pro-Formen wie z. B.: *Ich nehme das und stelle es hier hin. Mach du das auch so!;*

- *klar beobachtbare Handlungen*, die beim Erzählen, bei einem Kommentar, einem Befehl usw. als bekannt vorausgesetzt werden können, wie z. B.: *Tu das nicht! – Gut gemacht! – Oh nein, er hat es fallen lassen!* In all diesen Fällen ist die Äußerung nicht verständlich, wenn die Handlung nicht zu sehen ist.

Die Benutzer des *Referenzrahmens* sollten bedenken und, soweit sinnvoll, angeben,
- über welche Fertigkeiten die Lernenden verfügen müssen, um Handlungen die passenden Wörter zuzuordnen und umgekehrt, wie sie darauf vorbereitet werden sollen und was in dieser Hinsicht von ihnen erwartet wird;

- in welchen Situationen Lernende dies tun können müssen, auf welche sie vorbereitet werden sollen und welche Anforderungen an sie gestellt werden.

4.4.5.2 – Paralinguistische Mittel

Zu den paralinguistischen Mitteln gehören die folgenden:

Körpersprache: Sie unterscheidet sich von sprachbegleiteten Handlungen dadurch, dass sie konventionalisierte Bedeutungen enthält, die von Kultur zu Kultur verschieden sein können. In vielen europäischen Ländern werden folgende paralinguistische Mittel benutzt:

- Gestik (z. B. Faust schütteln aus Protest);
- Gesichtsausdruck (z. B. Lächeln oder ein mürrisches Gesicht machen);
- Haltung (z. B. zusammengesunken als Ausdruck für Verzweiflung oder nach vorne geneigt sitzen als Ausdruck von Aufmerksamkeit und Interesse);
- Augenkontakt (z. B. ein konspiratives Zwinkern oder ein ungläubiges Starren);
- Körperkontakt (z. B. ein Kuss oder Händeschütteln);
- Proxemik (z. B. nahe beieinander oder abseits stehen).

Der Gebrauch von *Sprachlauten:* Solche Laute (oder Silben) sind insofern paralinguistisch, als sie zwar konventionalisierte Bedeutungen enthalten, aber nicht dem regulären phonologischen System einer Sprache angehören, wie z. B.:

psst!	um Ruhe bitten
sch! / buh!	öffentliche Missbilligung ausdrücken
iiih!	Ekel ausdrücken
hm!	Missfallen, Verärgerung usw. ausdrücken
ttt / (Schnalzlaut)	freundliche Missbilligung ausdrücken usw.

Prosodische Mittel: Der Gebrauch dieser Mittel ist dann paralinguistisch, wenn sie zwar konventionalisierte Bedeutungen transportieren (z. B. in Bezug auf Einstellungen oder psychische Verfassungen), aber außerhalb des regulären phonologischen Systems liegen, in dem prosodische Merkmale wie Länge, Ton oder Betonung eine Rolle spielen können, z. B.:

Stimmqualität	(schroff, gehaucht, schneidend usw.)
Stimmhöhe	(grummelnd, winselnd, schreiend usw.)
Lautstärke	(flüsternd, murmelnd, rufend usw.)
Länge	(z. B. *se-e-e-e-ehr gut*!)

Viele paralinguistische Effekte entstehen durch eine Kombination aus Stimmhöhe, Länge, Lautstärke und Stimmqualität.
Paralinguistische Kommunikation sollte von *Zeichensprachen,* die nicht in den Bereich des *Gemeinsamen Referenzrahmens* fallen, sorgfältig unterschieden werden, auch wenn Experten auf diesem Gebiet viele Konzeptionen und Kategorien als für ihre Belange möglicherweise relevant ansehen.

> Die Benutzer des *Referenzrahmens* sollten bedenken und, soweit sinnvoll, angeben,
> – welche paralinguistischen Verhaltensweisen die Lernenden (a) erkennen und verstehen oder (b) benutzen müssen, wie sie darauf vorbereitet werden sollen und was von ihnen erwartet wird.

4.4.5.3 – Paratextuelle Merkmale

Bei schriftlichen Texten spielen folgende Mittel eine ähnlich ‚paralinguistische' Rolle:

- Illustrationen (Fotos, Zeichnungen usw.);
- Schaubilder, Tabellen, Diagramme, Skizzen usw.;
- typographische Merkmale (Schriftart, Schriftgrad, Sperren, Unterstreichung, Layout usw.).

> Die Benutzer des *Referenzrahmens* sollten bedenken und, soweit sinnvoll, angeben,
> – welche paratextuellen Merkmale die Lernenden (a) erkennen und auf welche sie reagieren müssen und (b) welche sie benutzen müssen, wie die Lernenden darauf vorbereitet werden sollen und was von ihnen in dieser Hinsicht erwartet wird.

4.5 – Kommunikative Sprachprozesse

Um als Sprecher, Schreiber, Hörer oder Leser zu agieren, muss der Lernende über Erfahrungen mit der Ausführung einer Reihe von Handlungen verfügen.

Um zu sprechen, muss der Lernende

- eine Mitteilung *planen* und *organisieren* können (kognitive Fertigkeiten);
- eine sprachliche Äußerung *formulieren* können (sprachliche Fertigkeiten);
- die Äußerung *artikulieren* können (phonetische Fertigkeiten).

Um zu schreiben, muss der Lernende

- die Mitteilung *organisieren* und *formulieren* können (kognitive und sprachliche Fertigkeiten);
- den Text *mit der Hand schreiben* oder *auf einer Tastatur eingeben* oder auf andere Weise in Schrift festhalten können (manuelle Fertigkeiten).

Um zu hören, muss der Lernende

- die Äußerung *wahrnehmen* können (auditive phonetische Fertigkeiten);
- die sprachliche Mitteilung als solche *identifizieren* können (linguistische Fertigkeiten);
- die Mitteilung *verstehen* können (semantische Fertigkeiten);
- die Mitteilung *interpretieren* können (kognitive Fertigkeiten).

Um zu lesen, muss der Lernende

- den schriftlichen Text *wahrnehmen* können (visuelle Fertigkeiten);
- die Schrift *erkennen* können (orthographische Fertigkeiten);
- die Mitteilung als solche *identifizieren* können (linguistische Fertigkeiten);
- die Mitteilung *verstehen* können (semantische Fertigkeiten);
- die Mitteilung *interpretieren* können (kognitive Fertigkeiten).

Die beobachtbaren Stufen dieser Prozesse sind gut erforscht. Andere dagegen, wie etwa Abläufe im zentralen Nervensystem, sind es nicht. Ziel der folgenden Analyse ist, lediglich einige derjenigen Teile dieser Prozesse herauszugreifen, die für die Entwicklung der Sprachkompetenz relevant sind.

4.5.1 – Planung

Planung umfasst die Auswahl, die internen Beziehungen und die Koordination von Komponenten der generellen und kommunikativen Sprachkompetenzen (vgl. Kapitel 5), die in das kommunikative Ereignis eingebracht werden, um die kommunikativen Absichten der Sprachverwendenden/Lernenden zu realisieren.

4.5.2 – Ausführung

4.5.2.1 – Produktion

Der ***Produktionsprozess*** umfasst zwei Komponenten:

Die *Formulierungskomponente* übernimmt die Ausgabe (*Output*) der Planungskomponente und setzt sie in eine sprachliche Form um. Dies umfasst lexikalische, grammatische und phonologische (im Schriftlichen: orthographische) Prozesse, die voneinander unterschieden werden können und anscheinend auch (wie z. B. bei bestimmten Sprachstörungen/bei Dysphasie) bis zu einem gewissen Grad unabhängig voneinander sind, deren exakte Beziehung zueinander jedoch noch nicht voll erforscht ist.

Die *Artikulationskomponente* steuert die motorische Anregung des Stimmapparats, damit dieser die Ausgabe der phonologischen Prozesse in koordinierte Bewegungen der Sprechorgane umwandelt, sodass diese eine Folge von Schallwellen produzieren, die die gesprochene Äußerung konstituieren. Bei der Produktion eines handschriftlichen oder auf einer Tastatur eingegebenen Texts erfolgt die motorische Anregung der Handmuskulatur.

4.5.2.2 – Rezeption

Der ***Rezeptionsprozess*** umfasst vier Phasen, die zwar linear ablaufen (aufsteigend/*bottom-up*), aber vor dem Hintergrund des Weltwissens, der Schema-Erwartungen und eines jeweils neuen Textverständnisses im Rahmen unbewusster, interaktiver Prozesse ständig aktualisiert und neu interpretiert werden (absteigend/*top-down*).

Diese vier Phasen sind:

- gesprochene und geschriebene Sprache wahrnehmen: Laute/Buchstaben und Wörter (handschriftlich und gedruckt);
- den Text (als Ganzes oder in einzelnen Teilen) als relevant identifizieren;
- den Text als sprachliche Einheit semantisch und kognitiv verstehen;
- die Mitteilung im Kontext interpretieren.

Daran beteiligte Fertigkeiten sind:

- Wahrnehmungsfertigkeiten;
- Gedächtnis;
- Dekodierfertigkeiten;
- Schlüsse ziehen;
- Vorhersagen machen;
- Vorstellungsvermögen;
- schnelles Überfliegen;
- Vor- und Rückbeziehen innerhalb des Texts.

Verständnis – vor allem das Verständnis geschriebener Texte – kann durch den Einsatz geeigneter Hilfsmittel, auch von Nachschlagewerken, unterstützt werden. Solche Mittel sind z. B.:

- Wörterbücher (einsprachige und zweisprachige);
- Thesauri;
- Aussprachewörterbücher;
- elektronische Wörterbücher, Grammatiken, Rechtschreibprüfung beim PC und weitere Hilfsmittel;
- Nachschlagegrammatiken.

4.5.2.3 – Interaktion

Die an ***mündlicher Interaktion*** beteiligten Prozesse unterscheiden sich in verschiedener Hinsicht von einer einfachen Abfolge von Sprechen und Hören:

- Produktive und rezeptive Prozesse überschneiden sich. Während die noch unvollendete Äußerung des Gesprächspartners verarbeitet wird, beginnt der Sprachverwendende bereits – auf der Basis einer Hypothese über deren Beschaffenheit, Bedeutung und Interpretation – mit der Planung seiner Erwiderung.

- Diskurs ist kumulativ. Im Verlauf einer Interaktion einigen sich die Beteiligten über ihre Interpretationen einer Situation, entwickeln Erwartungen und fokussieren auf relevante Fragen. Diese Prozesse spiegeln sich in der Form der produzierten Äußerungen wider.

In *schriftlicher Interaktion* (wie etwa einer Korrespondenz per Brief, Fax, E-Mail usw.) bleiben die Prozesse der Rezeption und Produktion getrennt (auch wenn elektronische Interaktion, z. B. über das Internet, einer Interaktion in „Echtzeit" immer näher kommt). Die Wirkungen des kumulativen Diskurses ähneln denen der gesprochenen Interaktion.

4.5.3 – Kontrolle (monitoring)

Die strategische Komponente ist dafür zuständig, die mentalen Aktivitäten und Kompetenzen im Lauf der Kommunikation fortlaufend zu aktualisieren. Dies gilt gleichermaßen für produktive wie für rezeptive Prozesse. Man beachte, dass ein wichtiger Faktor bei der Kontrolle des produktiven Prozesses die *Rückmeldungen (feedback)* sind, die der Sprecher oder Schreiber auf jeder Verarbeitungsebene erhält: bei der Formulierung, der Artikulation und der akustischen Wahrnehmung.

In einem erweiterten Sinn ist die strategische Komponente auch für die Kontrolle des sich entwickelnden Kommunikationsprozesses zuständig sowie für verschiedene Arten der jeweiligen Bewältigung dieses Prozesses, z. B.:

- mit Unerwartetem umgehen (wie Wechsel des Lebensbereichs, des Themas, des Schemas usw.);
- mit Zusammenbrüchen der Kommunikation in der Interaktion oder Produktion aufgrund von Faktoren wie Gedächtnisausfall umgehen;
- eine für die zu bewältigende Aufgabe nicht ausreichende kommunikative Kompetenz durch Strategien wie Umstrukturieren, Umschreiben, Ersetzen, Bitten um Hilfe kompensieren;
- Missverständnisse und Fehlinterpretationen (durch Rückfragen) klären;
- mit Versprechern, falsch Gehörtem durch Einsatz von Reparaturstrategien fertig werden.

> Die Benutzer des *Referenzrahmens* sollten bedenken und, soweit sinnvoll, angeben,
> - in welchem Maß welche Fertigkeiten erforderlich sind, um die kommunikative Aufgaben, welche die Lernenden zu bewältigen haben, befriedigend zu erfüllen;
> - welche Fertigkeiten vorausgesetzt werden können und welche entwickelt werden müssen;
> - welche Nachschlagewerke die Lernenden effektiv einsetzen können, auf den Einsatz welcher Nachschlagewerke sie vorbereitet werden sollen und was von ihnen erwartet wird.

4.6 – Texte

Wie in Kapitel 2 dargelegt, wird der Begriff ‚Text' zur Bezeichnung aller sprachlichen Produkte benutzt, die Sprachverwendende/Lernende empfangen, produzieren oder austauschen – sei es eine gesprochene Äußerung oder etwas Geschriebenes. Es kann demnach keine Kommunikation durch Sprache ohne einen Text geben; alle sprachlichen Aktivitäten und Prozesse werden mit Blick auf die Beziehung der Sprachverwendenden/Lernenden und ihrer Kommunikationspartner zum Text analysiert und klassifiziert; dabei ist es ganz gleich, ob diese Beziehung als ein Produkt bzw. als ein Gegenstand gesehen wird oder als ein Ziel bzw. als ein gerade entstehendes Produkt. Diese Aktivitäten und Prozesse sind im Detail in den Abschnitten 4.4 und 4.5 behandelt worden. Texte haben im sozialen Leben viele verschiedene Funktionen und unterscheiden sich dementsprechend in Form und Inhalt. Verschiedene *Medien* werden zu verschiedenen Zwecken verwendet. Unterschiede in Medium, Zweck und Funktion führen zu entsprechenden Unterschieden nicht nur im Kontext von Mitteilungen, sondern auch in deren Organisation und Präsentation. Deshalb können Texte in verschiedene Textsorten eingeteilt werden, die zu verschiedenen *Genres* gehören (vgl. Abschnitt 5.2.3.2 über Makrofunktionen).

4.6.1 – Texte und Medien

Jeder Text wird von einem bestimmten Medium getragen, normalerweise von Schallwellen oder Schriftstücken. Je nach den materiellen Eigenschaften eines Mediums, die sich auf die Produktions- bzw. Rezeptionsprozesse auswirken, lassen sich Subkategorien bilden – z. B. für Gesprochenes: direkte, „nahe" Rede vs. öffentliche Ansprache oder Telefongespräch; für Geschriebenes: Druck vs. Handschrift oder verschiedene Handschriften bzw. Schriftarten. Um in einem bestimmten Medium zu kommunizieren, müssen Sprachver-

wendende/Lernende das nötige sensomotorische Rüstzeug haben. Beim Reden müssen sie unter den jeweils gegebenen Umständen gut hören und ihre Artikulationsorgane genau kontrollieren können. Beim normalen Schreiben müssen sie gut genug sehen und ihre Hände gebrauchen können. Ferner brauchen sie all das Wissen und die Fertigkeiten, die an anderer Stelle beschrieben sind, um einen Text einerseits identifizieren, verstehen und interpretieren zu können und ihn andererseits organisieren, formulieren und produzieren zu können. Dies gilt für alle Arten von Texten.
Das oben Gesagte soll jedoch Menschen mit Lernschwierigkeiten oder sensomotorischen Problemen nicht davon abhalten, eine Sprache zu lernen oder zu verwenden. Man hat Hilfsmittel entwickelt, mit denen selbst die größten sensorischen und motorischen Schwierigkeiten überwunden werden können, von einfachen Hörhilfen bis hin zu augenbetriebenen elektronischen Vorrichtungen für die Spracherzeugung. Mit Hilfe angemessener Methoden und Strategien haben auch junge Menschen mit Lernproblemen lohnende Ziele in einer Fremdsprache mit bemerkenswertem Erfolg erreicht. Von den Lippen lesen können, die Resthörfähigkeit nutzen und phonetisches Training haben sogar schwer Hörgeschädigten dazu verholfen, in einer Zweit- oder Fremdsprache auf hohem Niveau mündlich kommunizieren zu können. Wenn Menschen fest entschlossen sind und entsprechend ermutigt werden, haben sie eine außerordentliche Fähigkeit, Hindernisse bei der Kommunikation und bei der Produktion sowie beim Verstehen eines Textes zu überwinden.

Im Prinzip kann jeder Text über jedes beliebige Medium transportiert werden. In der Praxis jedoch sind Medium und Text enger miteinander verbunden. Im Allgemeinen enthält Schrift nicht die volle phonetische Information, wie gesprochene Sprache das tut. Alphabetische Schriften transportieren im Allgemeinen keine systematische prosodische Information (z. B. Betonung, Intonation, Pausen, stilistische Reduktion usw.), konsonantische und logographische Schriften (die für eine bedeutungstragende Einheit oft nur ein Symbol haben) tun das noch viel weniger. Die Schrift erfasst gewöhnlich keine paralinguistischen Merkmale, man kann aber natürlich auf sie hinweisen, wie z. B. in einem Roman oder einem Theaterstück usw. Als Ausgleich benutzt man beim Schreiben paratextuelle Merkmale, die an das räumliche Medium gebunden sind und beim Sprechen nicht zur Verfügung stehen. Weiterhin beeinflusst das Medium stark die Art des Textes und umgekehrt. Dazu zwei extreme Beispiele: Die Inschrift auf einem Stein ist schwierig und teuer herzustellen, dafür aber sehr beständig und unveränderlich. Ein Luftpostbrief dagegen ist leicht und billig, einfach zu transportieren, aber empfindlich und leicht zu zerstören. Zur elektronischen Kommunikation auf dem Bildschirm muss überhaupt kein permanentes Produkt hergestellt werden. Entsprechend unterschiedlich sind die Texte, die typischerweise von Medien transportiert werden: In dem einen Fall ist es ein sorgfältig komponierter, einfacher Text, der monumentale Informationen für spätere Generationen bewahrt und Ehrfurcht einflößt vor den Personen oder dem Ort, die in ihm gepriesen werden; im anderen Fall ist es eine hastig hingekritzelte persönliche Notiz von aktuellem, aber flüchtigem Interesse für die Korrespondierenden. So entsteht eine ähnliche Ambiguität in der Klassifizierung zwischen Textsorten und Medien wie zwischen Textsorten und Handlungen. Bücher, Magazine und Zeitungen sind materiell betrachtet verschiedene Medien. Von der Art und Struktur ihres Inhalts her stellen sie verschiedene Textsorten dar. Medium und Textsorte sind eng miteinander verbunden, und beide leiten sich ab von der Funktion, die sie erfüllen.

4.6.2 Zu den ***Medien*** gehören:

- Stimme (*viva voce*);
- Telefon, Videotelefon, Videokonferenz;
- (öffentliche) Lautsprecheranlagen;
- Rundfunk;
- Fernsehen;
- Kinofilme;
- Computer (E-Mail, CD-ROM usw.);
- Videoband, Videokassette, Videodisc;
- Tonband, Kassette, Schallplatte, CD;
- Druck;
- Manuskripte.

Die Benutzer des *Referenzrahmens* sollten bedenken und, soweit sinnvoll, angeben,
- mit welchen Medien die Lernenden a) rezeptiv, b) produktiv, c) interaktiv, d) sprachmittelnd umgehen müssen, auf welche sie vorbereitet werden sollen und was von ihnen in dieser Hinsicht erwartet wird.

4.6.3 Textsorten umfassen:

4.6.3.1 – *Gesprochene* Texte, z. B.:

- öffentliche Ankündigungen, Durchsagen und Anweisungen;
- öffentliche Reden, Vorlesungen, Präsentationen, Predigten;
- Rituale (Zeremonien, Gottesdienste);
- Unterhaltung (Drama, Shows, Lesungen, Lieder);
- Sportkommentare (Fußball, Kricket, Boxen, Pferderennen usw.);
- Nachrichtensendungen;
- öffentliche Debatten und Diskussionen;
- interpersonale Dialoge und Unterhaltungen;
- Telefongespräche;
- Vorstellungsgespräche usw.

4.6.3.2 – *Geschriebene* Texte, z. B.:

- Bücher, Literatur und Sachbücher einschließlich literarischer Zeitschriften;
- Zeitschriften;
- Zeitungen;
- Bedienungsanleitungen (Heimwerken und *Do-it-yourself*, Kochbücher);
- Lehrbücher;
- Comics;
- Broschüren, Prospekte;
- Flugblätter;
- Werbematerial;
- öffentliche Schilder und Anschläge;
- Schilder in Supermärkten, Geschäften und an Marktständen;
- Verpackungen und Beschriftung von Waren;
- Fahrscheine, Eintrittskarten usw.;
- Formulare und Fragebögen;
- Wörterbücher (einsprachige und zweisprachige), Thesauri;
- geschäftlichen und beruflichen Schriftverkehr, Faxe;
- persönliche Briefe;
- Aufsätze und Übungen;
- Memoranden, Berichte und Dokumente;
- Notizen und Mitteilungen usw.;
- Datenbanken (Nachrichten, Literatur, allgemeine Information usw.).

Die folgenden Skalen, die auf den in einem der Schweizer Projekte (beschrieben in Anhang B) entwickelten Skalen basieren, geben Beispiele für Aktivitäten wie etwa die Reaktion auf einen mündlichen oder schriftlichen Input. Nur die höheren Niveaus dieser Aktivitäten versetzen Lernende in die Lage, den Anforderungen eines Hochschulstudiums oder einer anspruchsvolleren Berufsausbildung gerecht zu werden, jedoch kann die Fähigkeit, mit einfachen Textvorlagen umzugehen oder eine geschriebene Reaktion zu produzieren, bereits auf niedrigeren Niveaus erreicht werden.

	Notizen machen (in Vorträgen, Seminaren etc.)
C2	Bemerkt auch, was nur implizit gesagt und worauf angespielt wird, und kann sich dazu ebenso wie zu den vom Sprecher tatsächlich benutzten Worten Notizen machen.
C1	Kann in einer Vorlesung zu Themen seines/ihres Interessengebietes detaillierte Notizen machen, und zwar so exakt und nahe am Original, dass diese Notizen auch für andere nützlich sind.
B2	Kann eine klar strukturierte Vorlesung über ein vertrautes Thema verstehen und kann sich Punkte notieren, die ihm/ihr wichtig erscheinen, auch wenn er/sie sich dabei teilweise auf die Wörter selbst konzentriert und dadurch manche Information verpasst.
B1	Kann während einer Vorlesung Notizen machen, die für den eigenen späteren Gebrauch präzise genug sind, sofern das Thema zum eigenen Interessengebiet gehört und der Vortrag klar und gut strukturiert ist.
	Kann in einer unkomplizierten Vorlesung Notizen in Form einer Liste von Kernpunkten machen, sofern der Gegenstand vertraut ist und im Vortrag eine einfache Sprache gebraucht, deutlich gesprochen und die Standardsprache verwendet wird.
A2	Keine Deskriptoren verfügbar
A1	Keine Deskriptoren verfügbar

	Texte verarbeiten
C2	Kann Informationen aus verschiedenen Quellen zusammenfassen und die Argumente und berichteten Sachverhalte so wiedergeben, dass insgesamt eine kohärente Darstellung entsteht.
C1	Kann lange, anspruchsvolle Texte zusammenfassen.
B2	Kann ein breites Spektrum von Sachtexten und fiktiven Texten zusammenfassen und dabei die Hauptthemen und unterschiedliche Standpunkte kommentieren und diskutieren. Kann Auszüge aus Nachrichten, Interviews oder Reportagen, welche Stellungnahmen, Erörterungen und Diskussionen enthalten, zusammenfassen. Kann die Handlung und die Abfolge der Ereignisse in einem Film oder Theaterstück zusammenfassen.
B1	Kann kurze Informationen aus mehreren Quellen zusammenführen und für jemand anderen zusammenfassen.
	Kann kurze Textpassagen auf einfache Weise zusammenfassen, indem er/sie dabei den Wortlaut und die Anordnung des Originals benutzt.
A2	Kann im Rahmen seiner/ihrer Erfahrungen und begrenzten Kompetenz aus einem kurzen Text Schlüsselwörter, Wendungen und kurze Sätze heraussuchen und wiedergeben.
	Kann kurze Texte in Druckschrift oder klarer Handschrift abschreiben.
A1	Kann einzelne Wörter und kurze Texte, die in gedruckter Form vorliegen, abschreiben.

Die Benutzer des *Referenzrahmens* sollten bedenken und, soweit sinnvoll, angeben,

- mit welchen Textarten die Lernenden a) rezeptiv, b) produktiv, c) interaktiv, d) sprachmittelnd zu tun haben werden, auf welche Textarten sie vorbereitet werden sollen und was von ihnen erwartet wird.

Die Abschnitte 4.6.1 bis 4.6.3 beschränken sich auf Textsorten und die Medien, die sie tragen. Fragen, die häufig unter dem Stichwort ‚Genre' behandelt werden, finden sich in diesem *Referenzrahmen* unter 5.2.3 ‚Pragmatische Kompetenzen'.

Die Benutzer des *Referenzrahmens* sollten bedenken und, soweit sinnvoll, angeben,

- ob und, wenn ja, wie die Unterschiede in Hinsicht auf das Medium und die psycholinguistischen Prozesse, die beim Sprechen, Hören, Lesen und Schreiben an produktiven, rezeptiven und interaktiven Tätigkeiten beteiligt sind, berücksichtigt werden: (a) bei der Auswahl, Anpassung oder Gestaltung der gesprochenen und geschriebenen Texte, die den Lernenden präsentiert werden; (b) bei den Erwartungen, wie Lernende mit diesen Texten umgehen sollen; (c) bei der Beurteilung der Texte, die die Lernenden produzieren.

- ob und, wenn ja, wie Lernende und Lehrende ein kritisches Bewusstsein für Merkmale folgender Textsorten entwickeln: (a) Unterrichtsgespräche, (b) Arbeitsanweisungen und Antworten in Tests und Prüfungen, (c) Lehr- und Nachschlagematerial;

- ob und, wenn ja, wie Lernenden beigebracht werden kann, Texte, die sie produzieren, angemessener zu gestalten in Bezug auf (a) ihre kommunikativen Zwecke, (b) die Verwendungskontexte (Lebensbereiche, Situationen, Adressaten, Beschränkungen), (c) die verwendeten Medien.

4.6.4 – Texte und Aktivitäten

Die Ausgabe (*Output*) eines Sprachproduktionsprozesses ist ein Text, der – einmal geäußert oder geschrieben – zu einem Gegenstand wird, der von einem bestimmten Medium transportiert und von seinen Produzenten unabhängig wird. Dieser Text wird dann zur Eingabe (*Input*) für den Prozess der Sprachrezeption. Geschriebene Texte sind konkrete Objekte, ob sie nun in Stein gehauen, handgeschrieben, getippt, gedruckt oder elektronisch erzeugt sind. Sie ermöglichen Kommunikation trotz der vollständigen Trennung von Produzenten und Empfängern in Raum und/oder Zeit – eine Eigenschaft, von der die menschliche Gesellschaft in hohem Maße abhängt. In direkter mündlicher (*face-to-face*) Interaktion dienen Schallwellen als Medium; sie sind normalerweise flüchtig und unwiederbringlich. Tatsächlich können nur wenige Sprecher einen Text, den sie gerade im Lauf eines Gesprächs geäußert haben, detailgenau wiederholen. Sobald er seinen kommunikativen Zweck erfüllt hat, wird der Text aus dem Gedächtnis gelöscht – falls er dort überhaupt jemals als eigenständiges Ganzes repräsentiert war. Aber dank der modernen Technik können Schallwellen aufgezeichnet und gesendet oder in einem anderen Medium gespeichert und später wieder in Schallwellen zurückverwandelt werden. So wird die räumliche und zeitliche Trennung von Produzenten und Empfängern möglich. Außerdem können Aufnahmen spontaner Diskurse oder Gespräche transkribiert und irgendwann später als Texte analysiert werden. Es gibt also zwangsläufig eine Beziehung zwischen den zur Beschreibung sprachlicher Aktivitäten vorgeschlagenen Kategorien und den Texten, die aus solchen Aktivitäten hervorgehen. In der Tat kann dasselbe Wort oft für beide verwendet werden: ‚Übersetzung' bezeichnet entweder den Übersetzungsakt oder aber den produzierten Text. Gleichermaßen können ‚Konversation', ‚Debatte' oder ‚Interview' die kommunikative Interaktion der Beteiligten bezeichnen, aber genauso auch die Abfolge der wechselseitigen Äußerungen, die eine bestimmte Textsorte konstituiert, die zu einem entsprechenden Genre gehört.

Die Aktivitäten der Produktion, Rezeption, Interaktion und Sprachmittlung finden alle in der Zeit statt. Der Echtzeitcharakter der Rede ist offensichtlich, sowohl bei Sprech- und Höraktivitäten als auch im Medium selbst. ‚Vorher' und ‚nachher' müssen in einem gesprochenen Text wörtlich genommen werden. Bei einem geschriebenen Text, der normalerweise ein statisches räumliches Produkt ist (außer den „rollenden" Textdateien), ist das nicht notwendigerweise der Fall. Bei der Produktion kann ein geschriebener Text redigiert werden, man kann Passagen einfügen oder entfernen. Wir können nicht sagen, in welcher Reihenfolge seine einzelnen Elemente produziert wurden, auch wenn sie als eine lineare Kette von Zeichen vorliegen. Beim Lesen kann sich das Auge in beliebiger Richtung über den Text bewegen und dabei vielleicht wie bei einem Kind, das Lesen lernt, strikt der linearen Anordnung folgen. Geübte und erfahrene Leser werden wahrscheinlich den Text eher überfliegen und dabei nach Elementen mit hoher Informationsdichte suchen, um zunächst eine übergreifende Bedeutungsstruktur herzustellen. Beim zweiten Durchgang lesen sie dann sorgfältiger – und notfalls lesen sie den Text auch noch mehrmals. Dabei konzentrieren sie sich auf Wörter, Redewendungen, Sätze und Abschnitte, die für ihre Ziele und Zwecke besonders wichtig sind. Ein Autor oder Redakteur kann paratextuelle Mittel (vgl. Abschnitt 4.4.5.3) einsetzen, um diesen Prozess zu steuern und den Text entsprechend den Leseerwartungen des intendierten Publikums zu planen. Analog dazu kann ein gesprochener Text im Voraus so sorgfältig konzipiert werden, dass er spontan erscheint; dabei wird aber trotzdem sichergestellt, dass eine wesentliche Mitteilung unter den verschiedenen Bedingungen, die die Sprachwahrnehmung beeinträchtigen, effektiv übermittelt wird. Prozess und Produkt sind unauflöslich miteinander verbunden.

Der Text ist für jede sprachliche Kommunikation zentral; er ist das externe, objektive Verbindungsglied zwischen Produzent und Empfänger, ob diese nun direkt (*face-to-face*) oder über eine Distanz miteinander kommunizieren. Abbildung 8 stellt das Beziehungsgefüge zwischen dem Sprachverwendenden/Lernenden – auf den dieser *Referenzrahmen* sein Hauptaugenmerk richtet – und dem oder den an der Kommunikation Beteiligten sowie den Aktivitäten und den Texten in schematischer Form dar. Eine durchgehende Linie zeigt eine produktive oder rezeptive kommunikative Aktivität in der unmittelbaren Umgebung des Sprachverwendenden/Lernenden, eine gestrichelte Linie dagegen eine in räumlicher oder zeitlicher Distanz.

In Schema 1: ‚Produktiv' produziert der Sprachverwendende/Lernende einen gesprochenen oder geschriebenen Text, der von einem oder mehreren Hörern oder Lesern (normalerweise in einiger Entfernung) empfangen wird; sie sind in diesem Fall nicht zu einer Antwort aufgefordert. In Schema 2: ‚Rezeptiv' empfängt der Sprachverwendende/Lernende einen Text von einem Sprecher oder Schreiber, normalerweise aus einiger Entfernung, und ist auch in diesem Fall nicht zu einer Antwort aufgefordert. Schema 3: ‚Interaktiv' repräsentiert eine Situation, in der der Sprachverwendende/Lernende in einen direkten (*face-to-face*) Dialog mit einem Gesprächspartner tritt. Der Text dieses Dialogs besteht aus Äußerungen, die von beiden Partnern im Wechsel produziert bzw. empfangen werden. Schema 4: ‚Sprachmittlung' repräsentiert zwei Situationen: In 4.1 empfängt der Sprachverwendende/Lernende einen Text von einem nicht anwesenden Sprecher oder Hörer in der einen Sprache oder dem einen Code und produziert daraufhin einen Paralleltext in einer anderen Sprache oder einem anderen Code, der von einer anderen Person als Hörer oder Leser in einiger Entfernung empfangen werden soll. In 4.2 agiert der Sprachverwendende/Lernende als Mittler in einer direkten (*face-to-face*) Interaktion zwischen zwei Gesprächspartnern, die nicht die gleiche Sprache oder den gleichen Code sprechen; er empfängt also den Text in einer Sprache und produziert einen korrespondierenden Text in einer anderen.

Abbildung 8 – Kommunikative Aktivitäten

1. Produktiv

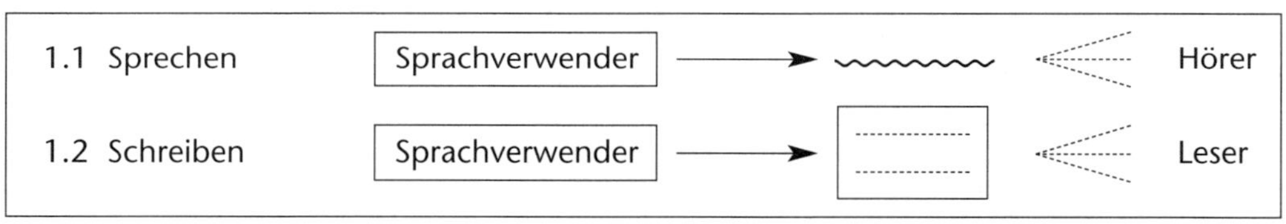

Schema 1

2. Rezeptiv

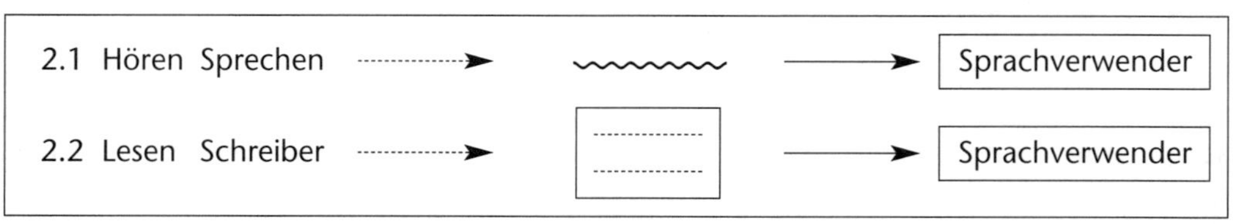

Schema 2

3. Interaktiv

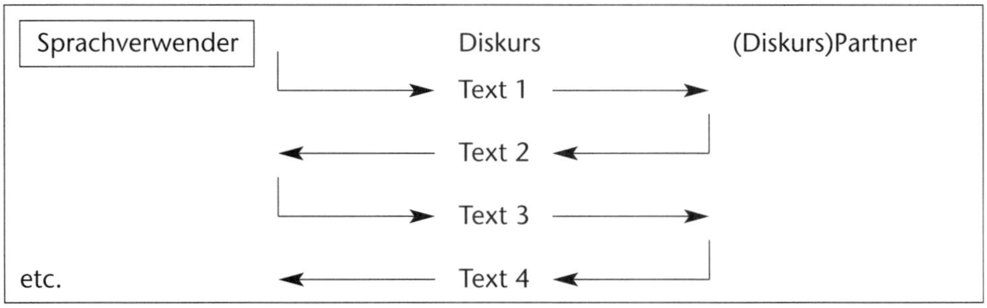

Schema 3

4. Sprachmittlung

4.1 Übersetzen

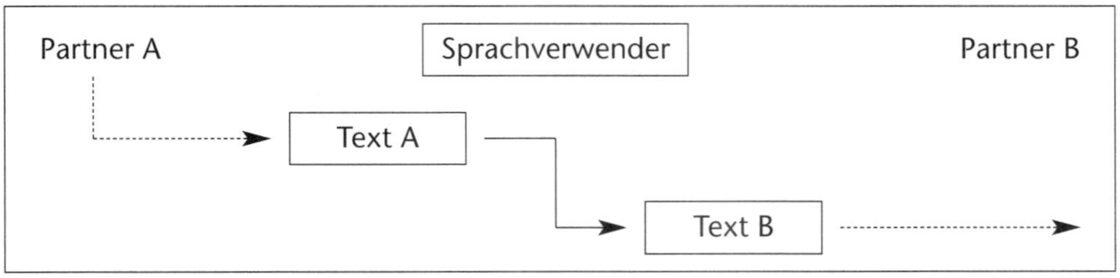

4.2 Dolmetschen

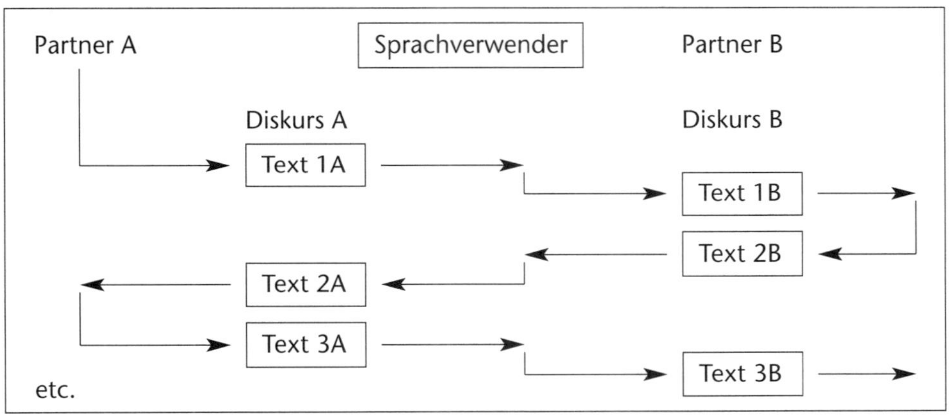

Schema 4

Über die oben definierten interaktiven und sprachmittelnden Aktivitäten hinaus gibt es noch viele weitere Aktivitäten, in denen Sprachverwendende/Lernende auf einen Textstimulus mit einem Text antworten müssen. Dieser Stimulustext kann eine mündliche Frage sein, eine Reihe geschriebener Anweisungen (z. B. eine Arbeitsanweisung in einer Prüfung), ein diskursiver Text, authentisch oder erstellt, oder eine Kombination aus beidem. Die erforderliche Antwort kann alles Mögliche sein, von einem einzelnen Wort bis hin zu einem Drei-Stunden-Essay. Sowohl der Eingabe- als auch der Ausgabetext können in der L1 oder der L2 gesprochen oder geschrieben sein. Die Beziehung zwischen den beiden Texten kann ‚bedeutungserhaltend' sein, muss es aber nicht. Dementsprechend kann man 24 Aktivitätstypen unterscheiden (selbst wenn man die Rolle außer Acht lässt, die solche Aktivitäten beim Lehren und Lernen moderner Sprachen spielen, in denen der Lernende einen Text in der L1 als Antwort auf einen Text in der L2 produziert, was häufig in Zusammenhang mit soziokulturellen Aspekten der Fall sein kann). Beispiele sind etwa die folgenden Fälle, in denen Eingabe und Ausgabe jeweils in der Zielsprache erfolgen:

Input-Text		Output-Text			
Medium	*Sprache*	*Medium*	*Sprache*	*bedeutungserhaltend*	*Aktivitätstyp (Beispiele)*
gesprochen	L2	gesprochen	L2	ja	Wiederholung
gesprochen	L2	geschrieben	L2	ja	Diktat
gesprochen	L2	gesprochen	L2	nein	mündliche Frage/Antwort
gesprochen	L2	geschrieben	L2	nein	schriftliche Antworten auf mündliche L2-Fragen
geschrieben	L2	gesprochen	L2	ja	laut Lesen
geschrieben	L2	geschrieben	L2	ja	Kopieren, Transkribieren
geschrieben	L2	gesprochen	L2	nein	mündliche Antwort auf schriftliche L2-Anweisung
geschrieben	L2	geschrieben	L2	nein	Geschriebenes als Antwort auf schriftliche L2-Anweisung

Tabelle 6 – Aktivitäten ‚von Text zu Text'

Zwar haben solche Aktivitäten ‚von Text zu Text' auch ihren festen Platz in der alltäglichen Sprachverwendung, sie kommen aber beim Sprachenlernen und -lehren besonders häufig vor. Die eher mechanischen, bedeutungserhaltenden Aktivitäten (Wiederholung, Diktat, lautes Lesen, phonetische Transkription) erfreuen sich gegenwärtig im kommunikativen Sprachunterricht geringer Beliebtheit, zum einen wegen ihrer Künstlichkeit, zum andern wegen ihrer unerwünschten Rückwirkungen auf den Unterricht (*washback effect*). Als Testinstrument wäre ihr Gebrauch jedoch zu rechtfertigen, da Performanz sehr stark von der Fähigkeit abhängt, mit Hilfe linguistischer Kompetenz den Informationsgehalt des Textes reduzieren zu können. Wie dem auch sei, der Vorteil, allen möglichen Kombinationen von Kategorien in taxonomischen Systemen nachzugehen, liegt nicht nur darin, Erfahrungen ordnen zu können, sondern auch darin, dass Lücken entdeckt und neue Möglichkeiten eröffnet werden.

Kapitel 5 – Die Kompetenzen der Sprachverwendenden/Lernenden

Sprachverwendende und Sprachenlernende setzen eine Reihe von Kompetenzen ein, die sie im Lauf früherer Erfahrungen entwickelt haben, um die in kommunikativen Situationen erforderlichen Aufgaben und Aktivitäten auszuführen, denen sie sich gegenübersehen. Aber auch die Teilnahme an kommunikativen Ereignissen (natürlich einschließlich solcher, die speziell zur Förderung des Sprachenlernens gedacht sind) führt zur weiteren Entwicklung der Kompetenzen der Lernenden, die sie dann sofort, aber auch langfristig einsetzen können.

Auf die eine oder andere Weise tragen alle menschlichen Kompetenzen zur Kommunikationsfähigkeit der Sprachverwendenden bei, sodass man sie als Aspekte der kommunikativen Kompetenz betrachten kann. Es kann jedoch sinnvoll sein, die weniger eng mit der Sprache verknüpften Kompetenzen von den linguistischen Kompetenzen im engeren Sinne zu unterscheiden.

5.1 – Allgemeine Kompetenzen

5.1.1 – Deklaratives Wissen (savoir)

5.1.1.1 – Weltwissen

Erwachsene Menschen verfügen über ein sehr hoch entwickeltes und ausdifferenziertes Modell der Welt und ihrer Funktionsweise, ein Modell, das mit dem Vokabular und der Grammatik der Muttersprache eng verbunden ist. In der Tat sind beide in ihrer Entwicklung eng aufeinander bezogen. *Was ist das?* kann eine Frage nach dem Wort für ein gerade beobachtetes Phänomen sein oder eine Frage danach, was durch ein neues Wort bezeichnet wird. Die wesentlichen Züge dieses Modells werden vollständig in der frühen Kindheit entwickelt; aufgrund von Erziehung und Erfahrung entwickelt es sich jedoch während der Adoleszenz bis ins Erwachsenenleben hinein weiter. Kommunikation hängt ab von der Übereinstimmung zwischen den von den Beteiligten internalisierten Weltmodellen und der Sprache. Eines der Ziele wissenschaftlicher Bemühungen ist es, die Struktur und Funktionsweise der Welt aufzudecken und eine standardisierte Terminologie zu deren Beschreibung zu entwickeln. Die natürliche Sprache hat sich auf eine vergleichsweise organische Weise entwickelt und die Beziehung zwischen den Kategorien der Form und der Bedeutung variiert bis zu einem gewissen Grad von einer Sprache zur anderen, wenn auch nur innerhalb relativ enger Grenzen, die die tatsächliche Beschaffenheit der Realität setzt. Im sozialen Bereich ist die Divergenz größer als im Hinblick auf die materielle Umgebung, obgleich auch hier Sprachen Phänomene danach unterscheiden, welche Bedeutung sie für das Leben der Gemeinschaft haben. Im Zweit- und Fremdsprachenlehren kann häufig davon ausgegangen werden, dass Lernende bereits über ein für diese Zwecke hinreichendes Weltwissen verfügen. Dies ist jedoch keineswegs immer der Fall (vgl. Abschnitt 2.1.1).

Weltwissen (ganz gleich, ob es aus Erfahrung, Erziehung oder Informationsquellen usw. stammt) umfasst

- die Orte, Institutionen und Organisationen, Personen, Objekte, Ereignisse, Prozesse und Handlungen in verschiedenen Lebensbereichen, wie in Tabelle 5 (Abschnitt 4.1.2) exemplarisch dargestellt. Besonders wichtig für den Lernenden einer bestimmten Sprache ist Sachwissen über das Land oder die Länder, in dem oder denen die Sprache gesprochen wird, wie z. B. Wissen über wesentliche geographische, ökologische, demographische, wirtschaftliche und politische Merkmale.

- Klassen von Dingen (konkret/abstrakt, belebt/unbelebt usw.) und ihre Eigenschaften und Beziehungen (zeitlich-räumlich, assoziativ, analytisch, logisch, Ursache/Wirkung usw.), wie etwa im *Threshold Level 1990,* Kapitel 6, dargestellt.

Die Benutzer des *Referenzrahmens* sollten bedenken und, soweit sinnvoll, angeben,

- welches Weltwissen bei den Sprachverwendenden/Lernenden vorausgesetzt wird und welche Anforderungen an ihr Weltwissen gestellt werden;
- welches neue Weltwissen, besonders in Bezug auf das Land, in dem die Sprache gesprochen wird, die Lernenden im Verlauf des Sprachenlernens erwerben müssen und wie man es ihnen vermitteln kann.

5.1.1.2 – Soziokulturelles Wissen

Genau genommen ist das Wissen über die Gesellschaft und die Kultur der Gemeinschaft oder der Gemeinschaften, in denen eine Sprache gesprochen wird, ein Aspekt des Weltwissens. Doch es ist für den Lernenden so wichtig, dass es besondere Aufmerksamkeit verdient, insbesondere deshalb, weil es im Gegensatz zu vielen anderen Wissensaspekten sehr wahrscheinlich außerhalb des früheren Erfahrungsbereichs des Lernenden liegt und zudem durch Stereotypen verzerrt sein kann.

Die Merkmale, die für eine bestimmte europäische Gesellschaft und ihre Kultur charakteristisch sind, können sich beziehen auf:

1. das tägliche Leben, z. B.:
   - Essen und Trinken, Essenszeiten, Tischmanieren;
   - Feiertage;
   - Arbeitszeiten und -gewohnheiten;
   - Freizeitbeschäftigungen (Hobbys, Sport, Lesegewohnheiten, Medien).

2. Lebensbedingungen, z. B.:
   - den Lebensstandard (mit regionalen, schichtspezifischen und ethnischen Abweichungen);
   - Wohnverhältnisse;
   - soziale Absicherung.

3. interpersonale Beziehungen, (einschließlich der von Macht und Solidarität geprägten Beziehungen), z. B. in Bezug auf:
   - die schichtspezifische Struktur einer Gesellschaft und Beziehungen zwischen sozialen Gruppen;
   - Beziehungen zwischen den Geschlechtern (männlich/weiblich, Grad der Vertrautheit);
   - Familienstrukturen und -beziehungen;
   - Beziehungen zwischen den Generationen;
   - Beziehungen in Arbeitssituationen;
   - Beziehungen zwischen Öffentlichkeit und Polizei, Verwaltung usw.;
   - Beziehungen zwischen ethnischen und anderen Bevölkerungsgruppen;
   - Beziehungen zwischen politischen und religiösen Gruppierungen.

4. Werte, Überzeugungen und Einstellungen in Bezug auf Faktoren wie:
   - die soziale Schicht;
   - Berufsgruppen (Akademiker, Management, Beamte, gelernte und ungelernte Arbeiter);
   - Vermögen (verdient und ererbt);
   - regionale Kulturen;
   - Sicherheit;
   - Institutionen;
   - Tradition und sozialer Wandel;
   - Geschichte; insbesondere herausragende historische Persönlichkeiten und Ereignisse;
   - Minderheiten (ethnische, religiöse);
   - nationale Identität;
   - andere Länder, Staaten, Völker;
   - Politik;

- Kunst (Musik, bildende Künste, Literatur, Drama, populäre Musik und Lieder);
- Religion;
- Humor.

5. Körpersprache (vgl. Abschnitt 4.4.5.2): Die Kenntnis der die Körpersprache regulierenden Konventionen stellt einen Teil der soziokulturellen Kompetenz der Sprachverwendenden/Lernenden dar.

6. soziale Konventionen, z. B. in Bezug auf das Verhalten von Gast und Gastgeber:
   - Pünktlichkeit;
   - Geschenke;
   - Kleidung;
   - Erfrischungen, Getränke, Mahlzeiten;
   - Konventionen und Tabus in Benehmen und Unterhaltung;
   - Dauer des Besuchs;
   - sich verabschieden.

7. rituelles Verhalten in Bereichen wie:
   - religiöse Bräuche;
   - Geburt, Heirat, Tod;
   - Verhalten von Zuschauern bei öffentlichen Veranstaltungen und Zeremonien;
   - Feierlichkeiten, Festivals, Tanzveranstaltungen, Diskotheken usw.

5.1.1.3 – Interkulturelles Bewusstsein

Aus der Kenntnis, dem Bewusstsein und dem Verständnis der Beziehungen zwischen der „Welt des Herkunftslandes" und der „Welt der Zielsprachengemeinschaft" (Ähnlichkeiten und klare Unterschiede) erwächst ein interkulturelles Bewusstsein. Natürlich ist es wichtig festzustellen, dass interkulturelles Bewusstsein auch bedeutet, sich der regionalen und sozialen Verschiedenheit in beiden Welten bewusst zu sein. Ferner wird es durch das Bewusstsein bereichert, dass es neben den Kulturen, in denen die L1 und die L2 des Lernenden gesprochen werden, noch viele andere gibt. Dieser weitere Horizont hilft, beide in einen größeren Kontext einzuordnen. Über das objektive Wissen hinaus gehört zum interkulturellen Bewusstsein auch, dass man sich bewusst ist, wie eine Gemeinschaft jeweils aus der Perspektive der anderen erscheint, nämlich häufig in Form nationaler Stereotypen.

Die Benutzer des *Referenzrahmens* sollten bedenken und, soweit sinnvoll, angeben,

- welche soziokulturellen Erfahrungen und Kenntnisse bei den Lernenden vorausgesetzt werden können und welche von ihnen erwartet werden;
- welche neuen Erfahrungen und Kenntnisse des sozialen Lebens sowohl in der eigenen als auch in der Zielgemeinschaft die Lernenden erwerben müssen, um die kommunikativen Anforderungen in der L2 zu meistern;
- welches Bewusstsein der Beziehung zwischen der eigenen und der Zielkultur die Lernenden haben müssen, um eine angemessene interkulturelle Kompetenz zu entwickeln.

5.1.2 – Fertigkeiten und prozedurales Wissen (savoir-faire)

5.1.2.1 *Praktische* Fertigkeiten umfassen:

- *soziale Fertigkeiten:* die Fähigkeit, sich entsprechend den in Abschnitt 5.1.1.2 dargestellten Konventionen zu verhalten und die erwarteten Routinen auszuführen, soweit dies für Außenstehende, besonders für Ausländer, als angemessen erachtet wird.

- *Fertigkeiten, die für das tägliche Leben benötigt werden:* die Fähigkeit, die für das tägliche Leben erforderlichen Routinehandlungen (sich waschen, sich anziehen, kochen, essen usw.) effektiv auszuführen; Pflege und Reparatur von Haushaltsgeräten usw.

- *berufliche Fertigkeiten:* die Fähigkeit, spezielle (geistige und körperliche) Handlungen auszuführen, die der jeweilige Beruf erfordert.

- *Fertigkeiten für die Freizeit:* die Fähigkeit, die für Freizeitaktivitäten erforderlichen Handlungen effektiv auszuführen, z. B. in den Bereichen:
  - Kunst (malen, bildhauerisch arbeiten, ein Instrument spielen usw.);
  - Handarbeiten und basteln (stricken, sticken, weben, Körbe flechten, tischlern usw.);
  - Sport (Mannschaftsspiele, Leichtathletik, joggen, klettern, schwimmen usw.);
  - Hobbys (Fotografie, Gartenarbeit usw.).

Die Benutzer dieses *Referenzrahmens* sollten bedenken und, soweit sinnvoll, angeben,
- welche praktischen Fertigkeiten und welches Erfahrungswissen die Lernenden haben müssen, um in einem Bereich, der für sie von Bedeutung ist, wirksam kommunizieren zu können, und was in dieser Hinsicht von ihnen erwartet wird.

5.1.2.2 *Interkulturelle* Fertigkeiten umfassen:

- die Fähigkeit, die Ausgangskultur und die fremde Kultur miteinander in Beziehung zu setzen;
- kulturelle Sensibilität und die Fähigkeit, eine Reihe verschiedener Strategien für den Kontakt mit Angehörigen anderer Kulturen zu identifizieren und zu verwenden;
- die Fähigkeit, als kultureller Mittler zwischen der eigenen und der fremden Kultur zu agieren und wirksam mit interkulturellen Missverständnissen und Konfliktsituationen umzugehen;
- die Fähigkeit, stereotype Beziehungen zu überwinden.

Die Benutzer des *Referenzrahmens* sollten bedenken und, soweit sinnvoll, angeben,
- welche kulturellen Mittlerrollen und -funktionen die Lernenden übernehmen müssen, auf welche dieser Rollen und Funktionen sie vorbereitet werden sollen und was von ihnen in dieser Hinsicht erwartet wird;

- welche Merkmale der Ausgangs- und Zielkultur die Lernenden unterscheiden können müssen, wie sie darauf vorbereitet werden sollen und welche Anforderungen in dieser Hinsicht an sie gestellt werden;

- welche Vorkehrungen getroffen werden sollten, um den Lernenden die Möglichkeit zu geben, die Zielkultur zu erfahren;

- welche Gelegenheiten die Lernenden haben werden, als kulturelle Mittler aufzutreten.

5.1.3 – Persönlichkeitsbezogene Kompetenz (savoir-être)

Die kommunikative Tätigkeit der Sprachverwendenden/Lernenden wird nicht nur durch ihr Wissen, ihr Verständnis und ihre Fertigkeiten beeinflusst, sondern auch durch individuelle, ihre jeweilige Persönlichkeit charakterisierende Faktoren wie Einstellungen, Motivationen, Werte, Überzeugungen, kognitive Stile und Persönlichkeitstypen, die zu ihrer Identität beitragen. Dazu gehören:

1. *Einstellungen*, wie der den Sprachverwenden/Lernenden eigene Grad an
   - Offenheit für und Interesse an neuen Erfahrungen, anderen Menschen, Ideen, Völkern, Gesellschaften und Kulturen;
   - Bereitschaft, die eigene kulturelle Sichtweise und das eigene kulturelle Wertesystem zu relativieren;
   - Bereitschaft und Fähigkeit, sich von konventionellen Einstellungen gegenüber kulturellen Unterschieden zu distanzieren.

2. *Motivationen:*
   - intrinsisch/extrinsisch;
   - instrumentell/integrativ;
   - Kommunikationsdrang, das menschliche Kommunikationsbedürfnis.

3. *Wertvorstellungen*, z. B. ethische und moralische.

4. *Überzeugungen*, z. B. religiöse, ideologische, philosophische.

5. *kognitiver Stil:*
   - konvergent/divergent;
   - holistisch/analytisch/synthetisch.

6. *Persönlichkeitsfaktoren*, z. B.:
   - Redseligkeit/Schweigsamkeit;
   - Unternehmungsgeist/Schüchternheit;
   - Optimismus/Pessimismus;
   - Introversion/Extraversion;
   - Proaktivität/Reaktivität;
   - Schuld bei sich selbst oder anderen suchen;
   - (frei sein von) Furcht oder Verlegenheit;
   - Regelbewusstsein/Flexibilität;
   - Aufgeschlossenheit/Engstirnigkeit;
   - Spontaneität/Selbstkontrolle;
   - Intelligenz;
   - Akribie/Nachlässigkeit;
   - Merkfähigkeit;
   - Fleiß/Faulheit;
   - (Mangel an) Ehrgeiz;
   - (Mangel an) Selbstwahrnehmung;
   - (Mangel an) Selbstvertrauen;
   - (Mangel an) Selbstbewusstsein;
   - (Mangel an) Selbstwertgefühl.

Einstellungen und Persönlichkeitsfaktoren beeinflussen nicht nur die Rollen der Sprachverwendenden/Lernenden in kommunikativen Handlungen, sondern auch ihre Lernfähigkeit. Die Entwicklung einer ‚interkulturellen Persönlichkeit', die sowohl Einstellungen als auch Bewusstsein mit einschließt, wird von vielen als ein wichtiges Erziehungsziel an sich betrachtet. Dies wirft wichtige ethische und pädagogische Fragen auf, wie etwa:

- Inwieweit kann die Persönlichkeitsentwicklung ein explizites Erziehungs- und Bildungsziel sein?
- Wie kann Kulturrelativismus mit ethischer und moralischer Integrität in Einklang gebracht werden?
- Welche Persönlichkeitsfaktoren a) fördern bzw. b) behindern das Lernen und den Erwerb einer Fremd- oder Zweitsprache?
- Wie kann Lernenden geholfen werden, Stärken zu nutzen und Schwächen zu überwinden?
- Wie kann die Vielfalt von Persönlichkeiten mit den Beschränkungen in Einklang gebracht werden, die Bildungssystemen auferlegt sind und die sie ihrerseits Lernenden auferlegen?

Die Benutzer des *Referenzrahmens* sollten bedenken und, soweit sinnvoll, angeben,

- ob Lernende bestimmte Persönlichkeitsmerkmale entwickeln und zeigen möchten oder sollen und, wenn ja, welche, wie man die Lernenden dazu ermutigen kann, wie man ihnen dabei helfen kann und was von ihnen erwartet wird.

- ob und wie die Charakteristika der Lernenden bei Maßnahmen für das Sprachenlernen und Sprachenlehren und für die Beurteilung in Betracht gezogen werden.

5.1.4 – Lernfähigkeit (savoir-apprendre)

Savoir-apprendre im weitesten Sinn bedeutet die Fähigkeit zur Beobachtung, zur Teilnahme an neuer Erfahrung und zur Integration neuen Wissens in bereits vorhandenes Wissen, das dabei, wenn nötig, verändert wird. Sprachlernfähigkeiten werden im Verlauf von Lernerfahrungen entwickelt. Sie ermöglichen es dem Lernenden, neue Herausforderungen beim Erlernen einer Fremdsprache effektiver und unabhängiger zu bewältigen, zu sehen, welche Wahlmöglichkeiten bestehen, und Chancen besser zu nutzen. Lernfähigkeit besteht aus mehreren Komponenten, wie etwa: Sprach- und Kommunikationsbewusstsein, allgemeine phonetische Fertigkeiten, Lerntechniken und heuristische Fertigkeiten.

5.1.4.1 – Sprach- und Kommunikationsbewusstsein

Sensibilität für Sprache und Sprachgebrauch umfasst sowohl die Kenntnis als auch das Verstehen der Organisations- und Verwendungsprinzipien von Sprachen; sie macht es möglich, dass neue Erfahrungen in einen geordneten Rahmen assimiliert und als Bereicherung empfunden werden. Die neue Sprache kann dann leichter gelernt und verwendet werden und wird nicht als Bedrohung für das bereits bestehende linguistische System des Lernenden abgelehnt, welches häufig als das normale und ‚natürliche' angesehen wird.

5.1.4.2 – Allgemeines phonetisches Bewusstsein und phonetische Fertigkeiten

Vielen Lernenden, insbesondere erwachsenen Lernenden, wird Folgendes bei der Aussprache neuer Sprachen helfen:

- die Fähigkeit, ungewohnte Laute und prosodische Muster zu unterscheiden und zu produzieren;
- die Fähigkeit, ungewohnte Lautfolgen zu erkennen und zu verketten;
- die Fähigkeit, als Hörer das Kontinuum eines Lautstroms in eine sinnvoll strukturierte Kette phonologischer Elemente aufzulösen (d. h. in unterschiedene und signifikante Teile zu zerlegen);
- das Verstehen/Beherrschen der Prozesse der Hörwahrnehmung und der Lautproduktion, die auf das Lernen einer neuen Fremdsprache angewendet werden können.

Diese allgemeinen phonetischen Fertigkeiten sind zu unterscheiden von der Fähigkeit, eine bestimmte Sprache auszusprechen (phonologische Fähigkeiten).

Die Benutzer des *Referenzrahmens* sollten bedenken und, soweit sinnvoll, angeben,

- welche Schritte unternommen werden sollten, um das Sprach- und Kommunikationsbewusstsein der Lernenden zu entwickeln, wenn das überhaupt erforderlich ist;

- welche artikulatorischen Fertigkeiten und welche Fertigkeiten der Hörwahrnehmung die Lernenden besitzen sollen, welche man als bereits vorhanden voraussetzt, welche dieser Fertigkeiten man ihnen vermitteln muss und was von den Lernenden in dieser Hinsicht erwartet wird.

5.1.4.3 – Lerntechniken

Diese umfassen

- die Fähigkeit, die im Unterricht geschaffenen Lerngelegenheiten effektiv zu nutzen, wie z. B.:
  - der dargebotenen Information gegenüber aufmerksam bleiben;
  - erkennen, was mit einer gestellten Aufgabe beabsichtigt ist;
  - in Partner- oder Gruppenarbeit effektiv zusammenarbeiten;
  - die gelernte Sprache schnell und häufig aktiv anwenden;
- die Fähigkeit, vorhandene Materialien für selbstständiges Lernen zu nutzen;
- die Fähigkeit, Materialien für selbstverantwortliches Lernen zu organisieren und zu nutzen;
- die Fähigkeit, aus direkter Beobachtung und Teilnahme an Kommunikationsereignissen effektiv zu lernen (sowohl linguistisch als auch soziokulturell), indem man perzeptuelle, analytische und heuristische Fertigkeiten ausbildet;
- die Kenntnis der eigenen Stärken und Schwächen als Lernende/r;
- die Fähigkeit, die eigenen Bedürfnisse und Ziele zu identifizieren;
- die Fähigkeit, die eigenen Strategien und Verfahren den eigenen Persönlichkeitsmerkmalen und Ressourcen entsprechend zu organisieren.

5.1.4.4 – Heuristische Fertigkeiten

Diese umfassen

- die Fähigkeit der Lernenden, mit neuen Erfahrungen umzugehen (mit einer neuen Sprache, mit neuen Menschen, neuen Verhaltensweisen usw.) und in einer Lernsituation andere Kompetenzen einzusetzen (z. B. durch Beobachten, Erfassen der Bedeutung des Beobachteten, Analysieren, Schlüsse ziehen, Memorieren usw.);
- die Fähigkeit der Lernenden, neue Information zu finden, zu verstehen und weiterzugeben (besonders bei der Verwendung von Nachschlagewerken in der Zielsprache);
- die Fähigkeit, neue Technologien zu benutzen (z. B. indem man Informationen in Datenbanken, Hypertexten usw. sucht).

Die Benutzer des *Referenzrahmens* sollten bedenken und, soweit sinnvoll, angeben,

- welche Lerntechniken Lernende entwickeln und einsetzen können sollen und wie man Lernende dazu ermutigt und befähigt;
- welche heuristischen Fertigkeiten die Lernenden entwickeln und einsetzen können sollen und wie man sie dazu ermutigt und befähigt;
- welche Maßnahmen getroffen werden, um die Lernenden beim Lernen und beim Gebrauch der Sprache zunehmend selbstständig werden zu lassen.

5.2 – Kommunikative Sprachkompetenzen

Zur Umsetzung ihrer kommunikativen Absichten setzen Sprachverwendende/Lernende sowohl – wie oben genauer dargestellt – ihre allgemeinen Fähigkeiten als auch eine spezifisch sprachbezogene kommunikative Kompetenz ein. Kommunikative Kompetenz in diesem engeren Sinn besteht aus folgenden Komponenten:

- linguistische Kompetenzen;
- soziolinguistische Kompetenzen;
- pragmatische Kompetenzen.

5.2.1 – Linguistische Kompetenzen

Es gibt bis heute noch keine vollständige, erschöpfende Beschreibung einer Sprache als einem formalen System, das dem Ausdruck von Inhalten dient. Sprachsysteme zeichnen sich durch eine hohe Komplexität aus, und die Sprache einer großen, vielschichtigen, hoch entwickelten Gesellschaft wird von keinem ihrer Sprecher vollkommen beherrscht. Das wäre auch nicht möglich, da sich die alltägliche Sprache aufgrund der Erfordernisse des kommunikativen Gebrauchs in ständiger Entwicklung befindet. Die meisten Nationalstaaten haben versucht, eine Standardform ihrer jeweiligen Sprache festzulegen, doch nie bis ins letzte Detail. Für die Darstellung von Standardsprachen wurde früher das linguistische Modell herangezogen, das bei der Vermittlung des Kanons der überlieferten literarischen Werke in längst ausgestorbenen klassischen Sprachen benutzt wurde. Vor über 100 Jahren jedoch wurde dieses traditionelle Modell von den meisten Linguisten mit der Begründung zurückgewiesen, eine Sprache sollte so beschrieben werden, wie sie wirklich benutzt wird, und nicht so, wie sie nach Meinung irgendeiner Autorität zu sein habe. Ferner sei dieses traditionelle Modell – da es für Sprachen eines bestimmten Typs entwickelt wurde – zur Beschreibung ganz anders organisierter sprachlicher Systeme ungeeignet. Doch keines der vielen mittlerweile entwickelten alternativen Modelle ist allgemein akzeptiert worden. Man hat sogar bezweifelt, dass es nur ein einziges universales Modell zur Beschreibung aller Sprachen geben kann. Aus neueren Studien zu linguistischen Universalien sind auch noch kaum Ergebnisse hervorgegangen, die direkt für die Verbesserung des Sprachenlernens und -lehrens oder für die Beurteilung nutzbar gemacht werden könnten. Die meisten deskriptiven Linguisten geben sich deshalb heute damit zufrieden zu erfassen, was in der Praxis üblich ist, indem sie Form und Bedeutung aufeinander beziehen und dabei eine Terminologie benutzen, die nur dort von der traditionellen abweicht, wo man es mit sprachlichen Erscheinungen zu tun hat, die das traditionelle Beschreibungsmodell nicht erfassen kann. Dieser Ansatz wird in Abschnitt 5.2 übernommen. Dort wird versucht, die Hauptkomponenten linguistischer Kompetenz zu identifizieren und zu klassifizieren. Linguistische Kompetenz wird definiert als Kenntnis der formalen Mittel, aus denen wohlgeformte, sinnvolle Mitteilungen zusammengesetzt und formuliert werden können, und als die Fähigkeit, diese Mittel auch zu verwenden. Ziel der folgenden Systematisierung ist es, einige Parameter und Kategorien als Klassifikationsinstrumente vorzuschlagen, die zur Beschreibung sprachlicher Inhalte, oder auch als Basis der Reflexion, hilfreich sein können. Praktikern, die ein anderes Bezugsmodell bevorzugen, steht es selbstverständlich – hier wie überall – frei, dies zu tun. Sie sollten jedoch ihre Theorien und Verfahren sowie die Traditionen, in denen sie arbeiten, offen legen. In diesem *Referenzrahmen* unterscheiden wir:

- lexikalische Kompetenz;
- grammatische Kompetenz;
- semantische Kompetenz
- phonologische Kompetenz.

Fortschritte, die Lernende bei der Nutzung sprachlicher Mittel machen, lassen sich in Skalen fassen; sie werden im Folgenden in dieser Form dargestellt:

	Spektrum sprachlicher Mittel (allgemein)
C2	Kann aufgrund einer umfassenden und zuverlässigen Beherrschung eines sehr großen Spektrums sprachlicher Mittel Gedanken präzise formulieren, Sachverhalte hervorheben, Unterscheidungen treffen und Unklarheiten beseitigen. Erweckt nicht den Eindruck, sich in dem, was er/sie sagen möchte, einschränken zu müssen.
C1	Kann aus seinen/ihren umfangreichen Sprachkenntnissen Formulierungen auswählen, mit deren Hilfe er/sie sich klar ausdrücken kann, ohne sich in dem, was er/sie sagen möchte, einschränken zu müssen.
B2	Kann sich klar ausdrücken, ohne dabei den Eindruck zu erwecken, sich in dem, was er/sie sagen möchte, einschränken zu müssen.
	Verfügt über ein hinreichend breites Spektrum sprachlicher Mittel, um klare Beschreibungen, Standpunkte auszudrücken und etwas zu erörtern; sucht dabei nicht auffällig nach Worten und verwendet einige komplexe Satzstrukturen.

B1	Verfügt über ein hinreichend breites Spektrum sprachlicher Mittel, um unvorhersehbare Situationen zu beschreiben, die wichtigsten Aspekte eines Gedankens oder eines Problems mit hinreichender Genauigkeit zu erklären und eigene Überlegungen zu kulturellen Themen (wie Musik und Filme) auszudrücken.
	Verfügt über genügend sprachliche Mittel, um zurechtzukommen; der Wortschatz reicht aus, um sich, manchmal zögernd und mit Hilfe von einigen Umschreibungen, über Themen äußern zu können wie Familie, Hobbys, Interessen, Arbeit, Reisen, aktuelle Ereignisse, aber der begrenzte Wortschatz führt zu Wiederholungen und manchmal auch zu Formulierungsschwierigkeiten.
A2	Verfügt über ein Repertoire an elementaren sprachlichen Mitteln, die es ihm/ihr ermöglichen, Alltagssituationen mit voraussagbaren Inhalten zu bewältigen; muss allerdings in der Regel Kompromisse in Bezug auf die Realisierung der Sprechabsicht machen und nach Worten suchen.
	Kann kurze, gebräuchliche Ausdrücke verwenden, um einfache, konkrete Bedürfnisse zu erfüllen und beispielsweise Informationen zur Person, Alltagsroutinen, Wünsche, Bedürfnisse auszudrücken und um Auskunft zu bitten. Kann einfache Satzmuster verwenden und sich mit Hilfe von memorierten Sätzen, kurzen Wortgruppen und Redeformeln über sich selbst und andere Menschen und was sie tun und besitzen sowie über Orte usw. verständigen. Verfügt über ein begrenztes Repertoire kurzer memorierter Wendungen, das für einfachste Grundsituationen ausreicht; in nicht-routinemäßigen Situationen kommt es häufig zu Abbrüchen und Missverständnissen.
A1	Verfügt über ein sehr elementares Spektrum einfacher Wendungen in Bezug auf persönliche Dinge und Bedürfnisse konkreter Art.

5.2.1.1 – Lexikalische Kompetenz

Sie umfasst die Kenntnis des Vokabulars einer Sprache, das aus lexikalischen und aus grammatischen Elementen besteht, sowie die Fähigkeit, es zu verwenden.

1. ***Lexikalische*** Elemente sind:

a) *feste Wendungen*, die aus mehreren Wörtern bestehen und jeweils als ein Ganzes gelernt und verwendet werden. Solche festen Wendungen sind z. B.:

- *Satzformeln*:
  - direkte Exponenten von Sprachfunktionen (vgl. Abschnitt 5.2.3.2), wie Begrüßungen wie *Guten Morgen! – Nett, Sie kennenzulernen.* usw.
  - Sprichwörter usw. (vgl. Abschnitt 5.2.2.3);
  - archaische Ausdrücke wie z. B. *Hebe dich hinweg von mir!*

- *idiomatische Wendungen*, oft semantisch undurchsichtige, erstarrte Metaphern, z. B.:
  - *Er hat den Löffel abgegeben/fallen lassen.* (= er ist gestorben)
  - *jmdm. einen Bären aufbinden* (d. h. eine Lüge erzählen, flunkern)
  - *Ich denk, mich tritt ein Pferd* (als Ausdruck der Verblüffung/Verärgerung)
  - Verstärker: Ihr Gebrauch ist oft stilistisch oder durch den Kontext eingeschränkt, z. B. *schneeweiß* (d. h. ‚rein') gegenüber *weiß wie eine (gekalkte) Wand* (d. h. ‚blass')

- *feststehende Muster (Sprachbausteine, Schablonen)*, die unzerlegt als Ganzes gelernt und verwendet werden und in die Wörter oder Phrasen eingefügt werden, um sinnvolle Sätze zu bilden, z. B. *Könnte ich bitte … haben? – Ich möchte gerne zahlen!*

- andere feststehende Phrasen, wie z. B.:
  - Funktionsverbgefüge, z. B. *zu Ende gehen, in Betrieb nehmen*
  - präpositionale Gefüge z. B. *in Hinblick auf, in Bezug auf*

- feste Kollokationen, die aus Wörtern bestehen, die normalerweise zusammenstehen, z. B. *eine Rede/einen Vortrag halten; Fehler machen.*

b) *Einzelwörter*, d. h. frei stehende einzelne Wörter. Manche Lexeme können verschiedene Bedeutungen haben (Polysemie), z. B. Bank, ein Geldinstitut oder eine Bank zum Sitzen. Lexeme können offenen Wortklassen angehören und Nomen, Verb, Adjektiv, Adverb sein; diese können aber auch ihrerseits geschlossene lexikalische Gruppen bilden (z. B. die Wochentage, die Monate eines Jahres, Gewichte, Maße usw.). Andere lexikalische Gruppen gibt es für bestimmte grammatische oder semantische Sachverhalte (vgl. unten).

2. ***Grammatische Elemente*** gehören zu den geschlossen Wortklassen, z. B. (im Deutschen):

Artikel	(ein, einer, eine, der, die, das)
Indefinitpronomen	(einige, alle, viele usw.)
Demonstrativpronomen	(dieser, diese, dieses; jener ...)
Personalpronomen	(ich, du, er, sie, es, wir ...; mir, dir usw.)
Interrogativ- und Relativpronomen	(wer, was, welche, wo, wie usw.)
Possessivpronomen	(mein, dein, sein, ihr usw.)
Präpositionen	(in, an, bei, mit, von usw.)
Hilfsverben / Modalverben	(sein, haben, werden / können, sollen usw.)
Konjunktionen	(und, aber, wenn, obwohl)
Modalpartikeln	(ja, wohl, aber, doch usw.)

Skalen sind vorhanden für das Spektrum des gewussten Wortschatzes und für die Wortschatzbeherrschung.

	Wortschatzspektrum
C2	Beherrscht einen sehr reichen Wortschatz einschließlich umgangssprachlicher und idiomatischer Wendungen und ist sich der jeweiligen Konnotationen bewusst.
C1	Beherrscht einen großen Wortschatz und kann bei Wortschatzlücken problemlos Umschreibungen gebrauchen; offensichtliches Suchen nach Worten oder der Rückgriff auf Vermeidungsstrategien sind selten. Gute Beherrschung idiomatischer Ausdrücke und umgangssprachlicher Wendungen.
B2	Verfügt über einen großen Wortschatz in seinem Sachgebiet und in den meisten allgemeinen Themenbereichen. Kann Formulierungen variieren, um häufige Wiederholungen zu vermeiden; Lücken im Wortschatz können dennoch zu Zögern und Umschreibungen führen.
B1	Verfügt über einen ausreichend großen Wortschatz, um sich mit Hilfe von einigen Umschreibungen über die meisten Themen des eigenen Alltagslebens äußern zu können wie beispielsweise Familie, Hobbys, Interessen, Arbeit, Reisen, aktuelle Ereignisse.
A2	Verfügt über einen ausreichenden Wortschatz, um in vertrauten Situationen und in Bezug auf vertraute Themen routinemäßige, alltägliche Angelegenheiten zu erledigen.
	Verfügt über genügend Wortschatz, um elementaren Kommunikationsbedürfnissen gerecht werden zu können. Verfügt über genügend Wortschatz, um einfache Grundbedürfnisse befriedigen zu können.
A1	Verfügt über einen elementaren Vorrat an einzelnen Wörtern und Wendungen, die sich auf bestimmte konkrete Situationen beziehen.

	Wortschatzbeherrschung
C2	Durchgängig korrekte und angemessene Verwendung des Wortschatzes.
C1	Gelegentliche kleinere Schnitzer, aber keine größeren Fehler im Wortgebrauch.
B2	Die Genauigkeit in der Verwendung des Wortschatzes ist im Allgemeinen groß, obgleich einige Verwechslungen und falsche Wortwahl vorkommen, ohne jedoch die Kommunikation zu behindern.
B1	Zeigt eine gute Beherrschung des Grundwortschatzes, macht aber noch elementare Fehler, wenn es darum geht, komplexere Sachverhalte auszudrücken oder wenig vertraute Themen und Situationen zu bewältigen.
A2	Beherrscht einen begrenzten Wortschatz in Zusammenhang mit konkreten Alltagsbedürfnissen.
A1	Keine Deskriptoren verfügbar

Die Benutzer dieses *Referenzrahmens* sollten bedenken und, soweit sinnvoll, angeben,

- welche lexikalischen Elemente (feste Wendungen und einzelne Wörter) die Lernenden erkennen und/oder verwenden müssen, auf welche lexikalischen Elemente sie vorbereitet werden sollen und welche Anforderungen in dieser Hinsicht an sie gestellt werden;
- wie lexikalische Elemente ausgewählt und angeordnet werden.

5.2.1.2 – Grammatische Kompetenz

Grammatische Kompetenz kann man definieren als Kenntnis der grammatischen Mittel einer Sprache und die Fähigkeit, diese zu verwenden.

Formal kann man die Grammatik einer Sprache als eine Menge von Prinzipien sehen, die das Zusammensetzen von Elementen zu Sätzen regeln. Grammatische Kompetenz ist die Fähigkeit, in Übereinstimmung mit diesen Prinzipien wohlgeformte Ausdrücke und Sätze zu produzieren und zu erkennen (im Unterschied zum Auswendiglernen feststehender Formeln). Die Grammatik einer jeden Sprache ist in diesem Sinn hochkomplex und widersetzt sich einer definitiven oder erschöpfenden Beschreibung. Es gibt eine Reihe konkurrierender Theorien und Modelle zur Organisation der Wörter zu Sätzen. Es ist jedoch nicht die Aufgabe dieses *Referenzrahmens*, diese Theorien zu beurteilen oder für die eine oder andere zu plädieren, sondern vielmehr, die Benutzer zu ermutigen zu sagen, welche sie selbst gewählt haben und welche Folgen diese Wahl für ihre praktische Arbeit hat. Hier beschränken wir uns darauf, einige in der grammatischen Beschreibung häufig benutzte Parameter und Kategorien darzulegen.

Bei einer Beschreibung der grammatischen Organisation muss man spezifizieren:

- *Elemente*, z. B.:
  - Morphe;
  - Morpheme – Stämme und Affixe;
  - Wörter.

- *Kategorien*, z. B.:
  - Numerus, Kasus, Genus;
  - konkret/abstrakt, zählbar/unzählbar;
  - (in)transitiv, Aktiv/Passiv;
  - Tempus;
  - Aspekt.

- *Klassen*, z. B.:
  - Konjugationen;
  - Deklinationen;
  - offene Wortklassen: Substantive, Verben, Adjektive, Adverben;
  - geschlossene Wortklassen (grammatische Elemente, vgl. Abschnitt 5.2.1.1).

- *Strukturen*, z. B.:
  - zusammengesetzte Wörter und komplexe Ausdrücke
  - Phrasen: Nominalphrase, Verbalphrase usw.
  - Teilsätze: Hauptsatz, Nebensatz, selbstständiger Teilsatz
  - Sätze: einfacher Satz, Satzverbindung, Satzgefüge

- *Prozesse* (deskriptiv), z. B.:
  - Nominalisierung
  - Affigierung
  - Suppletion
  - Ablaut
  - Transposition
  - Transformation

- *Beziehungen*, z. B.:
  - Rektion
  - Kongruenz
  - Valenz

Es gibt eine Skala zur grammatischen Korrektheit. Diese sollte in Verbindung zur Skala ‚Spektrum sprachlicher Mittel (allgemein)' am Anfang dieses Abschnitts gesehen werden. Eine Skala zur Progression in Bezug auf die grammatische Struktur zu erstellen, die auf alle Sprachen anwendbar wäre, halten wir für unmöglich.

	Grammatische Korrektheit
C2	Zeigt auch bei der Verwendung komplexer Sprachmittel eine durchgehende Beherrschung der Grammatik, selbst wenn die Aufmerksamkeit anderweitig beansprucht wird (z. B. durch vorausblickendes Planen oder Konzentration auf die Reaktionen anderer).
C1	Kann beständig ein hohes Maß an grammatischer Korrektheit beibehalten; Fehler sind selten und fallen kaum auf.
B2	Gute Beherrschung der Grammatik; gelegentliche Ausrutscher oder nicht-systematische Fehler und kleinere Mängel im Satzbau können vorkommen, sind aber selten und können oft rückblickend korrigiert werden.
	Gute Beherrschung der Grammatik; macht keine Fehler, die zu Missverständnissen führen.
B1	Kann sich in vertrauten Situationen ausreichend korrekt verständigen; im Allgemeinen gute Beherrschung der grammatischen Strukturen trotz deutlicher Einflüsse der Muttersprache. Zwar kommen Fehler vor, aber es bleibt klar, was ausgedrückt werden soll.
	Kann ein Repertoire von häufig verwendeten Redefloskeln und von Wendungen, die an eher vorhersehbare Situationen gebunden sind, ausreichend korrekt verwenden.
A2	Kann einige einfache Strukturen korrekt verwenden, macht aber noch systematisch elementare Fehler, hat z. B. die Tendenz, Zeitformen zu vermischen oder zu vergessen, die Subjekt-Verb-Kongruenz zu markieren; trotzdem wird in der Regel klar, was er/sie ausdrücken möchte.
A1	Zeigt nur eine begrenzte Beherrschung einiger weniger einfacher grammatischer Strukturen und Satzmuster in einem auswendig gelernten Repertoire.

Die Benutzer des *Referenzrahmens* sollten bedenken und, soweit sinnvoll, angeben,
- welche Grammatiktheorie ihrer Arbeit zugrunde liegt;

- auf die Beherrschung welcher grammatischen Elemente, Kategorien, Klassen, Strukturen und Prozesse Lernende vorbereitet werden sollen und was von ihnen in dieser Hinsicht erwartet wird.

Traditionell unterscheidet man Morphologie und Syntax.

Die ***Morphologie*** behandelt die interne Struktur von Wörtern. Wörter können in Morpheme unterteilt werden, die ihrerseits Klassen bilden, wie:

- Stämme
- Affixe (Präfixe, Suffixe, Infixe), einschließlich:
  - Wortbildungsaffixe (z. B. *un-, ver-, -bar, -heit, -keit*)
  - Flexionsaffixe (z. B. *-st, -en, -end*)

Wortbildung: Wörter können klassifiziert werden als:

- einfache Wörter (nur Stamm, z. B. *sechs, Baum, brechen*)
- abgeleitete Wörter (Stamm + Affixe, z. B. *abbrechen, sechsfach*)
- zusammengesetzte Wörter (mehr als ein Stamm, z. B. *Zusammenbruch, Weihnachtsbaum, Sechserpack*)

Die Morphologie behandelt auch andere Arten der Veränderungen von Wortformen, z. B.:

- Ablaut/Vokalalternation (singen/sang/gesungen, Maus/Mäuse);
- Konsonantenveränderung (schneiden/schnitt);
- unregelmäßige Formen (gehen/ging, stehen/stand);
- Suppletion (gut/besser);
- Nullformen (Pudel/Pudel).

Die ***Morphophonologie*** behandelt die phonetisch bedingte Variation von Morphemen (z. B. *lieben, lieb, liebt*, d. h. Wechsel von /b/ zu /p/; auch: *sie geht* vs. *sie betet*) und die morphologisch bedingte phonetische Variation (z. B. *brennen/brannte, kennen/kannte*).

Die Benutzer des *Referenzrahmens* sollten bedenken und, soweit sinnvoll, angeben,
- welche morphologischen Elemente und Prozesse die Lernenden beherrschen müssen, auf welche sie vorbereitet werden sollen und welche Anforderungen an sie gestellt werden.

Die ***Syntax*** behandelt die Anordnung von Wörtern zu Sätzen gemäß den beteiligten Kategorien, Elementen, Klassen, Strukturen, Prozessen und Beziehungen, die oft als Regelmenge repräsentiert werden. Die Syntax der Sprache eines erwachsenen Muttersprachlers ist sehr komplex und weitgehend unbewusst. Die Fähigkeit, Sätze zu bilden, um einen Sinn zu vermitteln, stellt einen zentralen Aspekt der kommunikativen Kompetenz dar.

Die Benutzer des *Referenzrahmens* sollten bedenken und, soweit sinnvoll, angeben,
- welche grammatischen Elemente, Kategorien, Klassen, Strukturen, Prozesse und Beziehungen die Lernenden beherrschen müssen, worauf sie vorbereitet werden sollen und was von ihnen in dieser Hinsicht erwartet wird.

5.2.1.3 – Semantische Kompetenz

Sie umfasst die Fähigkeit Lernender, sich der Organisation von Bedeutung bewusst zu sein und diese zu kontrollieren.

Lexikalische Semantik behandelt Fragen der Wortbedeutung, z. B.:

- die Beziehung zwischen Wörtern und allgemeinem Kontext:
  - Referenz;
  - Konnotation;
  - Repräsentation allgemeiner spezifischer Begriffe.
- interlexikalische Beziehungen, wie:
  - Synonymie/Antonymie;
  - Hyponymie;
  - Kollokation;
  - Teil-Ganzes-Beziehungen;
  - Komponentenanalyse;
  - Übersetzungsäquivalenz.

Grammatische Semantik behandelt die Bedeutung grammatischer Elemente, Kategorien, Strukturen und Prozesse (vgl. Abschnitt 5.2.1.2).

Pragmatische Semantik behandelt logische Beziehungen wie Folgerung, Präsupposition, Implikation usw.

> Die Benutzer des *Referenzrahmens* sollten bedenken und, soweit sinnvoll, angeben,
> - welche Arten von semantischen Beziehungen Lernende aufbauen bzw. beherrschen sollen, auf welche sie vorbereitet werden sollen und welche Anforderungen an sie gestellt werden.

Fragen der Bedeutung sind natürlich zentrale Fragen für die Kommunikation und werden in diesem *Referenzrahmen* an verschiedenen Stellen behandelt (vgl. besonders Abschnitt 5.1.1.1).

Linguistische Kompetenz wird hier in einem formalen Sinn behandelt. Aus der Sicht der theoretischen oder deskriptiven Linguistik stellt die Sprache ein hochkomplexes symbolisches System dar. Wenn, wie hier, versucht wird, die vielen verschiedenen Komponenten der kommunikativen Kompetenz getrennt darzustellen, ist es legitim, die (überwiegend unbewusste) Kenntnis formaler Strukturen sowie die Fähigkeit, mit diesen umzugehen, als eine dieser Komponenten zu identifizieren. In welchem Maß eine solche formale Analyse in das Sprachenlernen und -lehren einfließen sollte, wenn überhaupt, ist eine andere Frage. Der funktional-notionale Ansatz, der in den Publikationen des Europarats, *Waystage 1990, Threshold Level 1990* und *Vantage Level*, vertreten wird, ist eine Alternative zur Behandlung der linguistischen Kompetenz in Abschnitt 5.2.1.3. Dort geht man nicht von Sprachformen und deren Bedeutungen aus, sondern von einer systematischen Klassifizierung kommunikativer Funktionen und semantischer Konzepte, die in allgemeine und in spezifische unterteilt werden, und befasst sich nur sekundär mit lexikalischen und grammatischen Formen als deren Exponenten. Beide Ansätze sind komplementäre Darstellungen der ‚doppelten Artikulation' von Sprache. Sprachen beruhen bekanntlich auf einer Organisation der Form und einer Organisation der Bedeutung. Die Kategorien beider Organisationsformen stehen in meist zufälliger Beziehung zueinander. Eine auf der Organisation der Ausdrucks*formen* basierende Sprachbeschreibung zersplittert die Bedeutung, und umgekehrt zersplittert die auf der Organisation der *Bedeutung* basierende Sprachbeschreibung die Form. Welches der Modelle nun von den Benutzern dieses *Referenzrahmens* bevorzugt wird, hängt davon ab, zu welchem Zweck die jeweilige Beschreibung erstellt wird. Der Erfolg des Ansatzes von *Threshold Level* deutet darauf hin, dass vielen Praktikern der Weg von der Bedeutung zur Form vorteilhafter erscheint als die traditionellere Praxis, Lernprogressionen ausschließlich in formalen Kategorien zu organisieren. Andererseits mögen manche auch eine ‚kommunikative Grammatik' vorziehen, wie etwa die in *Un niveau-seuil.* Fest steht allerdings, dass Sprachenlernende sowohl Formen als auch Bedeutungen erwerben müssen.

5.2.1.4 – Phonologische Kompetenz

Sie involviert Kenntnisse und Fertigkeiten der Wahrnehmung und der Produktion in Bezug auf:

- die lautlichen Einheiten (*Phoneme*) der Sprache und ihre Realisierung in bestimmten Kontexten (*Allophone*);
- die phonetischen Merkmale, die Phoneme voneinander unterscheiden (*distinktive Merkmale*, z. B. stimmhaft, gerundet, nasal, plosiv);
- die phonetische Zusammensetzung von Wörtern (*Silbenstruktur*, Phonemfolge, Wortakzent, Wortton);
- Satzphonetik (*Prosodie*):
  - Satzakzent und Satzrhythmus;
  - Intonation;
- phonetische Reduktion:
  - Vokalabschwächung;
  - starke und schwache Formen;
  - Assimilation;
  - Elision.

	Beherrschung der Aussprache und Intonation
C2	Wie C1
C1	Kann die Intonation variieren und so betonen, dass Bedeutungsnuancen zum Ausdruck kommen.
B2	Hat eine klare, natürliche Aussprache und Intonation erworben.
B1	Die Aussprache ist gut verständlich, auch wenn ein fremder Akzent teilweise offensichtlich ist und manchmal etwas falsch ausgesprochen wird.
A2	Die Aussprache ist im Allgemeinen klar genug, um trotz eines merklichen Akzents verstanden zu werden; manchmal wird aber der Gesprächspartner um Wiederholung bitten müssen.
A1	Die Aussprache eines sehr begrenzten Repertoires auswendig gelernter Wörter und Redewendungen kann mit einiger Mühe von Muttersprachlern verstanden werden, die den Umgang mit Sprechern aus der Sprachengruppe des Nicht-Muttersprachlers gewöhnt sind.

Die Benutzer des *Referenzrahmens* sollten bedenken und, soweit sinnvoll, angeben,

- welche neuen phonologischen Fertigkeiten von Lernenden erwartet werden;
- wie wichtig Laute und Prosodie sind;
- ob phonetische Genauigkeit und Flüssigkeit ein frühes Lernziel sind oder ob sie längerfristig entwickelt werden sollen.

5.2.1.5 – Orthographische Kompetenz

Sie involviert die Kenntnis der Symbole, aus denen geschriebene Texte bestehen, sowie die Fertigkeit, diese wahrzunehmen und zu produzieren. Die Schreibsysteme aller europäischen Sprachen beruhen auf dem alphabetischen Prinzip, auch wenn manche anderen Sprachen anderen Prinzipien folgen, wie etwa dem ideographischen (logographischen) Prinzip (z. B. Chinesisch) oder dem konsonantischen Prinzip (z. B. Arabisch). Für die alphabetischen Systeme sollten Lernende Folgendes wissen, erkennen und produzieren können:

- Buchstaben in gedruckter und handschriftlicher Form, groß und klein;
- die richtige Schreibweise der Wörter, einschließlich Abkürzungen;
- Satzzeichen und Regeln der Zeichensetzung;
- typographische Konventionen und verschiedene Schriftarten usw.;
- gebräuchliche logographische Zeichen (z. B. @, &, $ usw.).

5.2.1.6 – Orthoepische Kompetenz

Sprachverwendende müssen, wenn sie einen vorbereiteten Text laut lesen sollen oder beim Sprechen Wörter benutzen sollen, die ihnen zuerst in geschriebener Form begegnet sind, diese geschriebene Form korrekt aussprechen können. Dazu gehört:

- Kenntnis der Rechtschreibung;
- die Fähigkeit, ein Wörterbuch heranzuziehen, und Kenntnis der dort benutzten Konventionen, Aussprache darzustellen;
- Kenntnis der Bedeutung geschriebener Formen, insbesondere die der Satzzeichen für Satzgliederung und Intonation;
- die Fähigkeit, Mehrdeutigkeit (Homonyme, syntaktische Ambiguitäten usw.) aus dem Kontext aufzulösen.

	Beherrschung der Orthographie
C2	Die schriftlichen Texte sind frei von orthographischen Fehlern.
C1	Die Gestaltung, die Gliederung in Absätze und die Zeichensetzung sind konsistent und hilfreich. Die Rechtschreibung ist, abgesehen von gelegentlichem Verschreiben, richtig.
B2	Kann zusammenhängend und klar verständlich schreiben und dabei die üblichen Konventionen der Gestaltung und der Gliederung in Absätze einhalten. Rechtschreibung und Zeichensetzung sind hinreichend korrekt, können aber Einflüsse der Muttersprache zeigen.
B1	Kann zusammenhängend schreiben; die Texte sind durchgängig verständlich. Rechtschreibung, Zeichensetzung und Gestaltung sind exakt genug, so dass man sie meistens verstehen kann.
A2	Kann kurze Sätze über alltägliche Themen abschreiben – z. B. Wegbeschreibungen. Kann kurze Wörter aus seinem mündlichen Wortschatz ‚phonetisch' einigermaßen akkurat schriftlich wiedergeben (benutzt dabei aber nicht notwendigerweise die übliche Rechtschreibung).
A1	Kann vertraute Wörter und kurze Redewendungen, z. B. einfache Schilder oder Anweisungen, Namen alltäglicher Gegenstände, Namen von Geschäften oder regelmäßig benutzte Wendungen abschreiben. Kann seine Adresse, seine Nationalität und andere Angaben zur Person buchstabieren.

Anmerkung: Diese Deskriptoren sind nicht empirisch skaliert worden. Die Skalierung entspricht der Intention der Autoren der Skalen, auf denen diese Deskriptoren basieren.

Die Benutzer des *Referenzrahmens* sollten Folgendes bedenken und, soweit sinnvoll, angeben:
- die orthographischen und orthoepischen Bedürfnisse der Lernenden in Bezug auf die gesprochenen und geschriebenen Sprachvarietäten, die sie verwenden, und in Hinblick auf die Anforderung, gesprochene Texte in geschriebene umzuwandeln und umgekehrt.

5.2.2 – Soziolinguistische Kompetenzen

Soziolinguistische Kompetenz betrifft die Kenntnisse und Fertigkeiten, die zur Bewältigung der sozialen Dimension des Sprachgebrauchs erforderlich sind. Sprache ist, wie bereits im Zusammenhang mit der soziokulturellen Kompetenz erwähnt, ein soziokulturelles Phänomen. Daher ist vieles in diesem *Referenzrahmen*, besonders die Diskussion der soziokulturellen Kompetenz, auch für die soziolinguistische Kompetenz relevant. Hier werden Fragen behandelt, die sich speziell auf den Sprachgebrauch beziehen und an anderer Stelle nicht behandelt werden: sprachliche Kennzeichnung sozialer Beziehungen; Höflichkeitskonventionen; Redewendungen, Aussprüche, Zitate und sprichwörtliche Redensarten; Registerunterschiede; Dialekt und Akzent.

5.2.2.1 – Sprachliche Kennzeichnung sozialer Beziehungen

Diese erfolgt natürlich in verschiedenen Sprachen und Kulturen höchst unterschiedlich, abhängig von Faktoren wie (a) relativer gesellschaftlicher Status, (b) Nähe in der Beziehung, (c) Diskursregister usw. Die folgenden Beispiele für Deutsch sind nicht universell übertragbar; sie können Entsprechungen in anderen Sprachen haben, müssen dies aber nicht:

- Auswahl und Verwendung von Begrüßungsformeln:
  - bei der Ankunft, z. B. *Hallo! Guten Morgen!*
  - bei Vorstellungen, z. B. *Angenehm, Müller!*
  - Verabschiedung, z. B. *Auf Wiedersehen/Tschüs. Bis bald.*

- Verwendung und Auswahl von Anredeformen:
  - formelhaft, z. B. *Exzellenz, Hoheit*;
  - formell, z. B. *Dr., Professor* (+ Nachname) – *mein Herr, gnädige Frau; Frau, Herr; Herr Dr.* (+ Nachname), *Herr Professor* (+ Nachname);
  - informell, z. B. nur Vorname: *Peter! Susi!*
  - vertraulich, z. B. *Liebling, Kumpel*; gebieterisch: *Sie da!*
  - formelhafte Beleidigung, z. B. *Du Idiot! Du Depp!* (oft liebevoll gemeint)

- Konventionen des Sprecherwechsels (*turntaking*)

- Ausrufe und Flüche, z. B. *O Gott! So'n Mist! Verdammt nochmal!*

5.2.2.2 – Höflichkeitskonventionen

Höflichkeitskonventionen sind ein wichtiger Grund dafür, dass von einer direkten Anwendung des ‚Kooperationsprinzips' (vgl. Abschnitt 5.2.3.1) abgewichen wird. Sie variieren von einer Kultur zur anderen und sind häufig die Quelle interkultureller Missverständnisse, besonders wenn höfliche Ausdrucksformen wörtlich interpretiert werden.

1. ‚Positive' Höflichkeit, z. B.:
   - Interesse zeigen am Wohlergehen einer Person usw.;
   - Erfahrungen und Sorgen (mit)teilen usw.;
   - Bewunderung, Zuneigung, Dankbarkeit usw. ausdrücken;
   - Geschenke anbieten, einen zukünftigen Gefallen versprechen, Gastfreundschaft anbieten usw.

2. ‚Negative' Höflichkeit, z. B.:
   - zu Gesichtsverlust führendes Verhalten vermeiden (Rechthaberei, direkte Befehle usw.);
   - Bedauern ausdrücken, sich für gesichtsbedrohendes Verhalten entschuldigen (Berichtigung, Widerspruch, Verbote usw.);
   - abmildernde Formulierungen benutzen (*hedging*) z. B. *Ich würde sagen …*).

3. Angemessene Verwendung von *bitte, danke* usw.

4. *Unhöflichkeit* (absichtlicher Verstoß gegen Höflichkeitskonventionen), z. B.:
   - unverblümte Offenheit, Direktheit;
   - Verachtung, Abneigung ausdrücken;
   - starke Beschwerde und Tadel;
   - seinem Ärger, seiner Ungeduld Luft machen;
   - Überlegenheit zur Schau stellen.

5.2.2.3 – Redewendungen, Aussprüche, Zitate und sprichwörtliche Redensarten

Diese festen Wendungen, in denen sich einerseits allgemeine Einstellungen niederschlagen und die andererseits solche Einstellungen verstärken, sind ein wichtiger Beitrag zur Alltagskultur. Man verwendet sie häufig, vielleicht noch häufiger aber bezieht man sich auf sie oder spielt, z. B. in Zeitungsschlagzeilen, auf sie an. Die Kenntnis dieses akkumulierten Volkswissens, ausgedrückt in Redewendungen, die als bekannt vorausgesetzt werden, ist eine bedeutsame Komponente des sprachlichen Aspekts der soziokulturellen Kompetenz.

- Sprichwörter, z. B. *Gleich getan, ist viel gespart.*
- Feste Redewendungen, z. B. *mit der Wurst nach der Speckseite werfen*
- Bekannte Zitate, z. B. *Dieses war der erste Streich!*
- Ausdrücke von
  - Überzeugungen, wie Wettersprüche, z. B. *Wenn der Hahn kräht auf dem Mist, ändert sich das Wetter, oder es bleibt, wie's ist.*
  - Einstellungen, wie Klischees, z. B. *Auf Regen folgt Sonnenschein!*
  - Werten, z. B. *Wes Brot ich ess, des Lied ich sing.*

Graffiti, T-Shirt- oder Fernsehslogans, Sprüche am Arbeitsplatz und Poster haben heute oft die gleiche Funktion.

5.2.2.4 – Registerunterschiede

Der Begriff ‚Register' bezieht sich auf systematische Unterschiede zwischen Varietäten einer Sprache, die in verschiedenen Kontexten verwendet werden. Dies ist ein sehr weit gefasstes Konzept, das auch abdecken könnte, was unter ‚Aufgabe' (Abschnitt 4.3), ‚Textsorte' (Abschnitt 4.6.3) und ‚Makrofunktionen' (Abschnitt 5.2.3.2) behandelt wird. In diesem Abschnitt werden unterschiedliche Grade der Formalität behandelt:

- formelhaft, z. B. *Die Verhandlung ist eröffnet.*
- formell, z. B. *Ich erkläre das Büfett für eröffnet.*
- neutral, z. B. *Können wir anfangen?*
- informell, z. B. *Wie wär's, wenn wir anfangen?*
- freundschaftlich, z. B. *Na gut, fangen wir an.*
- sehr vertraut, z. B. *Los geht's! / Ab geht die Post!*

Für die ersten Lernjahre (etwa bis zu B1) ist ein relativ neutrales Register angemessen, es sei denn, zwingende Gründe sprechen dagegen. Dies ist das Register, das Muttersprachler im Allgemeinen am ehesten von Ausländern und Fremden erwarten. Nach und nach wird man auch die eher formellen oder freundschaftlichen Register kennen lernen, zunächst vielleicht rezeptiv durch die Lektüre verschiedener Textsorten, insbesondere von Romanen. Mit der Anwendung dieser beiden Register sollte man vorsichtig sein, da eine unangemessene Verwendung leicht zu Missverständnissen oder Lächerlichkeit führen kann.

5.2.2.5 – Varietäten (sozial, regional, ethnisch usw.)

Zur soziolinguistischen Kompetenz gehört auch die Fähigkeit, sprachliche Variation aufgrund folgender Faktoren zu erkennen:

- soziale Schicht;
- regionale Herkunft;
- nationale Herkunft;
- ethnische Zugehörigkeit;
- Berufszugehörigkeit.

Sprachliche Realisierungen solcher Unterschiede finden sich in folgenden Bereichen:

- Lexikon, z. B. westmitteldt., süddt., schweiz. *Metzger* vs. norddt. *Fleischer* vs. österr. *Fleischhauer*; österr. *fesch*, schweiz. *chick*, dt. *schick*;

- Grammatik, z. B. schweiz. *ich habe kalt* vs. dt./österr. *mir ist kalt*; österr. *er ist (an der Bar) gestanden* vs. norddt./schweiz. *er hat (an der Bar) gestanden*;

- Phonologie, z. B. hochdt. *Durst* vs. hessisch */dorscht/*; *‚Stein'* norddt. */st/ein* vs. süddt. */sch/tein*;

- stimmliche Charakteristika (Rhythmus, Lautstärke usw.);
- Paralinguistik;
- Körpersprache.

Keine europäische Sprachgemeinschaft ist vollkommen homogen.[5] Neben den standardsprachlichen Varietäten haben die verschiedene Regionen zusätzlich noch ihre Eigenheiten in Sprache und Kultur, die am deutlichsten bei solchen Menschen hervortreten, die ein völlig ortsgebundenes Leben führen, und sie korrelieren mit der sozialen Schicht, dem Beruf und der Bildungsstufe. Dabei kann ein Dialekt wichtige Hinweise auf Charakteristika des jeweiligen Gesprächspartners geben. In diesem Prozess spielen Stereotypen eine große Rolle, die jedoch durch die Entwicklung interkultureller Fertigkeiten (vgl. Abschnitt 5.1.2.2) abgebaut werden können. Im Laufe der Zeit werden Lernende auch Sprechern verschiedener Herkunft begegnen. Bevor sie sich selbst entsprechende Varianten und Dialektformen aneignen, sollten sie deren soziale Konnotationen bedenken und dass Kohärenz und Konsistenz auch hier wichtig sind.

Das Skalieren von Elementen der soziolingustischen Kompetenz hat sich als schwierig erwiesen (vgl. Anhang B). Elemente, die skaliert werden konnten, werden in der folgenden Skala angeführt. Wie dort zu sehen ist, betrifft der untere Teil der Skala nur sprachliche Realisierungen sozialer Beziehungen und Höflichkeitskonventionen. Ab Stufe B2 sind die Sprachverwendenden dann in der Lage, sich adäquat in einer Sprache zu artikulieren, die der jeweiligen Situation und den Beteiligten soziolinguistisch angemessen ist. Sie beginnen dann, sich die Fähigkeit anzueignen, Variationen im Reden zu bewältigen und Varietäten wie auch Register besser zu beherrschen.

	Soziolinguistische Angemessenheit
C2	Verfügt über gute Kenntnisse idiomatischer und umgangssprachlicher Wendungen und ist sich der jeweiligen Konnotationen bewusst. Kann die soziolinguistischen und soziokulturellen Implikationen der sprachlichen Äußerungen von Muttersprachlern richtig einschätzen und entsprechend darauf reagieren. Kann als kompetenter Mittler zwischen Sprechern der Zielsprache und Sprechern aus seiner eigenen Sprachgemeinschaft wirken und dabei soziokulturelle und soziolinguistische Unterschiede berücksichtigen.
C1	Kann ein großes Spektrum an idiomatischen und alltagssprachlichen Redewendungen wieder erkennen und dabei Wechsel im Register richtig einschätzen; er/sie muss sich aber gelegentlich Details bestätigen lassen, besonders wenn der Akzent des Sprechers ihm/ihr nicht vertraut ist. Kann Filmen folgen, in denen viel saloppe Umgangssprache oder Gruppensprache und viel idiomatischer Sprachgebrauch vorkommt. Kann die Sprache zu geselligen Zwecken flexibel und effektiv einsetzen und dabei Emotionen ausdrücken, Anspielungen und Scherze machen.

[5] Anmerkung für Benutzer der deutschen Übersetzung: So existieren z. B. für die ‚plurizentrische' deutsche Sprache in Deutschland, Österreich und der Schweiz sprachliche Standardvarietäten. Diese Unterschiede findet man nicht nur im Wortschatz, in der Grammatik und der Aussprache, sondern auch im soziolinguistischen Bereich, z. B. in der Verwendung von angemessenen Begrüßungs- und Anredeformeln.

B2	Kann sich in formellem und informellem Stil überzeugend, klar und höflich ausdrücken, wie es für die jeweilige Situation und die betreffenden Personen angemessen ist.
	Kann mit einiger Anstrengung in Gruppendiskussionen mithalten und eigene Beiträge liefern, auch wenn schnell und umgangssprachlich gesprochen wird. Kann Beziehungen zu Muttersprachlern aufrechterhalten, ohne sie unfreiwillig zu belustigen, zu irritieren oder sie zu veranlassen, sich anders zu verhalten als bei Muttersprachlern. Kann sich situationsangemessen ausdrücken und krasse Formulierungsfehler vermeiden.
B1	Kann ein breites Spektrum von Sprachfunktionen realisieren und auf sie reagieren, indem er/sie die dafür gebräuchlichsten Redemittel und ein neutrales Register benutzt. Ist sich der wichtigsten Höflichkeitskonventionen bewusst und handelt entsprechend. Ist sich der wichtigsten Unterschiede zwischen den Sitten und Gebräuchen, den Einstellungen, Werten und Überzeugungen in der betreffenden Gesellschaft und in seiner eigenen bewusst und achtet auf entsprechende Signale.
A2	Kann elementare Sprachfunktionen ausführen und auf sie reagieren, z. B. auf einfache Art Informationen austauschen, Bitten vorbringen, Meinungen und Einstellungen ausdrücken. Kann auf einfache, aber effektive Weise an Kontaktgesprächen teilnehmen, indem er/sie die einfachsten und gebräuchlichsten Redewendungen benutzt und elementaren Routinen folgt.
	Kann sehr kurze Kontaktgespräche bewältigen, indem er/sie gebräuchliche Höflichkeitsformeln der Begrüßung und der Anrede benutzt. Kann Einladungen oder Entschuldigungen aussprechen und auf sie reagieren.
A1	Kann einen elementaren sozialen Kontakt herstellen, indem er/sie die einfachsten, alltäglichen Höflichkeitsformeln zur Begrüßung und Verabschiedung benutzt, *bitte* und *danke* sagt, sich vorstellt oder entschuldigt usw.

Die Benutzer des *Referenzrahmens* sollten bedenken und, soweit sinnvoll, angeben,

- welches Spektrum an Begrüßungsformeln, Anredeformen und Füllwörtern Lernende a) erkennen, b) soziologisch einschätzen, c) selbst verwenden müssen, wie sie darauf vorbereitet werden sollen und welche Anforderungen an sie gestellt werden;

- welche Höflichkeitskonventionen Lernende a) erkennen und verstehen, b) selbst verwenden müssen, auf welche sie vorbereitet werden sollen und was von ihnen in dieser Hinsicht erwartet wird;

- welche Formen der Unhöflichkeit Lernende a) erkennen und verstehen müssen, b) selbst verwenden und in welchen Situationen sie dies tun können müssen, auf welche Formen und Situationen Lernende vorbereitet werden sollen und was von ihnen in dieser Hinsicht verlangt wird;

- welche Sprichwörter, Klischees und volkstümliche Redensarten Lernende a) erkennen und verstehen, b) selbst verwenden müssen, auf welche sie vorbereitet werden sollen und was von ihnen in dieser Hinsicht erwartet wird;

- welche Register Lernende a) erkennen, b) selbst verwenden müssen, auf welche sie vorbereitet werden sollen und welche Anforderungen an sie gestellt werden;

- welche sozialen Gruppen in der Zielgemeinschaft und, vielleicht, in der internationalen Gemeinschaft Lernende an ihrem Sprachgebrauch erkennen müssen, auf welche sie vorbereitet werden sollen und was von ihnen in dieser Hinsicht erwartet wird.

5.2.3 – Pragmatische Kompetenzen

Pragmatische Kompetenzen betreffen das Wissen der Sprachverwendenden/Lernenden um die Prinzipien, nach denen Mitteilungen

a) organisiert, strukturiert und arrangiert sind (Diskurskompetenz);
b) verwendet werden, um kommunikative Funktionen zu erfüllen (funktionale Kompetenz);
c) nach interaktionalen und transaktionalen Schemata angeordnet sind (Schemakompetenz).

5.2.3.1 Die ***Diskurskompetenz*** besteht in der Fähigkeit der Sprachverwendenden/Lernenden, eine Satzsequenz so zu arrangieren, dass kohärente sprachliche Textpassagen entstehen. Sie schließt Wissen um die folgenden Aspekte ein sowie die Fähigkeit, die Abfolge von Sätzen zu kontrollieren in Hinblick auf:

- Thema/Fokus;
- bekannt/neu;
- 'natürliche' Reihenfolge: z. B.: zeitlich: *Er fiel hin und ich schlug ihn.* aber: *Ich schlug ihn und er fiel hin.*
- Ursache/Wirkung (umkehrbar): *Die Preise steigen – die Leute wollen höhere Löhne.*
- die Fähigkeit, Diskurs zu strukturieren und zu steuern in Hinblick auf:
  - thematische Organisation;
  - Kohärenz und Kohäsion;
  - logische Anordnung;
  - Stil und Register;
  - rhetorische Effektivität;
  - das **Kooperationsprinzip** nach Grice: „Mache deinen Gesprächsbeitrag jeweils so, wie es von dem akzeptierten Zweck oder der akzeptierten Richtung des Gesprächs, an dem du teilnimmst, gerade verlangt wird, indem du die folgenden Maximen beachtest:
    - Maxime der Qualität (versuche, deinen Beitrag so zu machen, dass er wahr ist);
    - Maxime der Quantität (gib so viele Informationen wie nötig, aber nicht mehr);
    - Maxime der Relevanz (sage nichts Irrelevantes);
    - Maxime der Art und Weise (drücke dich kurz und gut strukturiert aus und vermeide Unklarheit und Mehrdeutigkeit)."

Von diesen Kriterien für ein direktes und effizientes Kommunizieren sollte man nur aus besonderen Gründen abweichen, nicht jedoch weil man unfähig ist, sie zu beachten.

- Textgestaltung: Kenntnis der Gestaltungskonventionen der Sprachgemeinschaft z. B. im Hinblick darauf,
  - wie Informationen bei der Realisierung der verschiedenen Makrofunktionen (Beschreibung, Erzählung, Erläuterung usw.) strukturiert werden;
  - wie Geschichten, Anekdoten, Witze usw. erzählt werden;
  - wie ein Argumentationsstrang aufgebaut wird (juristisch, bei Debatten usw.);
  - wie ein geschriebener Text (Aufsätze, offizielle Briefe usw.) hinsichtlich seiner äußeren Form, weiterführender Hinweise und der Reihenfolge gestaltet wird.

Ein guter Teil der muttersprachlichen Erziehung ist der Ausbildung diskursiver Fertigkeiten junger Menschen gewidmet. Im Fremdsprachenlernen fangen die Lernenden wahrscheinlich mit kurzen Redebeiträgen an, die gewöhnlich nur Satzlänge haben. Auf höheren Stufen der Sprachbeherrschung wird die Entwicklung der Diskurskompetenz, deren Komponenten in diesem Abschnitt angeführt werden, immer wichtiger.

Skalen stehen für folgende Aspekte der Diskurskompetenz zur Verfügung:

- Flexibilität in Bezug auf die Umstände der Kommunikationssituation;
- Sprecherwechsel (*turntaking*), (wird auch unter Interaktionsstrategien angeführt);
- Themenentwicklung;
- Kohärenz und Kohäsion.

	Flexibilität
C2	Zeigt viel Flexibilität, indem er/sie Gedanken mit verschiedenen sprachlichen Mitteln umformuliert, um etwas hervorzuheben, zu differenzieren oder um Mehrdeutigkeit zu beseitigen.
C1	Wie B2+
B2	Kann Inhalt und Form seiner Aussagen der Situation und dem Kommunikationspartner anpassen und sich dabei so förmlich ausdrücken, wie es unter den jeweiligen Umständen angemessen ist.
	Kann sich den in der Konversation üblichen Wechseln der Gesprächsrichtung, des Stils oder des Tons anpassen. Kann die Formulierungen für das, was er/sie sagen möchte, variieren.
B1	Kann seine Ausdrucksweise auch weniger routinemäßigen, sogar schwierigeren Situationen anpassen.
	Kann ein breites Spektrum einfacher sprachlicher Mittel flexibel einsetzen, um viel von dem, was er/sie sagen möchte, auszudrücken.
A2	Kann einfache, gut memorierte Wendungen durch den Austausch einzelner Wörter den jeweiligen Umständen anpassen.
	Kann die einzelnen Elemente von gelernten Wendungen neu kombinieren und so deren Anwendungsmöglichkeiten erweitern.
A1	Keine Deskriptoren verfügbar

	Sprecherwechsel
C2	Wie C1
C1	Kann aus einem geläufigen Repertoire von Diskursmitteln eine geeignete Wendung auswählen und die eigene Äußerung angemessen einleiten, wenn er/sie das Wort ergreift oder beim Sprechen Zeit zum Nachdenken gewinnen und das Wort behalten will.
B2	Kann in Gesprächen auf angemessene Weise das Wort ergreifen und dazu verschiedene, geeignete sprachliche Mittel verwenden. Kann Gespräche auf natürliche Art beginnen, in Gang halten und beenden und wirksam zwischen Sprecher- und Hörerrolle wechseln. Kann ein Gespräch beginnen, im Gespräch die Sprecherrolle übernehmen, wenn es angemessen ist, und das Gespräch, wenn er/sie möchte, beenden, auch wenn das möglicherweise nicht immer elegant gelingt. Kann Floskeln wie *Das ist eine schwierige Frage* verwenden, um beim Formulieren Zeit zu gewinnen und das Wort zu behalten.
B1	Kann in ein Gespräch über ein vertrautes Thema eingreifen und dabei eine angemessene Redewendung benutzen, um zu Wort zu kommen.
	Kann ein einfaches, direktes Gespräch über vertraute oder persönlich interessierende Themen beginnen, in Gang halten und beenden.
A2	Kann einfache Mittel anwenden, um ein kurzes Gespräch zu beginnen, in Gang zu halten und zu beenden. Kann im direkten Kontakt ein einfaches Gespräch beginnen, in Gang halten und beenden.
	Kann jemanden ansprechen.
A1	Keine Deskriptoren verfügbar

	Themenentwicklung
C2	Wie C1
C1	Kann etwas ausführlich beschreiben oder berichten und dabei Themenpunkte miteinander verbinden, einzelne Aspekte besonders ausführen und mit einer geeigneten Schlussfolgerung abschließen.
B2	Kann etwas klar beschreiben oder erzählen und dabei wichtige Aspekte ausführen und mit relevanten Details und Beispielen stützen.
B1	Kann recht flüssig unkomplizierte Geschichten oder Beschreibungen wiedergeben, indem er/sie die einzelnen Punkte linear aneinander reiht.
A2	Kann eine Geschichte erzählen oder etwas beschreiben, indem er/sie die einzelnen Punkte in Form einer einfachen Aufzählung aneinander reiht.
A1	Keine Deskriptoren verfügbar

	Kohärenz und Kohäsion
C2	Kann einen gut gegliederten und zusammenhängenden Text erstellen und dabei eine Vielfalt an Mitteln für die Gliederung und Verknüpfung angemessen einsetzen.
C1	Kann klar, sehr fließend und gut strukturiert sprechen und zeigt, dass er/sie die Mittel der Gliederung sowie der inhaltlichen und sprachlichen Verknüpfung beherrscht.
B2	Kann verschiedene Verknüpfungswörter sinnvoll verwenden, um inhaltliche Beziehungen deutlich zu machen.
	Kann eine begrenzte Anzahl von Verknüpfungsmitteln verwenden, um seine/ihre Äußerungen zu einem klaren, zusammenhängenden Text zu verbinden; längere Beiträge sind möglicherweise etwas sprunghaft.
B1	Kann eine Reihe kurzer und einfacher Einzelelemente zu einer linearen, zusammenhängenden Äußerung verbinden.
A2	Kann die häufigsten Konnektoren benutzen, um einfache Sätze miteinander zu verbinden, um eine Geschichte zu erzählen oder etwas in Form einer einfachen Aufzählung zu beschreiben.
	Kann Wortgruppen durch einfache Konnektoren wie *und, aber* und *weil* verknüpfen.
A1	Kann Wörter oder Wortgruppen durch sehr einfache Konnektoren wie *und* oder *dann* verbinden.

5.2.3.2 – Funktionale Kompetenz

Diese Komponente betrifft die Verwendung gesprochenen Diskurses und geschriebener Texte bei der Kommunikation mit bestimmten funktionalen Zwecken (vgl. Abschnitt 4.2). Bei der konversationellen Kompetenz geht es nicht um das Wissen, welche bestimmten Funktionen (Mikrofunktionen) mit welchen sprachlichen Formen ausgedrückt werden. Gesprächsbeteiligte nehmen an einer Interaktion teil, in der jede Initiative zu einer Entgegnung führt und die Interaktion in einer Abfolge einzelner Schritte von der Eröffnung bis zum Abschluss ihrem Ziel entsprechend voranbringt. Kompetente Sprecher verstehen diesen Prozess und verfügen über Fertigkeiten, ihn auszuführen. Eine Makrofunktion ist durch ihre interaktionale Struktur charakterisiert. Komplexere Situationen können durchaus eine interne Struktur haben, die Abfolgen von Makrofunktionen umfasst, die in vielen Fällen gemäß den formellen oder informellen Mustern sozialer Interaktion (Schemata) angeordnet sind.

1. *Mikrofunktionen* sind Kategorien für die funktionale Verwendung einzelner (gewöhnlich kurzer) Äußerungen, die normalerweise Redebeiträge (*turns*) in einer Interaktion sind. Mikrofunktionen werden im *Threshold Level 1990,* Kapitel 5, relativ detailliert (aber nicht erschöpfend) kategorisiert:

1.1 Sachinformationen mitteilen und erfragen

- identifizieren
- berichten
- berichtigen
- fragen
- antworten

1.2 Einstellungen zum Ausdruck bringen und erfragen in Bezug auf:

- Fakten (Zustimmung/Ablehnung)
- Wissen (Wissen/Unwissen, Erinnern/Vergessen, Wahrscheinlichkeit/Sicherheit)
- Modalität (Verpflichtung, Notwendigkeit, Fähigkeit, Erlaubnis)
- Willensbekundungen (Wünsche, Verlangen, Absichten, Präferenzen)
- Gefühle (Freude/Missfallen, Vorlieben/Abneigungen, Zufriedenheit, Interesse, Überraschung, Hoffnung, Enttäuschung, Angst, Sorge, Dankbarkeit)
- Moralisches Verhalten (Entschuldigungen, Billigungen, Bedauern, Mitgefühl)

1.3 Überreden, Überzeugen

- Vorschläge, Bitte, Warnung, Rat, Ermutigung, um Hilfe bitten, Einladungen, Angebote

1.4 Soziale Routinen

- Aufmerksamkeit erregen, jemanden anreden und (be)grüßen, jemanden vorstellen, einen Trinkspruch ausbringen, sich verabschieden

1.5 Diskursstrukturierung

- (28 Mikrofunktionen, Eröffnen, Sprecherwechsel, Abschließen usw.)

1.6 Reparaturen, Selbstkorrektur

- (16 Mikrofunktionen)

2. *Makrofunktionen* sind Kategorien für die funktionale Verwendung gesprochener Rede oder geschriebener Texte, die aus einer (manchmal längeren) Reihe von Sätzen bestehen, z. B.:

Beschreibung	Erklärung
Erzählung	Demonstration
Kommentar	Anweisung
Erläuterung	Argumentation
Auslegung	Überredung usw.

3. *Interaktionsschemata:* Funktionale Kompetenz umfasst die Kenntnis der Schemata (soziale Interaktionsmuster), die der Kommunikation zugrunde liegen, wie etwa Muster des verbalen Austauschs sowie die Fähigkeit, diese anzuwenden. Die in Abschnitt 4.4.3 dargestellten interaktiven Kommunikationsaktivitäten involvieren strukturierte Folgen von wechselseitigen Handlungen der Beteiligten. Im einfachsten Fall bilden sie Paare wie:

Frage: Antwort
Aussage: Zustimmung/Ablehnung
Bitte/Angebot/Entschuldigung: Annahme/Ablehnung
Gruß/Trinkspruch: Reaktion

Üblich sind Abfolgen dreier Äußerungen, in denen der erste Sprecher die Antwort des Gesprächspartners quittiert oder auf sie reagiert. Zweier- und Dreierfolgen von Äußerungen sind normalerweise in längere Transaktionen und Interaktionen eingebettet. In komplexeren, zielgerichteten kooperativen Transaktionen zum Beispiel ist Sprache zum Erreichen folgender Ziele unverzichtbar:

- eine Arbeitsgruppe bilden und Beziehungen zwischen den Teilnehmenden etablieren;
- einen gemeinsamen Kenntnisstand in Bezug auf die relevanten Merkmale der aktuellen Situation herstellen und zu einer gemeinsamen Interpretation gelangen;
- feststellen, was geändert werden könnte und sollte;
- Übereinstimmung über die Ziele erzielen und über die Handlungen, die zum Erreichen dieser Ziele notwendig sind;
- sich über die Rollenverteilung während des Ausführens der Handlungen einigen;
- die nötigen praktischen Handlungen durchführen, indem z. B.
  - aufkommende Probleme identifiziert und behandelt werden;
  - Beiträge koordiniert und sequenziert werden;
  - die Teilnehmenden einander ermutigen;
  - das Erreichen von Teilzielen festgestellt wird;
- den endgültigen Abschluss der Aufgabe feststellen;
- die Transaktion bewerten;
- die Transaktion vollenden und beenden.

Dieser ganze Prozess kann schematisch dargestellt werden. Ein Beispiel ist das allgemeine Schema für den Einkauf von Gütern und Dienstleistungen aus dem *Threshold Level 1990*, Kapitel 8:

<u>Allgemeines Schema für den Einkauf von Waren oder Dienstleistungen</u>

1. Sich zum Ort der Transaktion begeben

   1.1 Den Weg zum Geschäft, Kaufhaus, Supermarkt, Restaurant, Bahnhof, Hotel usw. finden
   1.2 Den Weg zum Tresen, zur Abteilung, zum Tisch, zum Schalter, zur Rezeption usw. finden

2. Kontakt herstellen

   2.1 Begrüßung austauschen mit dem Verkäufer, dem Kellner, dem Empfangspersonal usw.
      2.1.1 Angestellter grüßt
      2.1.2 Kunde grüßt

3. Ware/Dienstleistung auswählen

   3.1 Identifizieren der gesuchten Art von Ware/Dienstleistung
      3.1.1 Information erfragen
      3.1.2 Information geben

   3.2 Wahlmöglichkeiten identifizieren

   3.3 Vor- und Nachteile von Wahlmöglichkeiten diskutieren (z. B. Qualität, Preis, Farbe, Größe der Waren)
      3.3.1 Information erfragen
      3.3.2 Information geben
      3.3.3 Rat erfragen
      3.3.4 Rat geben
      3.3.5 nach Vorlieben fragen
      3.3.6 Vorlieben nennen usw.

3.4 Bestimmte gesuchte Waren identifizieren

3.5 Ware prüfen

3.6 Kaufentscheidung

4. Austausch der Ware gegen Bezahlung

4.1 Preis der einzelnen Teile vereinbaren

4.2 Gesamtsumme vereinbaren

4.3 Bezahlung überreichen/in Empfang nehmen

4.4 Ware (und Quittung) überreichen/in Empfang nehmen

4.5 Dank austauschen
4.5.1 Angestellter dankt
4.5.2 Kunde dankt

5. Sich verabschieden

5.1 (gegenseitige) Zufriedenheit zum Ausdruck bringen
5.1.1 Verkäufer bringt Zufriedenheit zum Ausdruck
5.1.2 Kunde bringt Zufriedenheit zum Ausdruck

5.2 Über Alltägliches reden (z. B. Wetter, Klatsch)

5.3 Sich gegenseitig verabschieden
5.3.1 Angestellter grüßt zum Abschied
5.3.2 Kunde grüßt zum Abschied

Anmerkung: Bitte beachten Sie – auch bei ähnlichen Schemata – dass die Verfügbarkeit eines Schemas für Käufer und Verkäufer noch nicht bedeutet, dass diese Form auch bei jeder Gelegenheit benutzt wird. Gerade unter den heutigen Bedingungen wird Sprache eher spärlich benutzt, außer in besonderen Fällen, wenn nämlich Probleme in einer an sich entpersonalisierten und halbautomatisierten Transaktion auftreten oder wenn diese menschlicher gestaltet werden soll (vgl. Abschnitt 2.1.1).

Es ist nicht möglich, Beispielskalen für alle Kompetenzbereiche zu entwickeln, die mitgedacht werden müssen, wenn von funktionaler Kompetenz die Rede ist. Bestimmte mikrofunktionale Tätigkeiten sind aber in den Beispielskalen zu den interaktiven und produktiven kommunikativen Tätigkeiten erfasst.

Zwei allgemeine qualitative Faktoren, die den funktionalen Erfolg der Sprachverwendenden/Lernenden bestimmen, sind

a) ***Flüssigkeit,*** die Fähigkeit zu artikulieren, weiterzusprechen und damit zurechtzukommen, wenn man an einen toten Punkt gelangt;
b) ***Genauigkeit des Ausdrucks,*** die Fähigkeit, Gedanken und Inhalte so zu formulieren, dass das Gemeinte klar wird.

Zu diesen beiden qualitativen Aspekten gibt es Beispielskalen:

	Flüssigkeit (mündlich)
C2	Kann sich auch in längeren Äußerungen natürlich, mühelos und ohne Zögern fließend ausdrücken. Macht nur Pausen, um einen präzisen Ausdruck für seine/ihre Gedanken zu finden oder ein geeignetes Beispiel oder eine Erklärung.
C1	Kann sich beinahe mühelos spontan und fließend ausdrücken; nur begrifflich schwierige Themen können den natürlichen Sprachfluss beeinträchtigen.
B2	Kann sich spontan verständigen und drückt sich auch in längeren und komplexeren Redebeiträgen oft mit bemerkenswerter Leichtigkeit und Flüssigkeit aus.
	Kann in recht gleichmäßigem Tempo sprechen. Auch wenn er/sie eventuell zögert, um nach Strukturen oder Wörtern zu suchen, entstehen kaum auffällig lange Pausen. Kann sich so spontan und fließend verständigen, dass ein normales Gespräch mit einem Muttersprachler ohne Belastung für eine der beiden Seiten möglich ist.
B1	Kann sich relativ mühelos ausdrücken und trotz einiger Formulierungsprobleme, die zu Pausen oder in Sackgassen führen, ohne Hilfe erfolgreich weitersprechen.
	Kann sich ohne viel Stocken verständlich ausdrücken, obwohl er/sie deutliche Pausen macht, um die Äußerungen grammatisch und in der Wortwahl zu planen oder zu korrigieren, vor allem, wenn er/sie länger frei spricht.
A2	Kann sich in kurzen Redebeiträgen verständlich machen, obwohl er/sie offensichtlich häufig stockt und neu ansetzen oder umformulieren muss.
	Kann ohne große Mühe Redewendungen über ein vertrautes Thema zusammenstellen, um kurze Gespräche zu meistern, obwohl er/sie ganz offensichtlich häufig stockt und neu ansetzen muss.
A1	Kann sehr kurze, isolierte und meist vorgefertigte Äußerungen benutzen, macht dabei aber viele Pausen, um nach Ausdrücken zu suchen, weniger vertraute Wörter zu artikulieren und Abbrüche in der Kommunikation zu reparieren.

	Genauigkeit
C2	Kann ein großes Repertoire an Graduierungs- und Abtönungsmitteln (z. B. Modaladverbien und Abtönungspartikel) weitgehend korrekt verwenden und damit feinere Bedeutungsnuancen deutlich machen. Kann Betonungen und Differenzierungen deutlich machen und Missverständnisse ausräumen.
C1	Kann Meinungen und Aussagen genau abstufen und dabei z. B. den Grad an Sicherheit/Unsicherheit, Vermutung/Zweifel, Wahrscheinlichkeit deutlich machen.
B2	Kann eine detaillierte Information korrekt weitergeben.
B1	Kann die Hauptaspekte eines Gedankens oder eines Problems ausreichend genau erklären.
	Kann einfache Informationen von unmittelbarer Bedeutung weitergeben und deutlich machen, welcher Punkt für ihn/sie am wichtigsten ist. Kann das Wesentliche von dem, was er/sie sagen möchte, verständlich ausdrücken.
A2	Kann bei einem einfachen, direkten Austausch begrenzter Informationen über vertraute Routineangelegenheiten mitteilen, was er/sie sagen will, muss aber in anderen Situationen normalerweise Kompromisse beim Umfang der Mitteilung eingehen.
A1	Keine Deskriptoren verfügbar

Die Benutzer des *Referenzrahmens* sollten bedenken und, soweit sinnvoll, angeben,

- welche Diskursmerkmale die Lernenden beherrschen sollen, auf welche sie vorbereitet werden sollen und welche Anforderungen an sie gestellt werden;
- welche Makrofunktionen die Lernenden produzieren können sollen, auf welche sie vorbereitet werden sollen und was in dieser Hinsicht von ihnen verlangt wird;
- welche Mikrofunktionen die Lernenden produzieren können sollen, auf welche sie vorbereitet werden sollen und was in dieser Hinsicht von ihnen verlangt wird;
- welche Interaktionsschemata die Lernenden benötigen und was von ihnen in dieser Hinsicht erwartet wird;
- welchen Interaktionsschemata als bekannt vorausgesetzt werden und welche gelehrt werden sollten;
- nach welchen Prinzipien Makro- und Mikrofunktionen ausgewählt und angeordnet werden;
- wie qualitativer Fortschritt im pragmatischen Bereich charakterisiert werden kann.

Kapitel 6 – Fremdsprachenlernen und -lehren

Im Mittelpunkt dieses Kapitels stehen folgende Fragen:

- Auf welche Weise erreichen Lernende die Fähigkeit, kommunikative Aufgaben, Aktivitäten und Prozesse auszuführen und die dafür benötigten kommunikativen Kompetenzen aufzubauen?

- Wie können Lehrende, unter Zuhilfenahme der verschiedenen Serviceeinrichtungen, mit denen sie zusammenarbeiten, diese Prozesse erleichtern?

- Wie können Behörden und Verwaltungen des Bildungswesens und andere Entscheidungsträger am besten Curricula für den Unterricht in modernen Sprachen entwickeln?

Zunächst jedoch möchten wir uns näher mit dem Thema Lernziele beschäftigen.

6.1 – Was genau müssen Lernende lernen oder erwerben?

6.1.1 Aussagen über die Ziele und Zwecke des Fremdsprachenlernens und -lehrens sollten folgende Grundlage haben: a) eine genaue Analyse der Bedürfnisse der Lernenden und des Bedarfs in der Gesellschaft; b) eine Beschreibung der Aufgaben, Aktivitäten und Prozesse, mit denen Lernende diese Bedürfnisse und den Bedarf befriedigen können; c) die Kompetenzen und Strategien, die sie dafür entwickeln bzw. aufbauen müssen. Dementsprechend wird in Kapitel 4 und 5 versucht darzustellen, was ein völlig kompetenter Verwender einer Sprache tun kann und welches Wissen, welche Fertigkeiten und Einstellungen diese Aktivitäten ermöglichen. Die beiden Kapitel tun dies so umfassend wie möglich, da wir nicht wissen können, welche Aktivitäten für einen bestimmten Lernenden eine Rolle spielen. Sie zeigen, dass Lernende Folgendes erlernt oder erworben haben müssen, um effektiv an kommunikativen Ereignissen teilzuhaben:

- die erforderlichen Kompetenzen, wie in Kapitel 5 beschrieben;
- die Fähigkeit, diese Kompetenzen in die Tat umzusetzen, wie in Kapitel 4 beschrieben;
- die Fähigkeit, die für die Umsetzung der Kompetenzen erforderlichen Strategien anzuwenden.

6.1.2 Um die Fortschritte von Fremdsprachenlernenden darzustellen oder zu steuern, ist es hilfreich, ihre Fertigkeiten auf verschiedenen aufeinander folgenden Niveaustufen zu beschreiben. Skalen dieser Art wurden an gegebener Stelle in den Kapiteln 4 und 5 vorgestellt. Wenn es darum geht, die Fortschritte zu beschreiben, die Lernende in den frühen Stadien ihrer Schulbildung machen, d. h. zu einem Zeitpunkt, zu dem ihr Sprachbedarf im späteren Berufsleben noch nicht vorhersehbar ist, oder wenn es um eine Gesamtbeurteilung der Sprachkompetenz eines Lernenden geht, so bietet es sich an, mehrere dieser Kategorien zu einer einzelnen, zusammenfassenden Beschreibung der Sprachfähigkeit zu verbinden, wie z. B. in Tabelle 1, Kapitel 3, dargestellt.

Größere Flexibilität bietet ein System wie z. B. die in Kapitel 3 abgebildete Tabelle 2, die der Selbstbeurteilung von Lernenden dient; sie skaliert die unterschiedlichen sprachlichen Aktivitäten getrennt voneinander, jedoch wiederum jede einzelne Aktivität holistisch, d. h. ganzheitlich. Mit dieser Art der Darstellung in Form eines Rasters lässt sich ein Profil in Fällen erstellen, in denen ungleich entwickelte Fertigkeiten vorliegen. Noch mehr Flexibilität bieten natürlich die detaillierten und separaten Skalen für Subkategorien, die in den Kapiteln 4 und 5 vorgestellt werden. Zwar müssen Sprachverwendende sämtliche dort beschriebenen Fertigkeiten einsetzen, um das vollständige Spektrum der kommunikativen Ereignisse effektiv bewältigen zu können, aber nicht alle Lernenden wollen oder müssen in einer Fremdsprache alle davon erwerben. Für einige Lernende besteht z. B. kein Bedarf, sich in der Fremdsprache schriftlich auszudrücken. Für andere wiederum mag es ausreichend sein, lediglich schriftliche Texte verstehen zu können. Dies bedeutet jedoch nicht unbedingt, dass solche Lernende sich auf die mündliche bzw. schriftliche Form der Sprache beschränken sollten.

Je nach kognitivem Stil des Lernenden lassen sich mündliche Formen vielleicht wesentlich besser einprägen, wenn die entsprechenden schriftlichen Formen assoziiert werden können. Umgekehrt kann es sein, dass das

Erkennen schriftlicher Formen durch Assoziation mit den entsprechenden mündlichen Äußerungen erleichtert oder durch sie überhaupt erst möglich wird. In diesen Fällen kann die nicht benötigte – und daher auch nicht als Lern*ziel* angegebene – Sinnesmodalität dennoch als *Mittel* zum Zweck am Sprachenlernen beteiligt sein. Somit müssen auf jeden Fall – ob bewusst oder unbewusst – Entscheidungen darüber getroffen werden, welche Kompetenzen, Aufgaben, Aktivitäten und Strategien bei der fremdsprachlichen Entwicklung eines bestimmten Lernenden als Ziel oder als Mittel eine Rolle spielen sollen.

Ebenso müssen Kompetenzen, Aufgaben, Aktivitäten oder Strategien, die als Lernziele identifiziert wurden und die für die Befriedigung der kommunikativen Bedürfnisse eines Lernenden erforderlich sind, nicht unbedingt in ein Lernprogramm aufgenommen werden. So können beispielsweise große Teile des ‚Weltwissens' als bekannt vorausgesetzt werden, da sie bereits Teil der allgemeinen, durch Lebenserfahrung oder im muttersprachlichen Unterricht erworbenen Kompetenz des Lernenden sind. Das Problem kann dann einfach darin bestehen, für eine inhaltliche Kategorie in der L1 die entsprechenden sprachlichen Formen (Sprachexponenten) in der L2 zu finden. Zu entscheiden ist also, welches Wissen neu gelernt werden muss und was als bereits bekannt vorausgesetzt werden kann. Probleme tauchen dann auf, wenn ein bestimmtes Begriffsfeld in der L1 anders organisiert ist als in der L2. Dies ist häufig der Fall und hat zur Folge, dass Wortbedeutungen sich nur teilweise oder ungenau entsprechen. Wie schwerwiegend ist diese Nicht-Übereinstimmung? Zu welchen Missverständnissen kann sie führen? Welche Priorität sollte sie demzufolge in einem bestimmten Lernstadium erhalten? Auf welcher Niveaustufe sollte die Beherrschung der Unterscheidung verlangt oder behandelt werden? Kann man davon ausgehen, dass das Problem sich im Laufe der Zeit und mit zunehmender Erfahrung von alleine löst?

Ähnliche Fragen stellen sich in Hinblick auf die Aussprache. Viele Phoneme lassen sich problemlos von der L1 auf die L2 übertragen. In einigen Fällen können sich die in einer bestimmten phonetischen Umgebung verwendeten Laute deutlich unterscheiden. Andere Phoneme der L2 wiederum sind vielleicht in der L1 nicht vorhanden. Werden sie nicht erworben oder erlernt, so führt dies zu einem gewissen Verlust an Informationen und möglicherweise zu Missverständnissen. Wie häufig und wie schwerwiegend sind derartige Fälle? Welche Priorität sollten sie erhalten? Die Frage nach dem Alter oder dem Lernstadium, in dem sie am besten gelernt werden, wird dadurch kompliziert, dass die Verfestigung von Sprachgewohnheiten auf der phonetischen Ebene am stärksten ist. Werden Aussprachefehler erst dann bewusst gemacht und beginnen die Lernenden erst dann damit, sich die bereits automatisierten Verhaltensmuster abzugewöhnen, wenn eine genaue Annäherung an muttersprachliche Normen angebracht ist, so ist dies unter Umständen (in Bezug auf Zeit und Mühe) wesentlich aufwändiger, als es in der ersten Lernphase, vor allem bei jüngeren Menschen gewesen wäre. Dies bedeutet, dass es nicht immer möglich ist, die Lernziele für einen bestimmten Lernenden in einem bestimmten Lernstadium oder für einen bestimmten Typ von Lernenden in einem bestimmten Alter unmittelbar aus den für jeden Parameter vorgeschlagenen Skalen abzuleiten. In jedem einzelnen Fall müssen Entscheidungen getroffen werden.

6.1.3 – Mehrsprachige Kompetenz und plurikulturelle Kompetenz

Der *Referenzrahmen* beschränkt sich nicht auf das überblicksartige Skalieren kommunikativer Fertigkeiten, sondern untergliedert globale Kategorien in ihre Komponenten und bietet für diese Skalen an. Dies spielt eine besondere Rolle für die Entwicklung der mehrsprachigen und der plurikultureller Kompetenz.

6.1.3.1 – Eine ungleichmäßige, sich verändernde Kompetenz

Die mehrsprachige und plurikulturelle Kompetenz ist im Allgemeinen auf eine oder mehrere Arten ungleichmäßig:

- Lernende werden meist in einer Sprache kompetenter als in den anderen;
- das Kompetenzprofil in einer Sprache unterscheidet sich von dem in anderen (z. B. sehr gute mündliche Kompetenz in zwei Sprachen, aber gute schriftliche Kompetenz in nur einer von beiden);
- das plurikulturelle Profil unterscheidet sich von dem mehrsprachigen Profil (Beispiel: gute Kenntnis der Kultur einer (Sprach-)Gemeinschaft, jedoch geringe Kenntnis ihrer Sprache oder geringe Kenntnis einer Gemeinschaft, deren dominante Sprache dennoch gut beherrscht wird).

Unausgewogenheiten dieser Art sind völlig normal. Erweitert man das Konzept der Mehrsprachigkeit und des Plurikulturalismus dahingehend, dass es auch die Situation all derjenigen berücksichtigt, die in ihrer Muttersprache und ‚Heimatkultur' verschiedenen Dialekten und der für komplexe Gesellschaften charakteristischen kulturellen Vielfalt ausgesetzt sind, so wird deutlich, dass auch hier wieder Unausgewogenheiten (oder, anders ausgedrückt, verschieden Typen von Ausgewogenheit) die Norm sind.

Dieses Ungleichgewicht steht auch in Zusammenhang mit der Veränderlichkeit der mehrsprachigen und plurikulturellen Kompetenz. Während die traditionelle Sichtweise der einsprachigen kommunikativen Kompetenz in der Muttersprache von einer raschen Stabilisierung dieser Kompetenz ausgeht, besitzt eine mehrsprachige und plurikulturelle Kompetenz ein kurzlebiges Profil und eine veränderliche Konfiguration. Je nach Beruf, familiärem Hintergrund, Reiseerfahrung, Lektüre und Hobbys der betroffenen Person verändert sich ihre linguistische und kulturelle Biographie deutlich. Damit verändert sich auch das Ungleichgewicht innerhalb ihrer Mehrsprachigkeit und erhöht sich die Komplexität ihrer Erfahrungen mit kultureller Vielfalt. Dies impliziert keinesfalls Instabilität, Unsicherheit oder Mangel an Gleichgewicht seitens der betroffenen Person, sondern trägt in der Mehrzahl der Fälle zu einem verbesserten Bewusstsein ihrer Identität bei.

6.1.3.2 – Differenzierte Kompetenz mit der Option des Sprachwechsels

Aufgrund dieses Ungleichgewichtes ist es eines der Merkmale der mehrsprachigen und plurikulturellen Kompetenz, dass die betroffenen Personen bei der Anwendung dieser Kompetenz sowohl ihre allgemeinen als auch ihre sprachlichen Fertigkeiten und Kenntnisse unterschiedlich nutzen (vgl. Kapitel 4 und 5). So können beispielsweise für die Ausführung von kommunikativen *Aufgaben*, die Verwendung von Sprache involvieren, je nach Sprache unterschiedliche *Strategien* angewandt werden. Das *savoir-être* (die persönlichkeitsbezogene Kompetenz), das mittels bestimmter Gestik, Mimik und Proxemik Offenheit, Geselligkeit und guten Willen signalisiert, kann im Falle einer Sprache, deren linguistische Komponente ein Lernender nur unzureichend beherrscht, bei der Interaktion mit einem Muttersprachler dieses Defizit ausgleichen. Andererseits kann dieselbe Person im Falle einer Sprache, die sie besser beherrscht, eine distanziertere oder reserviertere (Körper-) Haltung einnehmen. Es ist auch möglich, die kommunikative *Aufgabe* neu zu definieren, die sprachliche Botschaft umzuformen oder neu zu verteilen – je nach verfügbaren Ausdrucksmöglichkeiten oder der Wahrnehmung dieser Möglichkeiten durch die betroffene Person.

Ein weiteres Merkmal der mehrsprachigen und plurikulturellen Kompetenz besteht darin, dass sie die einsprachigen Kompetenzen nicht einfach addiert, sondern verschiedene Kombinationen und Veränderungen der verschiedensten Art zulässt. Es ist möglich, innerhalb einer Äußerung zwischen verschiedenen Sprachen „umzuschalten" (*code-switching*) und so auf eine „bilinguale" Art zu sprechen. Ein einzelnes, reichhaltigeres Repertoire dieser Art bietet somit Wahlmöglichkeiten für die Strategien zur Bewältigung von Aufgaben, wenn nötig eben auch unter Einsatz sprachlicher Mischformen oder des Wechsels zwischen Sprachen.

6.1.3.3 – Entwicklung des Sprachbewusstseins und der Prozess der Sprachverwendung und des Lernens

Eine mehrsprachige und plurikulturelle Kompetenz fördert auch die Entwicklung des sprachlichen und kommunikativen Bewusstseins und sogar metakognitiver Strategien, durch die der soziale Akteur sich seiner „spontanen" Behandlung von Aufgaben und insbesondere ihrer sprachlichen Dimensionen stärker bewusst wird und sie besser kontrollieren kann. Diese Erfahrung von Mehrsprachigkeit und Plurikulturalismus bedeutet außerdem,

- bereits vorhandene *soziolinguistische und pragmatische Kompetenzen* auszunutzen, die dadurch wiederum weiterentwickelt werden;
- besser wahrzunehmen, was in der linguistischen Organisation unterschiedlicher Sprachen allgemein und was speziell ist (eine Form des metalinguistischen, interlinguistischen oder sozusagen ‚hyperlinguistischen' Bewusstseins);
- mehr darüber zu wissen, wie man lernt, sowie eine verbesserte Fähigkeit, sich auf andere Menschen und neue Situationen einzustellen.

Diese Erfahrung kann daher bis zu einem gewissen Grad das spätere Lernen im sprachlichen und kulturellen Bereich beschleunigen. Dies ist auch dann der Fall, wenn die mehrsprachige und plurikulturelle Kompetenz „ungleichmäßig" ausgebildet ist und die Kompetenz in einer bestimmten Sprache ‚partiell' bleibt.

Zudem haben die Beherrschung einer Fremdsprache und die Kenntnisse über eine fremde Kultur nicht immer zur Folge, dass Lernende den Ethnozentrismus in Bezug auf ihre Muttersprache und ‚Heimatkultur' überwinden; es kann sogar den gegenteiligen Effekt haben (es ist nicht ungewöhnlich, dass das Lernen ***einer*** Fremdsprache und Kontakt mit ***einer*** fremden Kultur Stereotype und vorgefasste Meinungen verstärkt, statt sie zu reduzieren). Die Beherrschung mehrerer Sprachen hingegen kann dies eher erreichen und erhöht gleichzeitig das Lernpotenzial.

In diesem Zusammenhang kommt der Förderung der Achtung sprachlicher Vielfalt und des Lernens von mehr als einer Fremdsprache in den Schulen große Bedeutung zu. Dies ist nicht einfach eine sprachenpolitische Entscheidung an einem wichtigen Punkt in der Geschichte Europas; es geht auch nicht nur darum (so wichtig dies auch sein mag), die Berufschancen von jungen Menschen zu verbessern, die in mehr als zwei Sprachen kompetent sind. Es soll vielmehr Lernenden auch geholfen werden,

- ihre sprachliche und kulturelle Identität zu gestalten, indem sie vielfältige Fremdheitserfahrungen in sie integrieren;
- ihre Lernfähigkeit durch eben diese vielfältige Erfahrung des Kontaktes mit mehreren Sprachen und Kulturen zu verbessern.

6.1.3.4 – Partielle Kompetenz sowie mehrsprachige und plurikulturelle Kompetenz

Aus dieser Sicht kommt auch dem Konzept der *partiellen Kompetenz* in einer bestimmten Sprache Bedeutung zu. Es geht hierbei nicht darum, sich aus prinzipiellen oder pragmatischen Gründen mit der Entwicklung einer eingeschränkten oder auf Teilbereiche begrenzten Beherrschung einer Fremdsprache durch einen Lernenden zufrieden zu geben, sondern vielmehr darum, diese Fähigkeiten – auch wenn sie zu einem bestimmten Zeitpunkt nicht perfekt sind – als Teile einer mehrsprachigen Kompetenz anzusehen, die diese bereichern. Daneben ist zu beachten, dass diese partielle Kompetenz, die Teil einer *multiplen* Kompetenz ist, gleichzeitig auch eine *funktionale* Kompetenz in Hinblick auf ein bestimmtes, eingeschränktes Ziel darstellt.

Die partielle Kompetenz in einer bestimmten Sprache kann rezeptive *sprachliche Aktivitäten* betreffen (z. B. mit dem Schwerpunkt mündliches oder schriftliches Verstehen); sie kann einen bestimmten *Lebensbereich* oder spezielle kommunikative *Aufgaben* betreffen (z. B. einen Postangestellten in die Lage zu versetzen, ausländischen Kunden, die eine bestimmte Sprache sprechen, Auskunft über die gängigsten Dienstleistungen der Post zu geben). Sie kann jedoch auch *allgemeine Kompetenzen* umfassen (z. B. nicht-linguistisches *Wissen* über die Merkmale anderer Sprachen und Kulturen und Sprachgemeinschaften), solange diese komplementäre Entwicklung der einen oder anderen Dimension der genannten Kompetenzen funktional eine Rolle spielt. Anders ausgedrückt: In dem hier vorgestellten *Referenzrahmen* ist die partielle Kompetenz vor dem Hintergrund der verschiedenen Komponenten des Modells (vgl. Kapitel 3) und der unterschiedlichen Ziele zu sehen.

6.1.4 – Unterschiedliche Lehr-/Lernziele in Bezug auf den Referenzrahmen

Die Entwicklung von Curricula für das Fremdsprachenlernen beinhaltet (sicherlich noch mehr als in anderen Disziplinen oder für andere Formen des Lernens) die Wahl zwischen Zielen verschiedener Art und Niveaus. Der vorliegende Vorschlag für einen *Referenzrahmen* schenkt diesem Umstand besondere Aufmerksamkeit. Jede der Hauptkomponenten des vorgestellten Modells kann einen Schwerpunkt für Lernziele bilden und zu einem speziellen Ansatzpunkt für die Benutzung des *Referenzrahmens* werden.

6.1.4.1 – Typen von Zielen in Bezug auf den Referenzrahmen

Lehr- und Lernziele können wie folgt konzipiert werden:

a) In Hinblick auf die Entwicklung der allgemeinen Kompetenzen der Lernenden (vgl. Abschnitt 5.1), und somit in Bezug auf das *deklarative Wissen (savoir), die prozeduralen Fertigkeiten (savoir-faire), die Persönlichkeitsmerkmale, Einstellungen usw. (savoir-être)* oder die *Lernfähigkeit*, oder spezieller auf die eine oder andere dieser Dimensionen. In einigen Fällen hat das Lernen einer Fremdsprache das vorrangige Ziel, den Lernenden deklaratives Wissen zu vermitteln (z. B. über die Grammatik oder die Literatur oder bestimmte kulturelle Aspekte eines anderen Landes). In anderen Fällen dient das Sprachenlernen dazu, die Persönlichkeit des Lernenden zu entwickeln (z. B. größeres Selbstvertrauen; eine größere Bereitschaft, vor einer Gruppe zu sprechen) oder ihre Lernfähigkeit (größere Aufgeschlossenheit Neuem gegenüber, Bewusstsein für das Andere/das Fremde (*otherness*), Neugier auf Unbekanntes) zu verbessern. Vieles spricht dafür, dass diese speziellen Ziele, die sich auf einen bestimmten Teil oder Typ von Kompetenz oder aber auf die Entwicklung einer partiellen Kompetenz beziehen, ganz generell zur Ausbildung oder Verstärkung einer mehrsprachigen und plurikulturellen Kompetenz beitragen können. In anderen Worten: die Verfolgung eines Teilzieles kann ein Bestandteil des Lernvorhabens insgesamt sein.

b) In Hinblick auf die Erweiterung und Diversifizierung der kommunikativen Sprachkompetenz (vgl. Abschnitt 5.2) und somit in Bezug auf die *linguistische*, die *pragmatische* oder die *soziolinguistische Komponente* oder auf alle diese drei Komponenten. Das Hauptziel des Fremdsprachenlernens kann die Beherrschung der linguistischen Komponente einer Sprache sein (Kenntnis ihres phonetischen Systems, des Wortschatzes und der Syntax), ohne Rücksicht auf soziolinguistische Nuancen oder pragmatische Effizienz. In anderen Fällen kann das Lernziel in erster Linie pragmatisch orientiert sein und konzentriert sich dann auf die Entwicklung der Fähigkeit, mit Hilfe der limitierten, verfügbaren sprachlichen Ressourcen und ohne besondere Berücksichtigung des soziolinguistischen Aspekts in einer Fremdsprache agieren zu können. Die Optionen haben natürlich nie einen derart ausschließlichen Charakter wie eben dargestellt, und in der Regel werden harmonische Fortschritte in allen Komponenten angestrebt. Dennoch besteht kein Mangel an Beispielen – aus der Vergangenheit wie aus der Gegenwart – für die Konzentration auf die eine oder die andere Komponente der kommunikativen Kompetenz. Da die kommunikative Sprachkompetenz, verstanden als eine mehrsprachige und plurikulturelle Kompetenz, eine Einheit bildet (und Varietäten der Muttersprache und Varietäten einer oder mehrerer Fremdsprachen beinhaltet), ist es ebenfalls möglich zu behaupten, dass zu bestimmten Zeiten und in bestimmten Kontexten das Hauptziel des Fremdsprachenlernens (wenn auch nicht offen erkennbar) darin bestand, die Kenntnisse und die Beherrschung der Muttersprache zu verbessern (z. B. durch Übersetzungen, das Arbeiten mit sprachlichen Registern und an einem angemessenen Vokabular beim Übersetzen in die Muttersprache, durch Stil- und Bedeutungsvergleich usw.).

c) In Hinblick auf bessere Leistungen bei einer oder mehreren sprachlichen Aktivitäten (vgl. Abschnitt 4.4) und somit in Bezug auf *Rezeption, Produktion, Interaktion* oder *Sprachmittlung*. Es ist möglich, dass das explizite Hauptziel des Fremdsprachenlernens darin besteht, effektive Ergebnisse im Bereich der rezeptiven Fähigkeiten (Lesen oder Hören), der Sprachmittlung (Übersetzen oder Dolmetschen) oder der direkten Interaktion (*face-to-face*-Interaktion) zu erhalten. Auch hier versteht es sich wieder von selbst, dass eine derartige Polarisierung niemals absolut sein oder unabhängig von anderen Zielen verfolgt werden kann. Dennoch ist es bei der Definition der Lern-/Lehrziele möglich, einem Aspekt deutlich mehr Bedeutung beizumessen als anderen. Dieser Schwerpunkt wirkt sich dann, sofern er konsequent verfolgt wird, auf den gesamten weiteren Lern-/Lehrprozess aus: die Wahl der Inhalte und Lernaufgaben, die Entscheidung über die Progression und mögliche Fördermaßnahmen sowie deren Strukturierung, die Auswahl der Textsorten usw.

Es wird deutlich, dass das Konzept der *partiellen Kompetenz* im Großen und Ganzen vorrangig mit Blick auf einige dieser Wahlmöglichkeiten eingeführt und verwendet wurde (z. B. ein Lernen, das in seinen Zielen rezeptive Aktivitäten sowie Lese- und/oder Hörverständnis betont). Doch die hier gemachten Vorschläge sind eine Erweiterung dieser Verwendung:

- einerseits, indem sie darauf hinweisen, dass sich andere partielle kompetenzbezogene Ziele in Bezug auf den *Referenzrahmen* identifizieren lassen (vgl. a, b oder d);
- andererseits, indem sie zeigen, dass eben dieser *Referenzrahmen* genügend Spielraum bietet, um jedwede so genannte partielle Kompetenz in ein allgemeineres Spektrum von kommunikativen Kompetenzen und Lernkompetenzen zu integrieren.

d) In Hinblick auf ein optimales funktionales Handeln in einem bestimmten Lebensbereich (vgl. Abschnitt 4.1.1) und somit in Bezug auf den *öffentlichen Bereich*, den *beruflichen Bereich*, den *Bildungsbereich* oder den *privaten Bereich*. Das Hauptziel des Fremdsprachenlernens kann darin bestehen, eine bestimmte berufliche Aufgabe besser auszuführen, eine Hilfe beim Studium zu sein oder das Leben im Ausland zu erleichtern. Wie auch bei den anderen Hauptkomponenten des vorgestellten Modells spiegeln sich Ziele dieser Art explizit in Unterrichtsbeschreibungen, in Vorschlägen und Wünschen nach Sprachangeboten, und in Lern- und Lehrmaterialien wider. Hier war es möglich, von ‚speziellen Zielen', ‚Spezialkursen', ‚berufsorientierter Sprache', ‚Vorbereitung auf einen längeren Auslandsaufenthalt' oder ‚sprachlicher Eingliederung von ausländischen Arbeitnehmern' zu reden. Dies bedeutet nicht, dass die Berücksichtigung der speziellen Anforderungen einer bestimmten Zielgruppe, die ihre mehrsprachige und plurikulturelle Kompetenz an ein bestimmtes soziales Handlungsfeld anpassen muss, stets auch einen didaktischen Ansatz erfordert, der auf dieses Ziel abgestimmt ist. Wie auch im Fall der anderen Komponenten hat die Formulierung eines Ziels, die unter diesen Gesichtspunkten und mit diesem Schwerpunkt erfolgt, normalerweise jedoch Auswirkungen auf andere Aspekte und Stadien der Curriculumentwicklung und des Lehrens und Lernens.

Zu beachten ist, dass Ziele dieser Art, die die funktionale Anpassung an einen bestimmten Lebensbereich beinhalten, auch auf folgende Situationen zutreffen: bilingualer Unterricht, Immersion (im Sinne der in Kanada durchgeführten Versuche) und Schulunterricht, in dem die Unterrichtssprache sich von der in den Familien gesprochenen Sprache unterscheidet (z. B. ein ausschließlich französischsprachiges Schulwesen in einigen vielsprachigen ehemaligen Kolonien in Afrika). Aus dieser Perspektive – und dies lässt sich durchaus mit der Kernidee dieser Analyse vereinbaren – zielen diese Immersionssituationen, ungeachtet ihrer sprachlichen Resultate, auf die Entwicklung partieller Kompetenzen: Kompetenzen in Bezug auf den Bildungsbereich und den Erwerb von nicht-sprachlichem Wissen. Es sei daran erinnert, dass in vielen der Versuche, die in Kanada mit totaler Immersion in frühem Alter durchgeführt wurden, der Stundenplan zunächst keinen speziellen Französischunterricht für die betroffenen englischsprachigen Kinder vorsah, obwohl die Unterrichtssprache Französisch war.

e) In Hinblick auf die Verbesserung oder Diversifizierung von *Strategien* oder in Hinblick auf die Bewältigung *kommunikativer Aufgaben* (vgl. Abschnitt 4.5 und Kapitel 7) und somit in Bezug auf das Ausführen von Handlungen, die in Zusammenhang mit dem Lernen und der Verwendung einer oder mehrerer Sprachen und der Entdeckung oder der Erfahrung anderer Kulturen stehen.

In vielen Lernzusammenhängen sollte früher oder später die Aufmerksamkeit auf die Entwicklung von Strategien gerichtet werden, die es ermöglichen, die eine oder andere Art von Aufgabe mit einer sprachlichen Komponente besser auszuführen. Dementsprechend besteht das Ziel darin, die traditionell von den Lernenden benutzten Strategien zu verbessern, indem man sie verfeinert, erweitert und bewusst macht und indem man versucht, sie an Aufgaben anzupassen, für die sie zuerst nicht verwendet wurden. Geht man davon aus, dass diese Strategien – ganz gleich, ob sie der Kommunikation oder dem Lernen dienen – ein Individuum in die Lage versetzen, seine eigenen Kompetenzen zu mobilisieren, um sie anzuwenden und sie vielleicht sogar zu verbessern oder zu erweitern, so lohnt es sich sicherzustellen, dass Strategien dieser Art in der Tat als Ziele festgehalten werden, obwohl sie selbst vielleicht kein eigenständiges Ziel darstellen.

Kommunikative Aufgaben beziehen sich in der Regel auf einen bestimmten Lebensbereich und werden als Ziele angesehen, die in Hinblick auf diesen Bereich zu erreichen sind (vgl. Punkt d) oben). Es gibt jedoch Fälle, in denen das Lernziel sich auf das mehr oder weniger stereotype Ausführen bestimmter Aufgaben beschränkt, die eine geringe Anzahl sprachlicher Elemente in einer oder mehreren Fremdsprachen beinhalten. In diesem Zusammenhang wird häufig das Beispiel der Telefonistin bzw. des Telefonisten genannt: Auf der Basis einer lokal, in einem bestimmten Unternehmen getroffenen Entscheidung wird von ihr oder ihm eine mehrsprachige Fähigkeit erwartet, die auf die Produktion einiger weniger fester Wendungen zur Abwicklung von Routineaufgaben eingegrenzt ist. Bei Beispielen dieser Art handelt es sich eher um Fälle halb-automatisierten Verhaltens als um eine partielle Kompetenz, doch lässt sich nicht leugnen, dass das Ausführen klar definierter, repetitiver Aufgaben in diesen Fällen auch den Schwerpunkt eines Lernziels bilden kann.

Das Formulieren von Lernzielen in Hinblick auf kommunikative Aufgaben hat ganz allgemein auch für die Lernenden den Vorteil, dass auf einer ganz praktischen Ebene identifiziert wird, welche Ergebnisse erwartet werden; außerdem kann es während des gesamten Lernprozesses auch einen kurzfristigen Motivationsfaktor darstellen. Hierzu ein einfaches Beispiel: Erzählt man Kindern, dass die Aktivität, die sie ausführen sollen, sie in die Lage versetzen wird, in der Fremdsprache „Vater, Mutter, Kind" zu spielen (das Lernziel ist hierbei die mögliche Ausführung einer ‚Aufgabe'), so kann dies auch eine Motivation sein, das Vokabular zur Bezeichnung der verschiedenen Familienmitglieder zu lernen (dies ist Teil der linguistischen Komponente eines breiter angelegten kommunikativen Ziels). Auch in diesem Sinne setzen der so genannte projektbasierte Ansatz, globale Simulationen und verschiedene Rollenspiele im Grunde genommen nur vorübergehend relevante Ziele fest, die in Bezug auf die auszuführenden Aufgaben definiert werden; in Hinblick auf das Lernen liegt das Hauptinteresse jedoch entweder auf den sprachlichen Ressourcen und Aktivitäten, die derartige Aufgaben (oder Aufgabensequenzen) erfordern, oder auf den verwendeten Strategien. Anders ausgedrückt: Obwohl die Prinzipien, die der Entwicklung des *Referenzrahmens* zugrunde liegen, bedeuten, dass mehrsprachige und plurikulturelle Kompetenz durch das Ausführen kommunikativer Aufgaben erkennbar und weiterentwickelt wird, stellt der für das Lernen gewählte Ansatz diese Aufgaben lediglich als scheinbare Ziele oder als einen Schritt auf dem Weg zum Erreichen anderer Ziele dar.

6.1.4.2 – Die Komplementarität partieller Ziele

Das Definieren von Sprachlehr- bzw. Sprachlernzielen in Hinblick auf die Hauptkomponenten eines allgemeinen Referenzmodells oder deren Unterkomponenten ist mehr als eine reine Stilübung. Es demonstriert die Vielfalt der möglichen Lernziele und der Optionen für das Sprachenlehren. Natürlich werden von verschiedenen Sprachlernangeboten – innerhalb wie außerhalb der Schule – stets mehrere dieser Ziele gleichzeitig abgedeckt. Ebenso liegt es auf der Hand (ist aber erwähnenswert), dass das Verfolgen eines genau festgelegten Ziels in Anbetracht der Kohärenz des hier dargestellten Modells immer auch bedeutet, dass sein Erreichen gleichzeitig auch zu anderen Ergebnissen führt, die gar nicht beabsichtigt waren oder die zumindest keinen Schwerpunkt darstellten.

Betrifft das Ziel beispielsweise hauptsächlich einen bestimmten Lebensbereich und konzentriert man sich dabei auf die Anforderungen eines bestimmten Berufs, z. B. den eines Kellners in einem Restaurant, so wird man zum Erreichen dieses Ziels sprachliche Aktivitäten entwickeln, bei denen mündliche Interaktion im Vordergrund steht; in Hinblick auf die kommunikative Kompetenz wird man die Aufmerksamkeit auf bestimmte Wortfelder der linguistischen Komponente (z. B. Präsentation und Beschreibung von Gerichten) und bestimmte soziolinguistische Normen (Anredeformen für Kunden, mögliche Bitte um Hilfe von Dritten usw.) richten; sicherlich wird es dabei auch um bestimmte Aspekte des *savoir-être* (Diskretion, Höflichkeit, freundliches Lächeln, Geduld usw.) oder um Kenntnisse der Küche und Essgewohnheiten der jeweiligen fremden Kultur gehen. Weitere Beispiele, mit anderen Komponenten als Hauptziel, sind denkbar, doch dieses spezielle Beispiel ist sicherlich ausreichend, um die obigen Ausführungen zum Konzept der *partiellen Kompetenz* zu vervollständigen (vgl. dazu die Aussagen zur Relativierung dessen, was unter der partiellen Beherrschung einer Sprache verstanden wird).

6.2 – Die Prozesse des Sprachenlernens

6.2.1 – Erwerben oder lernen?

Die Begriffe ‚Spracherwerb' und ‚Sprachenlernen' werden derzeit auf verschiedene Weise verwendet. Für viele sind sie austauschbar, andere benutzen einen der Begriffe als Oberbegriff und verwenden den anderen in einem engeren Sinn. ‚Spracherwerb' kann somit entweder als Oberbegriff verwendet oder auf Folgendes eingeschränkt werden:

a) auf Analysen der Lernersprache von nicht-muttersprachlichen Sprechern vermittels aktueller Theorien der Universalgrammatik (z. B. ‚Setzung von Parametern'). Hierbei handelt es sich fast immer um einen Bereich der theoretischen Psycholinguistik, der wenig oder keinen direkten Bezug zur Arbeit von Fremdsprachenlehrenden besitzt, besonders da die Grammatik als dem Bewusstsein weitgehend unzugänglich angesehen wird.

b) auf ohne Unterricht angeeignete Kenntnisse und Fähigkeiten, die ein Individuum in die Lage versetzen, eine Fremdsprache zu verwenden – entweder infolge eines direkten Kontaktes mit Texten oder der direkten Beteiligung an kommunikativen Handlungen.

‚Sprachenlernen' kann als Oberbegriff verwendet werden oder bezieht sich in einem engeren Sinne auf Prozesse, bei denen Sprachfähigkeit das Ergebnis eines gesteuerten Prozesses ist, besonders durch formales Lernen in einem institutionellen Rahmen.

Derzeit scheint es nicht möglich, die Terminologie zu standardisieren, insbesondere da es keinen Oberbegriff gibt, der ‚Lernen' und ‚Erwerben' in ihrem engeren Sinn umfasst.

Die Benutzer des *Referenzrahmens* sollten überlegen und, soweit sinnvoll, festhalten,
- in welchem Sinne sie die beiden Begriffe verwenden. Eine Verwendung, die von den derzeit üblichen Bedeutungen abweicht, sollte möglichst vermieden werden.

Die Benutzer des *Referenzrahmens* sollten außerdem bedenken und, soweit sinnvoll, angeben,
- wie Gelegenheiten für den Spracherwerb wie in b) angeboten und genutzt werden können.

6.2.2 – Wie lernen Lernende?

6.2.2.1 Es gibt derzeit keinen allgemeinen, auf Forschungsergebnissen basierenden Konsens darüber, wie Lernende lernen; aus diesem Grund kann der *Referenzrahmen* sich nicht auf eine bestimmte Lerntheorie stützen. Nach Ansicht einiger Theoretiker sind die informationsverarbeitenden Fähigkeiten des Menschen so stark, dass es genügt, einen Menschen ausreichend verständlicher Sprache auszusetzen, um ihn in die Lage zu versetzen, diese Sprache zu erwerben und sie sowohl rezeptiv als auch produktiv zu verwenden. Sie sind der Meinung, dass der Prozess des ‚Erwerbens' nicht der Beobachtung oder der Introspektion zugänglich ist und dass er nicht durch bewusste Manipulation gefördert werden kann, weder durch spezielle Lehr- noch durch Lernmethoden. Für sie besteht die Hauptaufgabe eines Lehrenden darin, für eine möglichst reiche sprachliche Umgebung zu sorgen, in der das Lernen ohne formalen Unterricht erfolgen kann.

6.2.2.2 Andere sind der Ansicht, dass zusätzlich zu einer verständlichen Eingabe (*Input*) die aktive Beteiligung an kommunikativer Interaktion eine notwendige und ausreichende Bedingung für die Sprachentwicklung ist. Auch sie sehen das explizite Lehren oder Lernen der Sprache als irrelevant an. Nach der genau entgegengesetzten Meinung können Lernende, die die erforderlichen grammatischen Regeln und einen bestimmten Wortschatz erlernt haben, die Sprache aufgrund ihrer Lebenserfahrung und ihres gesunden Menschenverstands verstehen und verwenden, ohne dass dazu das Üben notwendig sei. Zwischen diesen beiden Extremen verfolgen die meisten im *mainstream* Lernenden und Lehrenden sowie die Einrichtungen, mit denen sie zusammenarbeiten, eher eklektische Praktiken: Sie wissen, dass Lernende nicht unbedingt das lernen, was von Lehrenden gelehrt wird, und dass sie sehr großen kontextualisierten und verständlichen sprachlichen *Input* sowie Möglichkeiten zur interaktiven Verwendung der Sprache benötigen. Jedoch erkennen sie auch, dass das Lernen, besonders das unter den künstlichen Bedingungen des Klassenraums, erleichtert wird, indem man bewusstes Lernen und ausreichendes Üben kombiniert; auf diese Weise soll die bewusste Aufmerksamkeit für die auf untergeordneter Ebene ablaufenden physischen Fertigkeiten des Sprechens und Schreibens und für die morphologische und syntaktische Korrektheit reduziert oder ausgeschaltet werden, um somit den Kopf für die auf höherer Ebene ablaufenden kommunikativen Strategien frei zu machen. Einige Theoretiker (allerdings viel weniger als früher) vertreten die Meinung, dass dieses Ziel durch Drillübungen bis hin zur Habitualisierung erreicht werden kann.

6.2.2.3 Natürlich bestehen zwischen Lernenden je nach Alter, Lerntyp und Hintergrund sehr große Unterschiede hinsichtlich der Elemente, auf die sie am besten ansprechen; auch Lehrende, Kursentwickler usw. unterscheiden sich in der Gewichtung dieser Elemente im Unterricht, je nach der Bedeutung, die sie den Aspekten Produktion vs. Rezeption, Korrektheit vs. Flüssigkeit usw. beimessen.

Die Benutzer des *Referenzrahmens* sollten bedenken und, soweit sinnvoll, angeben,

- mit welchen Annahmen über das Sprachenlernen sie arbeiten und welche methodischen Konsequenzen dies hat.

6.3 – Wie können die verschiedenen Benutzer des Referenzrahmens das Sprachenlernen erleichtern?

Wer sich mit dem Lehren und Lernen von Sprachen befasst, geht eine „Partnerschaft für das Lernen" ein, die neben den unmittelbar betroffenen Lehrenden und Lernenden aus vielen Spezialisten besteht. Dieser Abschnitt betrachtet die verschiedenen Rollen, die jede dieser Gruppen spielt.

6.3.1 Diejenigen, die sich mit Prüfungen und Qualifikationen befassen, müssen überlegen, welche Lernparameter für die jeweiligen Qualifikationen erforderlich sind und welches Niveau erreicht werden soll. Sie müssen konkrete Entscheidungen darüber treffen, welche kommunikativen Aufgaben und Aktivitäten sie einbeziehen, welche Themen sie behandeln, welche Satzformeln, idiomatischen Wendungen und lexikalischen Einheiten Kandidaten erkennen oder abrufen müssen, welche soziokulturellen Kenntnisse und Fertigkeiten geprüft werden sollen usw. Für sie spielt es möglicherweise keine große Rolle, durch welche Prozesse die geprüften Sprachkenntnisse erlernt oder erworben wurden, außer dass ihre eigenen Prüfverfahren positive oder negative Rückwirkungen (*washback effect*) auf das Sprachenlernen haben können.

6.3.2 Behörden können sich bei der Entwicklung und Formulierung von Curricula und Lehrplänen auf die genaue Beschreibung der Lernziele konzentrieren. Hier ist es möglich, lediglich Ziele auf einer höheren Ebene, d. h. kommunikative Aufgaben, Themen, Kompetenzen usw., anzugeben. Sie können jedoch (müssen es aber nicht) auch detailliert vorgeben, welcher Wortschatz, welche grammatischen Inhalte und welche funktionalen/begrifflichen Repertoires erforderlich sind, damit die Lernenden Aufgaben ausführen und Themen behandeln können. Behörden haben die Option, Richtlinien zu entwerfen oder Vorschläge zu machen, welche Unterrichtsmethoden zu verwenden sind und welche Lernstufen Lernende durchlaufen sollen.

6.3.3 Lehrwerkautoren und Kursentwickler können, sofern sie möchten, ihre Ziele in Hinblick auf die kommunikativen Aufgaben formulieren, die Lernende ausführen sollen, oder in Hinblick auf die Kompetenzen und Strategien, die sie entwickeln sollen. Sie müssen jedoch in jedem Fall konkrete, detaillierte Entscheidungen über die Auswahl und Abfolge der Texte, der Aktivitäten, des Wortschatzes und der grammatischen Inhalte treffen, mit denen die Lernenden konfrontiert werden sollen. Erwartet werden von ihnen außerdem ausführliche Anleitungen für den Unterricht und/oder für individuelle Aufgaben und Aktivitäten, die Lernende auf der Basis des dargebotenen Materials ausführen sollen. Ihre Produkte haben großen Einfluss auf den Lern-/Lehrprozess und basieren zwangsläufig auf starken (selten explizit genannten und oft unüberprüften, sogar unbewussten) Annahmen über das Wesen des Lernprozesses.

6.3.4 Lehrende haben die Aufgabe, offizielle Richtlinien zu befolgen, Lehrwerke und Unterrichtsmaterialien (die sie unter Umständen analysieren, evaluieren, auswählen und ergänzen können) zu benutzen, Tests zu entwickeln und durchzuführen und Schüler und Studierende auf Prüfungen vorzubereiten. Sie müssen kurzfristig über Unterrichtsaktivitäten entscheiden, die sie zwar vorher in Umrissen vorbereiten können, angesichts der unvorhersehbaren Reaktionen der Schüler/Studierenden jedoch immer wieder flexibel anpassen müssen. Von Lehrenden wird erwartet, dass sie die Fortschritte der Schüler/Studierenden kontrollieren und Wege finden, Probleme, die beim Lernen auftauchen, zu erkennen, zu analysieren und zu beheben; außerdem ist es Aufgabe von Lehrenden, die individuellen Lernfähigkeiten ihrer Schüler/Studierenden weiterzuentwickeln. Es ist erforderlich, dass Lehrende die Vielfältigkeit der Lernprozesse verstehen. Dieses Verständnis ist jedoch nicht selten ein unbewusstes Produkt ihrer Erfahrung – statt ein Ergebnis theoretischer Reflexion. Dies ist der Beitrag, den die Lehr- und Lernforschung sowie die Lehrerausbildung zur Partnerschaft für das Lernen leisten.

6.3.5 Natürlich sind es letztendlich die Lernenden, die sich mit Spracherwerb und Lernprozessen auseinander setzen. Sie sind es, die die Kompetenzen und Strategien entwickeln (sofern sie dies noch nicht getan haben) und die Aufgaben, Aktivitäten und Prozesse ausführen müssen, die für eine effektive Beteiligung an kommunikativen Ereignissen erforderlich sind. Jedoch nur wenige von ihnen lernen aktiv und ergreifen die Initiative, um ihren eigenen Lernprozess zu planen, zu strukturieren und auszuführen. Die meisten lernen reaktiv, indem sie die Anleitungen befolgen und die Aktivitäten ausführen, die ihnen von Lehrenden und Lehrwerken vorgegeben werden. Sobald jedoch der formale, organisierte Unterricht endet, muss das weitere Lernen autonom, d. h. selbst gesteuert erfolgen. Das autonome Lernen kann gefördert werden, wenn Lernen lernen als ein fester Bestandteil des Sprachenlernens angesehen wird, sodass Lernende sich immer stärker ihrer eigenen Lernmethoden bewusst werden sowie der möglichen Optionen und welche davon für sie am geeignetsten sind. Selbst innerhalb des jeweiligen institutionellen Systems sind die Lernenden dann in zunehmendem Maße in der Lage, Ziele, Materialien und Arbeitsmethoden auszuwählen, die auf ihre eigenen Bedürfnisse, Motivationen, Persönlichkeitsmerkmale und Ressourcen abgestimmt sind. Wir hoffen, dass der *Referenzrahmen*, zusammen mit der Reihe der speziellen Handreichungen (*user guides*), nicht nur für Lehrende und die sie unterstützenden Einrichtungen von Nutzen sein wird, sondern auch direkt für Lernende, indem er ihnen dabei hilft, sich ihrer Optionen stärker bewusst zu werden und ihre Entscheidungen besser zu artikulieren.

6.4 – Einige methodologische Optionen für das Lernen und Lehren moderner Sprachen

Bis zu diesem Punkt hat sich der *Referenzrahmen* mit der Entwicklung eines umfassenden Modells der Sprachverwendung und der Sprachverwendenden beschäftigt. Dabei wurde immer wieder betont, welche Bedeutung die verschiedenen Komponenten des Modells für das Lehren und Lernen von Sprachen und die Beurteilung von Sprachkenntnissen haben. Den Schwerpunkt bildeten dabei die Inhalte und Ziele des Fremdsprachenlernens; diese sind kurz in den Abschnitten 6.1 und 6.2 zusammengefasst. Dennoch muss ein Referenzrahmen für das Lernen, Lehren und Beurteilen auch Fragen der Methodologie ansprechen, da seine Benutzer ihre methodologischen Entscheidungen sicherlich gerne innerhalb eines allgemeinen Rahmens reflektieren und kommunizieren möchten. Kapitel 6 hat die Aufgabe, einen derartigen Rahmen zu entwickeln.

Natürlich gelten für dieses Kapitel dieselben Kriterien wie für die anderen. Die Methoden für das Fremdsprachenlernen und -lehren müssen umfassend beschrieben werden; dabei sind sämtliche Optionen explizit und transparent darzustellen, ohne Befürwortung eines bestimmten Ansatzes und ohne jeglichen Dogmatismus. Es ist ein grundlegendes methodologisches Prinzip des Europarats, dass für das Lehren, Lernen und Erforschen von Sprachen diejenigen Methoden eingesetzt werden, die als die effektivsten gelten, um die Ziele zu erreichen, auf die man sich in Hinblick auf die Bedürfnisse der einzelnen Lernenden in ihrem sozialen Kontext geeinigt hat. Die Effektivität hängt einerseits von der Motivation und den Persönlichkeitsmerkmalen der Lernenden ab, andererseits von den personellen und materiellen Ressourcen, die eingesetzt werden können. Das Einhalten dieses Grundprinzips führt notwendigerweise zu einer großen Vielzahl von Zielen und zu einer noch größeren Vielzahl von Methoden und Materialien.

Moderne Sprachen werden derzeit auf ganz verschiedene Arten gelernt und gelehrt. Seit vielen Jahren unterstützt der Europarat einen Ansatz, der auf den kommunikativen Bedürfnissen der Lernenden basiert sowie auf der Verwendung von Materialien und Methoden, mit denen die Lernenden diese Bedürfnisse erfüllen können und die für ihre speziellen Eigenschaften als Lernende geeignet sind. Wie in Abschnitt 2.3.2 und *passim* erläutert, ist es dennoch nicht Aufgabe des *Referenzrahmens*, eine bestimmte Methode für das Fremdsprachenlehren zu befürworten – vielmehr sollen Optionen angeboten werden. Ein umfassender Austausch von Informationen über diese Optionen sowie von Erfahrungen mit ihnen muss aus der Praxis kommen. An dieser Stelle ist es nur möglich, einige der Optionen zu nennen, die sich aus bereits existierenden Methoden herleiten; Benutzer des *Referenzrahmens* werden gebeten, Lücken mit Hilfe ihres eigenen Wissens und ihrer Erfahrung selbst zu schließen. Eine Reihe von Handreichungen für Benutzer (*user guides*) steht dafür zur Verfügung.

Falls es Praktiker gibt, die fest davon überzeugt sind, dass die Ziele für die Lernenden, für die sie Verantwortung tragen, sich mit anderen als den vom Europarat befürworteten Methoden am effektivsten erreichen lassen, so bitten wir sie, uns und anderen diese Methoden und Ziele mitzuteilen. Dies kann dazu beitragen, die komplexe Vielfalt des Bereichs Sprachenlernen und -lehren besser zu verstehen, oder es kann zu einer lebhaften Debatte führen, die immer der unkritischen Übernahme orthodoxen Denkens vorzuziehen ist.

6.4.1 – Allgemeine Ansätze

Wie sollen Lernende im Allgemeinen eine Zweit- oder Fremdsprache (L2) lernen? Kommen eine oder mehrere der folgenden Möglichkeiten in Frage?

a) durch den direkten Kontakt mit authentischem Gebrauch der L2 auf eine oder mehrere der folgenden Arten:
  - durch direkte Interaktion (*face-to-face*) mit Muttersprachlern;
  - durch das Mithören von Gesprächen;
  - durch Radiohören und Hören von Tonaufnahmen usw.;
  - durch Fernsehen, Anschauen von Videos usw.;
  - durch Lektüre von unveränderten, nicht vereinfachten, authentischen schriftlichen Texten (Zeitungen, Zeitschriften, Geschichten, Romane, öffentliche Hinweisschilder usw.);
  - durch die Benutzung von Computerprogammen, CD-ROM usw.;
  - durch Teilnahme an *online*- oder *offline*-Computer-Konferenzen;
  - durch Teilnahme an Kursen in anderen Fächern, die die L2 als Unterrichtssprache verwenden;

b) durch direkten Kontakt mit speziell ausgewählten (z. B. vereinfachten oder adaptierten) mündlichen und schriftlichen Texten in der L2 (‚verständlicher *Input*');

c) durch direkte Teilnahme an authentischer kommunikativer Interaktion in der L2, z. B. einem Gespräch mit einem kompetenten Gesprächspartner;

d) durch direkte Teilnahme an speziell entwickelten und konstruierten kommunikativen Aufgaben in der L2 (‚verständlicher *Output*');

e) autodidaktisch, durch (angeleitetes) Selbstlernen, unter Verfolgung ausgehandelter, selbst gesetzter Lernziele und unter Einsatz der verfügbaren Unterrichtsmedien;

f) durch eine Kombination von Darbietung, Erklärung, (Drill-)Übungen und Anwendung, aber mit der L1 als Sprache der Verständigung im Klassenzimmer (*classroom management*), für Erklärungen usw.;

g) durch eine Kombination von Aktivitäten wie in f), wobei jedoch die L2 für *alle* Zwecke im Klassenzimmer genutzt wird;

h) durch irgendeine Kombination der oben aufgeführten Aktivitäten, beginnend evtl. mit f), wobei der Gebrauch der L1 jedoch zunehmend reduziert wird, die Anzahl der kommunikativen Aufgaben und der authentischen schriftlichen und mündlichen Texte steigt und das selbstverantwortliche Lernen eine immer größere Rolle spielt;

i) durch eine Kombination der oben aufgeführten Punkte mit Unterrichtsaktivitäten, die von einzelnen Schülern oder Schülergruppen mit Hilfestellung des Lehrenden geplant, durchgeführt und evaluiert werden, mit Aushandeln der Interaktion zur Befriedigung der Bedürfnisse unterschiedlicher Lernender usw.

> Die Benutzer des *Referenzrahmens* sollten bedenken und, soweit sinnvoll, angeben,
> - welchen methodischen Ansatz sie im Allgemeinen verfolgen, ob einen der oben dargestellten oder einen anderen.

6.4.2 Ein wichtiger Gesichtspunkt sind die jeweiligen ***Rollen von Lehrenden, Lernenden und Medien.***

6.4.2.1 Welcher Anteil an Unterrichtszeit sollte für folgende Aktivitäten verwendet werden?

a) Erklärungen und Erläuterungen, die der Lehrende an die ganze Klasse richtet;
b) Frage-/Antwort-Sequenzen für die ganze Klasse (dabei ist zwischen Fragen zum Text, weiterführenden Fragen und Testfragen zu unterscheiden);
c) Gruppenarbeit oder Partnerarbeit;
d) Einzelarbeit.

6.4.2.2 ***Lehrende*** sollten sich der Tatsache bewusst sein, dass ihr Verhalten ihre Einstellungen und Fähigkeiten widerspiegelt und einen äußerst wichtigen Bestandteil der Umgebung für das Sprachenlernen/den Spracherwerb darstellt. Sie sind Vorbilder, die von Schülern bei ihrer zukünftigen Verwendung der Sprache oder als zukünftige Lehrer u. U. imitiert werden. Welche Bedeutung haben folgende Eigenschaften und Fähigkeiten?

a) die didaktischen Fähigkeiten der Lehrenden;
b) ihre Fähigkeit, die Vorgänge in der Klasse zu steuern und zu kontrollieren (*classroom management*);
c) ihre Fähigkeit, Forschung im Unterricht (Aktionsforschung) zu betreiben und Erfahrungen zu reflektieren;
d) ihr Unterrichtsstil;
e) ihre Kenntnisse und Fähigkeiten im Bereich des Prüfens, der Beurteilung und der Evaluierung;
f) ihre Kenntnisse über soziokulturelle Hintergründe und ihre Fähigkeit, diese zu vermitteln;
g) ihre interkulturellen Einstellungen und Fähigkeiten;
h) ihr Verständnis für den ästhetischen Wert von Literatur und die Fähigkeit, Schülern dies zu vermitteln;
i) ihre Fähigkeit, in Klassen, die Schüler unterschiedlichen Lernertyps und mit unterschiedlichen Fähigkeiten enthalten, individualisiertes Lernen zu organisieren.

Wie lassen sich die relevanten Eigenschaften und Fähigkeiten am besten entwickeln?
Was sollte der Lehrende während der Einzel-, der Partner- oder der Gruppenarbeit tun?

a) nur beaufsichtigen und die Ordnung aufrechterhalten;
b) im Unterrichtsraum herumgehen, um die Arbeit zu kontrollieren;
c) für Einzelberatungen zur Verfügung stehen;
d) die Rolle eines Beobachters oder einer Hilfsinstanz übernehmen, die die Bemerkungen der Schüler über ihr Lernen akzeptiert und darauf reagiert; ferner zusätzlich zum Kontrollieren und Beraten auch die Aktivitäten der Schüler koordinieren.

6.4.2.3 Inwiefern sollte von ***Lernenden*** erwartet oder verlangt werden, dass sie

a) alle und ausschließlich die Anweisungen des Lehrenden diszipliniert und ordentlich befolgen und nur sprechen, wenn sie gefragt werden;
b) aktiv am Lernprozess teilnehmen, indem sie sich mit dem Lehrenden und anderen Schülern auf Lernziele und Methoden verständigen, dabei Kompromissbereitschaft zeigen, und indem sich die Lernenden gegenseitig unterrichten und beurteilen und auf diese Weise zunehmend autonom werden;
c) selbstständig mit Materialien zum Selbstlernen arbeiten und sich auch selbst beurteilen;
d) miteinander konkurrieren?

6.4.2.4 Auf welche Weise sollten moderne ***Medien*** (Audio- und Videokassetten, Computer usw.) eingesetzt werden?

a) überhaupt nicht;
b) für Darbietungen, Wiederholungen usw. für die gesamte Klasse;
c) wie in einem Sprach-/Video-/Computerlabor;
d) für das individuelle Selbstlernen;
e) als Ausgangsbasis für Gruppenarbeit (Diskussion, Verhandlung, Spiele, bei denen die Teilnehmer zusammenarbeiten oder miteinander konkurrieren usw.);
f) in einem internationalem Computernetzwerk von Schulen, Schulklassen und einzelnen Lernenden.

Die Benutzer des *Referenzrahmens* sollten bedenken und, soweit sinnvoll, angeben,
- welche Rolle und welche Verantwortung jeweils Lehrende und Lernende bei der Organisation, Leitung, Durchführung und Evaluation des Sprachlernprozesses haben;
- wie Unterrichtsmedien eingesetzt werden.

6.4.3 – Welche Rolle sollten Texte für das Lernen und Lehren von Fremdsprachen spielen?

6.4.3.1 Wie können oder sollen Lernende von gesprochenen oder schriftlichen Texten lernen (vgl. Abschnitt 4.6)?

a) durch den bloßen Kontakt mit Texten;
b) durch den bloßen Kontakt mit Texten, wobei jedoch darauf zu achten ist, dass neues Sprachmaterial durch den verbalen Kontext, visuelle Zusatzinformationen usw. verständlich wird;
c) durch Kontakt, wobei das Textverstehen durch Fragen und Antworten in der L2, Multiple-Choice-Aufgaben, Zuordnungen zu Bildern usw. kontrolliert und sichergestellt wird;
d) wie in c), jedoch mit einem der folgenden Elemente:
   - Tests zum Verständnis in der L1;
   - Erklärungen in der L1;
   - Erklärungen in der L2 (einschließlich eventuell erforderlicher *ad hoc*-Übersetzungen);
   - systematisches Übersetzen des Textes in die L1 durch den Schüler/Studierenden;
   - Aktivitäten, die auf das Hör- bzw. Leseverstehen vorbereiten, Aktivitäten zum Hörverstehen in der Gruppe usw.

6.4.3.2 Wie sollten die schriftlichen oder gesprochenen Texte, die dem Lernenden dargeboten werden, beschaffen sein?

a) authentisch, d. h. für kommunikative Zwecke ohne Bezug zum Sprachenunterricht produziert, z. B.:
   - nicht adaptierte authentische Texte, mit denen Lernende bei ihrer direkten Verwendung der Sprache in Kontakt kommen (Tageszeitungen, Zeitschriften, Fernseh- oder Radiosendungen usw.);
   - authentische Texte, die speziell für die Erfahrung, die Interessen und Persönlichkeitsmerkmale der Lernenden ausgewählt, gestuft und/oder adaptiert wurden.

b) speziell für die Verwendung im Fremdsprachenunterricht entwickelt, z. B.:
   - Texte, die authentischen Texten (s. o.), ähneln sollen (z. B. Materialien für das Hörverstehen, die eigens für diesen Zweck geschrieben und von Schauspielern gesprochen wurden);
   - Texte, die erstellt wurden, um kontextualisierte Beispiele für die zu lehrenden sprachlichen Inhalte zu geben (z. B. in einer bestimmten Unterrichtseinheit);
   - isolierte Sätze für Übungszwecke (Aussprache, Grammatik usw.);
   - Anleitungen, Erklärungen usw. in Lehrbüchern, Aufgabenstellungen in Tests und Prüfungen, die von Lehrenden verwendete Unterrichtssprache (Anweisungen, Erklärungen, Steuerung und Kontrolle der Vorgänge in der Klasse usw.). Diese können als spezielle Textsorten angesehen werden. Sind sie lernerfreundlich? Inwiefern wird bei ihren Inhalten, ihrer Formulierung und Darstellung darauf geachtet, dass sie lernerfreundlich sind?

6.4.3.3 Inwiefern sollten Lernende Texte nicht nur *verarbeiten*, sondern auch selbst *produzieren*?

Für die Textproduktion gibt es u. a. folgende Optionen:

a) gesprochene Texte:
   - lautes Vorlesen schriftlicher Texte;
   - mündliche Antworten auf Fragen innerhalb einer Übung;
   - Wiedergabe auswendig gelernter Texte (Theaterstücke, Gedichte usw.);
   - Übungen in Partner- und Gruppenarbeit;
   - Redebeiträge zu formellen und informellen Diskussionen;
   - freie Konversation (Klassengespräch oder in Gesprächen zwischen Schülern);
   - Präsentationen/Referate/Vorträge.

b) schriftliche Texte:
   - diktierte Passagen;
   - schriftliche Übungen;
   - Aufsätze;
   - Übersetzungen;
   - schriftliche Berichte;
   - Projektarbeit;
   - Briefe an Brieffreunde;
   - Fax oder E-Mail.

6.4.3.4 Inwieweit kann man erwarten, dass Lernende im rezeptiven, produktiven und interaktiven Modus Textsorten unterscheiden, je nach Erfordernis verschiedene Hör-, Lese-, Sprech- und Schreibstile entwickeln und dabei sowohl als Individuen als auch als Mitglied einer Gruppe agieren (z. B. durch das Austauschen von Ideen und Interpretationen, während sie Texte rezipieren und formulieren)? Wie kann man Lernende dabei unterstützen?

> Die Benutzer des *Referenzrahmens* sollten bedenken und, soweit sinnvoll, angeben, welchen Stellenwert schriftliche und gesprochene Texte in ihrem Lern-/Lehrprogramm und bei Auswertungsübungen haben, z. B.:
> - nach welchen Prinzipien Texte ausgewählt, adaptiert oder verfasst, angeordnet und dargeboten werden;
> - ob Texte sprachlich gestuft werden;
> - ob von Lernenden erwartet wird, dass sie Texttypen unterscheiden können, je nach Texttyp unterschiedliche Hör- und Lesestile entwickeln und beim Hören bzw. Lesen auf alle Einzelheiten, spezielle Aspekte oder den Hauptgedanken achten. Wird den Lernenden dabei geholfen?

6.4.4 Inwiefern sollte von Lernenden erwartet oder gefordert werden, dass sie anhand ***kommunikativer Aufgaben und Aktivitäten*** (vgl. Abschnitt 4.4) lernen, und zwar durch:

a) die bloße Beteiligung an spontanen Aktivitäten;
b) die bloße Beteiligung an Aufgaben und Aktivitäten, die in Hinblick auf Typ, Ziele, *Input*, Ergebnisse, Rolle und Aktivitäten der Teilnehmenden usw. geplant wurden;
c) die Beteiligung nicht nur an den Aufgaben, sondern auch an deren Planung und der nachbereitenden Analyse und Evaluation;
d) wie in c), jedoch mit explizitem Bewusstmachen der Ziele, Eigenschaften und Struktur der Aufgaben, der Anforderungen an die Rolle der Teilnehmenden usw.?

6.4.5 Sollte die Fähigkeit der Lernenden, ***kommunikative Strategien*** (vgl. Abschnitt 4.4) zu verwenden, als von der L1 übertragbar angesehen werden oder auf eine der folgenden Arten gefördert werden?

a) durch das Schaffen von Situationen und das Vorgeben kommunikativer Aufgaben (z. B. Rollenspiele und Simulationen), die den Einsatz von Strategien für die Planung, Ausführung, Evaluation und Korrektur (Reparaturen) erfordern;
b) wie in a), jedoch unter Verwendung von Techniken zur Bewusstmachung (z. B. die Aufzeichnung und Analyse von Rollenspielen und Simulationen);
c) wie in a), jedoch mit der Vorgabe, dass die Lernenden sich je nach Bedarf auf ein explizites strategisches Vorgehen konzentrieren und dementsprechend handeln.

Die Benutzer des *Referenzrahmens* sollten bedenken und, soweit sinnvoll, angeben,
- welchen Stellenwert Aktivitäten, kommunikative Aufgaben und Strategien für das Sprachlern-/Sprachlehrprogramm haben.

6.4.6 Allgemeine Kompetenzen (vgl. Abschnitt 5.1) können auf verschiedene Weise entwickelt werden.

6.4.6.1 In Hinblick auf das Weltwissen bedeutet das Erlernen einer neuen Sprache nicht, dass man bei Null anfangen muss. Viel, wenn nicht das meiste benötigte Wissen kann als bekannt vorausgesetzt werden. Es geht hier jedoch um mehr als das Lernen neuer Wörter für bekannte Inhalte, obwohl es beachtlich ist, in welchem Maße das im *Threshold Level* vorgeschlagene System von allgemeinen und speziellen Begriffen sich als geeignet und angemessen für zwanzig europäische Sprachen, selbst Sprachen aus unterschiedlichen Sprachfamilien, herausgestellt hat. Ein gutes Urteilsvermögen ist erforderlich, um Fragen wie die folgenden zu beantworten: Involviert die zu lehrende oder zu prüfende Sprache ein Weltwissen, das über den Reifegrad der Lernenden hinausgeht oder sich außerhalb ihrer Erfahrungen als Erwachsene befindet? Falls dies der Fall ist, so kann es nicht als selbstverständlich vorausgesetzt werden. Dem Problem sollte nicht ausgewichen werden; in den Fällen, in denen eine andere Sprache als die Muttersprache als Unterrichtssprache in Schulen oder an Universitäten (und auch in der muttersprachlichen Erziehung selbst) verwendet wird, sind sowohl die fachlichen Inhalte als auch die verwendete Sprache neu. In der Vergangenheit haben viele Sprachlehrbücher, wie z. B. das aus dem 17. Jahrhundert stammende *Orbis pictus* des berühmten tschechischen Pädagogen Comenius, versucht, das Sprachenlernen explizit auf eine Art und Weise zu gestalten, die jungen Menschen eine strukturierte Weltsicht vermitteln sollte.

6.4.6.2 Etwas anders verhält es sich in Hinblick auf das soziokulturelle Wissen und die Entwicklung interkultureller Fertigkeiten. In mancherlei Hinsicht scheinen die Völker Europas eine gemeinsame Kultur zu besitzen. In anderer Hinsicht bestehen jedoch erhebliche Unterschiede, nicht nur zwischen verschiedenen Ländern, sondern auch zwischen Regionen, sozialen Schichten, ethnischen Gruppen, Männern und Frauen usw. Die Darstellung der Zielkultur muss sehr genau bedacht werden, ebenso die Auswahl der sozialen Gruppe oder Gruppen, die im Mittelpunkt stehen sollen. Sind die malerischen, meist archaischen, folkloristischen Stereotypen, wie man sie in Kinderbilderbüchern findet (holländische Holzschuhe und Windmühlen, in England kleine Häuschen mit Strohdächern und rosenumrankten Eingängen) heute noch angebracht? Sie regen die Fantasie an und können besonders für jüngere Kinder motivierend sein. Oft entsprechen sie dem Selbstbild des jeweiligen Landes und werden auf Festivals gepflegt und gefördert. Wenn das der Fall ist, können sie durchaus in diesem Licht dargestellt werden. Sie haben allerdings kaum Ähnlichkeit mit dem Alltagsleben des Großteils der Bevölkerung. Hier muss das richtige Verhältnis gefunden werden angesichts des übergeordneten Bildungsziels, die plurikulturelle Kompetenz der Lernenden zu entwickeln.

6.4.6.3 Wie sind demzufolge die allgemeinen, nicht-sprachspezifischen Kompetenzen in Sprachkursen zu behandeln?

a) Soll man davon ausgehen, dass sie bereits vorhanden sind oder an einem anderem Ort (z. B. in anderen Unterrichtsfächern, die in der L1 unterrichtet werden) ausreichend entwickelt werden, um für den Fremdsprachenunterricht vorausgesetzt werden zu können?

b) Sollen sie *ad hoc* behandelt werden, wenn entsprechende Probleme auftauchen?
c) Sollten sie entwickelt werden durch Auswahl und Erstellen von Texten, die neue Wissensgebiete und Fakten illustrieren?
d) Soll man sie durch spezielle Kurse oder Lehrwerke, die landeskundliche Inhalte i) in der L1, ii) in der L2 zum Thema haben, vermitteln?
e) Soll man sie durch eine interkulturelle Komponente vermitteln, die das Ziel hat, die auf Erfahrung beruhenden, die kognitiven und die soziokulturellen Hintergründe der Lernenden und der Muttersprachler bewusst zu machen?
f) Soll man sie durch Rollenspiele und Simulationen vermitteln?
g) Soll man sie durch Sachunterricht mit L2 als Unterrichtssprache vermitteln?
h) Soll man sie durch direkten Kontakt mit Muttersprachlern und authentischen Texten vermitteln?

6.4.6.4 In Hinblick auf die *persönlichkeitsbezogenen Kompetenzen (savoir-être)* ist es möglich, die Persönlichkeitsmerkmale, Motivationen, Einstellungen, Überzeugungen usw. des Lernenden (vgl. Abschnitt 5.1.3)

a) zu ignorieren, weil sie seine persönliche Angelegenheit sind;
b) bei der Planung und Überwachung (*Monitoring*) des Lernprozesses zu berücksichtigen;
c) als ein Ziel des Lernprogramms mit einzubeziehen.

Die Benutzer des *Referenzrahmens* sollten bedenken und, soweit sinnvoll, angeben,

- welche der oben genannten (oder andere) Mittel und Verfahren eingesetzt werden, um die allgemeinen Kompetenzen zu entwickeln;
- welche Unterschiede sich ergeben, wenn praktische Fertigkeiten a) thematisiert, b) geübt, c) durch bestimmte Handlungen, begleitet von Sprache, demonstriert oder d) mit der Zielsprache als Unterrichtssprache unterrichtet werden.

6.4.6.5 Was ihre *Lernfähigkeit* anbelangt, so können Lernende ihre *Lernfertigkeiten* (*study skills*) und *heuristischen Fertigkeiten* sowie die Übernahme von *Verantwortung für ihr eigenes Lernen* (vgl. Abschnitt 5.1.4) wie folgt entwickeln:

a) einfach als Nebeneffekt des Sprachenlernens- und lehrens, ohne spezielle Planung oder Unterricht;
b) indem man kontinuierlich die Verantwortung für das Lernen von den Lehrenden auf die Schüler/Studierenden überträgt und sie ermutigt, über ihre Lernprozesse nachzudenken und diese Erfahrung anderen Lernenden mitzuteilen;
c) indem man den Lernenden systematisch die Lern-/Lehrprozesse, an denen sie teilhaben, bewusst macht;
d) indem man Lernende am Ausprobieren verschiedener methodischer Optionen beteiligt;
e) indem man Lernenden ermöglicht, ihren eigenen kognitiven Stil zu erkennen, und sie dazu anregt, ihre eigenen Lernstrategien dementsprechend zu entwickeln.

Die Benutzer des *Referenzrahmens* sollten bedenken und, soweit sinnvoll, angeben,

- welche Schritte sie unternehmen, um die Entwicklung von Schülern/Studierenden zu selbstverantwortlichen und unabhängigen Sprachenlernenden und Sprachverwendenden zu fördern.

6.4.7 Die Entwicklung der ***linguistischen Kompetenzen*** der Lernenden ist ein zentraler, unverzichtbarer Aspekt des Fremdsprachenlernens. Wie kann diese Kompetenz am besten in Hinblick auf Wortschatz, Grammatik, Aussprache und Rechtschreibung gefördert werden?

6.4.7.1 Wie sollten Lernende den Umfang ihres Wortschatz erweitern?

a) durch bloßen Kontakt mit Wörtern und feststehenden Wendungen, die in authentischen gesprochenen und schriftlichen Texten verwendet werden;
b) indem der Lernende Fragen stellt oder im Wörterbuch usw. nachschlägt, wenn dies für bestimmte kommunikative Aufgaben und Aktivitäten erforderlich ist;
c) durch Einbettung in bestimmte Kontexte, z. B. in Texte in Lehrbüchern mit nachfolgender Verwendung in Übungen und Anwendungen;
d) durch Einführung von Wörtern begleitet von visuellen Stützen (Bildern, Gesten und Mimik, Handlungen oder Gegenständen);
e) durch das Auswendiglernen von zweisprachigen Wortlisten usw.;
f) durch das Erkunden von Wortfeldern und das Erstellen „mentaler Landkarten" (*mind maps*) usw.;
g) durch Arbeit mit ein- und zweisprachigen Wörterbüchern, Thesauri und anderen Nachschlagewerken;
h) durch Erklärung und Einübung lexikalischer Strukturen (z. B. Wortbildung, Komposita, Kollokationen, Partikelverben (*phrasal verbs*), idiomatische Wendungen usw.);
i) durch mehr oder weniger systematische Auseinandersetzung mit der unterschiedlichen Verteilung der semantischen Merkmale in der L1 und der L2 (kontrastive Semantik).

Die Benutzer des *Referenzrahmens* sollten bedenken und, soweit sinnvoll, angeben,
- wie neue Vokabeln (Form und Bedeutung) eingeführt und von Schülern und Studierenden gelernt werden.

6.4.7.2 *Umfang*, *Spektrum* und *Beherrschung* des Wortschatzes sind wichtige Parameter des Spracherwerbs und somit auch für die Beurteilung der Sprachkompetenz der Lernenden und für die Planung von Sprachenlernen und -lehren.

Die Benutzer des *Referenzrahmens* sollten bedenken und, soweit sinnvoll, angeben,
- welchen *Umfang* (d. h. Anzahl der Wörter und feststehenden Wendungen) der Wortschatz der Lernenden besitzen sollte, wie sie vorbereitet werden sollen und welche Anforderungen in dieser Hinsicht an sie gestellt werden;
- welches *Spektrum* (d. h. die abgedeckten Lebensbereiche, Themen usw.) der Wortschatz der Lernenden umfassen sollte, auf welches Spektrum sie vorbereitet werden sollen und welche Anforderungen an sie gestellt werden;
- welchen Grad an *Beherrschung* Lernende bei der Wortschatzarbeit erreichen sollten, wie sie in dieser Hinsicht vorbereitet werden und welche Anforderungen an sie gestellt werden;
- inwiefern bei der Wortschatzarbeit zwischen dem Lernen für das Erkennen und Verstehen und dem Lernen für die Aktivierung und die Sprachproduktion unterschieden wird;
- wie Erschließungstechniken eingesetzt werden und wie deren Entwicklung gefördert wird.

6.4.7.3 – Auswahl des Wortschatzes

Beim Erstellen von Tests und Unterrichtsmaterialien muss man entscheiden, welche Wörter man aufnehmen will. Bei der Entwicklung von Curricula und Lehrplänen muss dies nicht unbedingt geschehen, man kann jedoch Richtlinien geben, um Transparenz und Kohärenz in Bildungsangeboten zu gewährleisten. Es gibt verschiedene Optionen:

- Auswahl wichtiger Wörter und Redewendungen a) in thematischen Bereichen, die für die Bewältigung der für die Lernenden relevanten kommunikativen Aufgaben erforderlich sind; b) die kulturelle Unterschiede beinhalten und/oder wichtige Werte und Überzeugungen der sozialen Gruppe(n), deren Sprache gelernt wird;
- Anwendung sprachstatistischer Prinzipien zur Auswahl der häufigsten Wörter entweder in großen allgemeinen Wortzählungen oder in Wortzählungen für spezielle Themenbereiche;
- Auswahl (authentischer) gesprochener oder schriftlicher Texte und Lehren/Lernen aller Wörter, die in ihnen vorkommen;
- keine Vorausplanung der Wortschatzentwicklung, sondern organische Entwicklung in Reaktion auf die Bedürfnisse der Lernenden bei kommunikativen Aufgaben.

Die Benutzer des *Referenzrahmens* sollten bedenken und, soweit sinnvoll, angeben,
- nach welchen Kriterien der Wortschatz ausgewählt wird.

6.4.7.4 Grammatische Kompetenz, d. h. die Fähigkeit, Sätze zur Vermittlung von Bedeutungen zu strukturieren, ist ein zentraler Bestandteil der kommunikativen Kompetenz. Daher achten die meisten (jedoch nicht alle), die sich mit dem Planen, Lehren und Prüfen von Sprachen beschäftigen, sehr darauf, wie der Lernprozess zur Vermittlung dieser Fähigkeit gehandhabt wird. Dies umfasst meist eine Auswahl, Anordnung und schrittweise Einführung und Einübung des neuen Sprachmaterials. Am Anfang stehen dabei in der Regel kurze Sätze, die aus nur einem Teilsatz bestehen, dessen Konstituenten wiederum aus nur einem einzigen Wort bestehen (z. B. *Johanna ist glücklich.*). Schließlich werden komplexe Sätze eingeführt, die aus mehreren, in Anzahl, Länge und Struktur natürlich unbegrenzten Teilsätzen bestehen. Dies schließt nicht aus, dass schon in einem frühen Stadium analytisch komplexes Sprachmaterial als feststehende Formel (d. h. eine Vokabel/lexikalische Einheit), als fester Rahmen für das Einfügen von Lexemen (z. B. *Könnte ich bitte ... haben?*) oder als global gelernte Wörter eines Liedtextes (z. B. *Ich weiß nicht, was soll es bedeuten, dass ich so traurig bin ...* oder: *Kein Schwein ruft mich an, keine Sau interessiert sich für mich* usw.) eingeführt werden.

6.4.7.5 Inhärente Komplexität ist nicht das einzige Ordnungsprinzip, das zu beachten ist:

1. Der kommunikative Nutzen grammatischer Kategorien muss berücksichtigt werden, d. h. ihre Rolle als Exponenten allgemeiner Begriffe. Sollten Lernende z. B. einer Progression folgen, bei der sie nach zwei Jahren Sprachunterricht immer noch nicht über Erlebnisse in der Vergangenheit sprechen können?

2. Kontrastive Faktoren spielen eine große Rolle für die Bestimmung des Lernpensums und somit für das ‚Kosten-Nutzen-Verhältnis' der verschiedenen möglichen Abfolgen. So stellen z. B. deutsche Nebensätze für französische und englische Lernende größere Wortstellungsprobleme als für niederländische Lernende dar. Andererseits können Sprecher eng verwandter Sprachen, z. B. Deutsch/Niederländisch, Tschechisch/Slowakisch, dazu neigen, mechanische Wort-für-Wort-Übersetzungen vorzunehmen.

3. Authentische gesprochene und schriftliche Texte können bis zu einem gewissen Grad nach grammatischem Schwierigkeitsgrad gestuft werden, bieten jedoch Lernenden möglicherweise neue Strukturen und vielleicht auch Kategorien, die geschickte Lernende sich noch vor anderen, eigentlich einfacheren Strukturen für die aktive Verwendung aneignen können.

4. Auch die natürlichen Erwerbssequenzen beim kindlichen Spracherwerb in der L1 können eventuell für das Planen der Entwicklung der L2 berücksichtigt werden.

Der *Referenzrahmen* ersetzt keine Grammatikbücher und bietet keine strenge Reihenfolge an (obwohl das Skalieren eine Auswahl und somit einige globale Sequenzierungen beinhalten kann); er stellt jedoch einen Rahmen für die Entscheidungen der Praktiker dar, die sie anderen mitteilen wollen.

6.4.7.6 Im Allgemeinen steht der Satz im Mittelpunkt der grammatischen Beschreibung. Jedoch können auch einige Relationen über Satzgrenzen hinweg (z. B. Anaphora: Verwendung von Pronomen und Verbersatz, der Gebrauch von Satzadverbien usw.) eher als Teil der linguistischen als der pragmatischen Kompetenz angesehen werden (z. B. *Da hinten steht Peter. – Ja, ich sehe ihn. / Aber das ist doch Stefan!*).

> Die Benutzer des *Referenzrahmens* sollten bedenken und, soweit sinnvoll, angeben,
> - auf welcher Grundlage grammatische Elemente, Kategorien, Strukturen, Prozesse und Relationen ausgewählt und sequenziert werden;
> - wie ihre Bedeutungen Lernenden vermittelt werden;
> - welche Rolle die kontrastive Grammatik für das Sprachenlernen und -lehren hat;
> - welche Bedeutung dem Spektrum der Ausdrucksfähigkeit, der Flüssigkeit und der Korrektheit in Bezug auf die Satzkonstruktion beigemessen wird;
> - in welchem Maße Lernenden die Grammatik a) ihrer Muttersprache, b) der Zielsprache, c) der Unterschied zwischen beiden bewusst gemacht werden sollte.

6.4.7.7 Lernende können/sollten ihre *grammatische Kompetenz* auf folgende Arten entwickeln:

a) induktiv, durch direkten Kontakt mit neuem grammatischen Material, das die Lernenden in authentischen Texten vorfinden;
b) induktiv, indem neue grammatische Elemente, Kategorien, Klassen, Strukturen, Regeln usw. in Texte eingebaut werden, die speziell verfasst wurden, um ihre Form, Funktion und Bedeutung zu illustrieren;
c) wie in b) mit anschließenden Erklärungen und formbezogenen Übungen;
d) durch Darbietung formaler Paradigmen, Formentabellen usw., mit anschließenden Erklärungen in angemessener Metasprache (Terminologie) in der L2 oder der L1 sowie mit formbezogenen Übungen;
e) durch Hervorlocken (*elicitation*) und, sofern erforderlich, Neuformulierung der Lerner-Hypothesen usw.

6.4.7.8 Bei *formbezogenen Übungen* können folgende Übungstypen eingesetzt werden:

a) Lückentexte, Einsetzübungen;
b) Bildung von Sätzen nach einem vorgegebenen Muster;
c) Mehrfach-Wahlaufgabe (*Multiple-Choice*-Aufgabe);
d) Substitutionsübungen (z. B. Singular/Plural, Präsens/Vergangenheit, Aktiv/Passiv usw.);
e) Verbinden von Sätzen (z. B. Relativsätze, Adverbial- und Nominalsätze usw.);
f) Übersetzung von Beispielsätzen aus der L1 in die L2;
g) Fragen und Antworten unter Verwendung bestimmter Strukturen;
h) grammatikorientierte Übungen zur Flüssigkeit des Sprechens.

> Die Benutzer des *Referenzrahmens* sollten bedenken und, soweit sinnvoll, angeben,
> - wie grammatische Strukturen a) analysiert, sequenziert und dem Lernenden dargeboten werden und wie sie b) von diesen gelernt werden;
> - wie und nach welchen Gesichtspunkten lexikalische, grammatische und pragmatische Bedeutungen in der L2 den Lernenden vermittelt/von ihnen wieder abgerufen werden, z. B. durch Übersetzung von der/in die L1, durch Definitionen, Erklärungen usw. in der L2 und durch Erschließen aus dem Kontext.

6.4.7.9 – Aussprache

Wie können oder sollten Lernende ihre Fähigkeit verbessern, eine Sprache *auszusprechen*?

a) einfach durch Kontakt mit authentischen gesprochenen Äußerungen;
b) im Chor durch Imitation
   i) des Lehrers;
   ii) von Tonbandaufnahmen mit Muttersprachlern;
   iii) der Videoaufnahmen von Muttersprachlern;
c) durch individualisierte Arbeit im Sprachlabor;
d) durch lautes Lesen von Textmaterial mit speziellen phonetischen Merkmalen;
e) durch Hörschulung (*ear training*) und Ausspracheübungen;
f) wie in d) und e), jedoch unter Verwendung von Texten in phonetischer Umschrift;
g) durch explizite Ausspracheschulung (vgl. Abschnitt 5.2.1.4);
h) durch das Lernen orthoepischer Konventionen (d. h. wie geschriebene Formen auszusprechen sind);
i) durch eine Kombination der oben genannten Methoden.

6.4.7.10 – Orthographie

Das Schriftsystem einer Sprache kann von Lernenden mit folgenden Methoden gelernt werden:

a) durch bloßen Transfer von der L1;
b) durch Kontakt mit authentischen schriftlichen Texten:
   i) gedruckte Texte;
   ii) auf einer Tastatur eingegebene Texte;
   iii) handschriftliche Texte;
c) durch Auswendiglernen des jeweiligen Alphabets mit den entsprechenden phonetischen Werten (z. B. das römische, kyrillische oder griechische Alphabet, wenn die L1 ein anderes Alphabet verwendet) sowie diakritischen Zeichen und Satzzeichen;
d) durch Üben der Schreibschrift (einschließlich kyrillischer Schrift, Fraktur usw.) und Beachten der in einem Land üblichen Konventionen für die Handschrift;
e) durch Auswendiglernen von Wortformen (einzeln oder unter Anwendung von Rechtschreibregeln) und Zeichensetzungsregeln;
f) durch Diktate.

> Die Benutzer des *Referenzrahmens* sollten bedenken und, soweit sinnvoll, angeben,
> – wie die phonetischen und orthographischen Formen von Wörtern, Sätzen usw. den Lernenden vermittelt und von diesen gelernt werden.

6.4.8 Sollte die Entwicklung der ***soziolinguistischen Kompetenz*** des Lernenden (vgl. Abschnitt 5.2.2) als von ihrer Erfahrung im sozialen Leben übertragbar angesehen werden, oder sollte sie gefördert werden:

a) durch Kontakt mit authentischer Sprache, die in der jeweiligen sozialen Situation angemessen verwendet wird;
b) durch Auswahl oder Erstellen von Texten, die die soziolinguistischen Unterschiede zwischen der eigenen Gesellschaft und der Gesellschaft, in der die Zielsprache gesprochen wird, kontrastiv darstellen;
c) durch Aufzeigen, Erklären und Diskutieren soziolinguistischer Unterschiede immer dann, wenn sie auftreten;
d) durch Fehlerkorrektur, d. h. Bewertung, Analyse und Erklärung aufgetretener Fehler und Nennung der korrekten Form;
e) als Bestandteil einer expliziten soziolinguistischen Unterrichtskomponente beim Lernen einer modernen Fremdsprache?

6.4.9 Ist davon auszugehen, dass die ***pragmatische Kompetenz*** (vgl. Abschnitt 5.2.3) der Lernenden von der Bildung/Erziehung und der allgemeinen Erfahrung in der Muttersprache (L1) übertragbar ist? Oder sollte sie gefördert werden durch:

a) zunehmende Steigerung der Komplexität der Diskursstruktur und des funktionalen Spektrums der Texte, die den Lernenden angeboten werden;
b) Aufforderung an die Lernenden, zunehmend komplexere Texte zu produzieren, indem sie zunehmend komplexere Texte von der L1 in die L2 übersetzen;
c) kommunikative Aufgaben, die eine größere funktionale Bandbreite und die Befolgung verbaler Gesprächsmuster erfordern;
d) Bewusstmachung (Analyse, Erklärung, Terminologie usw.) in Ergänzung zu praktischen Aktivitäten;
e) explizites Lehren und Üben von Funktionen, Gesprächsmustern und Diskursstrukturen?

Die Benutzer des *Referenzrahmens* sollten bedenken und, soweit sinnvoll, angeben,
- in welchem Umfang soziolinguistische und pragmatische Kompetenzen vorausgesetzt oder einer natürlichen Entwicklung überlassen werden können;
- welche Methoden und Techniken angewendet werden sollten, um ihre Entwicklung in den Fällen zu fördern, in denen dies notwendig oder ratsam erscheint.

6.5 – Kompetenz- und Performanzfehler

Kompetenzfehler (*errors*) sind eine Erscheinung von ‚Lernersprachen', d. h. von vereinfachten oder verzerrten Varianten der Zielsprache. Wenn Lernende Fehler dieser Art machen, so deckt sich ihre Performanz mit ihrer Kompetenz, die von den Normen der L2 abweicht. ***Performanzfehler*** (*mistakes*) hingegen treten bei der eigentlichen Sprachverwendung auf, wenn Sprachverwendende/Sprachenlernende (wie auch Muttersprachler) ihre Kompetenz nicht korrekt umsetzen.

6.5.1 Man kann verschiedene Einstellungen zu Fehlern haben, z. B.:

a) Kompetenz- und Performanzfehler sind ein Beleg dafür, dass etwas nicht gelernt wurde;
b) Kompetenz- und Performanzfehler sind ein Beleg für ineffizienten Unterricht;
c) Kompetenz- und Performanzfehler sind ein Beleg dafür, dass die Lernenden trotz Risiken kommunizieren möchten;
d) Kompetenzfehler sind unvermeidbare, vorübergehende Produkte der sich entwickelnden Lernersprache der Lernenden; Performanzfehler sind bei *sämtlichen* Formen der Sprachverwendung unvermeidbar, selbst bei Muttersprachlern.

6.5.2 Folgende Maßnahmen können beim Auftreten von Kompetenz- und Performanzfehlern ergriffen werden:

a) alle Kompetenz- und Performanzfehler sollten sofort vom Lehrenden korrigiert werden;
b) Lernende sollten systematisch zu sofortiger gegenseitiger Korrektur angehalten werden, um Fehler auszumerzen;
c) alle Fehler sollten notiert werden, um sie dann zu korrigieren, wenn dies die Kommunikation nicht stört (z. B. indem man die Entwicklung der Korrektheit von der Entwicklung des flüssigen Sprechens trennt);
d) Fehler sollten nicht nur korrigiert, sondern zu gegebener Zeit auch analysiert und erklärt werden;
e) Fehler, die nur Versprecher sind, sollten unberücksichtigt bleiben, systematische Fehler sollten jedoch ausgemerzt werden;
f) Fehler sollten nur dann korrigiert werden, wenn sie die Kommunikation stören;
g) Fehler sollten als Teil der Übergangskompetenz in der Lernersprache akzeptiert werden und unbeachtet bleiben.

6.5.3 Wie werden die Beobachtung und die Analyse von Fehlern der Lernenden weiter genutzt:

a) bei der Planung zukünftigen Lernens in Einzel- oder Gruppenarbeit;
b) bei der Kursplanung und Entwicklung von Materialien;
c) bei der Evaluation und Beurteilung von Lern- und Lehrprozessen, z. B.:
   - Werden Lernende vorwiegend in Hinblick auf ihre Kompetenz- und Performanzfehler beurteilt, die ihnen bei der Bewältigung kommunikativer Aufgaben unterlaufen?
   - Falls dies nicht der Fall ist, welche anderen Kriterien werden für den sprachlichen Lernerfolg verwendet?
   - Werden Kompetenz- und Performanzfehler gewichtet und, wenn ja, nach welchen Kriterien?
   - Welche relative Bedeutung wird Fehlern in folgenden Bereichen beigemessen?
     - Aussprache;
     - Rechtschreibung;
     - Wortschatz;
     - Morphologie,
     - Syntax;
     - Sprachgebrauch;
     - soziokultureller Inhalt.

Die Benutzer des *Referenzrahmens* sollten bedenken und, soweit sinnvoll, angeben,
- welche Einstellung sie gegenüber Kompetenz- und Performanzfehlern haben, wie sie ihnen begegnen und ob gleiche oder unterschiedliche Kriterien für Kompetenz- und Performanzfehler folgender Art gelten:
  - Aussprachefehler;
  - Rechtschreibfehler;
  - lexikalische Fehler;
  - morphologische Fehler;
  - syntaktische Fehler;
  - soziolinguistische und soziokulturelle Fehler;
  - pragmatische Fehler.

Kapitel 7 – Die Rolle kommunikativer Aufgaben beim Fremdsprachenlernen und -lehren

7.1 – Beschreibung kommunikativer Aufgaben

Kommunikative Aufgaben sind ein Merkmal des alltäglichen Lebens im privaten, öffentlichen und beruflichen sowie im Bildungsbereich. Die Bewältigung einer kommunikativen Aufgabe beinhaltet die strategische Aktivierung spezieller Kompetenzen, um innerhalb eines bestimmten Lebensbereichs eine Gruppe zielgerichteter Handlungen mit einem klar definierten Ziel und einem speziellen Ergebnis auszuführen (vgl. Abschnitt 4.1). Wie die folgenden Beispiele zeigen, können kommunikative Aufgaben ihrem Wesen nach sehr unterschiedlich sein und sprachliche Aktivitäten in unterschiedlichem Umfang enthalten, wie z. B. kreativ (malen, Geschichten schreiben), fertigkeitsbezogen (etwas reparieren oder zusammenbauen), Probleme lösen (Puzzles, Kreuzworträtsel), routinemäßige Transaktionen, eine Rolle in einem Theaterstück interpretieren, an einer Diskussion teilnehmen, ein Referat halten, eine bestimmte Handlungsfolge planen, eine (E-Mail-)Mitteilung lesen und beantworten usw. Eine kommunikative Aufgabe kann recht einfach sein oder äußerst komplex (z. B. die Beschäftigung mit mehreren, miteinander zusammenhängenden Diagrammen und Anweisungen und der Zusammenbau eines unbekannten und komplizierten Geräts). Eine bestimmte kommunikative Aufgabe kann eine unterschiedliche Anzahl von Schritten oder eingebetteten Teilaufgaben umfassen, sodass es mitunter schwierig ist, die Grenzen einer kommunikativen Aufgabe genau zu definieren.

Kommunikation ist ein wesentlicher Bestandteil von Aufgaben, bei denen die Teilnehmenden mit Interaktion, Produktion, Rezeption oder Sprachmittlung oder einer Kombination aus zwei oder mehreren dieser Bereiche befasst sind, wie z. B.: mit einem Beamten interagieren und ein Formular ausfüllen; einen Bericht lesen und ihn mit Kollegen und Kolleginnen diskutieren, um über eine bestimmte Vorgehensweise zu entscheiden; schriftliche Anweisungen beim Zusammenbau eines Objekts befolgen und, falls ein Beobachter oder Helfer anwesend ist, ihn um Hilfe bitten oder um Beschreibung oder Kommentierung des Vorgangs; einen öffentlichen Vortrag (in schriftlicher Form) vorbereiten und halten; für einen Besucher informell dolmetschen usw.

Kommunikative Aufgaben ähnlicher Art spielen in vielen Lehrplänen, Lehrwerken, Unterrichtssituationen und Tests eine große Rolle, wenn auch für Lern- und Prüfungszwecke häufig in abgeänderter Form. Diese realitätsbezogenen ‚Ziel-' oder ‚Probeaufgaben' werden auf der Basis der Bedürfnisse, die Lernende außerhalb des Klassenzimmers haben, ausgewählt. Dabei kann es sich um Bedürfnisse im privaten oder öffentlichen Bereich handeln oder aber um speziellere Anforderungen im Berufs- oder Bildungsbereich.

Andere Arten von kommunikativen Aufgaben im Unterricht sind speziell ‚didaktischer' Natur und haben ihre Grundlage in der sozialen und interaktiven Beschaffenheit sowie in der Unmittelbarkeit der Unterrichtssituation, in der Lernende bereit sind, sich auf die Fiktivität der Situation einzulassen und zu akzeptieren, dass zur Ausführung inhaltsorientierter Aufgaben statt der leichteren und natürlicheren Muttersprache die Zielsprache verwendet wird. Diese didaktischen Aufgaben stehen nur in indirektem Zusammenhang mit realen Aufgaben und Lernerbedürfnissen und zielen auf die Entwicklung einer kommunikativen Kompetenz auf der Basis von Annahmen und Kenntnissen über Lernprozesse im Allgemeinen und Spracherwerb im Besonderen. Kommunikative didaktische Aufgaben (im Gegensatz zu Übungen, bei denen das dekontextualisierte Einüben von Formen im Mittelpunkt steht) haben das Ziel, die Lernenden aktiv an sinnvoller Kommunikation zu beteiligen; sie sind relevant (hier und jetzt im Hier und Jetzt der Unterrichtssituation), sind eine Herausforderung, jedoch machbar (wenn die Aufgaben, sofern nötig, angepasst sind) und führen zu erkennbaren (sowie zu möglicherweise nicht sofort ersichtlichen) Ergebnissen. Aufgaben dieser Art können ‚metakommunikative' Teilaufgaben beinhalten, d. h. Kommunikation über die Ausführung der Aufgabe und über die Sprache, die dabei verwendet wird. Hierzu zählt auch, dass Lernende bei der Auswahl, Durchführung und Evaluation der Aufgabe mitwirken – dies wird in einer Sprachlernsituation oft zu einem wesentlichen Bestandteil der Aufgabe selbst.

Kommunikative Aufgaben im Unterricht – ganz gleich, ob sie reale Sprachverwendung widerspiegeln oder im Wesentlichen didaktischer Art sind – sind in dem Maße kommunikativ, in dem sie von den Lernenden verlangen, Inhalte zu verstehen, auszuhandeln und auszudrücken, um ein kommunikatives Ziel zu erreichen. Der Schwerpunkt einer kommunikativen Aufgabe liegt auf ihrer erfolgreichen Bewältigung und im Mittelpunkt steht folglich die inhaltliche Ebene, während Lernende ihre kommunikativen Absichten realisieren. Im Falle von Aufgaben, die speziell für das Lernen oder Lehren von Sprachen entwickelt wurden, geht es bei der Ausführung jedoch sowohl um Inhalte als auch um die Art und Weise, wie diese verstanden, ausgedrückt und ausgehandelt werden. Bei der allgemeinen Auswahl und Sequenzierung von kommunikativen Aufgaben muss eine sich ständig verändernde Balance geschaffen werden zwischen der Aufmerksamkeit, die Inhalt und Form gewidmet wird, und der, die der Flüssigkeit und Korrektheit gilt, sodass sowohl die Ausführung der Aufgabe als auch der Sprachlernprozess erleichtert und angemessen beachtet werden können.

7.2 – Die Ausführung von kommunikativen Aufgaben

Betrachtet man die Ausführung kommunikativer Aufgaben in pädagogischen Kontexten, so sind folgende Aspekte zu berücksichtigen: die Kompetenzen der Lernenden und die jeweiligen Bedingungen und Einschränkungen für eine bestimmte Aufgabe (die verändert werden können, um den Schwierigkeitsgrad von Aufgaben im Unterricht zu variieren) sowie das strategische Zusammenspiel von Lernerkompetenzen und Aufgabenparametern bei der Bewältigung einer Aufgabe.

7.2.1 – Kompetenzen

Aufgaben jeglicher Art erfordern die Aktivierung einer ganzen Reihe angemessener allgemeiner Kompetenzen, z. B.: Weltwissen und Erfahrungen mit der Welt; soziokulturelles Wissen (in Bezug auf das Leben in der Gemeinschaft, in der die Zielsprache gesprochen wird, und auf wesentliche Unterschiede zwischen den Praktiken, Werten und Einstellungen jener Gemeinschaft und der eigenen Gesellschaft des Lernenden); Fertigkeiten wie z. B. interkulturelle Fertigkeiten (zur Vermittlung zwischen den beiden Kulturen), Lernfertigkeiten sowie alltägliche praktische Fertigkeiten (vgl. Abschnitt 5.1). Um eine kommunikative Aufgabe zu bewältigen – ganz gleich, ob es sich dabei um eine reale oder um eine Lern-/Prüfungssituation handelt –, setzt der Sprachverwendende oder Lernende auch kommunikative Sprachkompetenzen ein (linguistische, soziolinguistische und pragmatische Kenntnisse und Fertigkeiten – vgl. Abschnitt 5.2). Zusätzlich wirken sich auch die individuelle Persönlichkeit und die Einstellungen des Lernenden bzw. Sprachverwendenden auf die Ausführung einer Aufgabe aus.

Die erfolgreiche Bewältigung einer Aufgabe kann durch die vorherige Aktivierung der Lernerkompetenzen erleichtert werden. Hierzu kann man z. B. in der Anfangsphase einer Aufgabe, in der das Problem formuliert oder das Ziel gesetzt wird, die erforderlichen sprachlichen Elemente bereitstellen oder auf sie aufmerksam machen. Oder man nutzt Vorkenntnisse und zuvor gemachte Erfahrungen aus, um geeignete Schemata zu aktivieren. Eine weitere Möglichkeit besteht darin, die Lernenden zu ermutigen, Aufgaben selbst zu planen oder selbstständig zu üben. Auf diese Weise reduziert sich die Verarbeitungslast bei der Ausführung und Evaluation der Aufgabe, sodass Lernende unerwarteten inhaltlichen und/oder formbezogenen Problemen, die möglicherweise auftauchen, mehr Aufmerksamkeit schenken können. Dadurch steigt die Wahrscheinlichkeit, dass die Aufgabe sowohl in quantitativer als auch in qualitativer Hinsicht erfolgreich bewältigt werden kann.

7.2.2 – Bedingungen und Einschränkungen

Die Ausführung einer Aufgabe wird nicht nur von den Kompetenzen und Merkmalen der Lernenden/Sprachverwendenden beeinflusst, sondern hängt auch von bestimmten aufgabenbezogenen Bedingungen und Einschränkungen ab, die von Aufgabe zu Aufgabe unterschiedlich sein können. Die Lehrenden oder Lehrwerkautoren haben die Möglichkeit, mehrere Faktoren zu kontrollieren, um den Schwierigkeitsgrad einer Aufgabe nach oben oder nach unten anzupassen.

Verstehensaufgaben können so angelegt werden, dass allen Lernenden dieselbe sprachliche Eingabe (Input) bereitgestellt wird, die erwarteten Ergebnisse sich jedoch in Hinblick auf Quantität (Menge der geforderten Informationen) oder Qualität (erwartetes Niveau der Ausführung) unterscheiden können. Als Alternative kann der Eingabetext unterschiedliche Informationsmengen oder unterschiedliche Grade an inhaltlicher und/oder struktureller Komplexität enthalten; oder aber man unterstützt die Lernenden durch Bereitstellung unterschiedlicher Mengen an Hilfsmitteln (visuelle Materialien, Schlüsselwörter, Schaubilder, Diagramme). Der Eingabetext kann aufgrund seiner Relevanz für die Lernenden (Motivation) oder aus Gründen, die nichts mit den Lernenden direkt zu tun haben, ausgewählt werden. Man kann die Lernenden einen Text entweder so oft wie nötig hören bzw. lesen lassen oder aber einen konkreten zeitlichen Rahmen vorgeben. Die geforderte Antwort oder Reaktion kann recht einfach (z. B. die Hand heben) oder anspruchsvoll sein (z. B. einen neuen Text erstellen). Bei interaktiven und produktiven Aufgaben lassen sich die Bedingungen, unter denen eine Aufgabe auszuführen ist, verändern, um den Schwierigkeitsgrad der Aufgabe zu erhöhen oder zu senken; u. a. können folgende Faktoren variiert werden: die Länge der Vorbereitungs- und Ausführungszeit; die Dauer der Interaktion oder Produktion; der Grad der (Un-)Vorhersehbarkeit; Umfang und Art der Hilfestellung usw.

7.2.3 – Strategien

Die Ausführung einer kommunikativen Aufgabe ist ein komplexer Vorgang und erfordert daher das strategische Zusammenspiel einer ganzen Reihe von Lernerkompetenzen und aufgabenbezogener Faktoren. Der Sprachverwendende/Lernende reagiert auf die Anforderungen einer Aufgabe, indem er diejenigen allgemeinen und kommunikativen Strategien aktiviert, mit denen die jeweilige Aufgabe am besten bewältigt werden kann. Dabei adaptiert, reguliert und filtert der Sprachverwendende oder Lernende natürlich die Eingabe, die Ziele sowie die Bedingungen und Einschränkungen der Aufgabe, um sie seinen eigenen Ressourcen, Zwecken und (in einer Sprachlernsituation) seinem speziellen Lernstil anzupassen.

Bei der Ausführung einer kommunikativen Aufgabe werden die angemessenen Komponenten der für die Planung, Ausführung, Evaluation und (sofern erforderlich) Korrektur der Aufgabe erforderlichen Kompetenzen von dem Sprachverwendenden/Lernenden ausgewählt, gegeneinander abgewogen, aktiviert und koordiniert, um so den beabsichtigten kommunikativen Zweck auf effektive Weise zu erreichen. Strategien (allgemeiner sowie kommunikativer Art) stellen ein ganz wesentliches Bindeglied zwischen den verschiedenen (angeborenen oder erworbenen) Kompetenzen eines Lernenden und der erfolgreichen Bewältigung einer Aufgabe dar (vgl. Abschnitte 4.4 und 4.5).

7.3 – Schwierigkeitsgrade kommunikativer Aufgaben

Ein und dieselbe kommunikative Aufgabe kann von verschiedenen Personen ganz unterschiedlich angegangen werden. Folglich sind die Schwierigkeit, die eine Aufgabe für einen Lernenden darstellt, und die Strategien, die er einsetzt, um die Anforderungen der Aufgabe zu bewältigen, das Ergebnis mehrerer zusammenhängender Faktoren. Diese ergeben sich zum einen aus den (allgemeinen und kommunikativen) Kompetenzen und den individuellen Persönlichkeitsmerkmalen des Lernenden und zum anderen aus den speziellen Bedingungen und Einschränkungen, unter denen die Aufgabe ausgeführt wird. Aus diesem Grund lässt sich die Schwierigkeit einer Aufgabe nicht mit Sicherheit vorhersagen, am allerwenigsten für einen bestimmten Lernenden. In Sprachlernsituationen ist somit zu prüfen, auf welche Weise Elemente von Flexibilität und Differenzierung in die Entwicklung und Durchführung einer Aufgabe integriert werden können.

Trotz der Probleme, die mit der Bestimmung des Schwierigkeitsgrads einer kommunikativen Aufgabe einhergehen, muss die Auswahl und Sequenzierung von Aufgaben bestimmten Prinzipien folgen und kohärent sein, um Lernerfahrungen im Klassenzimmer effektiv zu nutzen. Ein solcher Ansatz berücksichtigt die speziellen Kompetenzen des Lernenden sowie die Faktoren, die die Schwierigkeit einer Aufgabe beeinflussen; dies bedeutet auch, dass die Aufgabenparameter variiert werden, um die Aufgabe den Bedürfnissen und Fähigkeiten des Lernenden anzupassen.

Die Schwierigkeitsgrade kommunikativer Aufgaben sind daher unter Beachtung folgender Gesichtspunkte zu betrachten:

- die Kompetenzen und Merkmale der Sprachverwendenden/Lernenden, einschließlich ihrer eigenen Absichten und Lernstile;
- Bedingungen und Einschränkungen der Aufgaben, die die Leistung der Sprachverwendenden/Lernenden bei der Ausführung einer Aufgabe beeinflussen können und die in einer Sprachlernsituation auf die Kompetenzen und Merkmale der Lernenden abgestimmt werden können.

7.3.1 – Kompetenzen und Merkmale der Lernenden

Die verschiedenen Kompetenzen eines Lernenden stehen in engem Zusammenhang mit seinen individuellen kognitiven, affektiven und sprachlichen Merkmalen; diese sind bei der Bestimmung der möglichen Schwierigkeit einer Aufgabe für einen bestimmten Lernenden zu berücksichtigen.

7.3.1.1 – Kognitive Faktoren

Vertrautheit mit der Aufgabe: Die kognitive Belastung vermindert sich, und die erfolgreiche Bewältigung der Aufgabe wird einfacher, je vertrauter der Lernende mit folgenden Aspekten ist:

- Typ der Aufgabe und der an ihr beteiligten Vorgänge;
- Thema bzw. Themen;
- Textsorte (Genre);
- die beteiligten Handlungsschemata (*Scripts* und *Frames*): die Verfügbarkeit unbewusster oder ‚routinisierter' Schemata entlastet den Lernenden, sodass er sich stärker anderen Aspekten der Ausführung widmen kann, oder sie hilft ihm, Textinhalt und -organisation zu antizipieren;
- erforderliches Hintergrundwissen (das vom Sprecher oder Autor des Textes vorausgesetzt wird);
- relevantes soziokulturelles Wissen, z. B. Wissen über soziale Normen und Variationen, soziale Konventionen und Regeln, dem Kontext angemessene sprachliche Formen, Verweise auf Aspekte nationaler oder kultureller Identität, deutliche Unterschiede zwischen der Kultur des Lernenden und der Zielkultur (vgl. Abschnitt 5.1.1.2) sowie interkulturelles Bewusstsein (vgl. Abschnitt 5.1.1.3).

Fertigkeiten: Die Bewältigung einer Aufgabe hängt davon ab, inwieweit der Lernende u. a. folgende Fertigkeiten besitzt:

- die organisatorischen und interpersonellen Fertigkeiten, die erforderlich sind, um die verschiedenen Schritte der Aufgabe auszuführen;
- die Lernfertigkeiten und -strategien, die die Bewältigung der Aufgabe erleichtern, darunter auch die Bewältigung einer Aufgabe trotz unzureichender sprachlicher Mittel, etwas für sich selbst entdecken, die Durchführung der Aufgabe planen und überwachen;
- interkulturelle Fertigkeiten (vgl. Abschnitt 5.1.2.2), einschließlich der Fähigkeit, mit impliziten Bedeutungen im Diskurs von Muttersprachlern umzugehen.

Die Fähigkeit, Anforderungen an die Verarbeitungskapazität zu meistern: Eine Aufgabe stellt höhere oder geringere Anforderungen an den Lernenden in Abhängigkeit von seiner Fähigkeit,

- mit den verschiedenen daran beteiligten, konkreteren oder abstrakteren Schritten oder ‚kognitiven Operationen' umzugehen;
- den Anforderungen, die die Aufgabe an die Verarbeitungskapazität (Umfang des ‚*online*'-Denkens) stellt, Aufmerksamkeit zu schenken und die verschiedenen Schritte einer Aufgabe aufeinander zu beziehen (oder verschiedene, aber verwandte Aufgaben miteinander zu verknüpfen).

7.3.1.2 – Affektive Faktoren

Selbstwertgefühl: Ein positives Selbstbild kann dort zur erfolgreichen Bewältigung einer kommunikativen Aufgabe beitragen, wo Lernende das erforderliche Selbstvertrauen besitzen, um an der Durchführung der Aufgabe festzuhalten; dies kann z. B. geschehen, indem sie bei Bedarf die Steuerung der Interaktion übernehmen (z. B. jemanden unterbrechen, um Klarheit zu schaffen oder um das Verstehen zu kontrollieren; die Bereitschaft, Risiken einzugehen oder trotz Verständnisproblemen weiterzulesen oder weiterzuhören und Bedeutungen zu erschließen usw.). Der Grad der Gehemmtheit kann von der Situation oder Aufgabe beeinflusst werden.

Engagement und Motivation: Die Wahrscheinlichkeit, eine kommunikative Aufgabe erfolgreich zu bewältigen, steigt mit dem Engagement der Lernenden. Ein hoher Grad an intrinsischer Motivation – die darauf zurückzuführen ist, dass der Lernende sich für die Aufgabe interessiert oder sie als relevant empfindet, z. B. in Hinblick auf seine Bedürfnisse im wirklichen Leben oder die Lösung einer anderen, damit verknüpften Aufgabe (Aufgabeninterdependenz) – fördert das Engagement der Lernenden; eine extrinsische Motivation *kann* auch eine Rolle spielen, beispielsweise wenn es einen externen Druck gibt, die Aufgabe erfolgreich zu bewältigen (z. B. um Lob zu ernten oder um das Gesicht zu wahren oder aufgrund einer Konkurrenzsituation).

Befindlichkeit: Die Ausführung einer kommunikativen Aufgabe wird vom physischen und emotionalen Zustand des Lernenden beeinflusst (wach und entspannt kann man besser lernen und erfolgreich handeln).

Einstellung: Die Schwierigkeit von Aufgaben, die neue soziokulturelle Kenntnisse und Erfahrungen einführen, wird u. a. von folgenden Faktoren beeinflusst: dem Interesse der Lernenden an Fremdem und seine Aufgeschlossenheit diesem gegenüber; der Bereitschaft, ihren eigenen kulturellen Blickwinkel und ihr Wertesystem zu relativieren; die Bereitschaft, als ‚kulturelle Mittler' zwischen der eigenen und der fremden Kultur zu fungieren und interkulturelle Missverständnisse und Konflikte zu lösen.

7.3.1.3 – Sprachliche Faktoren

Der Entwicklungsstand der sprachlichen Mittel der Lernenden ist einer der wichtigsten Faktoren, wenn es darum geht, die Angemessenheit einer Aufgabe zu bestimmen oder die Aufgabenparameter richtig einzustellen. Er umfasst Kenntnisse und Beherrschung der Grammatik, des Wortschatzes und der Phonologie bzw. Orthographie, die erforderlich sind, um die Aufgabe auszuführen, d. h. sprachliche Mittel wie beispielsweise deren allgemeines Spektrum, die grammatische und lexikalische Korrektheit, aber auch Aspekte des Sprachgebrauchs wie Flüssigkeit, Flexibilität, Kohärenz, Angemessenheit und Genauigkeit.

Eine kommunikative Aufgabe kann sprachlich anspruchsvoll, jedoch kognitiv einfach sein oder umgekehrt. Demzufolge kann man bei der Auswahl von Aufgaben für pädagogische Zwecke einen Faktor durch den anderen ausgleichen (obwohl in einer realen Situation eine angemessene Reaktion auf eine kognitiv anspruchsvolle Aufgabe durchaus auch sprachlich anspruchsvoll sein kann). Bei der Ausführung von Aufgaben müssen Lernende sich sowohl mit dem Inhalt als auch mit der Form befassen. In Fällen, in denen sie formalen Aspekten keine übermäßige Aufmerksamkeit widmen müssen, stehen mehr Ressourcen für die Beachtung kognitiver Aspekte zur Verfügung. Auch der umgekehrte Fall ist denkbar. Die Verfügbarkeit ‚routinisierten' Wissens in Form von Schemata entlastet den Lernenden, sodass er sich mit dem Inhalt auseinander setzen und sich bei interaktiven und spontanen produktiven Aktivitäten stärker auf die korrekte Verwendung weniger gut beherrschter Formen konzentrieren kann. Die Fähigkeit des Lernenden, Lücken in seiner sprachlichen Kompetenz auszugleichen, ist ein wichtiger Faktor bei der erfolgreichen Bewältigung von Aufgaben bei allen Aktivitäten (vgl. ‚Kommunikative Strategien', Abschnitt 4.4).

7.3.2 – Bedingungen und Einschränkungen kommunikativer Aufgaben

In Bezug auf die Bedingungen und Einschränkungen, unter denen kommunikative Aufgaben im Klassenzimmer ausgeführt werden, können mehrere Faktoren variiert werden, getrennt nach folgenden Aktivitäten:

- Interaktion und Produktion;
- Rezeption.

7.3.2.1 – Interaktion und Produktion

Folgende Bedingungen und Einschränkungen beeinflussen die Schwierigkeit interaktiver und produktiver Aufgaben:

- Hilfen;
- Zeit;
- Ziel;
- Vorhersehbarkeit;
- Materielle Bedingungen;
- Teilnehmende.

Hilfen: Die Schwierigkeit einer Aufgabe kann durch die Bereitstellung angemessener Informationen über Merkmale des Kontextes und durch die Verfügbarkeit sprachlicher Hilfen reduziert werden.

- Umfang der vorgegebenen *Kontextualisierung*: Die Bewältigung einer Aufgabe wird leichter durch die Bereitstellung ausreichender und relevanter Informationen über Teilnehmende, Rollen, Inhalt, Ziele, Situation (einschließlich visueller Elemente) und durch relevante, klar formulierte und angemessene Anweisungen oder Hinweise für die Ausführung der Aufgabe.

- Umfang der *sprachliche Hilfen*: Bei interaktiven Aktivitäten helfen das Einüben einer Aufgabe oder das Ausführen einer parallelen Aufgabe während einer Vorbereitungsphase und die Bereitstellung von sprachlichen Hilfsmitteln (Schlüsselwörter usw.), Erwartungen zu schaffen und Vorwissen oder vorherige Erfahrungen sowie erworbene Schemata zu aktivieren; produktive Aktivitäten, die nicht unmittelbar ausgeführt werden müssen, werden natürlich durch die Bereitstellung von Ressourcen wie z. B. Nachschlagewerke, passende Modelle und durch Unterstützung durch andere Beteiligte erleichtert.

Zeit: Je weniger Zeit für die Vorbereitung und Ausführung einer Aufgabe zur Verfügung steht, desto anspruchsvoller ist meist die Aufgabe. Folgende zeitliche Aspekte sind u. a. zu berücksichtigen:

- verfügbare Zeit für die *Vorbereitung*, d. h. inwieweit das Planen oder Einüben möglich ist: Bei spontaner Kommunikation ist eine bewusste Planung nicht möglich, folglich erfordert die erfolgreiche Bewältigung der Aufgabe einen hoch entwickelten und unbewussten Einsatz von Strategien. In anderen Fällen ist der Lernende einem geringeren Zeitdruck ausgesetzt und kann daher relevante Strategien bewusster einsetzen, z. B. dort, wo Kommunikationsmuster recht vorhersehbar oder im Voraus festgelegt sind, wie z. B. bei routinemäßigen Transaktionen, oder aber dort, wo für die Planung, Durchführung, Evaluation und das Redigieren eines Textes ausreichend Zeit zur Verfügung steht – so wie es normalerweise bei interaktiven Aufgaben der Fall ist, die keine sofortige Reaktion erfordern (Briefkorrespondenz), oder bei nicht-unmittelbaren gesprochenen oder schriftlichen produktiven Aufgaben.

- verfügbare Zeit für die *Ausführung*: Je höher der Dringlichkeitsgrad eines kommunikativen Ereignisses bzw. je kürzer die für die Bewältigung der Aufgabe zur Verfügung gestellte Zeit ist, desto größer ist im Falle spontaner Kommunikation der Druck bei der Ausführung der Aufgabe. Jedoch können auch nicht-spontane interaktive oder produktive Aufgaben einen Zeitdruck ausüben, z. B. durch die Vorgabe eines Abgabetermins für den zu erstellenden Text, wodurch sich die für Planung, Durchführung, Evaluation und Korrektur verfügbare Zeit wiederum verringert.

- *Länge der Redebeiträge:* Längere Redebeiträge bei spontaner Kommunikation (z. B. das Erzählen einer Anekdote) sind in der Regel anspruchsvoller als kurze Beiträge.

- *Dauer der Aufgabe:* Sind kognitive Faktoren und Ausführungsbedingungen konstant, so ist eine längere spontane Interaktion, eine (komplexe) Aufgabe mit vielen Einzelschritten oder die Planung und Ausführung eines längeren gesprochenen oder schriftlichen Textes meist anspruchsvoller als eine entsprechende Aufgabe von kürzerer Dauer.

Ziel: Je mehr verhandelt werden muss, um das Ziel bzw. die Ziele einer Aufgabe zu erreichen, desto schwieriger wird die Aufgabe meist sein. Des Weiteren hängt die Akzeptanz einer verschiedenartigen, jedoch angemessenen Aufgabenerfüllung davon ab, inwieweit Lehrende und Lernende die Erwartungen in Hinblick auf die Ergebnisse der Aufgabe teilen.

- *Konvergenz* oder *Divergenz* des Aufgabenziels bzw. der Aufgabenziele: Bei einer interaktiven Aufgabe hat ein konvergentes Ziel in der Regel größeren ‚kommunikativen Stress' zur Folge als ein divergentes Ziel. Konvergente Ziele erfordern, dass die Teilnehmenden zu einem einzigen, vereinbarten Ergebnis kommen (z. B. sich auf eine bestimmte Vorgehensweise einigen); dies kann umfangreiche Verhandlungen mit sich bringen, wenn spezifische Informationen, die für die erfolgreiche Bewältigung der Aufgabe erforderlich sind, ausgetauscht werden. Divergente Ziele beinhalten kein einzelnes, spezielles, beabsichtigtes Ergebnis (z. B. ein einfacher Meinungsaustausch).

- *Einstellungen der Lernenden und Lehrenden* gegenüber den Zielen: Das Bewusstsein der Lehrenden und Lernenden, dass unterschiedliche und doch akzeptable Ergebnisse möglich sind (im Gegensatz zu dem – vielleicht unbewussten – Bestreben der Lernenden nach einem einzigen, richtigen Ergebnis), kann die Ausführung der Aufgabe beeinflussen.

Vorhersehbarkeit: Regelmäßige Änderungen der Aufgabenparameter während der Ausführung einer Aufgabe erhöhen meistens die Ansprüche, die an die Gesprächspartner gestellt werden.

- Bei einer interaktiven Aufgabe zwingt die Einführung eines unerwarteten Elements (Ereignis, Umstände, Informationen, Teilnehmende) den Lernenden, relevante Strategien zu aktivieren, um mit der Dynamik der neuen und komplexeren Situation umzugehen; bei einer produktiven Aufgabe kann die Entwicklung eines ‚dynamischen' Textes (z. B. eine Geschichte, deren Figuren, Szenen und zeitliche Erzählebenen sich immer wieder ändern) anspruchsvoller sein als die Produktion eines ‚statischen' Textes (z. B. die Beschreibung eines verlorenen oder gestohlenen Gegenstands).

Materielle Bedingungen: Lärm kann die Verarbeitung der sprachlichen Eingabe während einer Interaktion erschweren.

- *Interferenz:* Hintergrundgeräusche oder eine schlechte Telefonverbindung können es z. B. erforderlich machen, dass Teilnehmende auf Vorwissen, in Form von Schemata existierendes Wissen, Erschließungstechniken usw. zurückgreifen, um Lücken in der sprachlichen Mitteilung aufzufüllen.

Teilnehmende: Betrachtet man die Bedingungen, die die Einfachheit oder Schwierigkeit von ‚realen' interaktiven Aufgaben beeinflussen, so sind neben den oben genannten Parametern auch mehrere teilnehmerbezogene Faktoren zu berücksichtigen, obgleich diese sich in der Regel nicht verändern lassen.

- *Kooperationsbereitschaft der Gesprächspartner:* Ein verständnisvoller Gesprächspartner erleichtert die erfolgreiche Kommunikation, indem er die Steuerung der Interaktion zu einem gewissen Grad an den Sprachverwendenden/Lernenden abtritt, z. B. durch Aushandeln und Akzeptieren veränderter Ziele und durch eine Erleichterung des Verstehens, z. B. indem er der Bitte, langsamer zu sprechen, etwas zu wiederholen oder zu erklären, Folge leistet.

- *Merkmale der Sprache der Gesprächspartner:* z. B. Sprechgeschwindigkeit, Akzent, Deutlichkeit, Kohärenz;

- *Sichtbarkeit der Gesprächspartner* (bei direkter Interaktion erleichtert die Verfügbarkeit paralinguistischer Merkmale die Kommunikation);

- *Allgemeine und kommunikative Kompetenzen der Gesprächspartner*, einschließlich des Verhaltens (Grad der Vertrautheit mit den Normen einer bestimmten Sprachgemeinschaft) und der Kenntnisse über das jeweilige Thema.

7.3.2.2 – Rezeption

Folgende Bedingungen und Einschränkungen beeinflussen die Schwierigkeit von Verstehensaufgaben:

- Hilfen bei der Aufgabe;
- Textmerkmale;
- Art der geforderten Reaktion/Antwort.

Hilfen bei der Aufgabe: Die Bereitstellung von Hilfsmitteln verschiedener Art kann die mögliche Schwierigkeit eines Textes reduzieren: So kann z. B. eine Vorbereitungsphase der Orientierung dienen und Vorwissen aktivieren; klare und deutliche Anweisungen vermeiden mögliche Verwirrung, und die Arbeit in Kleingruppen bietet Lernenden die Möglichkeiten, zusammenzuarbeiten und sich gegenseitig zu helfen.

- *Vorbereitungsphase:* Die Verarbeitungslast und folglich die Schwierigkeit einer Aufgabe werden reduziert, indem man eine Erwartungshaltung weckt, erforderliches Hintergrundwissen bereitstellt, in Form von Schemata existierendes Wissen aktiviert und indem man spezielle sprachliche Schwierigkeiten bereits in der Phase vor dem eigentlichen Hören, Sehen oder Lesen herausfiltert. Den Kontext betreffende Unterstützung erhalten Lernende auch durch Fragen, die einen Text begleiten (und die daher idealerweise vor bzw. über einem schriftlichen Text platziert sind), und durch Anhaltspunkte wie z. B. visuelle Elemente, Layout, Überschriften usw.

- *Aufgabenstellung:* Unkomplizierte, relevante und ausreichende Anweisungen (weder zu viele noch zu wenige Informationen) vermindern die Gefahr der Verwirrung über den Ablauf und die Ziele einer Aufgabe.

- *Arbeit in Kleingruppen:* Bei bestimmten Lernenden, insbesondere – aber nicht nur – bei leistungsschwächeren, führt die Arbeit in Kleingruppen mit gemeinsamem Hören/Lesen eher zu einer erfolgreichen Bewältigung einer Aufgabe als Einzelarbeit, da Lernende auf diese Weise die Verarbeitungslast teilen und in Bezug auf ihr Verstehen Hilfe und Rückmeldungen von ihren Mitlernenden erhalten können.

Textmerkmale: Bei der Überprüfung, ob man einen Textes für einen bestimmten Lernenden bzw. eine Gruppe von Lernenden verwenden kann, sind u. a. folgende Faktoren zu berücksichtigen: sprachliche Komplexität, Textsorte, Diskursstruktur, konkrete Erscheinungsform, Länge des Textes und seine Relevanz für den/die Lernenden.

- *Sprachliche Komplexität:* Ein besonders komplexer Satzbau verbraucht Aufmerksamkeitsressourcen, die ansonsten für die Verarbeitung inhaltlicher Aspekte zur Verfügung stehen könnten; Beispiele sind lange Sätze mit mehreren Nebensätzen, diskontinuierliche Konstituenten, Mehrfachnegation, mehrdeutige Bezugsbereiche, die Verwendung von Anaphora und deiktischen Ausdrücken ohne eindeutige Vorerwähnung (Antezedenz) oder klare Bezüge (Referenz). Eine zu starke syntaktische Vereinfachung authentischer Texte kann jedoch auch den Effekt haben, den Schwierigkeitsgrad zu erhöhen (weil Redundanzen, Anhaltspunkte für Bedeutungen usw. wegfallen).

- *Textsorte*: Sind das Genre und der Lebensbereich (sowie das vorausgesetzte Hintergrundwissen und das soziokulturelle Wissen) dem Lernenden vertraut, so hilft ihm dies, die Struktur und den Inhalt des Textes zu antizipieren und zu verstehen. Auch spielt es eine Rolle, ob der Text eher konkret oder abstrakt ist: Konkrete Beschreibungen, Anweisungen oder Erzählungen (besonders in Kombination mit angemessenen visuellen Hilfsmitteln) sind wahrscheinlich weniger schwierig als z. B. eine abstrakte Erörterung oder Erklärung.

- *Diskursstruktur:* Die Komplexität der Informationsverarbeitung wird durch folgende Faktoren reduziert: Textkohärenz und klarer Aufbau (z. B. zeitliche Reihenfolge; deutliche Hervorhebung und Darstellung der Hauptpunkte, bevor die Punkte im Detail erläutert werden); explizite statt implizite Informationen; das Fehlen widersprüchlicher oder überraschender Informationen.

- *Konkrete Erscheinungsform* und materielle Bedingungen: Schriftliche und gesprochene Texte stellen natürlich unterschiedliche Anforderungen an Lernende, da bei gesprochenen Texten die Informationen in Echtzeit verarbeitet werden müssen. Daneben erschweren Lärm, Verzerrungen und Interferenzen (z. B. schlechter Radio- bzw. Fernsehempfang oder schlechte/verschmierte Handschrift) das Verstehen. Bei Tonaufnahmen von Texten, die eine große Anzahl von Sprechern mit ähnlich klingenden Stimmen aufweisen, ist es schwierig, die einzelnen Sprecher zu identifizieren und zu verstehen. Weitere Faktoren, die das Zuhören/Zusehen erschweren, sind gleichzeitiges Sprechen, phonetische Reduktion, unbekannte Akzente, Sprechgeschwindigkeit, monotone Stimme, geringe Lautstärke usw.

- *Länge des Textes:* Ein kurzer Text ist im Allgemeinen weniger anspruchsvoll als ein längerer Text über ein ähnliches Thema. Grund hierfür ist, dass bei einem längeren Text mehr Informationen verarbeitet werden müssen und die Belastung des Gedächtnisses sowie das Risiko der Ermüdung und der Ablenkung (besonders bei jüngeren Lernenden) steigen. Andererseits kann ein langer Text, der nicht zu dicht ist und der erhebliche Redundanz beinhaltet, einfacher sein als ein kurzer, dichter Text, der dieselben Informationen enthält.

- *Relevanz für den Lernenden:* Eine hohe Motivation, etwas aufgrund eines persönlichen Interesses am Inhalt verstehen zu wollen, trägt dazu bei, die Verstehensbemühungen des Lernenden aufrechtzuerhalten (obwohl sie das Verstehen nicht unbedingt direkt erleichtert). Das Vorkommen seltener Vokabeln erhöht im Allgemeinen die Schwierigkeit eines Textes; andererseits jedoch ist ein Text, der einen recht speziellen Wortschatz zu einem bekannten und relevanten Thema aufweist, für einen Spezialisten auf diesem Gebiet wahrscheinlich weniger schwierig als ein Text mit breit gefächertem Vokabular allgemeinerer Art; zudem kann er einen solchen Text mit größerem Selbstvertrauen angehen.

Ermutigt man Lernende, ihr persönliches Wissen, ihre Vorstellungen und Meinungen in eine Verstehensaufgabe einzubringen, so kann dies die Motivation und das Selbstvertrauen der Lernenden erhöhen und sprachliche Kompetenzen, die mit dem Text zusammenhängen, aktivieren. Auch durch das Einbetten einer Verstehensaufgabe in eine andere kommunikative Aufgabe kann die Aufgabe an Bedeutung gewinnen und so das Engagement der Lernenden fördern.

Art der geforderten Reaktion bzw. Antwort: Zwar kann ein Text relativ schwer sein, doch es ist möglich, die Art der Reaktion, die eine bestimmte gestellte Aufgabe erfordert, zu verändern, um sie auf die Kompetenzen und die Persönlichkeitsmerkmale der Lernenden abzustimmen. Die Aufgabengestaltung kann auch davon abhängen, ob das Ziel darin besteht, die rezeptiven Fertigkeiten zu verbessern oder sie zu überprüfen. Dementsprechend kann die Art der geforderten Reaktion ganz unterschiedlich sein, wie es auch zahlreiche Typologien von Verstehensaufgaben zeigen.

Eine Verstehensaufgabe kann ein globales oder ein selektives Verstehen oder das Verstehen wichtiger Details erfordern. Bestimmte Aufgaben erfordern vom Leser/Hörer zu zeigen, dass er die Hauptinformationen verstanden hat, die in einem Text klar zum Ausdruck gebracht werden; andere Aufgaben erfordern den Einsatz der Fähigkeit zu Schlussfolgerungen. Eine Aufgabe kann sich auf den gesamten Text beziehen oder aber so strukturiert sein, dass sie kleinere, überschaubare Einheiten betrifft (z. B. eine Aufgabe pro Textabschnitt) und so die erforderliche Gedächtnisleistung verringert.

Bei der Reaktion kann es sich um eine non-verbale (gar keine äußerlich erkennbare Reaktion oder eine einfache Handlung wie das Ankreuzen eines Bildes) oder um eine verbale Antwort (gesprochener oder schriftlicher Art) handeln. Diese kann z. B. das Identifizieren und Reproduzieren von Informationen aus einem Text für einen bestimmten Zweck beinhalten oder kann z. B. erfordern, dass der Lernende den Text vervollständigt bzw. im Rahmen textbezogener interaktiver oder produktiver Aufgaben einen neuen Text produziert.

Die Zeit, die für die Reaktion bzw. Antwort zur Verfügung steht, lässt sich variieren, um so die Schwierigkeit der Aufgabe zu erhöhen oder zu senken. Je mehr Zeit ein Hörer oder Leser hat, um einen Text noch einmal zu hören oder zu lesen, desto eher kann er ihn verstehen und desto eher hat er Gelegenheit, eine Reihe von Strategien einzusetzen, um Schwierigkeiten beim Verstehen des Textes zu bewältigen.

Die Benutzer des *Referenzrahmens* sollten bedenken und, soweit sinnvoll, angeben,

- nach welchen Prinzipien sie ‚realitätsnahe' und ‚didaktische' Aufgaben für ihre Zwecke auswählen, einschließlich der Angemessenheit verschiedener Aufgabentypen in bestimmten Lernsituationen;

- nach welchen Kriterien die Aufgaben ausgewählt werden, die a) für den Lernenden zweckmäßig und bedeutungsvoll sind, b) ein anspruchsvolles, jedoch realistisches und erreichbares Ziel haben, c) den Lernenden so stark wie möglich involvieren und d) verschiedene Interpretationen und Ergebnisse seitens der Lernenden zulassen;

- in welchem Verhältnis Aufgaben, die in erster Linie bedeutungsorientiert sind, und Lernerfahrungen, die sich speziell auf Formen konzentrieren, stehen, sodass die Aufmerksamkeit der Lernenden regelmäßig und nutzbringend auf beide Aspekte gerichtet werden kann, und zwar im Rahmen eines ausgewogenen Ansatzes zur Entwicklung von Korrektheit und Flüssigkeit;

- wie die zentrale Rolle der Strategien berücksichtigt werden kann, mit denen Lernende bei der erfolgreichen Bewältigung schwieriger Aufgaben unter unterschiedlichen Bedingungen und Einschränkungen ihre Kompetenzen und die Ausführung miteinander in Verbindung bringen (vgl. Abschnitt 4.4);

- wie man die erfolgreiche Bewältigung von Aufgaben und das Lernen erleichtern kann (einschließlich der Aktivierung der bereits vorhandenen Lernerkompetenzen während einer Vorbereitungsphase);

- nach welchen Kriterien und Optionen die Auswahl von Aufgaben erfolgt und wie Aufgabenparameter flexibel festgelegt werden können, um den Schwierigkeitsgrad an die unterschiedlichen, sich entwickelnden Lernerkompetenzen und die Vielfalt der Lernermerkmale (Fähigkeiten, Motivation, Bedürfnisse, Interesse) anzupassen;

- wie der Schwierigkeitsgrad einer Aufgabe bei der Beurteilung ihrer erfolgreichen Bewältigung und bei der (Selbst-)Beurteilung der kommunikativen Kompetenz eines Lernenden berücksichtigt werden kann (vgl. Kapitel 9).

Kapitel 8 – Sprachenvielfalt und das Curriculum

8.1 – Definition und Vorüberlegungen

Der Begriff ‚mehrsprachige und plurikulturelle Kompetenz' bezeichnet die Fähigkeit, Sprachen zum Zweck der Kommunikation zu benutzen und sich an interkultureller Interaktion zu beteiligen, wobei ein Mensch als gesellschaftlich Handelnder verstanden wird, der über – graduell unterschiedliche – Kompetenzen in mehreren Sprachen und über Erfahrungen mit mehreren Kulturen verfügt. Dies wird allerdings nicht als Schichtung oder als ein Nebeneinander von getrennten Kompetenzen verstanden, sondern vielmehr als eine komplexe oder sogar gemischte Kompetenz, auf die der Benutzer zurückgreifen kann.

Der herkömmliche Ansatz beschreibt Fremdsprachenlernen so, dass man seiner muttersprachlichen Kommunikationskompetenz einzelne Bestandteile der Kompetenz, in einer fremden Sprache zu kommunizieren, hinzufügt. Das Konzept einer mehrsprachigen und plurikulturellen Kompetenz hingegen tendiert dazu,

- sich von der weit verbreiteten Annahme zu entfernen, dass sich L1 und L2 getrennt, wenngleich ausbalanciert gegenüberstehen; dies geschieht, indem Mehrsprachigkeit als Regelfall, Zweisprachigkeit hingegen als Sonderfall der Mehrsprachigkeit angesehen wird;

- in Betracht zu stellen, dass ein Mensch nicht über eine Ansammlung von eigenständigen und voneinander getrennten Kommunikationskompetenzen verfügt, je nachdem, welche Sprachen man kennt, sondern vielmehr über eine einzige mehrsprachige und plurikulturelle Kompetenz, die das ganze Spektrum der Sprachen umfasst, die einem Menschen zur Verfügung stehen;

- die plurikulturellen Dimensionen dieser vielfältigen Kompetenz zu betonen, ohne dabei notwendigerweise zu unterstellen, dass die Entwicklung der Fähigkeit, mit anderen Kulturen in Verbindung zu treten, und die Entwicklung der sprachlichen Kommunikationsfähigkeit miteinander verbunden sein müssen.

Eine allgemeine Beobachtung kann dennoch gemacht werden, die verschiedene getrennte Sprachlernkomponenten und -wege in Verbindung bringt. Üblicherweise neigt man im schulischen Fremdsprachenunterricht dazu, Lernziele zu betonen, die entweder die *allgemeine Kompetenz* eines Menschen betreffen (besonders in der Grundschule) oder die *kommunikative Sprachkompetenz* (besonders bei Kindern und Jugendlichen im Alter von 11 bis 16 Jahren), während Kurse für Erwachsene (Studierende oder Berufstätige) Lernziele in Form von spezifischen *Sprachaktivitäten* oder als funktionale Kompetenz in einem speziellen Lebensbereich formulieren. Dass man im ersten Fall die Konstruktion und Entwicklung von Kompetenzen betont und im zweiten die optimale Vorbereitung auf Aktivitäten, die das erfolgreiche Handeln in einem spezifischen Kontext betreffen, erklärt sich aus den unterschiedlichen Aufgaben der allgemeinen Grundschulerziehung bzw. der beruflichen Bildung und der Weiterbildung. Der *Gemeinsame Referenzrahmen* behandelt dies aber nicht als Gegensatz, sondern hilft dabei, die unterschiedlichen Vorgehensweisen aufeinander zu beziehen und zu zeigen, dass sie eigentlich komplementär sein sollten.

8.2 – Möglichkeiten der Curriculumgestaltung

8.2.1 – Diversifizierung in einem allgemeinen Konzept

Die Diskussion über Curricula in Bezug auf den *Gemeinsamen europäischen Referenzrahmen* wird von drei Grundsätzen bestimmt:

Der *erste Grundsatz* besagt, dass die Diskussion über Curricula in Übereinstimmung mit dem allgemeinen Ziel der Förderung der Mehrsprachigkeit und der Sprachenvielfalt geführt werden sollte. Das bedeutet, dass das Lehren und Lernen jeder einzelnen Sprache immer auch im Zusammenhang mit dem gesamten Sprachenangebot eines Bildungssektors überprüft werden sollte sowie auch in Bezug auf die Wege, die Lernende vielleicht über einen längeren Zeitraum hinweg wählen möchten, um eine Vielzahl von Sprachfertigkeiten zu entwickeln.

Der *zweite Grundsatz* ist, dass Diversifizierung – vor allem im Schulsystem – nur möglich ist, wenn Kosten und Nutzen für das System mit bedacht werden, so dass unnötige Wiederholungen vermieden und Einsparungsmöglichkeiten durch größere Systeme (,Synergieeffekte') geschaffen werden sowie der Transfer von Fertigkeiten gefördert wird, der durch Sprachenvielfalt ermöglicht wird. Wenn zum Beispiel das Bildungssystem den Schülern erlaubt, zwei Fremdsprachen zu einem vorher bestimmten Zeitpunkt in ihrem Bildungsgang zu lernen und das Lernen einer dritten Sprache als Wahlmöglichkeit anbietet, dann brauchen die Ziele und die jeweilige Progression in jeder dieser Sprachen nicht notwendigerweise dieselben zu sein (z. B. muss die Vorbereitung auf funktionale Interaktion für kommunikative Zwecke nicht noch einmal am Anfang des Kurses stehen; es ist auch nicht nötig, noch einmal die Lernstrategien zu betonen).

Der *dritte Grundsatz* besagt deshalb, dass curriculare Überlegungen und Maßnahmen sich nicht auf ein isoliertes Curriculum für jeweils eine einzelne Sprache beschränken sollten, auch nicht auf ein integriertes Curriculum für mehrere (einzelne) Sprachen. Sie sollten vielmehr auf die Rolle mehrerer Sprachen bei der allgemeinen sprachlichen Erziehung ausgerichtet sein, in der sprachliche Kenntnisse (*savoirs*) und Fertigkeiten (*savoir-faire*) zusammen mit der Lernfähigkeit (*savoir-apprendre*) nicht nur eine spezifische Rolle für eine bestimmte Sprache spielen, sondern auch eine transversale (d. h. quer durch alle anderen laufende) oder auf alle Sprachen übertragbare Funktion haben sollten.

8.2.2 – Partielle und transversale Ansätze

Insbesondere zwischen verwandten Sprachen – aber nicht nur zwischen ihnen – werden Kenntnisse und Fertigkeiten durch eine Art Osmose übertragen. Was Curricula anbelangt, so sollte hervorgehoben werden,

- dass jede Kenntnis einer Sprache immer nur partiell ist, wie sehr sie auch ,muttersprachlich' sein mag. Sie ist immer unvollständig und bei einem durchschnittlichen Menschen niemals so entwickelt und perfekt wie beim utopischen ,idealisierten (muttersprachlichen) Sprecher'. Außerdem beherrscht kein Mensch alle verschiedenen Komponenten einer bestimmten Sprache in gleichem Maße (z. B. mündliche und schriftliche Fertigkeiten oder das Verstehen und Übersetzen im Vergleich zu produktiven Fertigkeiten).

- dass jede partielle Kenntnis mehr umfasst, als es erscheinen mag: Um zum Beispiel das begrenzte Ziel zu erreichen, in einer bestimmten Fremdsprache Fachtexte über vertraute Themen besser zu verstehen, muss man Wissen und Fertigkeiten erwerben, die auch für viele andere Zwecke verwendet werden können. Solche „Nebeneffekte" nutzen allerdings eher den Lernenden und liegen nicht in der Verantwortung derjenigen, die ein Curriculum planen.

- dass diejenigen, die eine Sprache gelernt haben, auch sehr viel über andere Sprachen wissen, ohne sich dessen immer bewusst zu sein. Das Lernen zusätzlicher Sprachen bewirkt im Allgemeinen die Aktivierung dieses Wissens und führt zu einem höheren Sprachbewusstsein. Dies ist ein Faktor, den man in Rechnung stellen muss, anstatt so zu tun, als ob er nicht existierte.

Diese Prinzipien und Beobachtungen lassen bei der Curriculumerstellung und bei der Festlegung von Progressionen viele Wahlmöglichkeiten offen, möchten aber auch dazu ermutigen, sich um transparente und kohärente Ansätze zu bemühen, wenn man Optionen aufzeigt und Entscheidungen trifft. Gerade bei diesem Prozess kann der *Referenzrahmen* besonders nützlich sein.

8.3 – Entwürfe für Curriculumszenarien

8.3.1 – Curricula und die Variation von Lernzielen

Aus dem oben Gesagten ergibt sich, dass jede der Haupt- und der Subkomponenten des vorgeschlagenen Modells dort, wo sie als wichtige Lernziele ausgewählt werden, verschiedene Wahlmöglichkeiten eröffnen; diese betreffen inhaltliche Ansätze und Maßnahmen zur Förderung eines erfolgreichen Lernens. So ist es zum Beispiel ganz gleich, ob es sich um ‚Fertigkeiten' handelt (allgemeine Kompetenzen des einzelnen Sprachenlernenden/Sprachverwendenden) oder um die ‚soziolinguistische Komponente' (innerhalb der kommunikativen Sprachkompetenz) oder um Strategien oder Verstehen (in der Kategorie der kommunikativen Aktivitäten): Immer ist es eine Frage, auf welche Komponenten (und zwar solche aus sehr unterschiedlichen Bereichen der im *Referenzrahmen* vorgeschlagenen Taxonomie) ein Curriculum besonderes Gewicht legt (oder auch nicht). In jeweils unterschiedlichen Zusammenhängen können diese Komponenten als Ziel, als Mittel zum Zweck oder als Voraussetzung angesehen werden. Und für jede dieser Komponenten könnten Fragen nach der gewählten inneren Struktur (z. B.: Welche Teilkomponenten sollte man aus der soziolinguistischen Komponente auswählen? Wie bestimmt man Subkategorien innerhalb der Strategien? usw.) und nach den Kriterien für eine Progression innerhalb eines Zeitraums (z. B.: Wie kann man verschiedene Typen der Verstehensaktivitäten in eine Abfolge bringen?) zumindest identifiziert und bedacht, wenn nicht sogar detailliert behandelt werden. Die folgenden Abschnitte dieses Dokuments laden die Leser und Leserinnen ein, dies als die Richtung anzusehen, in der sie Fragen angehen und Optionen bedenken können, die in ihrer eigenen spezifischen Situation relevant sind.

Diese erweiterte Sichtweise ist umso angemessener, wenn man sich der allgemein akzeptierten Auffassung anschließt, dass Auswahl und Anordnung der Ziele für das Sprachenlernen je nach Kontext, Zielgruppe und angestrebtem Niveau sehr stark variieren können. Ferner muss betont werden, dass auch die Ziele für die gleiche Art von Zielgruppe im gleichen Kontext und auf gleichem Niveau variieren können, auch unabhängig von Traditionen und den Grenzen, die das Bildungssystem setzt.

Dies wird illustriert durch die Diskussion um den Fremdsprachenunterricht in der Grundschule; hier gibt es große Unterschiede und viele Kontroversen (auf nationalem oder sogar regionalem Niveau innerhalb eines Landes), was die Definition der anfänglichen, notwendigerweise partiellen Ziele anbelangt, die für diese Art von Unterricht festgelegt werden sollen. Sollten Schüler einige elementare Grundkenntnisse des fremden Sprachsystems lernen (linguistische Komponente)? Sollten sie ein Bewusstsein für Sprache entwickeln (also eher allgemeine sprachliche Kenntnisse (*savoir*)), Fertigkeiten (*savoir-faire*) und persönlichkeitsbezogene Kompetenzen (*savoir-être*)? Sollten sie gegenüber ihrer Muttersprache und ihrer Kultur vorurteilsloser werden oder sich in ihr heimischer fühlen? Sollten sie Selbstvertrauen entwickeln, indem sie die positive Erfahrung machen, dass sie eine andere Sprache lernen können? Sollten sie lernen zu lernen? Sollten sie ein Minimum an Hörverstehen erwerben? Sollten sie mit der fremden Sprache spielen dürfen und sich so mit ihr vertraut machen (vor allem mit ihren phonetischen und rhythmischen Charakteristika), z. B. durch Abzählreime und Lieder? Es versteht sich von selbst, dass es möglich ist, verschiedene Eisen im Feuer zu haben und dass viele Ziele miteinander verbunden und zusammen mit anderen in ein Curriculum aufgenommen werden können. Gleichwohl sollte betont werden, dass in der Erstellung eines Curriculums die Auswahl und Gewichtung der Ziele, Inhalte, ihre Anordnung und die Verfahren zur Beurteilung eng damit zusammenhängen, wie jede der definierten Komponenten analysiert wurde.

Diese Überlegungen implizieren, dass

- im Verlauf der Zeit, in der eine Sprache gelernt wird, bei den Lernzielen Kontinuität bestehen kann, dass man diese aber auch modifizieren und in ihrer Abfolge den eigenen Prioritäten anpassen kann – dies gilt auch für Schulen;

- in einem Curriculum, das sich auf mehrere Sprachen bezieht, die Ziele und die Lehrpläne für die verschiedenen Sprachen ähnlich oder verschieden sein können;

- grundsätzlich verschiedene Ansätze möglich sind, aber dennoch in Hinblick auf die gewählten Optionen jeder Ansatz transparent und kohärent sein und mit Bezug auf den *Referenzrahmen* erklärt werden kann;

- zu curricularen Überlegungen die Frage nach möglichen Szenarien für die Entwicklung mehrsprachiger und plurikultureller Kompetenzen gehören kann sowie die Rolle, die die Schule dabei spielt.

8.3.2 – Szenarien für differenzierte Curricula: Einige Beispiele

In der folgenden kurzen Veranschaulichung der Optionen oder Variationen in Szenarien werden zwei Typen der Organisation von Curricula (bzw. Typen curricularer Entscheidungen) für ein bestimmtes Schulsystem skizziert, wobei, wie oben vorgeschlagen, von zwei modernen Fremdsprachen ausgegangen wird, die nicht die sonst übliche Unterrichtssprache sind (wir folgen im Weiteren der Konvention, die Sprache des Unterrichts als ‚Muttersprache' zu bezeichnen, obgleich jeder weiß, dass die Unterrichtssprache selbst in Europa oft nicht die Muttersprache der Schüler ist): Eine Sprache beginnt in der Grundschule (Fremdsprache 1, im folgenden FS1) und die andere in der Sekundarstufe I (Fremdsprache 2, im folgenden FS2), eine dritte (FS3) wird in der Sekundarstufe II als Wahlfach angeboten.

Bei diesen Beispielen wird ein Unterschied zwischen der Primarstufe, der Sekundarstufe I und der Sekundarstufe II gemacht, was nicht allen nationalen Bildungssystemen entspricht. Aber die Programme, die wir zur Veranschaulichung entwerfen, kann man leicht umformen und übertragen, auch auf Kontexte, in denen die Zahl der angebotenen Sprachen eingeschränkter ist oder wo die erste Fremdsprache später als in der Primarstufe angeboten wird. Wer mehr tun kann, kann schließlich auch weniger tun! Die hier aufgezeigten Alternativen umfassen Lernangebote für drei Fremdsprachen; zwei aus einem Angebot von mehreren bilden dabei einen Teil des Pflichtprogramms, die Dritte wird als zusätzliches Wahlfach oder anstelle anderer Wahlfächer angeboten. Dies scheint die realistischste unter den vielfältigen Möglichkeiten zu sein und stellt eine gute Basis zur Veranschaulichung unserer Argumentation dar. Das zentrale Argument ist, dass für einen gegebenen Kontext verschiedene Szenarien vorstellbar sind und dass es lokale Unterschiede geben kann; dabei wird stets vorausgesetzt, dass der allgemeinen Kohärenz und der Struktur einer jeden Option genügend Aufmerksamkeit gewidmet wird.

a) Erstes Szenario

Primarstufe (Grundschule)

Die erste Fremdsprache (FS1) beginnt in der Grundschule mit dem vorrangigen Ziel, *language awareness*, d. h. Sensibilisierung für Sprachen und ein allgemeines Sprachbewusstsein zu entwickeln (wobei Bezüge zur Muttersprache oder zu anderen, im Umfeld oder im Klassenzimmer vorhandenen Sprachen hergestellt werden); hier geht es um Teilziele, vor allem solche im Bereich der individuellen allgemeinen Kompetenzen – Entdecken der Vielfalt von Sprachen und Kulturen und ihre Anerkennung durch die Schule; erste Schritte, sich vom Ethnozentrismus wegzubewegen; Relativierung, aber auch Bestätigung der eigenen sprachlichen und kulturellen Identität des Lernenden; Beachtung der Körpersprache und der Gestik; klangliche Aspekte, Musik und Rhythmus; Erfahrung der physischen und ästhetischen Dimensionen bestimmter Elemente anderer Sprachen – und um ihre Beziehung zur kommunikativen Kompetenz, ohne dass aber ein strukturierter oder expliziter Versuch gemacht wird, diese spezifische Kompetenz zu entwickeln.

Sekundarstufe I

- Die FS1 wird fortgeführt, von jetzt ab allerdings mit Betonung auf der stufenweisen Entwicklung der kommunikativen Kompetenz (in ihrer linguistischen, soziolinguistischen und pragmatischen Dimension), wobei voll berücksichtigt wird, was in der Grundschule im Bereich der Sprachsensibilisierung und des Sprachbewusstseins erreicht wurde.

- Die zweite Fremdsprache (FS2, nicht in der Grundschule unterrichtet) beginnt ebenfalls nicht bei Null: Sie baut auch auf dem auf, was in der Grundschule ausgehend von der FS1 oder in Bezug auf sie gemacht wurde, während gleichzeitig Lernziele verfolgt werden, die im Vergleich zu denen der FS1 leicht abgewandelt sind (z. B. indem Verstehensaktivitäten Priorität vor produktiven Aktivitäten haben).

Sekundarstufe II

Wenn dieses Szenario gedanklich weitergeführt wird, sollte man Folgendes bedenken:

- Es wäre vorstellbar, den Unterricht in FS1 zeitlich zu reduzieren und die FS1 gelegentlich oder regelmäßig als Unterrichtssprache in einem anderen Fach zu benutzen (beim Lernen in einem Sachbereich/Sachfach oder in bilingualem Unterricht).

- In der FS2 könnte man weiterhin das Textverstehen betonen, wobei man sich besonders auf verschiedene Texttypen und auf Diskursstrukturen konzentrieren und diese Arbeit darauf abstimmen könnte, was in der Muttersprache bereits bekannt ist oder gerade behandelt wird; dabei werden gleichzeitig die in der FS1 gelernten Fertigkeiten eingesetzt.

- Schließlich könnten Lernende, die eine dritte Fremdsprache (FS3) als Wahlfach lernen, zunächst aufgefordert werden, an Diskussionen über das Lernen und über Lernstrategien teilzunehmen, mit denen sie bereits Erfahrungen haben; das könnte sie dazu ermutigen, selbstständig zu arbeiten und dabei auf Materialien aus einem Lernzentrum zurückzugreifen und ihrerseits zur Erstellung eines Arbeitsprogramms für die Gruppe oder für Einzelne beizutragen, das hilft, die von der Gruppe oder der Institution gesetzten Ziele zu erreichen.

b) Zweites Szenario

***Primarstufe* (Grundschule)**

Der Unterricht in der ersten Fremdsprache (FS1) beginnt in der Grundschule, wobei das Gewicht auf einfacher mündlicher Kommunikation und auf klar definierten sprachlichen Inhalten liegt (mit dem Ziel, den Aufbau einer elementaren sprachlichen Komponente zu beginnen, vor allem im Bereich der Phonetik und der Syntax, bei gleichzeitiger Förderung elementarer mündlicher Interaktion im Klassenzimmer).

Sekundarstufe I

- In der FS1 und der FS2 (zu dem Zeitpunkt, zu dem sie eingeführt wird) und in der Muttersprache wird Zeit darauf verwendet, noch einmal die Lernmethoden und -techniken durchzugehen, die auf der Primarstufe für die FS1 und – getrennt davon – auch für die Muttersprache bestimmend waren: Das Ziel wäre, in diesem Stadium das Sprachbewusstsein zu steigern und ein Gefühl dafür zu entwickeln, wie man als Lernender mit Sprachen und Sprachlernaktivitäten umgeht.

- Für die FS1 gibt es weiterhin bis zum Ende der Sekundarstufe I ein ‚reguläres' Lehr-/Lernprogramm mit dem Ziel, die verschiedenen Fertigkeiten zu entwickeln; in regelmäßigen Abständen sollte aber dieses Programm durch Wiederholungsphasen und Diskussionen ergänzt werden, die sich auf Lern- und Lehrverfahren und -materialien beziehen, sodass man der zunehmenden Differenzierung zwischen den Profilen verschiedener Schüler und ihren Erwartungen und Interessen gerecht werden kann.

- In der FS2 könnte zu diesem Zeitpunkt besonderes Augenmerk auf die soziokulturellen und soziolinguistischen Elemente gerichtet werden, die man wahrnimmt, während man zunehmend mit Medien vertraut wird (Zeitungen und Zeitschriften, Radio und Fernsehen). Dies sollte auch in Verbindung mit dem Unterricht in der Muttersprache geschehen und auf dem aufbauen, was in der FS1 erarbeitet worden ist. In diesem Curriculumszenario wird die FS2 bis zum Ende der Sekundarstufe I weitergeführt und ist der wichtigste Ort für kulturelle und interkulturelle Diskussionen, gestützt durch Kontakte zu den anderen Sprachen des Curriculums, wobei Texte aus den Medien im Brennpunkt stehen. Erfahrungen aus einem internationalen Austausch mit einem Schwerpunkt auf interkulturellen Beziehungen könnten hier eingebracht werden. Man sollte auch andere Fächer in die Überlegungen mit einbeziehen (z. B. Geschichte, Geographie), die dazu beitragen könnten, einen reflektierten Zugang zur Plurikulturalität zu schaffen.

Sekundarstufe II

- Die FS1 und die FS2 werden in gleicher Weise fortgesetzt, aber mit komplexeren und erhöhten Anforderungen. Diejenigen Lernenden, die eine dritte Sprache (FS3) wählen, würden dies in erster Linie für ‚berufliche' Zwecke tun und ihr Sprachenlernen würde in Beziehung zu Fächern des eher berufsorientierten Zweigs stehen oder zu dem Zweig, der auf ein Studium vorbereitet (z. B. eine Ausrichtung auf die Sprache des Handels, der Wirtschaft oder der Technologie).

  Es sollte hier betont werden, dass im zweiten Modell, wie im ersten, das mehrsprachige und plurikulturelle Abschlussprofil des Lernenden „ungleichmäßig" sein kann:

  - Es kann im Grad der Beherrschung der Sprachen variieren, die seine mehrsprachige Kompetenz ausmachen.
  - Die kulturellen Aspekte sind vielleicht bei den verschiedenen Sprachen ungleichmäßig entwickelt.
  - Es trifft nicht notwendigerweise zu, dass bei Sprachen, bei denen dem linguistischen Aspekt mehr Aufmerksamkeit gewidmet wurde, auch die kulturelle Kompetenz am besten entwickelt ist.
  - ‚Partielle' Kompetenzen im weiter oben beschriebenen Sinn werden integriert.

Hinzuzufügen ist, dass man in allen Fällen im Unterricht aller Sprachen an irgendeinem Punkt Zeit dafür reservieren sollte, über die Methoden, mit denen die Lernenden unterrichtet werden, und die Lernwege, für die sie sich entscheiden haben, nachzudenken. Das bedeutet, dass in jedem schulischen Curriculum Freiräume vorgesehen sein müssen für die allmähliche Entwicklung eines ‚Lernbewusstseins' und für die Einführung einer allgemeinen Spracherziehung, die es den Lernenden erlauben, metakognitive Kontrolle in Bezug auf ihre eigenen Kompetenzen und Strategien zu entwickeln. Lernende setzen diese Kompetenzen und Strategien auch in Bezug zu anderen möglichen Kompetenzen und Strategien, und zwar in Hinblick auf kommunikative Aktivitäten, in denen sie zur Bewältigung von Aufgaben in spezifischen Lebensbereichen eingesetzt werden.

Mit anderen Worten, es ist eines der Ziele der Curriculumerstellung, ganz gleich, um welches spezielle Curriculum es sich dabei handelt, die Lernenden auch für Kategorien und für ihre dynamischen Wechselwirkungen zu sensibilisieren, wie sie im *Referenzrahmen* beschrieben sind.

8.4 – Beurteilung und Schule, außerschulisches Lernen und Weiterbildung

Wenn das Curriculum als Beschreibung des Weges definiert ist, den Lernende in einer Abfolge von Lernerfahrungen in oder außerhalb einer Institution zurücklegen müssen, dann endet das Curriculum nicht mit dem Verlassen der Schule, sondern setzt sich danach in dieser oder jener Weise in einem Prozess des lebenslangen Lernens fort.

So gesehen hat das Curriculum der Schule als Institution die Aufgabe, im Lernenden eine mehrsprachige und plurikulturelle Kompetenz zu entwickeln, wobei am Ende des schulischen Bildungsgangs unterschiedliche Lernerprofile stehen können, die von den einzelnen Personen abhängen und von den Wegen, die diese zurückgelegt haben. Es ist klar, dass diese Kompetenz nicht unveränderbar ist: Die späteren persönlichen und beruflichen Erfahrungen eines jeden gesellschaftlich handelnden Menschen und die Richtung, die sein oder ihr Leben nimmt, tragen zur Entfaltung dieser Kompetenz bei und verändern ihre Zusammensetzung durch weitere Entwicklungen, Reduktionen und Neuakzentuierungen. Hier spielen die Erwachsenenbildung und die Weiterbildung – neben anderen Faktoren – eine Rolle. Drei ergänzende Gesichtspunkte sollten in diesem Zusammenhang bedacht werden.

8.4.1 – Der Ort des schulischen Curriculums

Wenn man von dem Gedanken ausgeht, dass ein Bildungsgang nicht auf die Schule beschränkt ist und nicht mit ihr endet, dann muss man auch akzeptieren, dass sich eine mehrsprachige und plurikulturelle Kompetenz schon vor der Schule herausbilden und neben ihr weiterentwickeln kann; dies geschieht auf Wegen, die parallel zu denen der schulischen Entwicklung verlaufen, und zwar durch Erfahrungen und Lernen in der Familie, durch die Geschichte und durch Kontakte zwischen den Generationen, durch Reisen, Aussiedlung, Auswanderung und, in einem eher allgemeinen Sinn, durch Zugehörigkeit zu einem vielsprachigen und multikulturellen Umfeld oder durch Mobilität von einem Umfeld in ein anderes, aber auch durch Lektüre und durch die Medien.

Obwohl dies offensichtlich ist, sind Schulen weit davon entfernt, diesen Sachverhalt zu berücksichtigen. Es ist daher hilfreich, sich das Schulcurriculum als Teil eines viel umfassenderen Curriculums vorzustellen, allerdings als einen Teil, der auch die Funktion hat, den Lernenden

- den Einstieg in ein differenziertes mehrsprachiges und plurikulturelles Ausgangsrepertoire zu vermitteln (mit den Lernwegen, wie sie in den beiden obigen Szenarien umrissen wurden);

- ein schärferes Bewusstsein und eine genauere Kenntnis ihrer Kompetenzen zu vermitteln und gleichzeitig das Vertrauen in diese Kompetenzen, Fähigkeiten und Möglichkeiten, die ihnen innerhalb und außerhalb der Schule zur Verfügung stehen, zu fördern, sodass sie ihre Kompetenzen ausweiten und verfeinern und in bestimmten Lebensbereichen erfolgreich nutzen können.

8.4.2 – Portfolio und Profilbildung

Daraus folgt, dass die Beurteilung und Anerkennung von Kenntnissen und Fertigkeiten so erfolgen sollte, dass die Umstände, unter denen, und die Erfahrungen, durch die diese Kompetenzen und Fertigkeiten entwickelt wurden, mit einbezogen werden. Die Entwicklung eines *Europäischen Sprachenportfolios* stellt einen Schritt in diese Richtung dar. Es ermöglicht Menschen, verschiedene Aspekte ihrer Sprachbiographie festzuhalten und zu präsentieren, und es ist so gestaltet, dass es nicht nur alle offiziell ausgestellten Zeugnisse umfasst, die man im Verlauf des Lernens einer bestimmter Sprache erworben hat, sondern dass es auch informellere Erfahrungen dokumentiert, zu denen Kontakte mit anderen Sprachen und Kulturen gehören.

Um jedoch die Beziehung zwischen schulischem und außerschulischem Curriculum zu betonen, wäre es sinnvoll, bei der Beurteilung der Sprachkenntnisse am Ende der Sekundarstufe den Versuch zu unternehmen, auch die mehrsprachige und plurikulturelle Kompetenz als solche formell anzuerkennen und so vielleicht ein Abschlussprofil zu umreißen, das unterschiedliche Kombinationen berücksichtigt, anstatt eine vorab festgelegte Niveaustufe in einer bestimmten Sprache – oder auch in mehreren Sprachen – als Ausgangsbasis für die Beurteilung zu nehmen.

Die offizielle Anerkennung von Teilkompetenzen kann ein Schritt in diese Richtung sein (und es wäre hilfreich, wenn die wichtigen internationalen Qualifikationssysteme bei der Verwirklichung eines solchen Ansatzes vorangehen würden, indem sie z. B. die vier Fertigkeiten, Lese- und Hörverstehen, Sprechen und Schreiben, getrennt bewerten, und nicht nur immer alle gemeinsam). Es wäre auch hilfreich, wenn die Fähigkeit, mit verschiedenen Sprachen und Kulturen umzugehen, mit einbezogen und anerkannt werden könnte. Beispiele für Sprachmittlung (wie in diesem Dokument definiert), die bei der Beurteilung und Anerkennung der Fähigkeit, mit einem mehrsprachigen und plurikulturellen Repertoire umzugehen, auch eine Rolle spielen sollten, sind: Übersetzen (oder Zusammenfassen) aus einer zweiten Fremdsprache in die erste; Teilnahme an mehrsprachigen Diskussionen oder die Interpretation eines kulturellen Phänomens in Bezug auf eine andere Kultur.

8.4.3 – Ein mehrdimensionaler und modularer Ansatz

Dieses Kapitel will die Aufmerksamkeit auf die veränderte Blickrichtung oder wenigstens auf die zunehmende Komplexität in der Curriculumerstellung lenken und auf die daraus resultierenden Konsequenzen für die Beurteilung, die Bewertung und die Zertifizierung. Es ist ganz offensichtlich wichtig, in Bezug auf Inhalt und Progression Stufen zu definieren. Dies könnte hinsichtlich einer einzigen primären Komponente erfolgen (z. B. linguistisch oder notional/funktional) oder in Hinblick auf die Förderung des Fortschritts in allen Dimensionen einer bestimmter Sprache. Es ist aber ebenso wichtig, die Komponenten eines *mehrdimensionalen Curriculums* klar zu unterscheiden (wobei besonders die verschiedenen Dimensionen des *Referenzrahmens* berücksichtigt werden sollten) und dabei in den Methoden der Beurteilung bzw. Bewertung Unterschiede zu machen. Damit arbeitet man in Richtung auf *modulares* Lernen und modulare Zertifizierung. Beides würde die synchrone (d. h. zu einem bestimmten Zeitpunkt im Lernweg) bzw. diachrone (durch differenzierte Stufen im Lernweg) Entwicklung und Anerkennung mehrsprachiger und plurikultureller Kompetenzen mit ‚variabler Geometrie' erlauben (d. h. dass ihre Komponenten und ihre Zusammensetzung bei verschiedenen Lernenden unterschiedlich sind und dass sie sich auch beim gleichen Lernenden mit der Zeit verändern).

An bestimmten Punkten während der Schulzeit eines Lernenden könnten kurze, fächer- und sprachenübergreifende Module in ein Schulcurriculum eingebracht werden, wie es weiter oben in den Szenarien kurz beschrieben wurde. Solche sprachübergreifende Module könnten sich mit verschiedenen Lernmethoden und Ressourcen befassen, verschiedenen Arten der Nutzung der außerschulischen Umgebung oder wie man mit Missverständnissen in interkulturellen Beziehungen umgeht. Sie würden den zugrunde liegenden curricularen Optionen größere, allgemeine Kohärenz und Transparenz verleihen und die allgemeine Struktur des Curriculums verbessern, ohne die Einzelfächer zu beeinträchtigen.

Weiterhin würde ein modularer Ansatz für Qualifikationen eine spezielle Beurteilung der oben beschriebenen mehrsprachigen und plurikulturellen Handlungsfähigkeiten ermöglichen, die in einem *ad hoc* erstellten Modul erfolgen könnte.

Mehrdimensionalität und Modularität erscheinen so gesehen als Schlüsselbegriffe im Aufbau einer vernünftigen Basis für sprachliche Diversifizierung im Curriculum und bei der Beurteilung. Die Struktur des *Referenzrahmens* erlaubt es, anhand der angebotenen Kategorien die Richtungen für solch eine modulare oder mehrdimensionale Organisation anzuzeigen. Aber Fortschritte kann man nur machen, indem Projekte und Versuche in den Schulen und in verschiedenen anderen Kontexten durchgeführt werden.

Die Benutzer des *Referenzrahmen* sollten bedenken und, soweit sinnvoll, angeben,

- ob die betroffenen Lernenden schon Erfahrungen mit sprachlicher und kultureller Vielfalt hatten und welcher Art diese Erfahrungen waren;
- ob die Lernenden bereits in der Lage sind, in verschiedenen Sprach- und Kulturgemeinschaften zu handeln, wenn vielleicht auch nur auf einem elementaren Niveau, wie sich diese Kompetenz auf Kontexte der Sprachverwendung und Sprachtätigkeiten verteilt und wie unterschiedlich sie je nach Kontext der Sprachverwendung ausgeprägt ist;
- welche Erfahrungen mit sprachlicher und kultureller Vielfalt die Lernenden zum Zeitpunkt ihres Sprachenlernens (z. B. parallel zum Besuch einer Bildungseinrichtung und außerhalb davon) gemacht haben;
- wie auf dieser Erfahrung im Bildungsgang aufgebaut werden kann;
- welche Arten von Lernzielen zu einem bestimmten Zeitpunkt im Prozess der Entwicklung einer mehrsprachigen und plurikulturellen Kompetenz für die Lernenden am besten geeignet sind (vgl. Abschnitt 7.2), wobei ihre Persönlichkeit, ihre Erwartungen und Interessen, Pläne und Bedürfnisse ebenso wie ihr bisheriger Bildungsgang und die vorhandenen Ressourcen zu berücksichtigen wären;
- wie man die betroffenen Lernenden ermutigen kann, gegen die Aufsplitterung ihrer Fähigkeiten anzugehen und eine wirkungsvolle Beziehung zwischen den verschiedenen Komponenten einer mehrsprachigen und plurikulturellen Kompetenz herzustellen, und zwar schon dann, wenn sie noch im Entstehen ist; wie man insbesondere die Aufmerksamkeit auf die beim Lernenden vorhandenen übertragbaren und transversalen Kenntnisse und Fertigkeiten lenken und diese nutzen kann;
- welche Teilkompetenzen die bestehenden Kompetenzen der Lernenden bereichern, welche sie vervollständigen und ausdifferenzieren, wie diese beschaffen sind und welchem Zweck sie dienen;

- wie man das Lernen einer bestimmten Sprache oder Kultur kohärent in ein Gesamtcurriculum einfügen kann, in dem die Erfahrungen mit mehreren Sprachen und Kulturen weiterentwickelt werden;

- welche Optionen und welche Formen der Differenzierung in Curriculumszenarien es gibt, um die Entwicklung einer diversifizierten Kompetenz für bestimmte Lernende zu bewirken; welche Synergieeffekte gegebenenfalls vorstellbar und, wenn es darauf ankommt, erreichbar sind;

- welche Formen der Lernorganisation (z. B. ein modularer Ansatz) wahrscheinlich geeignet sind, die Gestaltung der Lernwege der betreffenden Lernenden positiv zu beeinflussen;

- welcher Evaluations- oder Beurteilungsansatz es ermöglicht, partielle Kompetenzen und die diversifizierte mehrsprachige und plurikulturelle Kompetenz des Lernenden zu berücksichtigen und ihnen zu gebührender Anerkennung zu verhelfen.

Kapitel 9 – Beurteilen und Bewerten

9.1 – Einleitung

In diesem Kapitel wird der Begriff ‚Beurteilung' (engl. *assessment*) vor allem im Sinne von ‚Beurteilung der Kompetenz eines Sprachverwenders' benutzt, d. h. also auch im Sinne von ‚Leistungsmessung'[6]. Alle Sprachtests stellen eine Form der Beurteilung dar, aber es gibt eine Reihe von Beurteilungsverfahren (z. B. Checklisten bei kontinuierlicher Beurteilung; informelle Beobachtung durch Lehrende), die man nicht als Test bezeichnen würde. ‚Evaluation' wiederum ist ein Begriff, der weiter greift als ‚Beurteilung'. Jede Beurteilung stellt eine Form von Evaluation dar, aber bei einem Sprachenprogramm werden neben der Sprachkompetenz der Lernenden viele weitere Dinge evaluiert – z. B. die Erfolge, die mit bestimmten Methoden oder Materialien erzielt werden, die Art und Qualität der Texte und Diskurse, die bei dem Programm tatsächlich produziert werden, die Zufriedenheit der Lernenden/Lehrenden, die Effizienz des Unterrichts usw. Dieses Kapitel befasst sich mit ‚Beurteilen und Bewerten', aber nicht mit den weiter reichenden Fragen einer Programmevaluation.

Es gibt drei Schlüsselkonzepte, die traditionell als grundlegend für jede Diskussion über Beurteilungs- bzw. Bewertungsverfahren angesehen werden: Validität, Reliabilität und Durchführbarkeit. Für die Überlegungen in diesem Kapitel ist es nützlich, einen Überblick darüber zu geben, was diese Begriffe bedeuten, wie sie aufeinander bezogen sind und welche Bedeutung sie für den *Gemeinsamen Referenzrahmen* haben.

Validität ist das Konzept, mit dem sich der *Referenzrahmen* besonders befasst. Ein Test oder ein Beurteilungsverfahren kann in dem Maß ‚valide' genannt werden, in dem man nachweisen kann, dass das tatsächlich gemessene Konstrukt auch das ist, das in dem betreffenden Kontext gemessen werden soll, und dass die gewonnene Information eine genaue Abbildung der Kompetenz des oder der betreffenden Kandidaten ist.

Reliabilität hingegen ist ein technischer Begriff. Er bedeutet im Prinzip das Maß, in dem bei zwei getrennten (echten oder simulierten) Durchläufen des gleichen Tests unter den Kandidaten die gleiche Rangfolge erzielt wird.

Was aber in der Praxis wichtiger ist als die Reliabilität, ist die Genauigkeit der Entscheidungen, die unter Bezug auf einen Standard getroffen werden. Wenn eine Beurteilung die Ergebnisse als ‚Bestehen/Nichtbestehen' erfasst oder als ‚Niveaustufe A2+/B1/B1+', wie genau sind dann diese Entscheidungen? Die Genauigkeit einer Entscheidung hängt natürlich von der Validität des betreffenden Standards (z. B. Niveaustufe B1) im betreffenden Kontext ab. Sie hängt aber auch von der Validität der Kriterien ab, die man für diese Entscheidung benutzt, und auch von der Validität der Verfahren, mit deren Hilfe diese Kriterien entwickelt wurden.

Die Ergebnisse der Beurteilungen ein und derselben Fertigkeit werden also bei zwei verschiedenen Organisationen oder in zwei Regionen korrelieren, (1) wenn diese ihre Entscheidungen bei der Beurteilung der gleichen Fertigkeit auf Kriterien stützen, die sich auf die gleichen Standards beziehen, (2) wenn diese Standards selbst valide und den beiden betreffenden Kontexten angemessen sind und (3) wenn die Standards bei der Erstellung der Testaufgaben und der Interpretation der Leistungen konsistent interpretiert werden. Üblicherweise bezeichnet man die Korrelation zwischen zwei Tests, die das gleiche Konstrukt messen sollen, als *Übereinstimmungsvalidität*. Dieses Konzept hängt zunächst natürlich mit der Reliabilität zusammen, weil nicht-reliable Test nicht miteinander korrelieren können. Noch wichtiger jedoch ist der Grad an Übereinstimmung zwischen zwei Tests in Hinblick darauf, *was gemessen wird* und *wie die Leistung interpretiert wird.*

Vor allem um diese beiden Fragen geht es im *Gemeinsamen europäischen Referenzrahmen*. Der nächste Abschnitt umreißt die drei wichtigsten Möglichkeiten, den *Referenzrahmen* zu verwenden:

[6] Anm. d. Übers.: ‚Beurteilen/Beurteilung' wird benutzt, wenn der generelle Beurteilungsprozess gemeint ist, der ja auch informell und nicht bewertend sein kann. ‚Bewertung' hingegen steht synonym für ‚Leistungsmessung', ‚Prüfung', ‚in eine Rangfolge bringen' usw. – die formaleren Aspekte von *assessment.*

1. zur genauen Beschreibung des Inhalts von Tests und Prüfungen (*was gemessen wird*);

2. zur Festlegung der Kriterien, mit deren Hilfe man entscheiden kann, ob ein Lernziel erreicht wurde (*wie eine Leistung interpretiert wird*);

3. zur Beschreibung der Kompetenzniveaus bei bereits existierenden Tests und Prüfungen, wodurch deren Vergleich über verschiedene Qualifikationssysteme hinweg ermöglicht wird (*wie Vergleiche angestellt werden können*).

Diese Punkte beziehen sich in unterschiedlicher Weise auf verschiedene Arten der Beurteilung. Es gibt nämlich viele unterschiedliche Arten und Traditionen der Beurteilung, und es wäre falsch anzunehmen, dass ein bestimmter Ansatz (etwa eine zentrale Prüfung) in ihrem didaktischen Wert notwendigerweise einem anderen Ansatz (etwa der Beurteilung durch Lehrende) überlegen ist. Der größte Wert eines Systems gemeinsamer Standards – wie den Gemeinsamen Referenzniveaus des *Referenzrahmens* – liegt in der Tat darin, dass sie es ermöglichen, verschiedene Formen der Beurteilung und der Bewertung zueinander in Bezug zu setzen.

Der dritte Abschnitt dieses Kapitels erläutert die Wahlmöglichkeiten zwischen verschiedenen Typen des Beurteilens und Bewertens in Form von Gegensatzpaaren. In allen Fällen werden die Begriffe definiert und die jeweiligen Vor- und Nachteile werden unter Bezug auf Beurteilungszwecke in verschiedenen didaktischen Kontexten diskutiert. Die Implikationen, die sich aus der Benutzung der einen oder der anderen Option ergeben, werden ebenfalls ausgeführt. Weiterhin wird die Bedeutung des *Referenzrahmens* für das jeweilige Beurteilungs- oder Bewertungsverfahren aufgezeigt.

Ein Beurteilungs- oder Bewertungsverfahren muss auch praktikabel sein, um *durchführbar* zu sein. Vor allem bei Performanztests ist die Durchführbarkeit ein wichtiger Aspekt. Prüfende und Korrektoren arbeiten unter Zeitdruck. Sie sehen nur einen begrenzten Ausschnitt aus der Performanz; zudem sind der Anzahl der Kategorien, die sie als Kriterien handhaben können, enge Grenzen gesetzt. Der *Referenzrahmen* versucht, Bezugspunkte zur Verfügung zu stellen, nicht aber praktische Beurteilungsinstrumente. Der *Referenzrahmen* muss nämlich umfassend sein, seine Benutzer hingegen müssen auswählen. Eine Auswahl kann sehr wohl mit sich bringen, dass man sich für eine einfachere Vorgehensweise entscheidet, bei der Kategorien zusammengefasst werden, die im *Referenzrahmen* getrennt sind. So sind z. B. die in den Beispielskalen der Kapitel 4 und 5 verwendeten Kategorien oft beträchtlich einfacher als die Kategorien und deren sprachliche Exponenten im Text selber. Der letzte Abschnitt dieses Kapitels erörtert diese Frage und gibt Beispiele.

9.2 – Der Referenzrahmen als Hilfsmittel beim Beurteilen und Bewerten

9.2.1 – Die inhaltliche Beschreibung von Tests und Prüfungen

Wenn man eine Testanleitung für eine kommunikativ orientierte Beurteilung entwirft, kann man die Beschreibung der ‚Sprachverwendung und der Sprachverwendenden' in Kapitel 4, besonders den Abschnitt 4.4 über ‚Kommunikative Aktivitäten' zurate ziehen. In zunehmendem Maße kommt man nämlich zu der Einsicht, dass eine valide Beurteilung ein Sampling eines Spektrums relevanter Diskurstypen erfordert. Ein kürzlich entwickelter Test kann diese Überlegung in Hinblick auf die Sprechfertigkeit veranschaulichen. Dort findet sich zuerst ein simuliertes *Gespräch*, das als ‚Aufwärmphase' dient. Es folgt eine *informelle Diskussion* über aktuelle Themen, in der der Kandidat eine Meinung formuliert. Darauf folgt eine Phase mit einer *Transaktion*, bei der sich die Partner gegenüber sitzen oder am Telefon miteinander sprechen und bei der es um das Erfragen von Informationen geht. Darauf folgt eine *Produktionsphase*, die auf einem schriftlichen *Bericht* basiert und in der der Kandidat oder die Kandidatin sein/ihr Fachgebiet und seine/ihre Pläne *beschreibt*. Am Ende findet sich eine *zielorientierte Kooperation*, nämlich eine Aufgabe, bei der die Kandidaten einen Konsens herstellen müssen.

Die Kategorien, die der *Referenzrahmen* für kommunikative Aktivitäten benutzt, sind:

	Interaktion (spontan, häufige Sprecherwechsel)	**Produktion** (vorbereitet, lange Sprecheinheiten)
mündlich	*Konversation* *informelle Diskussion* *zielorientierte Kooperation*	*Beschreibung* (seines/ihres Fachgebiets)
schriftlich		*Bericht/Beschreibung* (seines/ihres Fachgebiets)

Ein Benutzer des *Referenzrahmens* könnte bei Formulierung der Details einer Testbeschreibung Abschnitt 4.1 über den ‚Kontext der Sprachverwendung' zurate ziehen (Lebensbereiche/Domänen, Bedingungen und Einschränkungen, mentaler Kontext), Abschnitt 4.6 über ‚Texte' und Kapitel 7 über ‚Die Rolle kommunikativer Aufgaben beim Sprachenlernen und -lehren', insbesondere Abschnitt 7.3 über ‚Schwierigkeitsgrade kommunikativer Aufgaben'.

Abschnitt 5.2 über ‚Kommunikative Sprachkompetenzen' stellt die inhaltliche Basis für das Erstellen von Testaufgaben bzw. für die Phasen eines Tests mündlicher Fertigkeiten dar, mit dessen Hilfe Belege für relevante linguistische, soziolinguistische und pragmatische Kompetenzen gewonnen werden sollen. Das System der Lernzielbeschreibungen auf dem Niveau des vom Europarat für über 20 europäische Sprachen geschaffenen *Threshold Level* (vgl. die Einträge in der Bibliographie zu Kapitel 5) und diejenigen auf den Niveaus von *Waystage* und *Vantage Level* für Englisch sowie auch der Äquivalente, die für andere Sprachen und Niveaus entwickelt werden, ergänzen das zentrale Dokument des *Referenzrahmens*. Sie bieten detaillierte Beispiele auf einer zusätzlichen Ebene, auf die man sich bei der Testerstellung auf den Niveaus A1, A2, B1 und B2 stützen kann.

9.2.2 – Kriterien für das Erreichen eines Lernziels

Die Skalen sind eine Quelle für die Entwicklung von Bewertungsskalen, mit deren Hilfe man entscheiden kann, ob ein bestimmtes Lernziel erreicht wurde. Die Deskriptoren können bei der Formulierung von Kriterien helfen. Das Ziel kann dabei ein breites Niveau allgemeiner Sprachkompetenz sein, das als Gemeinsames Referenzniveau angegeben wird (z. B. B1). Es kann aber auch eine spezifische Zusammenstellung von Aktivitäten, Fertigkeiten und Kompetenzen sein, wie sie in Abschnitt 6.1.4 über ‚Teilkompetenzen und unterschiedliche Lehr-/Lernziele in Bezug auf den *Referenzrahmen*' erörtert wurde. Ein Profil solcher modularen Lernziele könnte in einem Raster von Kategorien auf unterschiedlichen Niveaus dargestellt werden, wie z. B. dem in Tabelle 2.

Bei der Erörterung der Verwendungsmöglichkeiten für Deskriptoren ist es wichtig zu unterscheiden zwischen:

1. Deskriptoren für kommunikative Aktivitäten, die sich in Kapitel 4 finden, und

2. Deskriptoren von Aspekten der Sprachbeherrschung, bezogen auf bestimmte Kompetenzen, wie in Kapitel 5.

Erstere sind sehr geeignet für die Beurteilung durch Lehrende oder für die Selbstbeurteilung in Hinblick auf realitätsbezogene Aufgaben. Eine solche Beurteilung durch Lehrende oder eine Selbstbeurteilung erfolgen auf der Basis eines detaillierten Bildes der Sprachfertigkeiten des Lernenden, die sich im Verlauf des betreffenden Kurses herausbilden. Diese Formen der Beurteilung sind attraktiv, weil sie dabei helfen können, die Aufmerksamkeit sowohl der Lernenden als auch der Lehrenden auf einen handlungsorientierten Ansatz zu lenken.

Es ist jedoch normalerweise *nicht* ratsam, Deskriptoren für ‚kommunikative Aktivitäten' in den Kriterienkatalog für Prüfende bzw. Korrektoren aufzunehmen, wenn diese die Leistung in einem bestimmten Test zum Sprechen bzw. Schreiben auf dem jeweils erreichten ‚Kompetenzniveau' einstufen sollen. Der Grund dafür ist, dass sich eine Beurteilung der Sprachkompetenz nicht vorwiegend auf irgendeine spezielle einzelne Leistung beziehen, sondern vielmehr versuchen sollte, eine generalisierbare Kompetenz zu beurteilen, für die die vorliegende einzelne Leistung nur ein Indiz ist. Es mag natürlich vernünftige pädagogische Gründe dafür geben, dass man den Schwerpunkt auf den Erfolg beim Erfüllen einer gegebenen Aktivität legt, was besonders bei jüngeren Anfängern (Niveaus A1, A2) der Fall sein mag. Solche Ergebnisse sind weniger generalisierbar, aber die Generalisierbarkeit von Ergebnissen steht ja auch bei frühen Stufen des Fremdsprachenlernens nicht immer im Mittelpunkt.

Dies unterstreicht die Tatsache, dass Beurteilung und Bewertung viele verschiedene Funktionen haben können. Was für einen bestimmten Zweck angemessen ist, kann für einen anderen unangemessen sein.

9.2.2.1 – Deskriptoren für kommunikative Aktivitäten

Deskriptoren für kommunikative Aktivitäten (Kapitel 4) können bei der lernzielorientierten Beurteilung auf drei verschiedene Arten benutzt werden:

1. bei der ***Aufgabenerstellung***: Wie weiter oben in Abschnitt 9.2.1 dargestellt, helfen Skalen für kommunikative Aktivitäten, die Anleitungen für die Erstellung von Testaufgaben zu definieren.

2. bei ***Rückmeldungen***: Skalen für kommunikative Aktivitäten können auch bei der Rückmeldung über Ergebnisse sehr nützlich sein. Abnehmer der Produkte eines Bildungs- oder Prüfungssystems, wie z. B. Arbeitgeber, sind oft eher an den allgemeinen Ergebnissen interessiert als an einem detaillierten Kompetenzprofil.

3. bei der ***Selbstbeurteilung*** oder der ***Beurteilung durch Lehrende***: Schließlich können Deskriptoren für kommunikative Aktivitäten auch auf vielfältige Weise bei der Selbstbeurteilung und bei der Beurteilung durch Lehrende benutzt werden, wie die folgenden Beispiele zeigen:

   – ***Checklisten:*** für die kontinuierliche Beurteilung oder für eine summative Beurteilung am Ende eines Kurses. Die Deskriptoren eines bestimmten Niveaus können aufgelistet werden. Als Alternative kann der Inhalt eines Deskriptors auch „aufgefächert" werden. So kann z. B. der Deskriptor *Kann um Informationen zur Person bitten und Informationen zur Person geben* aufgefächert werden in die impliziten Bestandteile *Ich kann mich selbst vorstellen; Ich kann sagen, wo ich wohne; Ich kann auf Deutsch/Französisch/... meine Adresse sagen; Ich kann sagen, wie alt ich bin* usw.; und: *Ich kann jemanden nach seinem Namen fragen; Ich kann jemanden fragen, wo er/sie wohnt;* und: *Ich kann jemanden fragen, wie alt er/sie ist* usw.

   – ***Raster:*** Für die kontinuierliche Beurteilung oder die summative Beurteilung am Ende eines Kurses kann man ein Bewertungsprofil auf einem Raster mit ausgewählten Kategorien erstellen, die auf verschiedenen Niveaus (B1+, B2, B2+) definiert sind (z. B. *Konversation; Diskussion; Informationsaustausch*).

In den letzten zehn Jahren ist eine solche Verwendung von Deskriptoren immer üblicher geworden. Die Erfahrung hat gezeigt, dass die Konsistenz, mit der Lehrende und Lernende die Deskriptoren interpretieren können, verbessert wird, wenn die Deskriptoren nicht nur beschreiben, WAS die Lernenden tun können, sondern auch, WIE GUT sie es tun können.

9.2.2.2 – Deskriptoren für Aspekte der Sprachbeherrschung bezogen auf bestimmte Kompetenzen

Deskriptoren für Aspekte der Sprachkompetenz können bei lernzielorientierter Beurteilung auf zwei verschiedene Arten benutzt werden:

1. ***Selbstbeurteilung oder Beurteilung durch Lehrende:*** Wenn die Deskriptoren *positive, unabhängige Aussagen* sind, dann können sie in Checklisten für die Selbstbeurteilung und für die Beurteilung durch Lehrende aufgenommen werden. Es ist jedoch eine Schwäche der meisten existierenden Skalen, dass die Deskriptoren auf den unteren Niveaus oft negativ und im mittleren Bereich der Skalen normorientiert for-

muliert sind. Sie machen oft rein verbale Unterscheidungen zwischen den Niveaus, indem sie in aneinander grenzenden Beschreibungen lediglich ein oder zwei Wörter ersetzen, die außerhalb des Kotexts der jeweiligen Skala wenig aussagen. Wie man solche Probleme bei der Entwicklung von Deskriptoren vermeiden kann, wird in Anhang A kurz erörtert.

2. ***Beurteilung von Performanz:*** Ganz offensichtlich kann man die Skalen von Deskriptoren für Aspekte der Kompetenz aus Kapitel 5 vor allem als Ausgangspunkte für die Entwicklung von Beurteilungskriterien benutzen. Indem sie persönliche, nicht-systematische Eindrücke in reflektierte Urteile überführen, können solche Deskriptoren dabei helfen, einen gemeinsamen Bezugsrahmen für die betreffenden Gruppen von Prüfenden bzw. Korrektoren zu schaffen.

Es gibt im Prinzip drei Arten, auf die Deskriptoren für den Gebrauch als Beurteilungskriterien dargestellt werden können:

- Erstens kann man Deskriptoren in Form einer *Skala* präsentieren – dabei werden oft Deskriptoren für verschiedene Kategorien in einer ganzheitlichen Aussage pro Niveau zusammengefasst. Dies ist ein weit verbreiteter Ansatz.

- Zweitens können Deskriptoren in Form einer *Checkliste* präsentiert werden, üblicherweise als eine Liste auf jedem relevanten Niveau, wobei die Deskriptoren oft unter Überschriften (d. h. nach Kategorien) gruppiert sind. Checklisten werden normalerweise nicht in mündlichen Prüfungen benutzt.

- Drittens können Deskriptoren in Form eines *Rasters* mit ausgewählten Kategorien präsentiert werden, im Grunde als ein System paralleler Skalen für einzelne Kategorien. Dieser Ansatz ermöglicht es, ein diagnostisches Profil zu erstellen. Es gibt jedoch eine Grenze bei der Anzahl von Deskriptoren, die Prüfer bzw. Korrektoren handhaben können.

  Es gibt zwei deutlich unterschiedliche Arten, wie man ein Raster von Subskalen bereitstellen kann:

  - *Sprachkompetenzskala:* Man stellt ein Profilraster auf, das für bestimmte Kategorien entsprechende Niveaus definiert, zum Beispiel solche aus den Niveaus A2 bis B2. Die Beurteilung erfolgt dann direkt auf diesen Niveaus, eventuell unter Benutzung weiterer Unterteilungen wie zum Beispiel durch Pluszeichen oder eine Stelle nach dem Komma, um stärker zu differenzieren, wenn dies gewünscht wird. Somit könnte man besseren Lernenden das Erreichen des Niveaus B1+ bescheinigen oder B1++ oder B1,8 – auch wenn der Performanztest auf das Niveau B1 ausgerichtet war und sogar wenn keiner der Lernenden das Niveau B2 erreicht hat.

  - *Bewertungsskala für Prüfungen:* Man wählt für jede relevante Kategorie einen Deskriptor aus oder definiert ihn; der Deskriptor beschreibt den gewünschten Standard für das Bestehen der Prüfung oder die Norm für ein bestimmtes Modul oder eine Prüfung in dieser Kategorie. Der Deskriptor wird dann ‚bestanden' genannt oder ‚4', und die Skala ist normorientiert auf diesen Standard bezogen (eine sehr schwache Leistung = ‚5', eine ausgezeichnete Leistung = ‚1'). Die Formulierungen für ‚1' und ‚5' können auch aus anderen Deskriptoren bestehen, die aus angrenzenden Niveaubeschreibungen der Skala aus dem zutreffenden Abschnitt von Kapitel 5 gewonnen oder adaptiert wurden; der Deskriptor kann auch mit Bezug auf den Wortlaut des Deskriptors formuliert werden, der als ‚4' definiert wurde.

9.2.3 – Beschreibung der Kompetenzniveaus in Tests und Prüfungen als Hilfe bei Vergleichen

Die Skalen der Gemeinsamen Referenzniveaus sollen die Beschreibung von Kompetenzniveaus erleichtern, die in bestehenden Qualifikationssystemen erreicht werden – und somit einen Vergleich zwischen verschiedenen Systemen erleichtern. Die Literatur über Messverfahren kennt fünf klassische Verfahren, getrennte Beurteilungen zu verbinden: (1) Gleichung, (2) Kalibrierung, (3) statistische Prüfung, (4) *Benchmarking* (= Vergleich von Standards verschiedener Systeme anhand ausgewählter Beispiele) und (5) gemeinsame Standardfindung durch Konsens.

Die ersten drei Verfahren sind traditionell: (1) Man produziert alternative Versionen des gleichen Tests (Gleichsetzung), (2) man bezieht die Resultate aus verschiedenen Tests auf eine gemeinsame Skala (Kalibrieren oder Eichung), und (3) man bereinigt rechnerisch den unterschiedlichen Schwierigkeitsgrad oder die unterschiedliche Strenge der Prüfenden (statistische Prüfung).

Die beiden letzteren Verfahren beinhalten, (4) dass man Beispiele von Arbeiten in Bezug auf standardisierte Definitionen und Beispiele vergleicht (*Benchmarking*) oder (5) dass man in Diskussionen ein gemeinsames Verständnis aufbaut (gemeinsame Standardfindung). Es ist eines der Ziele des *Referenzrahmens*, diesen Prozess des Aufbaus eines gemeinsamen Verständnisses zu unterstützen. Aus diesem Grund sind die für diesen Zweck bereitgestellten Skalen und Deskriptoren in einem methodologisch strengen Verfahren entwickelt und standardisiert worden. In den Erziehungswissenschaften wird dieser Ansatz immer häufiger als ‚standard-orientierte Beurteilung' bezeichnet. Man ist sich darüber einig, dass die Entwicklung eines standard-orientierten Ansatzes zeitaufwändig ist, weil die am Verfahren Beteiligten nur durch einen Prozess der Veranschaulichung und des Austauschs von Meinungen ein Gefühl dafür erwerben, was bestimmte Standards bedeuten.

Es gibt gute Gründe dafür, dass dieser Ansatz potenziell die beste Methode ist, Bezüge herzustellen, weil er die Entwicklung und die Validierung einer gemeinsamen Interpretation des Konstrukts beinhaltet. Der Hauptgrund für die Schwierigkeit, Beurteilungen sprachlicher Leistungen aufeinander zu beziehen, liegt – trotz aller statistischer Zaubereien der traditionellen Methoden – darin, dass Prüfungen üblicherweise völlig verschiedene Dinge erfassen, selbst wenn sie anstreben, die gleichen Bereiche abzudecken. Das ist zum Teil zurückzuführen auf (a) eine mangelnde Konzeptbildung und mangelnde Operationalisierung des Konstrukts, teilweise auf (b) mit der Testmethode verbundene Effekte.

Der *Referenzrahmen* bietet einen fundierten Lösungsversuch für dieses vorrangige und grundlegende Problem des Lernens moderner Sprachen in einem europäischen Kontext. In den Kapiteln 4 bis 7 wird ein Beschreibungssystem dargestellt, das auf praxisorientierte Weise Sprachverwendung, Kompetenzen und die Prozesse des Lehrens und Lernens begrifflich zu klären versucht. Dies wird allen Partnern helfen, das kommunikative Sprachkönnen zu operationalisieren, das wir fördern möchten.

Die Skalen der Deskriptoren bilden ein Begriffsraster, das man benutzen kann, um

a) nationale und institutionelle Systeme vermittels des *Referenzrahmens* aufeinander zu beziehen;

b) die Ziele bestimmter Prüfungen und Kursmodule vermittels der skalierten Referenzniveaus abzubilden.

Anhang A gibt den Leserinnen und Lesern einen Überblick über die bei der Entwicklung von Deskriptoren benutzten Methoden und zeigt, wie sie auf die Skalen des *Referenzrahmens* bezogen sind.

Die *Handreichungen für Prüfende* (*User Guide for Examiners*), die von ALTE erstellt wurden (Dokument CC-Lang (96) 10 rev), enthalten ausführliche Anweisungen und Hilfen, wie Konstrukte in Tests operationalisiert und wie unnötige Verzerrungen durch Effekte der Testmethoden vermieden werden können.

9.3 – Typen von Beurteilung und Bewertung

Man kann in Bezug auf Beurteilung und Bewertung eine Reihe wichtiger Unterscheidungen treffen. Die folgende Liste ist keinesfalls erschöpfend. Es ist *nicht* von Bedeutung, ob ein Terminus in der Liste auf der rechten oder auf der linken Seite zu finden ist.

1	Sprachstandstest (*achievement assessment*)	Qualifikationsprüfung (*proficiency assessment*)
2	Normorientierte Bewertung	Kriteriumsorientierte Bewertung
3	Kriteriumsorientierte Bewertung bei zielerreichendem Lernen (*mastery learning*)	Kriteriumsorientierte Bewertung auf einem Kontinuum
4	Kontinuierliche Beurteilung	Punktuelle Beurteilung
5	Formative Beurteilung	Summative Beurteilung
6	Direkte Beurteilung	Indirekte Beurteilung
7	Beurteilung der Performanz	Beurteilung von Kenntnissen
8	Subjektive Beurteilung	Objektive Beurteilung
9	Einstufung auf einer Skala	Einstufung anhand einer Checkliste
10	Beurteilung aufgrund eines Eindrucks	Gelenktes Urteil
11	Ganzheitliche Beurteilung	Analytische Beurteilung
12	Beurteilung anhand einer Kategorie	Beurteilung anhand mehrerer Kategorien
13	Fremdbeurteilung	Selbstbeurteilung

Tabelle 7 – Typen der Beurteilung und Bewertung

9.3.1 – Sprachstandstest / Qualifikationsprüfung

Ein *Sprachstandstest* (auch: Leistungstest, *achievement test*) überprüft, ob bestimmte Ziele erreicht wurden; er überprüft also, was unterrichtet worden ist. Er bezieht sich somit auf die Arbeit einer Woche, eines Semesters, das Lehrbuch oder den Lehrplan. Ein Sprachstandstest orientiert sich am Kurs und stellt somit eine Binnenperspektive dar.

Eine *Qualifikationsprüfung* (auch: Feststellungsprüfung, *proficiency test*) hingegen überprüft, was jemand kann oder weiß, wenn er/sie einen Lerngegenstand im „wirklichen Leben" anwendet. Diese Art der Beurteilung stellt eine Außenperspektive dar.

Lehrende neigen eher dazu, an Sprachstandstests (= unterrichtsbezogener Leistungsmessung) interessiert zu sein, um so eine Rückmeldung für ihren Unterricht zu erhalten. Arbeitgeber, Bildungsbehörden und erwachsene Lernende haben für gewöhnlich ein größeres Interesse an einer Bewertung der Sprachkompetenz, also der Beurteilung dessen, was jemand zum gegebenen Zeitpunkt tun kann. Der Vorteil von Sprachstandstests ist, dass sie der Erfahrung des Lernenden näher stehen; der Vorteil von Qualifikationsprüfungen ist, dass mit ihrer Hilfe jeder sehen kann, wo Lernende stehen, und dass die Ergebnisse transparent sind.

Bei kommunikativen Tests in einem bedürfnisorientierten Lehr-/Lernkontext sollte der Unterschied zwischen einem Sprachstandstest (der sich am Inhalt des Unterrichts orientiert) und einer Qualifikationsprüfung (die sich am Spektrum der Fähigkeiten im wirklichen Leben orientiert) idealerweise gering sein. In dem Umfang, in dem ein Sprachstandstest die praktische Sprachverwendung in relevanten Situationen prüft und darauf abzielt, ein ausgewogenes Bild einer sich entwickelnden Kompetenz zu bieten, ist er auch auf die Erfassung der Kompetenz ausgerichtet (wie eine Qualifikationsprüfung). In dem Maße, in dem eine Qualifikationsprüfung aus Sprach- und Kommunikationsaufgaben besteht, die auf einem transparenten relevanten Lehrplan beruhen und die den Lernenden Gelegenheit geben zu zeigen, was sie erreicht haben, kontrolliert sie auch, was im Unterricht gelernt wurde (wie ein Spachstandstest).

Die Skalen der Beispieldeskriptoren beziehen sich auf die Beurteilung der Sprachkompetenz (also auf Qualifikationsprüfungen): das Kontinuum der Fähigkeiten bei der Anwendung der Sprache in realen Kontexten. Die Bedeutung von Kursabschlussprüfungen als Mittel der Förderung des Lernens wird in Kapitel 6 diskutiert.

9.3.2 – Normorientierte Bewertung / Kriteriumsorientierte Bewertung

Normorientierte Bewertung (oder *Bezugsgruppenorientierung*) bringt die Lernenden in eine Rangfolge, die Bewertung ihrer Leistungen erfolgt relativ zu den anderen Lernenden der Gruppe.

Kriteriumsorientierte Bewertung ist eine Reaktion gegen die normorientierte Bewertung. Hier wird der Lernende lediglich in Bezug auf seine Fähigkeit in dem jeweiligen Gebiet bewertet, unabhängig von der Fähigkeit der anderen Lernenden.

Norm- oder Bezugsgruppenorientierung kann sich auf die Klasse beziehen (*du bist die/der 18.*) oder auf eine demographische Bezugsgruppe (*du bist die/der 21567.; du bist unter den ersten 14 Prozent*) oder auf die Gruppe der Lernenden, die einen Test machen. Im letzteren Fall werden die Rohwerte der Testergebnisse möglicherweise statistisch bereinigt, um ein ‚faires' Ergebnis zu liefern, indem man die Verteilungskurve der Testergebnisse auf der Kurve vergangener Jahre abbildet, um einen Standard aufrechtzuerhalten und sicherzustellen, dass dieselbe Anzahl von Lernenden jedes Jahr gute Noten erhält, unabhängig von der Schwierigkeit des Tests und der Fähigkeit der Schüler. Eine solche normorientierte Bewertung findet gewöhnlich bei Einstufungstests statt, nach denen Klassen zusammengestellt werden.

Kriteriumsorientierung erfordert die Darstellung eines Kontinuums der Sprachkompetenz (vertikal) und eines Spektrums relevanter Lebensbereiche (horizontal), sodass die individuellen Ergebnisse in einem Test mit Bezug auf den gesamten Kriterienbereich situiert werden können; dazu gehört (a) die Festlegung relevanter Lebensbereiche, die in dem einzelnen Test/Modul abgedeckt werden sollen, und (b) die Identifikation von Trennwerten: Punktzahlen, die in einem Test nötig sind, um einem festgelegten Leistungsstandard zu genügen.

Die Skalen mit Beispieldeskriptoren sind aus kriterienbezogenen Aussagen für Kategorien des Beschreibungssystems gewonnen. Die Gemeinsamen Referenzniveaus stellen ein System allgemeiner Standards dar.

9.3.3 – Kriteriumsorientierte Bewertung beim zielerreichenden Lernen / Kriteriumsorientierte Bewertung auf einem Kontinuum

Beim Ansatz, *zielerreichendes Lernen* (*mastery learning*) *kriteriumsorientiert* zu bewerten, wird eine einzige ‚Minimalkompetenz' bzw. ein ‚kritischer Wert' oder Trennwert (*cut-off point*) festgelegt, um die Lernenden nach dem Kriterium ‚Lernziel erreicht' und ‚Lernziel nicht erreicht' zu unterteilen, ohne dass in Bezug auf das Erreichen des Lernziels Qualitätsunterschiede berücksichtigt werden.

Der Ansatz, *auf einem Kontinuum kriteriumsorientiert* zu bewerten, bedeutet, individuelle Fähigkeiten auf ein definiertes Kontinuum aller relevanten Grade der Fähigkeit im fraglichen Bereich zu beziehen.

Es gibt in der Tat viele Ansätze zur kriteriumsorientierten Bewertung, von denen die meisten diesen Ansatz entweder vorwiegend als ‚zielerreichendes Lernen' oder vorwiegend als ‚auf ein Kriterienkontinuum bezogen' interpretieren. Es hat zu großer Verwirrung geführt, dass die kriteriumsorientierte Bewertung fälschlicherweise ausschließlich mit zielerreichendem Lernen gleichgesetzt worden ist. Der zielerreichende Ansatz bewertet Leistungen bezogen auf die Inhalte eines Kurses oder Moduls; er legt weniger Gewicht auf die Lokalisierung des Moduls (und des entsprechenden Lernerfolgs) im Kompetenzkontinuum.

Die Alternative zu diesem Ansatz ist, die Ergebnisse eines jeden Tests auf das relevante Kompetenzkontinuum zu beziehen, für gewöhnlich mit einer Reihe von Qualitätsabstufungen. Hier ist das Kontinuum das Kriterium, die äußere Wirklichkeit, die sicherstellt, dass Testergebnisse etwas bedeuten. Der Bezug zu diesem externen Kriterium kann durch Skalenanalysen (z. B. Rasch-Modell) hergestellt werden, um die Ergebnisse aus allen Tests aufeinander zu beziehen und somit die Ergebnisse unmittelbar auf einer gemeinsamen Skala zurückzumelden.

Der *Referenzrahmen* kann für einen ‚zielerreichenden' oder für einen ‚Kontinuum'-Ansatz benutzt werden. Die Skalen der Niveaustufen, die in einem Kontinuum-Ansatz benutzt werden, können auf die Gemeinsamen Referenzniveaus bezogen werden; das Ziel, das in einem ‚zielerreichenden' Ansatz bewältigt werden soll, kann auf dem Raster von Kategorien und Niveaustufen abgebildet werden, das der *Referenzrahmen* anbietet.

9.3.4 – Kontinuierliche Beurteilung / Punktuelle Beurteilung

Kontinuierliche Beurteilung ist die Beurteilung von Leistungen in der Klasse, von Arbeiten und Projekten während des ganzen Kurses, und zwar durch die Lehrenden und eventuell durch die Lernenden. Die Abschlussnote spiegelt daher den ganzen Kurs/das Lernjahr/das Semester.

Punktuelle Beurteilung oder Leistungsmessung zu einem festen Zeitpunkt findet statt, wenn auf der Grundlage einer Prüfung oder einer anderen Form der Beurteilung, die an einem bestimmten Tag stattfindet (üblicherweise am Ende oder vor Beginn eines Kurses) Noten vergeben und/oder Entscheidungen getroffen werden. Was vorher stattgefunden hat, ist irrelevant; entscheidend ist nur, was die Person zum aktuellen Zeitpunkt tun kann.

Leistungsmessung wird oft als etwas angesehen, was zu festgelegten Zeitpunkten außerhalb des Kurses stattfindet, um Entscheidungen zu treffen. Kontinuierliche Beurteilung hingegen ist in den Unterricht integriert und trägt auf kumulative Weise zur Bewertung am Ende des Kurses bei. Abgesehen von Noten für Hausaufgaben und gelegentlichen oder regelmäßigen kurzen Lernerfolgstests, die den Lernprozess unterstützen sollen, kann kontinuierliche Beurteilung erfolgen, indem von Lehrenden und/oder Lernenden Checklisten/Raster ausgefüllt werden, indem eine Reihe von genau umrissenen Aufgaben bewertet wird oder indem Arbeiten, die im Unterricht angefertigt wurden, formell bewertet werden und/oder durch das Anlegen eines Portfolios (einer Arbeitsmappe) mit Arbeitsproben, eventuell in verschiedenen Entwurfsfassungen und/oder zu verschiedenen Phasen des Kurses.

Beide Ansätze haben Vor- und Nachteile. Punktuelle Beurteilung stellt sicher, dass Menschen immer noch Dinge beherrschen, die im Lehrplan vielleicht schon zwei Jahre zurückliegen. Aber sie führt auch zu traumatischen Prüfungserfahrungen und bevorteilt bestimmte Lernertypen. Kontinuierliche Beurteilung lässt es zu, die Kreativität und andere Stärken eines Lernenden zu berücksichtigen, aber sie hängt sehr von der Fähigkeit der Lehrenden ab, objektiv zu sein. Das kann im Extremfall das Leben der Lernenden in einen niemals endenden Test verwandeln und das der Lehrenden in einen bürokratischen Alptraum.

Checklisten mit kriteriumsbezogenen Aussagen, die Fähigkeiten in Bezug auf kommunikative Aktivitäten beschreiben (Kapitel 4), können bei der kontinuierlichen Beurteilung nützlich sein. Bewertungsskalen, die unter Bezug auf Deskriptoren von Kompetenzaspekten (Kapitel 5) entwickelt wurden, kann man benutzen, um bei der punktuellen Beurteilung oder Leistungsmessung Noten zu vergeben.

9.3.5 – Formative Beurteilung / Summative Beurteilung

Bei der *formativen (kursbegleitenden) Beurteilung* (auch: Lernfortschrittskontrollen) werden fortlaufend Informationen über Lernfortschritte, über Stärken und Schwächen gesammelt, die Lehrende auf ihre Kursplanungen zurückbeziehen und auch in die jeweiligen Rückmeldungen an ihre Lernenden mit einbeziehen können. Formative Beurteilung wird oft in weiterem Sinne benutzt und schließt dann nicht-quantifizierbare Information aus Fragebögen und Beratungen mit ein.

Summative Beurteilung fasst den Lernerfolg am Kursende in einer Bewertung zusammen. Es handelt sich dabei nicht notwendigerweise um eine Bewertung der Kompetenz im Sinne einer *Qualifikationsprüfung* (*proficiency assessment*). Tatsächlich sind summative Beurteilungen oft normorientiert, punktuell und kursbezogen.

Die Stärke der formativen Beurteilung liegt darin, dass sie auf eine Verbesserung des Lernens abzielt. Die Schwäche der kursbegleitenden Beurteilung liegt bereits in der informationstechnologischen Metapher *feedback* (Rückmeldung): *Feedback* funktioniert nur dann, wenn der Rezipient in der Lage ist, (a) *etwas zu bemerken,* d. h. aufmerksam und motiviert ist und vertraut mit der Form, in der die Information eintrifft, (b) *etwas aufzunehmen,* d. h. nicht überschwemmt wird mit Informationen, sondern über eine Strategie verfügt, diese aufzunehmen, zu ordnen und auf sich zu beziehen, (c) *zu interpretieren,* d. h. genügend Vorkenntnisse und ein entsprechendes Sprachbewusstsein hat, um den springenden Punkt zu verstehen und nicht zu kontraproduktiven Handlungen zu greifen, und (d) *die Informationen zu integrieren,* d. h. über die Zeit, die Orientierung und die notwendigen Hilfsmittel verfügt, um die neuen Informationen zu reflektieren, sie zu integrieren und sich später an sie zu erinnern. Dies impliziert Selbstbestimmung, was wiederum voraussetzt, dass ebenso auf selbst bestimmtes Lernen vorbereitet wird wie auf Verfahren und Prozesse der Kontrolle des eigenen Lernens und auf die verschiedenen Arten, auf Rückmeldungen zu reagieren.

Ein solches bewusstseinsbildendes Training ist unter der Bezeichnung *évaluation formatrice* bekannt. Eine Vielzahl von Techniken kann für dieses Bewusstheitstraining verwendet werden, aber ein Grundprinzip ist dabei, den subjektiven Eindruck (z. B. was man auf einer Checkliste als *Das kann ich* ankreuzt) mit der Realität zu vergleichen (z. B. indem man sich tatsächlich solches Sprachmaterial anhört, wie es in der Checkliste aufgeführt wird, und prüft, ob man es versteht). DIALANG verbindet Selbstbeurteilung und Testleistung in dieser Form. Eine andere wichtige Technik besteht darin, Arbeitsproben – sowohl neutrale Beispiele als auch Proben der Lernenden – zu besprechen und dabei eine durchaus auch persönliche Metasprache zu Fragen der Qualität zu entwickeln, mit deren Hilfe man seine Arbeit auf Stärken und Schwächen hin überwachen und ‚Lernverträge' für das selbst bestimmte Lernen formulieren kann.

Formative oder diagnostische Beurteilung ist meist sehr detailliert in Bezug auf die jeweiligen sprachlichen Erscheinungen oder Fertigkeiten, die gerade erst gelehrt wurden oder die bald bearbeitet werden sollen. Für eine diagnostische Beurteilung sind die Listen mit Exponenten, die in Abschnitt 5.2 aufgeführt sind, noch viel zu allgemein, um in der Praxis verwendet werden zu können. Man müsste sich dafür eher auf spezielle Lernzielbeschreibungen beziehen (z. B. *Waystage, Threshold* usw.). Raster mit Deskriptoren für die verschiedenen Aspekte von Kompetenz auf verschiedenen Niveaus (Kapitel 4) hingegen können für eine formative Rückmeldung bei der Überprüfung von Sprechfertigkeit nützlich sein.

Die Gemeinsamen Referenzniveaus sind höchstwahrscheinlich am relevantesten für eine (summative) Beurteilung. Wie jedoch das DIALANG-Projekt zeigt, kann auch die Rückmeldung aus einer summativen Beurteilung diagnostisch und somit formativ sein.

9.3.6 – Direkte Beurteilung / Indirekte Beurteilung

Direkte Beurteilung bezieht sich darauf, was der Kandidat tatsächlich tut. Wenn z. B. eine kleine Gruppe etwas diskutiert, dann beobachtet der Beurteilende die Leistung, vergleicht sie mit einem Kriterienraster, bezieht die Leistungen auf die passendsten Kategorien des Rasters und gibt eine Beurteilung ab.

Indirekte Beurteilung hingegen benutzt einen Test, üblicherweise einen schriftlichen, der Kompetenzen und Fertigkeiten prüft, die einer Leistung zugrunde liegen.

Direkte Beurteilung ist im Grunde beschränkt auf das Sprechen, Schreiben und Zuhören bei Interaktionen, denn man kann rezeptive Aktivitäten nie direkt beobachten. Leseverstehen z. B. kann nur indirekt überprüft werden, indem man die Lernenden dazu bringt, Belege für Verstehen dadurch zu liefern, dass sie Kästchen ankreuzen, Sätze ergänzen, Fragen beantworten usw. Das Spektrum und die Beherrschung sprachlicher Mittel kann entweder direkt beurteilt werden, indem man feststellt, inwieweit sie bestimmten Kriterien entsprechen, oder indirekt dadurch, dass man die Antworten auf Testaufgaben interpretiert oder generalisiert. Ein klassischer direkter Test ist das Interview, ein klassischer indirekter Test ist der *Cloze-Test.*

Man kann Deskriptoren, die verschiedene Aspekte der Kompetenz auf verschiedenen Stufen definieren (Kapitel 5), heranziehen, um Bewertungskriterien für direkte Tests zu entwickeln. Die Parameter in Kapitel 4 helfen bei einer sachgemäßen Auswahl von Themen, Texten und Aufgaben für direkte Tests der produktiven Fertigkeiten und für indirekte Tests des Hör- und Leseverstehens. Die Parameter in Kapitel 5 können zusätzlich noch bei der sachgemäßen Identifikation der sprachlichen Schlüsselkompetenzen helfen, die man bei einem indirekten Test sprachlichen Wissens mit einbeziehen muss, sowie der pragmatischen, soziolinguistischen und sprachlichen Schlüsselkompetenzen, auf die man sich bei der Formulierung von Aufgaben für Tests zu den vier Fertigkeiten konzentrieren muss.

9.3.7 – Beurteilung der Performanz / Beurteilung von Kenntnissen

Bei der *Beurteilung der Performanz* verlangt man von den Lernenden, dass sie in einem direkten Test mündliche oder schriftliche Beispiele ihrer Sprachproduktion vorlegen.

Bei der *Beurteilung von Kenntnissen* verlangt man von den Lernenden die Lösung von Aufgaben, die aus einem breiten Spektrum von Aufgabentypen stammen können und die einen Nachweis für den Umfang ihrer sprachlichen Kenntnisse und ihrer Beherrschung sprachlicher Mittel liefern sollen.

Leider kann man Kompetenzen niemals direkt testen. Man kann sich nur auf ein Spektrum von Beispielen der Performanz stützen, von dem aus man verallgemeinernde Schlüsse auf die Kompetenz zu ziehen versucht: Kompetenz zeigt sich nämlich im Gebrauch. In diesem Sinne beurteilen alle Tests lediglich die Performanz, obwohl man darüber hinaus zugleich Schlüsse auf die zugrunde liegende Kompetenz zu ziehen versucht.

Ein Interview erfordert jedoch ein Mehr an Performanz als das Ausfüllen eines Lückentextes, und ein Lückentext wiederum erfordert mehr Performanz als eine *Multiple-Choice*-Aufgabe (Mehrfachwahlaufgabe). In solchen Aussagen wird das Wort ‚Performanz' zur Bezeichnung von ‚Sprachproduktion' verwandt. In dem Begriff ‚Performanztest' hingegen wird das Wort ‚Performanz' in einem eingeschränkteren Sinn verwendet; hier bedeutet es im Allgemeinen eine relevante Sprachproduktion in einem (relativ) authentischen und für gewöhnlich berufs- oder ausbildungsbezogenen Kontext. Bei etwas unschärferer Benutzung des Begriffs ‚Performanztest' könnte man also mündliche Prüfungsverfahren als Performanztests bezeichnen, insofern sie es erlauben, allgemeinere Schlüsse zu ziehen von der Performanz in einem Spektrum von Diskurstypen, die man als relevant für die Lernkontexte und die Bedürfnisse der Lernenden ansieht, auf die Kompetenz der Lernenden. Einige Tests streben ein Gleichgewicht zwischen der Beurteilung der Performanz und der Beurteilung von Kenntnissen des Sprachsystems an, andere tun dies nicht.

Diese Unterscheidung ist derjenigen zwischen direkten und indirekten Tests ähnlich. Der *Referenzrahmen* kann deshalb auch auf ähnliche Weise benutzt werden. Die Lernzielbeschreibungen des Europarats für verschiedene Niveaus (*Waystage, Threshold Level, Vantage Level*) bieten außerdem in den Sprachen, für die sie verfügbar sind, eine detailliertere Auflistung von Elementen zielsprachlichen Wissens an.

9.3.8 – Subjektive Beurteilung / Objektive Beurteilung

Subjektive Beurteilung ist das Urteil eines Prüfenden. Normalerweise meint man dabei ein Urteil über die Qualität eines sprachlichen Produkts.

Objektive Beurteilung ist eine, bei der man Subjektivität ausschließt. Normalerweise meint man dabei einen indirekten Test, bei dem die Items nur eine korrekte Antwort zulassen, z. B. *Multiple-Choice-* Aufgaben (Mehrfachwahlaufgaben).

Die Frage von Subjektivität/Objektivität ist jedoch weitaus komplexer.

Indirekte Tests werden oft als ‚objektive Tests' bezeichnet, wenn der Korrektor einen eindeutigen Schlüssel benutzt um zu entscheiden, ob er eine Lösung akzeptiert oder nicht, um dann die korrekten Lösungen zu zählen und so zu einem Ergebnis zu gelangen. Einige Testtypen treiben diesen Prozess insofern eine Stufe weiter, als sie nur eine mögliche Lösung für jede Aufgabe zulassen (z. B. *Multiple-Choice-*/Mehrfachwahlaufgaben und der C-Test, zu dem aus diesem Grunde der *Cloze*-Test weiterentwickelt worden ist), und oft wird eine maschinelle Auswertung benutzt, um Fehler von Korrektoren auszuschließen. Tatsächlich aber wird die Objektivität von Tests, die in diesem Sinne als ‚objektiv' beschrieben werden, überbetont, denn irgendjemand hat ja entschieden, die Beurteilung auf Verfahren zu beschränken, die eine bessere Kontrolle der Testsituation zulassen (und dies ist bereits eine subjektive Entscheidung, der andere Personen widersprechen könnten). Sodann hat irgendjemand die Testanleitungen geschrieben, eine andere Person hat vielleicht die Items verfasst und dabei versucht, einen bestimmten Punkt der Testanleitung zu operationalisieren; wiederum eine andere Person hat dann für diesen Test Items aus der Menge aller möglichen Items ausgewählt. Man täte also besser daran, diese Tests als ‚objektiv ausgewertete' Tests zu bezeichnen, weil alle anderen getroffenen Entscheidungen ein Element der Subjektivität enthalten.
Bei direkten Messverfahren (Performanztests) werden Lernende im Allgemeinen auf der Basis eines subjektiven Urteils eingestuft. Das bedeutet, dass die Entscheidung über die Qualität der Leistung des Lernenden subjektiv gefällt wird, indem relevante Faktoren berücksichtigt werden und man Bezug auf irgendwelche Richtlinien oder Kriterien sowie auf Erfahrungen nimmt. Der Vorteil eines solchen subjektiven Ansatzes ergibt sich daraus, dass Sprache und Kommunikation sehr komplex sind, sich kaum in kleinste Teile zergliedern lassen und mehr sind als die Summe ihrer Teile. Es ist oft sehr schwierig zu ermitteln, was genau eine Testaufgabe prüft. Es ist daher gar nicht so einfach, Testaufgaben auf spezifische Aspekte von Kompetenz oder Performanz hin auszurichten, wie dies auf den ersten Blick erscheinen mag.

Um der Fairness willen sollte jedoch jede Beurteilung so objektiv wie möglich sein. Die Auswirkung von persönlichen Einschätzungen bei subjektiven Entscheidungen über die Auswahl von Inhalten und die Qualität der Leistung sollten auf ein Minimum reduziert werden, insbesondere dann, wenn es um eine Abschlussbeurteilung geht, denn Prüfungsergebnisse werden oft von Dritten für Entscheidungen über die Zukunft der Beurteilten benutzt.

Die Subjektivität bei der Beurteilung kann zum Beispiel durch folgende Maßnahmen reduziert werden, und zugleich können dadurch die Validität und die Reliabilität erhöht werden:

- Man entwickelt *inhaltliche Vorgaben* für die Beurteilung, z. B. basierend auf einem Referenzrahmen für den betreffenden Kontext;
- man stützt sich bei der Auswahl von Inhalten und/oder der Beurteilung der Leistungen auf *gemeinsame Entscheidungen*;
- man verwendet *Standardverfahren*, die festlegen, wie geprüft wird;
- man stellt *verbindliche Bewertungsschlüssel* für indirekte Tests zu Verfügung und stützt die Urteile in direkten Tests auf *spezifische, klar definierte Kriterien*;
- man fordert *mehrfache Beurteilung* und/oder die *Gewichtung verschiedener Faktoren*;
- man bietet entsprechendes *Training* in Bezug auf die *Beurteilungsrichtlinien* an;
- man kontrolliert die Qualität von Leistungsbeurteilungen (Validität, Reliabilität) durch eine *Analyse der Prüfungsdaten*.

Wie am Anfang dieses Abschnitts bereits dargelegt, bestehen erste Schritte in Richtung auf eine Verminderung der Subjektivität auf allen Stufen eines Beurteilungsverfahrens darin, ein gemeinsames Verständnis vom betreffenden Konstrukt herzustellen, d. h. einen gemeinsamen Bezugsrahmen. Der *Referenzrahmen* versucht, eine solche Basis für die *Beschreibung der Inhalte* und einen Fundus für die Entwicklung *genau definierter, spezifischer Kriterien* für direkte Tests zur Verfügung zu stellen.

9.3.9 – Einstufung auf einer Skala / Einstufung anhand einer Checkliste

Einstufung auf einer Skala bedeutet zu entscheiden, ob jemand sich auf einem bestimmten Niveau oder einer bestimmten Stufe einer Skala befindet, die aus mehreren solcher Niveaus oder Stufen besteht.

Einstufung anhand einer Checkliste bedeutet, jemanden unter Bezug auf eine Liste von Aspekten zu beurteilen, die als relevant für ein bestimmtes Niveau oder Modul erachtet werden.

Bei der Einstufung auf einer Skala liegt die Betonung darauf, dass die einzustufende Person in eine Abfolge von Stufen eingeordnet wird. Die Blickrichtung ist dabei vertikal: Wie hoch auf der Skala wird er/sie platziert? Die Bedeutung der verschiedenen Stufen/Niveaus muss durch die Deskriptoren der Skalen klar gemacht werden. Es kann mehrere Skalen für verschiedene Kategorien geben, und diese können möglicherweise auf einer oder mehreren Seiten als ein Raster dargestellt werden. Es kann eine Definition jedes einzelnen Niveaus oder jeder Stufe geben oder nur eine für jede zweite oder für die jeweils höchste oder niedrigste und eine mittlere. Die Alternative dazu ist eine Checkliste, bei der die Betonung darauf liegt zu zeigen, dass wesentliche Dinge abgedeckt sind, d. h. die Perspektive ist horizontal: Wie viel vom Inhalt eines Moduls hat der/die Lernende erfolgreich gelernt? Die Checkliste kann als eine Liste mit verschiedenen Punkten angelegt sein, ähnlich einem Fragebogen. Sie kann auch die Form eines Rades oder einer Zielscheibe haben oder sonst eine Form. Es kann *Ja-/Nein*-Antworten geben, die Antwortmöglichkeiten können aber auch differenzierter sein und eine Abstufung (z. B. 0 bis 4) umfassen, wobei die Stufen mit Bezeichnungen versehen werden sollten und möglichst auch mit Definitionen, die verdeutlichen, wie die einzelnen Bezeichnungen zu interpretieren sind.

Da die Beispieldeskriptoren unabhängige, kriteriumsorientierte Aussagen darstellen, die für die jeweiligen Niveaus kalibriert wurden, können sie als Quelle benutzt werden, um sowohl eine Checkliste für eine bestimmte Stufe herzustellen (wie das in einigen Versionen des Sprachenportfolios geschehen ist) oder um Bewertungsskalen und -raster zu erstellen, die alle relevanten Stufen umfassen, wie sie in Kapitel 3 dargestellt sind, und zwar für die Selbstbeurteilung in Tabelle 2 und für die Beurteilung durch Prüfende in Tabelle 3.

9.3.10 – Beurteilung aufgrund eines Eindrucks / Gelenktes Urteil

Eindruck: völlig subjektives Urteil, getroffen auf der Basis der Erfahrung mit den Leistungen der Lernenden im Unterricht, ohne Bezug auf spezifische Kriterien für eine bestimmte Prüfung.

Gelenktes Urteil: ein Urteil, bei dem die Subjektivität des einzelnen Bewerters reduziert wird, indem er/sie seine/ihre Eindrücke durch bewusste Beurteilungen in Hinblick auf spezifische Kriterien ergänzt.

Von ‚Eindruck' wird hier gesprochen, wenn Lehrende oder Lernende allein auf der Basis ihrer Erfahrungen mit Leistungen im Unterricht, bei Hausaufgaben usw. urteilen. Viele Formen von subjektiver Benotung, insbesondere bei der kontinuierlichen Beurteilung, bestehen in der Einschätzung aufgrund eines Gesamteindrucks, den man durch Reflexion oder Erinnerung gewonnen hat, möglicherweise nachdem man die betroffene Person über eine bestimmte Zeitspanne hinweg bewusst beobachtet hat. Sehr viele Systeme in der Schule arbeiten so.

Der Terminus ‚gelenktes Urteil' wird hier benutzt, um eine Situation zu beschreiben, in der mit Hilfe einer Überprüfung aus dem Gesamteindruck ein reflektiertes Urteil wird. Solch ein Ansatz setzt (a) eine formale Prüfungsaufgabe bzw. ein Beurteilungsverfahren und/oder (b) ein System definierter Kriterien voraus, die zwischen den verschiedenen Ergebnissen oder Noten unterscheiden, und (c) eine Form von Prüfer- bzw. Korrektorentraining. Wenn auf diese Weise ein gemeinsamer Bezugsrahmen für die betroffene Gruppe der Prüfenden bzw. Korrektoren geschaffen wurde, liegt der Vorteil der gelenkten Beurteilung darin, dass die Einheitlichkeit der Urteile entscheidend erhöht werden kann. Das ist insbesondere dann der Fall, wenn Standards oder Referenzpunkte in Form von Beispielen der Sprachproduktion sowie feste Verbindungen mit anderen Systemen zur Verfügung stehen. Die Bedeutung einer solchen Schulung wird unterstrichen durch die Tatsache, dass Forschungen in anderen Disziplinen immer wieder gezeigt haben, dass bei Beurteilungen ohne Prüfertraining die Abweichungen, die aus der unterschiedlichen Strenge einzelner Bewerter resultieren, ebenso groß sein können wie die Unterschiede, die tatsächlich zwischen den Fähigkeiten der Lernenden bestehen, sodass die Ergebnisse fast völlig dem Zufall überlassen sind.

Die skalierten Deskriptoren der Gemeinsamen Referenzniveaus können herangezogen werden, um ein System genau definierter Kriterien zur Verfügung zu stellen, wie es weiter oben in (b) beschrieben wurde, oder um die Standards, die die bestehenden Kriterien repräsentieren, unter Bezug auf die gemeinsamen Niveaus abzubilden. In Zukunft sollten vielleicht auch Referenzbeispiele der Sprachproduktion auf verschiedenen Referenzniveaus als Hilfe beim Prüfertraining zur Verfügung gestellt werden.

9.3.11 – Ganzheitliche Beurteilung / Analytische Beurteilung

Ganzheitliche (holistische) Beurteilung führt zu einem globalen, synthetischen Urteil. Verschiedene Aspekte werden vom Beurteilenden intuitiv gewichtet.

Analytische Beurteilung betrachtet verschiedene Aspekte jeweils separat.

Die Unterscheidung kann auf zwei Ebenen getroffen werden: (a) in Hinblick darauf, was beurteilt werden soll, und (b) in Hinblick darauf, wie man zu einer Niveaustufe, Notenstufe oder Punktzahl gelangt. Es gibt mitunter auch Systeme, die einen analytischen Ansatz auf einer Ebene mit einem holistischen Ansatz auf einer anderen Ebene verknüpfen.

(a) Was beurteilt werden soll: Einige Ansätze beurteilen eine globale Kategorie wie ‚Sprechen' oder ‚Interaktion', der dann eine Punktzahl oder Note zugeordnet wird; andere, eher analytische Ansätze verlangen von den Bewertenden, dass sie einer Anzahl verschiedener Aspekte der Sprachproduktion verschiedene Punktzahlen/Noten zumessen. Wieder andere Systeme verlangen von den Bewertenden, dass sie einen globalen Eindruck festhalten, diesen anhand verschiedener Kategorien analysieren und schließlich zu einem abgewogenen ganzheitlichen Urteil kommen. Der Vorteil der verschiedenen Kategorien eines analytischen Ansatzes ist, dass sie Bewertende dazu ermutigen, genau zu beobachten. Sie stellen zudem eine Metasprache für das Aushandeln von Ergebnissen zwischen verschiedenen Bewertenden und zugleich für die Rückmeldung an die Lernenden zur Verfügung. Der Nachteil dieses Ansatzes ist (und dafür gibt es eine Fülle von Indizien), dass Bewertende die einzelnen Kategorien nicht immer vom ganzheitlichen Urteil trennen können. Zudem sind sie bereits mit mehr als 4 oder 5 Kategorien kognitiv überlastet.

(b) Berechnung des Ergebnisses: Einige Ansätze setzen die beobachtete Sprachproduktion ganzheitlich in Beziehung zu Deskriptoren auf einer Bewertungsskala, sei diese Skala nun ganzheitlich (eine Globalskala) oder analytisch (3 bis 6 Kategorien in einem Raster). Solche Ansätze erfordern kein Nachrechnen, und die Ergebnisse werden als einfache Zahlen oder wie eine Telefonnummer über mehrere Kategorien hinweg dargestellt. Andere, eher analytische Ansätze geben je eine Note für eine bestimmte Anzahl von Punkten und addieren diese dann, sodass sich ein Gesamtpunktergebnis ergibt, welches schließlich in eine einzige Note umgerechnet wird. Für diesen Ansatz ist es bezeichnend, dass die Kategorien gewichtet werden, d. h. die einzelnen Kategorien haben nicht immer die gleiche Anzahl von Punkten.

9.3.12 – Beurteilung (mehrerer Aufgaben) anhand einer Kategorie / Beurteilung (einer Aufgabe) anhand mehrerer Kategorien

Bei der *Beurteilung (einer Aufgabe) anhand mehrerer Kategorien* handelt es sich um eine einzelne Testaufgabe (die gleichwohl verschiedene Phasen haben kann, um unterschiedliche Diskurse zu generieren, wie oben in Abschnitt 9.2.1 ausgeführt), bei der die Sprachproduktion in Bezug auf mehrere Kategorien in einem Beurteilungsraster beurteilt wird – entsprechend dem in 9.3.11 beschriebenen analytischen Ansatz.

Bei der *Beurteilung (mehrerer Aufgaben) anhand einer (übergreifenden) Kategorie* handelt es sich um die isolierte Bewertung einer Reihe einzelner Aufgaben (oft Rollenspiele mit anderen Lernenden oder mit der/dem Lehrenden), die mit einem einfachen ganzheitlichen Punktwert auf einer mit Bezeichnungen versehenen Skala von z. B. 0–3 oder 1–4 beurteilt werden.

Die Beurteilung anhand einer übergreifenden Kategorie ist eine Möglichkeit, die Tendenz bei der Beurteilung einer einzelnen Aufgabe anhand mehrerer Kategorien, dass nämlich die Ergebnisse einer Kategorie die einer anderen beeinflussen, in den Griff zu bekommen. Auf niedrigeren Niveaus liegt die Betonung eher auf der Erfüllung der Aufgabe, und Ziel der Beurteilung ist es, auf einer Checkliste zu vermerken, was der Lernende zu tun imstande ist; dies geschieht durch Lehrende bzw. Lernende auf der Grundlage der Beurteilung tatsächlicher Sprachproduktion und nicht bloß auf der eines einfachen Eindrucks. Je fortgeschrittener die Lernenden sind, desto eher können die Aufgaben so gestellt werden, dass sich bei ihrer Bewältigung besondere Aspekte der Sprachkompetenz ablesen lassen. Die Ergebnisse werden in Form eines Profils abgebildet.

Die Skalen für die unterschiedlichen Kategorien der Sprachkompetenz, die in den Text des Kapitels 5 eingefügt sind, bieten Anregungen für die Entwicklung von Bewertungsrastern für die Beurteilung einzelner Aufgaben anhand mehrerer Kategorien. Weil Bewerter aber nur eine kleine Zahl von Kategorien handhaben können, muss man dabei Kompromisse eingehen. Die Ausarbeitung relevanter Typen kommunikativer Aktivitäten in Abschnitt 4.4 und die Liste der verschiedenen Formen funktionaler Kompetenz in Abschnitt 5.2.3.2 können bei der Auswahl angemessener Aufgaben für die Beurteilung anhand einer übergreifenden Kategorie helfen.

9.3.13 – Fremdbeurteilung / Selbstbeurteilung

Fremdbeurteilung: Lehrende oder Prüfende beurteilen.

Selbstbeurteilung: Jemand beurteilt seine Kompetenz selbst.

Die Lernenden können bei vielen der oben skizzierten Beurteilungsverfahren mit einbezogen werden. Forschungsergebnisse zeigen, dass Selbstbeurteilung eine wirkungsvolle Ergänzung für Tests und die Beurteilung durch Lehrende sein kann, vorausgesetzt, es geht um keinen hohen Einsatz (z. B. ob man die Zulassung zu einem Kurs erhält oder nicht). Die Genauigkeit der Selbstbeurteilung wird gesteigert, (a) wenn die Beurteilung sich auf klare Beschreibungen für Standards der Sprachkompetenz bezieht und/oder (b) wenn sich die Beurteilung auf eine konkrete Erfahrung bezieht. Diese Erfahrung kann auch eine Testaufgabe sein. Die Genauigkeit der Selbstbeurteilung kann wahrscheinlich auch dadurch erhöht werden, dass die Lernenden dafür trainiert werden. Die Korrelation einer solchen strukturierten Selbstbeurteilung mit Beurteilungen durch Lehrende und Tests kann genau so hoch sein wie die Korrelationen von Beurteilungen (Grad der Übereinstimmungsvalidität) durch verschiedene Lehrende, zwischen verschiedenen Tests sowie zwischen Lehrerbeurteilungen und Tests.

Die größte Bedeutung hat die Selbstbeurteilung aber als ein Instrument für die Motivation und für ein bewussteres Lernen: So kann sie den Lernenden helfen, ihre Stärken richtig einschätzen zu lernen, ihre Schwächen zu erkennen und ihr Lernen effektiver zu gestalten.

Die Benutzer des *Referenzrahmens* sollten bedenken und, soweit sinnvoll, angeben,

- welche der oben angegebenen Arten der Beurteilung und Prüfung
  - von besonderer Bedeutung für die Bedürfnisse der Lernenden in ihrem jeweiligen System sind;
  - der pädagogischen Kultur ihrer Umgebung am ehesten entsprechend und in ihr durchführbar sind;
  - durch einen Rückkopplungseffekt (*washback effect*) ergiebiger sind für die Weiterbildung von Lehrenden;
- auf welche Art und Weise in ihrem jeweiligen System die Beurteilung von Leistung (schulorientiert; lernorientiert) und die Beurteilung von Sprachkompetenz (bezogen auf die reale Welt; ergebnisorientiert) ausbalanciert gehandhabt und ergänzt werden; in welchem Umfang neben Sprachkompetenz auch die Performanz beurteilt wird;

- in welchem Umfang Lernergebnisse in Bezug auf definierte Standards und Kriterien beurteilt werden (Kriteriumsorientierung) und in wieweit Noten und Bewertungen unter Bezug auf die Klasse, in der ein Lernender sich befindet, erteilt werden (Normorientierung, Bezugsgruppenorientierung);
- inwieweit Lehrende
  - über die bestehenden Standards informiert werden (z. B. über gemeinsame Deskriptoren, Beispiele von Sprachproduktion);
  - dazu angehalten werden, sich das Spektrum möglicher Bewertungsverfahren bewusst zu machen;
  - in der Anwendung und Beurteilung dieser Verfahren geschult werden;
- in welchem Umfang es wünschenswert und machbar ist, einen integrierten Ansatz für (a) die kontinuierliche Beurteilung von Arbeiten innerhalb des Kurses und (b) die punktuelle Beurteilung in Bezug auf entsprechende Standards und Kriteriendefinitionen zu entwickeln;
- in welchem Umfang eine Selbstbeurteilung durch die Lernenden wünschenswert und machbar ist, und zwar unter Verwendung genau definierter Beschreibungen von Aufgaben und Aspekten der Sprachkompetenz auf verschiedenen Niveaus und bei einer Operationalisierung der Deskriptoren z. B. für eine Beurteilung mehrerer Aufgaben;
- welche Relevanz die Spezifizierungen und Skalen des *Referenzrahmens* in ihrem Kontext haben und wie sie ergänzt und verfeinert werden könnten.

Zwei Versionen von Bewertungsrastern für die Selbstbeurteilung und für Prüfende bzw. Korrektoren werden in Kapitel 3 in den Tabellen 2 und 3 vorgestellt. Der auffallendste Unterschied zwischen den beiden ist – abgesehen von der Formulierung *Ich kann ...* oder *Kann ...* –, dass Tabelle 2 sich auf kommunikative Aktivitäten konzentriert, Tabelle 3 hingegen auf generelle Aspekte der Kompetenz, die immer in der mündlichen Performanz sichtbar werden. Man kann sich jedoch leicht eine vereinfachte Form von Tabelle 3 für die Selbstbeurteilung vorstellen. Die Erfahrung zeigt, dass zumindest erwachsene Lernende in der Lage sind, solche qualitativen Aussagen über ihre eigene Kompetenz zu machen.

9.4 – Praktikable Beurteilung und ein Metasystem

Die Skalen an verschiedenen Stellen in den Kapiteln 4 und 5 sind Beispiele für ein System von vereinfachten Kategorien, die sich auf das umfassendere Beschreibungsmodell beziehen, das im Text des vierten Kapitels dargestellt wird. Es ist nicht beabsichtigt, dass jeder bei einem Beurteilungsansatz bzw. Bewertungsverfahren für die Praxis alle Skalen auf allen Niveaus verwenden soll. Bewertende finden es schwierig, mit einer großen Anzahl von Kategorien zurechtzukommen, außerdem ist vielleicht nicht das ganze Spektrum der aufgeführten Niveaus im betreffenden Kontext relevant. Das System soll vielmehr als ein Mittel zum Herstellen von Bezügen dienen.

Ganz gleich, welches Verfahren man benutzt: Jedes praktische Beurteilungssystem muss die Anzahl möglicher Kategorien auf eine praktikable Menge reduzieren. Es ist allgemein bekannt, dass mehr als 4 oder 5 Kategorien bereits zu kognitiver Überlastung führen und dass, psychologisch gesehen, 7 Kategorien eine Obergrenze bilden. Man muss also eine Auswahl treffen. Wenn bei der Beurteilung mündlicher Leistung Interaktionsstrategien als wesentlicher Aspekt der Kommunikation angesehen werden und wenn man sie auch als bedeutsam für die Beurteilung der mündlichen Leistung ansieht, dann enthalten die Beispielskalen 14 qualitative Kategorien, die für die Beurteilung von mündlicher Leistung relevant sind:

Sprecherwechsel
Kooperation
Um Klärung bitten
Flüssigkeit
Flexibilität
Kohärenz
Themenentwicklung
Genauigkeit
Soziolinguistische Kompetenz
Spektrum sprachlicher Mittel allgemein
Wortschatzspektrum
Grammatische Korrektheit
Wortschatzbeherrschung
Beherrschung der Aussprache und Intonation

Es ist offensichtlich, dass Deskriptoren für viele dieser Merkmale in eine allgemeine Checkliste aufgenommen werden könnten; 14 Kategorien sind aber doch bei weitem zu viele für eine Beurteilung von Sprachproduktion. Deshalb würde in jedem praktischen Ansatz eine solche Liste von Kategorien nur in einer Auswahl benutzt werden, wobei Merkmale zusammengefasst, umbenannt und auf eine kleinere Gruppe von Beurteilungskriterien reduziert werden, die den Bedürfnissen der betroffenen Lernenden und die den Anforderungen der betreffenden Testaufgabe sowie dem Stil des jeweiligen didaktischen Konzepts, in deren Rahmen die Beurteilung stattfindet, entsprechen. Die sich ergebenden Kriterien können als gleich bedeutsam gewichtet werden; bestimmte, für eine Aufgabe entscheidende Faktoren, können aber auch stärker gewichtet werden.

Die folgenden vier Beispiele zeigen Wege auf, wie dies praktiziert wird: Die ersten drei sind Beispiele dafür, wie Kategorien in bestehenden Bewertungssystemen als Testkriterien benutzt werden. Das vierte Beispiel zeigt, wie Deskriptoren in den Skalen des *Referenzrahmens* zusammengelegt und umformuliert wurden, um ein Beurteilungsraster für einen ganz bestimmten Zweck und für einen ganz bestimmten Anlass zur Verfügung zu stellen.

Beispiel 1:
Cambridge Certificate in Advanced English (CAE), Paper 5: Bewertungsskriterien 1991

Testkriterien	**Beispielskalen**	**Weitere Kategorien**
Flüssigkeit	Flüssigkeit	
Genauigkeit und Spektrum	Spektrum der sprachlichen Mittel Wortschatzspektrum Grammatische Korrektheit Wortschatzbeherrschung	
Aussprache	Beherrschung des Phonemsystems	
Aufgabenerfüllung	Kohärenz Soziolinguistische Angemessenheit	Erfolgreiche Bewältigung der Aufgabe Unterstützung durch Gesprächspartner
Interaktive Kommunikation	Sprecherwechsel Kooperation Themenentwicklung	Umfang und Mühelosigkeit des Gesprächsbeitrags

Bemerkung zu *Weitere Kategorien*: In den Beispielskalen finden sich im Abschnitt *Kommunikative Aktivitäten* Aussagen zur erfolgreichen Bewältigung von Aufgaben in Bezug auf die betreffende Aktivität. *Umfang und Mühelosigkeit des Gesprächsbeitrags* wird in diesen Skalen unter *Flüssigkeit* subsumiert. Ein Versuch, Kriteriendefinitionen für *notwendige Unterstützung durch Gesprächspartner* zu schreiben und auf empirischer Grundlage zu kalibrieren, um sie in die Sammlung von Skalen zu integrieren, war erfolglos.

Beispiel 2:
International Certificate Conference (ICC): Certificate in English for Business Purposes, Test 2: Business Conversation (1987)

Testkriterien	Beispielskalen	Weitere Kategorien
Skala 1 (unbenannt)	Soziolinguistische Angemessenheit Grammatische Korrektheit Wortschatzbeherrschung	Erfolgreiche Bewältigung der Aufgabe
Skala 2 (der Gebrauch von Diskursmitteln, um eine Konversation in Gang zu bringen und aufrechtzuerhalten)	Sprecherwechsel Kooperation Soziolinguistische Angemessenheit	

Beispiel 3:
Eurocentres – Die Beurteilung einer Interaktion innerhalb einer kleinen Gruppe (RADIO) (1987)

Testkriterien	Beispielskalen	Weitere Kategorien
Spektrum	Spektrum der sprachlichen Mittel Wortschatzspektrum	
Genauigkeit	Grammatische Korrektheit Wortschatzbeherrschung Soziolinguistische Angemessenheit	
Art der Produktion	Flüssigkeit Beherrschung der Aussprache und Intonation	
Interaktion	Sprecherwechsel Kooperation	

Beispiel 4:
Im Rahmen eines Projekts des *Schweizerischen Nationalfonds zur Förderung der wissenschaftlichen Forschung: Bewertung der mündlichen Leistungen in Videoaufzeichnungen (1996)*

Kontext: Die Beispieldeskriptoren wurden in einem Schweizer Projekt, das in Anhang B erläutert wird, skaliert. Bei Abschluss des Forschungsprojekts wurden die Lehrenden, die daran teilgenommen hatten, zu einer Konferenz eingeladen, um die Ergebnisse zu präsentieren und in der Schweiz eine Erprobungsphase mit dem *Europäischen Sprachenportfolio* in Gang zu setzen. Bei der Konferenz gab es zwei Diskussionsthemen: (a) die Notwendigkeit, Checklisten für die kontinuierliche Beurteilung und für die Selbstbeurteilung auf einen allgemeinen Referenzrahmen zu beziehen, und (b) die Art und Weise, wie die in dem Projekt skalierten Deskriptoren für verschiedene Bewertungszwecke benutzt werden können. Als Teil dieser Diskussion wurden Videoaufzeichnungen von einigen Lernenden auf dem Bewertungsraster bewertet, das als Tabelle 3 in Kapitel 3 abgebildet ist. Es enthält eine Auswahl von kombinierten und bearbeiteten Beispieldeskriptoren.

Testkriterien	Beispielskalen	Weitere Kategorien
Spektrum	Spektrum der sprachlichen Mittel Wortschatzspektrum	
Korrektheit	Grammatische Korrektheit Wortschatzbeherrschung	
Flüssigkeit	Flüssigkeit	
Interaktion	Interaktion (allgemein) Sprecherwechsel Kooperation	
Kohärenz	Kohärenz	

Verschiedene Institutionen mit verschiedenen Lernenden vereinfachen, selektieren und kombinieren für verschiedene Arten der Beurteilung in verschiedenen Kontexten Merkmale auf verschiedene Art und Weise. Die Liste von 14 Kategorien ist daher keineswegs zu lang; sie ist wahrscheinlich nicht in der Lage, alle Varianten zuzulassen, die man möglicherweise wählt, und müsste noch erweitert werden, damit sie wirklich umfassend ist.

Die Benutzer dieses *Referenzrahmens* sollten bedenken und, soweit sinnvoll, angeben,

- auf welche Art und Weise in ihrem System theoretische Kategorien vereinfacht und operationalisiert werden;
- in welchem Umfang die Hauptfaktoren, die in ihrem System als Beurteilungskriterien benutzt werden, auf das Kategoriensystem in Kapitel 5 und die aufgeführten Beispielskalen bezogen werden können, vorausgesetzt, sie werden unter Berücksichtigung spezifischer Verwendungszusammenhänge weiter ausgearbeitet und an lokale Verhältnisse angepasst.

Allgemeine Bibliographie

Bitte beachten Sie: Publikationen und Dokumente, die mit einem *Sternchen markiert sind, sind auf Englisch und Französisch veröffentlicht.

Die folgenden Nachschlagewerke enthalten Einträge, die für zahlreiche Abschnitte des Referenzrahmens relevant sind:

Bussmann, H. (1996) *Routledge dictionary of language and linguistics.* London, Routledge.

Byram, M. (im Druck) *The Routledge encyclopedia of language teaching and learning.* London, Routledge.

Clapham, C.; Corson, D. (eds.) (1998) *Encyclopedia of language and education.* Dordrecht, Kluwer.

Crystal, D. (ed.) (1987) *The Cambridge encyclopedia of language.* Cambridge, CUP.

Galisson, R.; Coste, D. (eds.) (1976) *Dictionnaire de didactique des langages.* Paris, Hachette.

Johnson, K. (1997) *Encyclopedic dictionary of applied linguistics.* Oxford, Blackwell.

Richards, J.C.; Platt, J.; Platt, H. (1993) *Longman dictionary of language teaching and applied linguistics.* London, Longman.

Spolsky, B. (ed.) (1999) *Concise encyclopedia of educational linguistics.* Amsterdam, Elsevier.

Die folgenden Titel sind hauptsächlich für das Kapitel relevant, bei dem sie aufgelistet sind:

Kapitel 1

*Council of Europe (1982) *Recommendation no. R (82) 18 of the Committee of Ministers to Member States concerning modern languages.* Appendix A to Girard & Trim (1988).

*Council of Europe (1982) *Recommendation no. R (98) 6 of the Committee of Ministers to Member States concerning modern languages.* Strasbourg, Council of Europe.

*Council of Europe (1992) *Transparency and coherence in language learning in Europe: Objectives, evaluation, certification. (Report edited by B. North of a Symposium held in Rüschlikon 1991).* Strasbourg, Council of Europe.

*Council of Europe (1997) *European language portfolio: proposals for development.* Strasbourg, Council of Europe.

*Council of Europe (1997) *Language learning for European citizenship: Final Report of the Project.* Strasbourg, Council of Europe.

*Girard, D.; Trim, J.L.M. (eds.) (1988) *Project no. 12 ‚Learning and teaching modern languages for communication': Final Report of the Project Group (activities 1982-87).* Strasbourg, Council of Europe.

Gorosch, M.; Pottier, B.; Riddy, D.C. (1967) *Modern languages and the world today. Modern languages in Europe, 3.* Strasbourg, AIDELA in cooperation with the Council of Europe.

Malmberg, P. (1989) *Towards a better language teaching: a presentation of the Council of Europe's language projects.* Uppsala, University of Uppsala In-service Training Department.

Bisher sind folgende Publikationen vom Typ ‚Threshold Level' erschienen:

Baldegger, M.; Müller, M.; Schneider, G. in Zusammenarbeit mit Näf, A. (1980) *Kontaktschwelle Deutsch als Fremdsprache.* Berlin, Langenscheidt.

Belart, M.; Rancé, L. (1991) *Nivell llindar per a escolars (8-14 anys).* Gener, Generalitat de Catalunya.

Castaleiro, J.M.; Meira, A.; Pascoal, J. (1988) *Nivel limiar (para o ensino/aprendizagem do Portugues como lingua segunda/lingua estrangeira).* Strasbourg, Council of Europe.

Coste, D.; Courtillon, J.; Ferenczi, V.; Martins-Baltar, M.; Papo, E. (1976) *Un niveau-seuil.* Paris, Hatier.

Dannerfjord, T. (1983) *Et taerskelniveau for dansk – Appendix – Annexe – Appendiks.* Strasbourg, Council of Europe.

Efstathiadis, S. (ed.) (1998) *Katofli gia ta nea Ellenika.* Strasbourg, Council of Europe.

Ehala, M.; Liiv, S.; Saarso, K.; Vare, S.; Õispuu, J. (1997) *Eesti keele suhtluslävi.* Strasbourg, Council of Europe.

van Ek, J.A. (1977) *The Threshold Level for modern language learning in schools.* London, Longman.

van Ek, J.A.; Trim, J.L.M. (1991) *Threshold Level 1990.* Cambridge, CUP.

van Ek, J.A.; Trim, J.L.M. (1991) *Waystage 1990.* Cambridge, CUP.

van Ek, J.A.; Trim, J.L.M. (1997) *Vantage Level.* Strasbourg, Council of Europe (erscheint Ende 2000 bei CUP).

Galli de'Paratesi, N. (1981) *Livello soglia per l'insegnamento dell'italiano come lingua straniera.* Strasbourg, Council of Europe.

Grinberga, I.; Martinsone, G.; Piese, V.; Veisberg, A.; Zuicena, I. (1997) *Latviesŭ valodas prasmes limenis.* Strasbourg, Council of Europe.

Jessen, J. (1983) *Et taerskelniveau for dansk.* Strasbourg, Council of Europe.

Jones, G.E.; Hughes, M.; Jones, D. (1996) *Y lefel drothwy: ar gyfer y gymraeg.* Strasbourg, Council of Europe.

Kallas, E. (1990) *Yatabi lebaaniyyi: un ‚livello soglia' per l'insegnamento/apprendimento dell'arabo libanese nell' università italiana.* Venezia, Cafoscarina.

King, A. (ed.) (1988) *Atalase Maila.* Strasbourg, Council of Europe.

Mas, M.; Melcion, J.; Rosanas, R.; Vergé, M.H. (1992) *Nivell llindar per a la llengua catalana.* Barcelona, Generalitat de Catalunya.

Mifsud, M.; Borg, A.J. (1997) *Fuq l-ghatba tal-Malti.* Strasbourg, Council of Europe.

Narbutas E.; Pribušauskaite, J.; Ramoniene, M.; Skapiene, S.; Vilkiene, L. (1997) *Slenkstis.* Strasbourg, Council of Europe.

Porcher, L. (ed.) (1980) *Systèmes d'apprentissage des langues vivantes par les adultes (option travailleurs migrants): Un niveau-seuil intermediaire.* Strasbourg, Council of Europe.

Porcher, L.; Huart, M.; Mariet, F. (1982) *Adaptation de ‚Un niveau-seuil' pour des contextes scolaires. Guide d'emploi.* Paris, Hatier.

Pushkin Russian Language Institute and Moscow Linguistic University (1966) *Porogoviy uroveny russkiy yazik.* Strasbourg, Council of Europe.

Salgado, X.A.F.; Romero, H.M.; Moruxa, M.P. (1993) *Nivel soleira lingua galega.* Strasbourg, Council of Europe.

Sandström, B. (ed.) (1981) *Tröskelnivå: förslag till innehåll och metod i den grundläggande utbildningen i svenska för vuxna invandrare.* Stockholm, Skolöverstyrelsen.

Slagter, P.J. (1979) *Un nivel umbral.* Strasbourg, Council of Europe.

Svanes, B.; Hagen, J.E.; Manne, G.; Svindland, A.S. (1987) *Et terskelnivå for norsk.* Strasbourg, Council of Europe.

Wynants, A. (1985) *Drempelniveau: nederlands als vreemde taal.* Strasbourg, Council of Europe.

Weitere relevante Publikationen:

van Hest, E.; Oud-de Glas, M. (1990) *A survey of techniques used in the diagnosis and analysis of foreign language needs in industry*. Brussels, Lingua.

Lüdi, G.; Py, B. (1986) *Etre bilingue.* Bern, Lang.

Lynch, P.; Stevens, A.; Sands, E.P. (1993) *The language audit.* Milton Keynes, Open University.

Porcher, L. et al. (1982) *Identification des besoins langagiers de travailleurs migrants en France.* Strasbourg, Council of Europe.

Richterich, R. (ed.) (1983) *Case studies in identifying language needs.* Oxford, Pergamon.

Richterich, R. (1985) *Objectifs d'apprentissage et besoins langagiers.* Col. F. Paris, Hachette.

Richterich, R.; Chancerel, J.-L. (1980) *Identifying the needs of adults learning a foreign language.* Oxford, Pergamon.

Richterich, R.; Chancerel, J.-L. (1981) *L'identification des besoins des adultes apprenant une langue étrangère.* Paris, Hatier.

Trim, J.L.M. (1980) *Developing a Unit/Credit scheme of adult language learning.* Oxford, Pergamon.

Trim, J.L.M.; Richterich, R.; van Ek, J.A.; Wilkins, D.A. (1980) *Systems development in adult language learning.* Oxford, Pergamon.

*Trim, J.L.M.; Holec, H.; Coste, D.; Porcher, L. (eds.) (1984) *Towards a more comprehensive framework for the definition of language learning objectives. Vol I Analytical summaries of the preliminary studies. Vol II Preliminary studies.* (contributions in English and French). Strasbourg, Council of Europe.

Widdowson, H.G. (1989) ,Knowledge of Language and Ability for Use'. *Applied Linguistics* 10/2, 128–137.

Wilkins, D.A. (1972) *Linguistics in language teaching.* London, Edward Arnold.

Kapitel 3

*van Ek, J.A. (1985-86) *Objectives for foreign language learning: vol. I Scope, vol. II Levels.* Strasbourg, Council of Europe.

North, B. (1994) *Perspectives on language proficiency and aspects of competence: a reference paper discussing issues in defining categories and levels.* Strasbourg, Council of Europe.

North, B. (2000) *The Development of a Common Reference Scale of Language Proficiency.* New York, Peter Lang.

North, B.; Schneider, G. (1998): ,Scaling Descriptors for Language Proficiency Scales'. *Language Testing* 15/2, 217–262.

Schneider, G.; North, B. (2000) *Fremdsprachen können – was heisst das? Skalen zur Beschreibung, Beurteilung und Selbsteinschätzung der fremdsprachlichen Kommunikationsfähigkeit.* Chur/Zürich, Verlag Rüegger AG.

Kapitel 4

Bygate, M. (1987) *Speaking*. Oxford, OUP.

Canale, M.; Swain, M. (1981) ‚A theoretical framework for communicative competence'. In Palmer, A.S.; Groot, P.G.; Trosper, S.A. (eds.) *The construct validation of tests of communicative competence.* Washington D.C., TESOL.

Carter, R.; Lang, M.N. (1991) *Teaching literature*. London, Longman.

Davies, A. (1989): ‚Communicative Competence as Language Use'. *Applied Linguistics* 10/2, 157–170.

Denes, P.B.; Pinson, E.N. (1993) *The Speech chain: the physics and biology of spoken language.* 2nd. edition. New York, Freeman.

Faerch, C.; Kasper, G. (eds.) (1983) *Strategies in interlanguage communication*. London, Longman.

Firth, J.R. (1964) *The tongues of men and Speech*. London, OUP.

Fitzpatrick, A. (1994) *Competence for vocationally oriented language learning: descriptive parameters, organisation and assessment.* Doc. CC-LANG (94) 6. Strasbourg, Council of Europe.

Fry, D.B. (1977) *Homo loquens*. Cambridge, CUP.

Hagège, C. (1985) *L'homme des paroles.* Paris, Fayard.

*Holec, H.; Little, D.; Richterich, R. (1996) *Strategies in language learning and use.* Strasbourg, Council of Europe.

Kerbrat-Orecchioli, C. (1990,1994) *Les interactions verbales (3 vols.).* Paris, Colins.

Laver, J.; Hutcheson, S. (1972) *Communication in face-to-face interaction*. Harmondsworth, Penguin.

Levelt, W.J.M. (1993) *Speaking: from intention to articulation.* Cambridge, Mass, MIT.

Lindsay, P.H.; Norman, D.A. (1977) *Human information processing*. New York, Academic Press.

Martins-Baltar, M.; Boutgain, D.; Coste, D.; Ferenczi, V.; Mochet, M.-A. (1979) *L'écrit et les écrits: problèmes d'analyse et considérations didactiques*. Paris, Hatier.

Swales, J.M. (1990) *Genre analysis: English in academic and research settings.* Cambridge, CUP.

Kapitel 5

Allport, G. (1979) *The Nature of Prejudice.* Reading (Mass.), Addison-Wesley.

Austin, J.L. (1962) *How to do things with words*. Oxford, OUP.

Cruttenden, A. (1986) *Intonation*. Cambridge, CUP.

Crystal, D. (1969) *Prosodic systems and intonation in English*. Cambridge, CUP.

Furnham, A.; Bochner, S. (1986) *Culture Shock: psychological reactions in unfamiliar environments.* London, Methuen.

Gardner, R.C. (1985) *Social psychology and second language learning: the role of attitude and motivation*. London, Edward Arnold.

Grice, H.P. (1975) ‚Logic and conversation'. In Cole, P.; Morgan, J.L. (eds.) *Speech acts.* New York, Academic Press, 41–58.

Gumperz, J.J. (1971) *Language in social groups.* Stamford, Stamford University Press.

Gumperz, J.J.; Hymes, D. (1972) *Directions in sociolinguistics: the ethnography of communication.* New York, Holt, Rinehart & Wiston.

Hatch, E.; Brown, C. (1995) *Vocabulary, semantics and language education*. Cambridge, CUP.

Hawkins, E.W. (1987) *Awareness of language: an introduction.* Revised edn. Cambridge, CUP.

Hymes, D. (1972) ‚On communicative competence'. In Pride & Holmes (1972).

Hymes, D. (1974) *Foundations in sociolinguistics: an ethnographic approach.* Philadelphia, University of Pennsylvania Press.

Hymes, D. (1984) *Vers la compétence de communication.* Paris, Hatier.

Kingdon, R. (1958) *The groundwork of English intonation.* London, Longman.

Knapp-Potthoff, A.; Liedke, M. (Hg.) (1997) *Aspekte interkultureller Kommunikationsfähigkeit.* München, Iudicium.

Labov, W. (1972) *Sociolinguistic patterns.* Philadelphia, University of Pennsylvania Press.

Lehrer, A. (1974) *Semantic fields and lexical structure.* London & Amsterdam.

Levinson, S.C. (1983) *Pragmatics.* Cambridge, CUP.

Lyons, J. (1977) *Semantics. Vols I & II.* Cambridge, CUP.

Mandelbaum, D.G. (1949) *Selected writings of Edward Sapir.* Berkeley, University of California Press.

Matthews, P.H. (1974) *Morphology: an introduction to the theory of word-structure.* Cambridge, CUP.

Matthews, P.H. (1981) *Syntax.* Cambridge, CUP.

Neuner, G. (1988) *A socio-cultural framework for communicative teaching and learning of foreign languages at the school level.* Doc. CC-GP 12 (87) 24. Strasbourg, Council of Europe.

O'Connor, J.D.; Arnold, G.F. (1973) *The intonation of colloquial English.* 2nd. edn. London, Longman.

O'Connor, J.D. (1973) *Phonetics.* Harmondsworth, Penguin.

Pride, J.B.; Holmes, J. (eds.) (1972) *Sociolinguistics.* Harmondsworth, Penguin.

Rehbein, J. (1977) *Komplexes Handeln: Elemente zur Handlungstheorie der Sprache.* Stuttgart, Metzler.

Robinson, G.L.N. (1985) *Crosscultural Understanding.* Oxford, Pergamon.

Robinson, W.P. (1972) *Language and social behaviour.* Harmondsworth, Penguin.

Roulet, E. (1972) *Théories grammaticales, descriptions et enseignement des langues.* Paris, Nathan.

Sapir, E. (1921) *Language.* New York, Harcourt Brace.

Searle, J.R. (1969) *Speech acts: an essay in the philosophy of language.* Cambridge, CUP.

Searle, J.R. (1976) ‚The classification of illocutionary acts'. *Language in society* 51/1, 1–24.

Trudgill, P. (1983) *Sociolinguistics.* 2nd. edn. Harmondsworth, Penguin.

Ullmann, S. (1962) *Semantics: an introduction to the science of meaning.* Oxford, Blackwell.

Wells, J.C.; Colson, G. (1971) *Practical phonetics.* Bath, Pitman.

Widdowson, H.G. (1992) *Practical stylistics: an approach to poetry.* Oxford, OUP.

Wray, A. (1999) ‚Formulaic language in learners and native speakers'. *Language teaching* 32/4. Cambridge, CUP.

Wunderlich, D. (ed.) (1972) *Linguistische Pragmatik.* Frankfurt, Athenäum.

Zarate, G. (1986) *Enseigner une culture étrangère.* Paris, Hachette.

Zarate, G. (1993) *Représentations de l'étranger et didactique des langues.* Paris, Hachette.

Kapitel 6

Berthoud, A.-C. (ed.) (1996) ‚Acquisition des compétences discursives dans un contexte plurilingue'. *Bulletin suisse de linguistique appliquée.* VALS/ASLA 64.

Berthoud, A.-C.; Py, B. (1993) *Des linguistes et des enseignants. Maîtrise et acquisition des langues secondes.* Bern, Lang.

Besse, H.; Porquier, R. (1984) *Grammaire et didactique des langues.* Collection L.A.L. Paris, Hatier.

Bloom, B.S. (1956) *Taxonomy of educational objectives.* London, Longman.

Bloom, B.S. (1976) *Human characteristics and school learning.* New York, McGraw.

The British Council (1978) *The teaching of comprehension.* London, British Council.

Broeder, P. (ed.) (1988) *Processes in the developing lexicon. Vol. III of Final Report of the European Science Foundation Project ‚Second language acquisition by adult immigrants'.* Strasbourg, Tilburg & Göteborg, ESF.

Brumfit, C. (1984) *Communicative Methodology in Language Teaching. The roles of fluency and accuracy.* Cambridge, CUP.

Brumfit, C. (1987) ‚Concepts and Categories in Language Teaching Methodology'. *AILA Review* 4, 25–31.

Brumfit, C. & Johnson, K (eds.) (1979) *The communicative approach to language teaching.* Oxford, OUP.

Byram, M. (1989) *Cultural Studies and Foreign Language Education.* Clevedon, Multilingual Matters.

Byram, M. (1997), *Teaching and Assessing Intercultural Communicative Competence.* Clevedon, Multilingual Matters.

Byram, M.; Zarate, G.; Neuner, G. (1997) *Sociocultural competences in foreign language teaching and learning.* Strasbourg, Council of Europe.

Callamand, M. (1981) *Méthodologie de la prononciation.* Paris, CLE International.

Canale, M.; Swain, M. (1980) ‚Theoretical bases of communicative approaches to second language teaching and testing'. *Applied linguistics* 1/1.

Conférence suisse des directeurs cantonaux de l'instruction publique (ed.) (1998) *Enseignement des langues étrangères – Recherche dans le domaine des langues et pratique de l'enseignement des langues étrangères.* Dossier 52. Berne, CDIP.

Cormon, F. (1992) *L'enseignement des langues.* Paris, Chronique sociale.

Coste, D. (1997) ‚Eduquer pour une Europe des langues et des cultures'. *Etudes de linguistique appliquée* 98.

*Coste, D.; Moore, D.; Zarate, G. (1997) *Plurilingual and pluricultural competence.* Strasbourg, Council of Europe.

Cunningsworth, A. (1984) *Evaluating and selecting EFL materials.* London, Heinemann.

Dalgallian, G.; Lieutaud, S.; Weiss, F. (1981) *Pour un nouvel enseignement des langues.* Paris, CLE.

Dickinson, L. (1987) *Self-instruction in language learning.* Cambridge, CUP.

Gaotrac, L. (1987) *Théorie d'apprentissage et acquisition d'une langue étrangère.* Collection L.A.L. Paris, Hatier.

Gardner, R.C.; MacIntyre, P.D. (1992-93) ‚A student's contribution to second language learning': Part I ‚cognitive variables' & Part II ‚affective variables'. *Language teaching* 25/4 & 26/1.

Girard, D. (1995) *Enseigner les langues: méthodes et pratiques.* Paris, Bordas.

*Girard, D. (ed.) (1988) *Selection and distribution of contents in language syllabuses.* Strasbourg, Council of Europe.

Grauberg, W. (1997) *The elements of foreign language teaching.* Clevedon, Multilingual matters.

Hameline, D. (1979) *Les objectifs pédagogiques en formation initiale et en formation continue.* Paris, E.S.F.

Hawkins, E.W. (1987) *Modern languages in the curriculum.* Revised edn. Cambridge, CUP.

Hill, J. (1986) *Literature in language teaching.* London, McMillan.

Holec, H. (1981) *Autonomy and foreign language learning.* Oxford, Pergamon.

Holec, H. (1982) *Autonomie et apprentissage des langues étrangères.* Paris, Hatier.

*Holec, H. (ed.) (1988) *Autonomy and self-directed learning: present fields of application* (with contributions in English and French). Strasbourg, Council of Europe.

Komenský, J.A. (Comenius) (1658) *Orbis sensualium pictus.* Nürnberg.

Kramsch, C. (1993) *Context and Culture in Language Teaching.* Oxford, OUP.

Krashen, S.D. (1982) *Principles and practice of second language acquisition.* Oxford, Pergamon.

Krashen, S.D.; Terrell, T.D. (1983) *The natural approach: language acquisition in the classroom.* Oxford, Pergamon.

Little, D.; Devitt, S.; Singleton, D. (1988) *Authentic texts in foreign language teaching: theory and practice.* Dublin, Authentik.

MacKay, W.F. (1965) *Language teaching analysis.* London, Longman.

McDonough, S.H. (1981) *Psychology in foreign language teaching.* London, Allen & Unwin.

Melde, W. (1987) *Zur Integration von Landeskunde und Kommunikation im Fremdsprachenunterricht.* Tübingen, Gunter Narr Verlag.

Pêcheur, J.; Viguer, G. (eds.) (1995) *Méthodes et méthodologies.* Col. Recherches et applications. Paris, Le français dans le monde.

Piepho, H.E. (1974) *Kommunikative Kompetenz als übergeordnetes Lernziel.* Limburg, Frankonius.

*Porcher, L. (1980) *Reflections on language needs in the school.* Strasbourg, Council of Europe.

Porcher, L. (ed.) (1992) *Les auto-apprentissages.* Col. Recherches et applications. Paris, Le français dans le monde.

Py, B. (ed.) (1994) ‚L'acquisition d'une langue seconde. Quelques développements récents'. *Bulletin suisse de linguistique appliquée.* VALS/ASLA.

Rampillon, U.; Zimmermann, G. (eds.) (1997) *Strategien und Techniken beim Erwerb fremder Sprachen.* Ismaning, Hueber.

Savignon, S.J. (1983) *Communicative Competence: Theory and Classroom Practice.* Reading (Mass.), Addison-Wesley.

Schmidt, R.W. (1990) ‚The Role of Consciousness in Second Language Learning'. *Applied Linguistics* 11/2, 129–158.

*Sheils, J. (1988) *Communication in the modern language classroom.* Strasbourg, Council of Europe (also available in German, Russian and Lithuanian).

Skehan, P. (1987) *Individual differences in second language learning.* London, Arnold.

Spolsky, B. (1989) *Conditions for second language learning.* Oxford, OUP.

Stern, H.H. (1983) *Fundamental concepts of language teaching.* Oxford, OUP.

Stern, H.H.; Weinrib, A. (1977) ‚Foreign languages for younger children: trends and assessment'. *Language Teaching and Linguistics: Abstracts* 10, 5–25.

Trim, J.L.M. (1991) ‚Criteria for the evaluation of classroom-based materials for the learning and teaching of languages for communication'. In Grebing, R. *Grenzenloses Sprachenlernen. Festschrift für Reinhold Freudenstein.* Berlin, Cornelsen.

Williams, E. (1984) *Reading in the language classroom.* London, McMillan.

Kapitel 7

Jones, K. (1982) *Simulations in language teaching.* Cambridge, CUP.

Nunan, D. (1989) *Designing tasks for the communicative classroom.* Cambridge, CUP.

Yule, G. (1997) *Referential communication tasks.* Mahwah, N.J., Lawrence Erlbaum.

Kapitel 8

Breen, M.P. (1987) ‚Contemporary paradigms in syllabus design', Parts I & II. *Language Teaching* 20/2 & 3, 81–92 & 157–174.

Burstall, C.; Jamieson, M.; Cohen, S.; Hargreaves, M. (1974) *Primary French in the balance.* Slough, NFER.

Clark, J.L. (1987) *Curriculum Renewal in School Foreign Language Learning.* Oxford, OUP.

*Coste, D. (ed) (1983) *Contributions à une rénovation de l'apprentissage et de l'enseignement des langages. Quelques expériences en cours en Europe.* Paris, Hatier.

Coste, D.; Lehman, D. (1995) ‚Langues et curriculum. Contenus, programmes et parcours'. *Etudes de linguistique appliquée,* 98.

Damen, L. (1987) *Culture Learning: the Fifth Dimension in the Language Classroom.* Reading (Mass.), Addison-Wesley

Fitzpatrick, A. (1994) *Competence for vocationally oriented language learning: descriptive parameters, organisation and assessment.* Doc. CC-LANG (94) 6. Strasbourg, Council of Europe.

Johnson, K. (1982) *Communicative syllabus design and methodology.* Oxford, Pergamon.

Labrie, C. (1983) *La construction de la Communauté européenne.* Paris, Champion.

Munby, J. (1972) *Communicative syllabus design.* Cambridge, CUP.

Nunan, D. (1988) *The learner-centred curriculum: a study in second language teaching.* Cambridge, CUP.

Roulet, E. (1980) *Langue maternelle et langue seconde. Vers une pédagogie intégrée.* Col. L.A.L. Paris, Hatier.

Schneider, G.; North, B.; Koch, L. (2000) *Europäisches Sprachenportfolio – Version für Jugendliche und Erwachsene. (Ed. Schweizerische Konferenz der kantonalen Erziehungsdirektoren – EDK).* Bern, BLMV (existiert auch in einer französischen, italienischen und englischen Fassung).
Online: http://www.sprachenportfolio.ch

Schweizerische Konferenz der kantonalen Erziehungsdirektoren EDK (1995) *Mehrsprachiges Land – mehrsprachige Schulen. 7. Schweizerisches Forum Langue 2.* Dossier 33. Bern, EDK.

Vigner, G. (ed.) (1996) ‚Promotion, réforme des langues et systèmes éducatifs'. *Etudes de linguistique appliquée,* 103.

Wilkins, D.A. (1976) *Notional syllabuses.* Oxford, OUP.

*Wilkins, D. (1987) *The educational value of foreign language learning.* Doc. CC-GP (87) 10. Strasbourg, Council of Europe.

Kapitel 9

Alderson, J.C.; Clapham, C.; Wall, D. (1995) *Language Test Construction and Evaluation.* Cambridge, CUP.

Alderson, J.C. (2000) *Assessing Reading*. Cambridge Language Assessment Series. Cambridge, CUP.

ALTE Members (eds.) (1998) *The multilingual glossary of language testing terms (Studies in language testing 6).* Cambridge, CUP.

Bachman, L.F. (1990) *Fundamental considerations in language testing.* Oxford, OUP.

Brindley, G. (1989) *Assessing Achievement in the Learner-Centred Curriculum.* NCELTR Research Series (National Centre for English Language Teaching and Research). Sydney, Macquarie University.

Coste, D.; Moore, D. (eds.) (1992) ‚Autour de l'évaluation de l'oral'. *Bulletin CILA* 55.

Douglas, D. (2000) *Assessing Languages for Specific Purposes.* Cambridge Language Assessment Series. Cambridge, CUP.

Lado, R. (1961) *Language testing: the construction and use of foreign language tests.* London, Longman.

Lussier, D. (1992) *Evaluer les apprentissages dans une approche communicative.* Col. F. Paris, Hachette.

Monnerie-Goarin, A.; Lescure, R. (eds.) (1993) ‚Evaluation et certifications en langue étrangère'. *Recherches et applications. Numéro spécial. Le français dans le monde, août-septembre 1993.*

Oskarsson, M. (1980) *Approaches to self-assessment in foreign language learning.* Oxford, Pergamon.

Oskarsson, M. (1984) *Self-assessment of foreign language skills: a survey of research and development work.* Strasbourg, Council of Europe.

Reid J. (2000) *Assessing Vocabulary.* Cambridge Language Assessment Series, Cambridge, CUP.

Tagliante, C. (ed.) (1991) *L'évaluation.* Paris, CLE International.

Anhang A: Die Entwicklung von Deskriptoren der Sprachkompetenz

Dieser Anhang behandelt technische Aspekte der Beschreibung von Sprachkompetenzniveaus. Behandelt werden Kriterien für die Formulierung von Deskriptoren. Sodann werden verschiedene Methoden der Entwicklung von Skalen aufgeführt; eine kommentierte Bibliographie schließt diesen Anhang ab.

Die Formulierung von Deskriptoren

Erfahrungen mit Skalierung, die man bei Sprachtests gesammelt hat, die Skalierungstheorie im weiteren Feld der Angewandten Psychologie und die Präferenzen von Lehrenden, wenn sie an Konsultationsprozessen beteiligt sind (z. B. bei den gestuften Lernzielsystemen in Großbritannien oder im Schweizer Projekt), legen die folgenden Leitpunkte für die Entwicklung von Deskriptoren nahe:

- *Positive Formulierungen:* Man kann bei beurteilungsorientierten Kompetenzskalen und bei Bewertungsskalen in Prüfungen immer wieder beobachten, dass bei Einträgen auf den unteren Niveaus negative Formulierungen benutzt werden. Es ist schwieriger, auf den niedrigeren Niveaus der Sprachkompetenz zu sagen, was der Lernende tun kann, als zu sagen, was er nicht tun kann. Positive Formulierungen sind aber vor allem dann wünschenswert, wenn Kompetenzniveaus auch als Lernziel dienen sollen und nicht nur als ein Instrument zur Überprüfung und Auslese von Kandidaten. Manchmal ist es möglich, den gleichen Sachverhalt positiv oder negativ zu formulieren, z. B. in Bezug auf das ‚Spektrum sprachlicher Mittel':

positiv	negativ
– Verfügt über eine Auswahl an elementaren sprachlichen Mitteln und Strategien, die es ihm/ihr ermöglichen, mit voraussagbaren Alltagssituationen fertig zu werden. (Eurocentres Niveau 3: Zertifikat) – Elementares Repertoire an sprachlichen Mitteln und Strategien, das den meisten Anforderungen des Alltags genügt, erfordert allerdings in der Regel Kompromisse in Bezug auf die Realisierung der Sprechabsicht und macht die Suche nach Worten nötig. (Eurocentres Niveau 3: Beurteilungsraster)	– Verfügt über ein enges Repertoire sprachlicher Mittel, das ständige Neuansätze bei Formulierungen und die Suche nach Wörtern erfordert. (ESU Niveau 3) – Begrenzte Sprachkompetenz verursacht in nichtroutinemäßigen Situationen häufige Abbrüche und Missverständnisse. (Finnische Niveaustufe 2) – Die Kommunikation bricht ab, weil sprachliche Begrenzungen die Übermittlung des Inhalts behindern. (ESU Niveau 3)
– Der Wortschatz konzentriert sich auf Gebiete wie elementare Gegenstände, Orte und die häufigsten Verwandtschaftsbezeichnungen. (ACTFL Novice)	– Verfügt nur über einen begrenzten Wortschatz. (Niederländische Niveaustufe 1) – Ein begrenztes Spektrum an Wörtern und Redewendungen behindert die Übermittlung von Gedanken und Ideen. (Universität Göteborg)
– Produziert und erkennt eine Reihe auswendig gelernter Wörter und kurzer Redewendungen. (Trim 1978 Niveau 1)	– Kann nur formelhafte Äußerungen, Listen und Aufzählungen produzieren. (ACTFL Novice)
– Kann kurze, alltagssprachliche Ausdrücke produzieren, um einfache Bedürfnisse konkreter Art zu befriedigen (im Bereich von Begrüßungen, Informationen usw.). (Elviri, Mailänder Niveau 1, 1986)	– Verfügt nur über ein elementares Sprachrepertoire; zeigt wenig oder keine Anzeichen für eine funktionale Sprachbeherrschung. (ESU Niveau 1)

Tabelle A1 – Positive und negative Formulierungen

Das Vermeiden negativer Formulierungen wird zusätzlich außerdem noch dadurch kompliziert, dass es Eigenschaften kommunikativer Sprachkompetenz gibt, die nicht kumulativ sind. Dabei gilt: Je weniger, desto besser. Das offensichtlichste Beispiel ist, was manchmal ‚Unabhängigkeit' genannt wird, also das Ausmaß, in dem die Lernenden abhängig sind (a) von der sprachlichen Anpassung ihrer Gesprächspartner, (b) von Möglichkeiten, um Klärung zu bitten, und (c) von Möglichkeiten, Hilfe zu erhalten bei der Formulierung dessen, was sie sagen wollen. Oftmals können diese Punkte berücksichtigt werden, indem man einem positiv formulierten Deskriptor Bedingungen hinzufügt, wie zum Beispiel:

> Kann im Allgemeinen verstehen, wenn mit ihm/ihr in Standardsprache über vertraute Dinge gesprochen wird, vorausgesetzt, er/sie kann ab und zu darum bitten, etwas zu wiederholen oder anders zu formulieren.
> Kann verstehen, was in einem einfachen Alltagsgespräch langsam, deutlich und direkt an ihn/sie gerichtet gesagt wird, vorausgesetzt, die sprechende Person gibt sich Mühe, ihm/ihr verstehen zu helfen.

oder:

> Kann sich relativ leicht in strukturierten Situationen und kurzen Gesprächen verständigen, sofern die Gesprächspartner, falls nötig, helfen.

- ***Bestimmtheit/Eindeutigkeit:*** Deskriptoren sollten konkrete Aufgaben beschreiben und/oder konkrete Fertigkeitsgrade bei der Ausführung von Aufgaben. Hier sind zwei Dinge zu beachten. Erstens sollte der Deskriptor keine Vagheiten enthalten, wie zum Beispiel *Kann ein Spektrum von angemessenen Strategien benutzen*. Was ist mit ‚Strategie' gemeint? ‚Angemessen' in Bezug auf was? Wie sollten wir ‚Spektrum' verstehen? Das Problem von vagen Deskriptoren besteht darin, dass sie manchmal ganz gut aussehen, aber die Tatsache, dass man sie leicht akzeptiert, kann auch verdecken, dass jeder sie anders interpretiert. Zweitens ist es schon seit den vierziger Jahren ein Prinzip, dass die Unterscheidungen zwischen Stufen auf einer Skala nicht davon abhängen sollten, dass man Graduierungen wie „einige" oder „ein paar" auf der nächst höheren Stufe durch „viele" oder „die meisten" ersetzt, oder „ziemlich breit" durch „sehr breit" oder „mittelmäßig" durch „gut". Unterscheidungen sollten real sein und nicht nur verbal. So können Lücken bleiben, wo aussagekräftige, konkrete Unterscheidungen nicht getroffen werden können.

- ***Klarheit:*** Deskriptoren sollten transparent sein – nicht mit Jargon belastet. Abgesehen davon, dass dies ein Hindernis für die Verständlichkeit sein kann, stellt es sich manchmal heraus, dass sich ein scheinbar eindrucksvoller Deskriptor als wenig aussagekräftig entpuppt, wenn man den Jargon weglässt. Weiterhin sollten Deskriptoren in einfacher Syntax verfasst sein und eine klare logische Struktur haben.

- ***Kürze:*** Hier gibt es zwei verschiedene Denkrichtungen. Die eine ist verbunden mit holistischen Skalen, besonders solchen, die in den Vereinigten Staaten und in Australien benutzt werden; hier versucht man, einen längeren Abschnitt zu formulieren, der in verständlicher Form diejenigen Merkmale abdeckt, die man für die wesentlichsten hält. Solche Skalen erreichen ihre ‚Bestimmtheit/Eindeutigkeit' durch eine umfangreiche Auflistung, die ein detailliertes Bild davon vermitteln soll, was Beurteilende als typischen Lernenden auf dem betreffenden Niveau wahrnehmen können; es sind folglich sehr reichhaltige Quellen der Beschreibung. Dieser Ansatz hat jedoch zwei Nachteile. Erstens ist kein Mensch wirklich ‚typisch': Einzelne Merkmale treten in unterschiedlichen Kombinationen miteinander auf. Zweitens kann man sich während eines Beurteilungsprozesses realistischerweise nicht auf einen Deskriptor beziehen, der aus mehr als zwei Sätzen besteht oder länger ist als ein Satz mit zwei Teilsätzen. Lehrende scheinen durchweg kurze Deskriptoren zu bevorzugen. Im Projekt, in dem die Beispieldeskriptoren entwickelt wurden, hatten die Lehrenden die Tendenz, Deskriptoren zurückzuweisen oder aufzuspalten, die länger als 25 Wörter waren (ungefähr zwei Zeilen in normaler Schriftgröße).

- ***Unabhängigkeit:*** Kurze Deskriptoren haben zwei weitere Vorteile. Erstens ist es wahrscheinlicher, dass sie ein Verhalten beschreiben, bei dem man sagen kann: *Ja, diese Person kann das tun*. Folglich können kurze, konkrete Deskriptoren in Checklisten oder Fragebögen für die fortlaufende Beurteilung durch Lehrende und/oder bei der Selbstbeurteilung als voneinander unabhängige Kriterien benutzt werden. Wenn ein Deskriptor dieses Merkmal hat, dass er für sich allein stehen kann, dann ist das ein Signal, dass er auch als eigenständiges Lernziel dienen kann und dass seine Bedeutung nicht nur von der Formulierung anderer Deskriptoren auf der Skala abhängt. Dies eröffnet eine Reihe von Verwendungsmöglichkeiten bei verschiedenen Formen der Beurteilung (vgl. Kapitel 9).

Die Benutzer des *Referenzrahmens* sollten bedenken und, soweit sinnvoll, angeben,

- welche der aufgeführten Kriterien am relevantesten sind und welche anderen Kriterien ausdrücklich oder implizit in ihrem Kontext benutzt werden;
- in welchem Maß es wünschenswert und durchführbar ist, dass die in ihrem System verwendeten Formulierungen Kriterien wie die aufgeführten erfüllen.

Methoden zur Entwicklung von Skalen

Wenn es eine Abfolge von Niveaus gibt, so setzt dies voraus, dass man bestimmte Dinge eher einer Niveaustufe zuordnen kann als einer anderen und dass die Beschreibung eines bestimmten Fertigkeitsniveaus eher zu einem als zu einem anderen Niveau gehört. Dies wiederum impliziert, dass man ein Skalierungsverfahren konsistent benutzt. Es gibt mehrere mögliche Verfahren, mit deren Hilfe man Sprachkompetenzbeschreibungen verschiedenen Niveaus zuordnen kann. Die verfügbaren Methoden kann man in drei Gruppen einteilen: intuitive Methoden, qualitative Methoden und quantitative Methoden. Die meisten der heute benutzten Sprachkompetenzskalen und andere Systeme von Niveaustufen sind mit Hilfe einer der drei intuitiven Methoden der ersten Gruppe entwickelt worden. Am besten werden alle drei Ansätze komplementär in einem kumulativen Prozess kombiniert. Qualitative Methoden erfordern die intuitive Aufbereitung und Auswahl des Materials und die intuitive Interpretation der Ergebnisse. Quantitative Methoden sollten qualitativ vorgetestetes Material quantifizieren und erfordern eine intuitive Interpretation der Ergebnisse. Bei der Entwicklung der Gemeinsamen Referenzniveaus wurde deshalb eine Kombination von intuitiven, qualitativen und quantitativen Ansätzen benutzt.

Wenn qualitative und quantitative Methoden benutzt werden, dann gibt es zwei mögliche Ausgangspunkte: Deskriptoren oder Stichproben von Leistungen.

Deskriptoren als Ausgangspunkt: Ein Ausgangspunkt besteht darin zu überlegen, was man beschreiben möchte, und dann Entwürfe für Deskriptoren für die betreffenden Kategorien zu schreiben oder zu sammeln und zu bearbeiten, die in der qualitativen Phase als Input dienen sollen. Die Methoden 4 und 9, also die erste und die letzte in der Gruppe der qualitativen Verfahren weiter unten, sind Beispiele für diesen Ansatz. Sie sind besonders geeignet für die Entwicklung von Deskriptoren für curriculumbezogene Kategorien wie z. B. Kommunikative Sprachaktivitäten, aber sie können auch benutzt werden, um Deskriptoren für Aspekte der Kompetenz zu entwickeln. Mit Kategorien und Deskriptoren zu beginnen hat den Vorteil, dass man einen theoretisch ausgeglichenen Geltungsbereich definieren kann.

Stichproben von Leistungen als Ausgangspunkt: Die Alternative hierzu, die aber nur benutzt werden kann, um Deskriptoren zur Bewertung von Leistungen zu entwickeln, besteht darin, mit repräsentativen Stichproben von Leistungen zu beginnen. Dabei kann man repräsentative Bewertende fragen, was sie sehen, wenn sie mit den Stichproben arbeiten (qualitativ). Die Methoden 5 bis 8 sind Varianten dieser Konzeption. Andererseits kann man auch Bewertende nur darum bitten, die Stichproben zu beurteilen, und dann ein angemessenes statistisches Verfahren benutzen, um herauszufinden, durch welche Schlüsselkonzepte die Entscheidungen der Bewerter gesteuert werden (quantitativ). Die Methoden 10 und 11 sind Beispiele für diesen Ansatz. Der Vorteil der Analyse von Stichproben von Leistungen liegt darin, dass man zu sehr konkreten und datenbasierten Beschreibungen gelangen kann.

Die letzte Methode, Nr. 12, ist die einzige, mit deren Hilfe Deskriptoren wirklich im mathematischen Sinn *skaliert* werden. Dies war die Methode, nach der die Gemeinsamen Referenzniveaus und die Beispieldeskriptoren im Anschluss an die Methoden 2 (intuitiv) und 8 und 9 (qualitativ) entwickelt wurden. Das gleiche statistische Verfahren kann jedoch auch benutzt werden, nachdem eine Skala entwickelt wurde, um die Verwendung dieser Skala in der Praxis zu validieren und um zu ermitteln, ob sie revidiert werden muss.

Intuitive Methoden:

Diese Methoden erfordern keine strukturierte Datensammlung, sondern nur die Interpretation von Erfahrungen nach bestimmten Grundsätzen.

Nr. 1 ***Experte:*** Jemand wird gebeten, eine Skala zu schreiben, was durchaus unter Bezug auf bereits existierende Skalen, curriculare Dokumente oder anderes relevantes Quellenmaterial geschehen kann, am besten, nachdem bei der betroffenen Zielgruppe eine Bedarfsanalyse durchgeführt wurde. Die Skala kann dann pilotiert und revidiert werden, am besten unter Einbezug von Informanten.

Nr. 2 ***Kommission:*** Wie ‚Experte', aber ein kleines Entwicklungsteam ist daran beteiligt sowie eine größere Gruppe von Beratenden. Die Entwürfe werden von den Beratern kommentiert. Die Beratenden arbeiten intuitiv auf der Basis ihrer Erfahrung und/oder auf der Basis von Vergleichen zu Lernenden oder zu Stichproben von Leistungen. Gipps (1994) und Scarino (1996, 1997) diskutieren Schwächen von curricularen Skalen für das Lernen moderner Sprachen auf der Sekundarstufe, wie sie von Kommissionen dieser Art in Großbritannien und in Australien ausgearbeitet wurden.

Nr. 3 ***Auf Erfahrung beruhend:*** Wie ‚Kommission', aber der Prozess findet in einer Institution oder in einem speziellen Beurteilungskontext statt und erstreckt sich über eine gewisse Zeit, dabei entwickelt sich ein ‚interner Konsens'. Eine Kerngruppe entwickelt ein gemeinsames Verständnis der Niveaus und der Kriterien. Systematische Erprobung und Rückmeldungen können folgen, um die Formulierungen zu verfeinern. Gruppen von Bewertenden können Leistungen in Bezug auf die Definitionen diskutieren, aber umgekehrt auch die Definitionen in Bezug auf Stichproben von Leistungen. Dies ist das traditionelle Verfahren, nach dem Kompetenzskalen entwickelt wurden (Wilds 1975; Ingram 1985; Liskin-Gasparro 1984; Lowe 1985, 1986).

Qualitative Methoden:

Zu den folgenden Methoden gehören kleine Workshops mit Gruppen von Informanten sowie eine eher qualitative als eine statistische Interpretation der gewonnenen Informationen.

Nr. 4 ***Schlüsselkonzepte: Formulierung:*** Wenn erst einmal der Entwurf für eine Skala existiert, ist es ein einfaches Verfahren, sie zu zerschneiden und die Informanten, die typisch sein sollten für die zukünftigen Benutzer der Skala, zu bitten, (a) die Definitionen in eine Abfolge zu bringen, die sie für richtig halten; (b) ihre Entscheidungen zu erklären und später, wenn die Unterschiede zwischen ihrer Abfolge und der beabsichtigten Abfolge aufgedeckt werden, (c) zu identifizieren, welche Schlüsselkonzepte ihnen geholfen – oder sie verwirrt haben. Das Verfahren kann verfeinert werden, indem man manchmal ein Niveau weglässt und als zusätzliche Aufgabe verlangt herauszufinden, wo eine Lücke zwischen zwei Niveaus darauf hindeutet, dass ein Niveau zwischen ihnen fehlt. Die Zertifizierungsskalen der *Eurocentres* wurden auf diese Weise entwickelt.

Nr. 5 ***Schlüsselkonzepte: Leistungen:*** Deskriptoren werden typischen Leistungen auf den Niveaustufen zugeordnet, um Kohärenz zwischen dem, was beschrieben wurde, und dem, was geschehen ist, zu gewährleisten. Manche Handreichungen für die Cambridge-Prüfungen führen Lehrende durch diesen Prozess, bei dem der Wortlaut in Skalen mit Bewertungen bestimmter Prüfungsarbeiten verglichen wird. Die Deskriptoren von IELTS (*International Language Testing System*) wurden entwickelt, indem man Gruppen von erfahrenen Bewertenden bat, ein Sample von ‚Schlüsselarbeiten' für jedes Niveau zu bestimmen und sich dann auf die ‚Schlüsselmerkmale' einer jeden Prüfungsarbeit zu einigen. Die für verschiedene Niveaus als charakteristisch angesehenen Merkmale werden dann im Gespräch identifiziert und in die Deskriptoren eingearbeitet (Alderson 1991; Shohamy et al. 1992).

Nr. 6 ***Hauptmerkmal (primäre Eigenschaft):*** Leistungen (gewöhnlich schriftliche) werden von einzelnen Informanten in eine Rangordnung gebracht. Sodann wird eine gemeinsame Rangordnung ausgehandelt. Das Prinzip, nach dem die Prüfungsarbeiten tatsächlich sortiert wurden, wird identifiziert und auf jedem Niveau beschrieben – wobei man sorgfältig darauf achtet, jene Merkmale hervorzuheben, die für ein bestimmtes Niveau besonders ins Auge springen. Was dabei beschrieben wird, ist die Eigenschaft (das Merkmal, das Konstrukt), das die Rangfolge determiniert (Mullis 1980). Eine dabei übliche Variante ist es, Performanzbeispiele nicht nach der Rangfolge, sondern in Stapeln zu sortieren. Es gibt zu diesem klassischen Ansatz auch eine interessante multi-dimensionale Variante. In dieser Variante legt man zunächst durch eine Identifikation der Schlüsselmerkmale (Nr. 5 oben) fest, welches die wichtigsten Merkmale sind. Dann sortiert man die Stichproben getrennt für jedes Merkmal. So gelangt man am Ende zu einer analytischen Skala zu mehreren Merkmalen (*multi trait scale*) statt zu einer holistischen Skala zu einem Hauptmerkmal.

Nr. 7 ***Binäre Entscheidung:*** Eine andere Variante der ‚Primäre Eigenschaft'-Methode ist es, zunächst repräsentative Stichproben nach Niveaus in Stapel zu sortieren. Dann identifiziert man (wie in Nr. 5 oben) im Gespräch, das sich auf die Grenzen zwischen den Niveaus konzentriert, die Schlüsselmerkmale. Das betreffende Merkmal wird dann jedoch als kurze Kriteriumsfrage formuliert, zu der es eine Ja-/Nein-Antwort gibt. So wird ein Baumdiagramm mit binären Wahlmöglichkeiten entwickelt. Dies bietet Beurteilenden einen Algorithmus, dem sie bei ihren Entscheidungen folgen können (Upshur & Turner 1995).

Nr. 8 ***Vergleichende Urteile:*** Gruppen diskutieren über zwei Leistungen und halten fest, welche davon besser ist – und warum. Auf diese Art und Weise werden sowohl Kategorien in der Metasprache der Beurteilenden identifiziert als auch die ins Auge springenden zentralen Merkmale eines jeden Niveaus. Diese Merkmale kann man dann als Deskriptor formulieren (Pollitt & Murray 1996).

Nr. 9 ***Sortieraufgaben:*** Wenn Entwürfe für Deskriptoren existieren, kann man Informanten bitten, sie in Stapeln zu sortieren, je nach den Kategorien, die sie beschreiben sollten und/oder nach Niveaus. Die Informanten können auch gebeten werden, die Deskriptoren zu kommentieren, zu ergänzen und/oder zu verwerfen und diejenigen zu benennen, die besonders klar, nützlich, relevant usw. sind. Der Pool von Deskriptoren, auf dem das System der Beispielskalen basiert, wurde auf diese Weise entwickelt und bearbeitet (Smith & Kendall 1963; North 1996/2000).

Quantitative Methoden:

Diese Methoden erfordern einen beträchtlichen Aufwand an statistischer Analyse und eine sorgfältige Interpretation der Resultate.

Nr. 10 ***Diskriminanzanalyse:*** Zunächst wird eine Gruppe von Leistungsstichproben, die bereits bewertet sind (vorzugsweise durch ein Team) einer genauen Diskursanalyse unterzogen. Die qualitative Analyse identifiziert und zählt das Vorkommen verschiedener qualitativer Merkmale. Sodann wird eine Multiple Regressionsanalyse durchgeführt, um zu bestimmen, welche der identifizierten Merkmale wahrscheinlich die Bewertung signifikant bestimmt haben, zu der die Beurteilenden gekommen sind. Diese Schlüsselmerkmale werden dann in die Formulierung von Deskriptoren für jedes Niveau mit einbezogen (Fulcher 1996).

Nr. 11 ***Multidimensionale Skalierung:*** Trotz der Bezeichnung ist dies ein Beschreibungsverfahren, um Schlüsselmerkmale und die Beziehungen zwischen ihnen zu identifizieren. Leistungen werden mit Hilfe einer analytischen Skala mit mehreren Kategorien bewertet. Die Ergebnisse dieses Analyseverfahrens zeigen, welche Kategorien tatsächlich entscheidend zur Bestimmung eines Niveaus beitragen haben, und sie ergeben ein Diagramm, das die Nähe oder Ferne der verschiedenen Kategorien zueinander abbildet. Es ist deshalb ein Forschungsverfahren, mit dessen Hilfe man die zentralen Kriterien identifizieren und validieren kann (Chaloub-Deville 1995).

Nr. 12 ***Item Response-Theorie (IRT) oder ‚Latent Trait'-Analyse:*** IRT stellt eine Gruppe von Mess- oder Skalierungsmodellen zur Verfügung. Das direkteste und stabilste ist das *Rasch*-Modell, benannt nach dem dänischen Mathematiker Georg Rasch. Die IRT ist eine Weiterentwicklung, basierend auf der Probabilitätstheorie, und wird vor allem dazu benutzt, den Schwierigkeitsgrad einzelner Testaufgaben in einer Itembank zu bestimmten. Fortgeschrittene Lernende haben hohe Chancen, eine elementare Frage richtig zu beantworten, Anfänger haben sehr geringe Chancen, eine anspruchsvolle Aufgabe zu lösen. Diese einfache Tatsache ist beim Rasch-Modells zu einer Skalierungsmethode entwickelt worden, die man benutzen kann, um Items auf der gleichen Skala zu kalibrieren. Eine Weiterentwicklung dieses Ansatzes kann sowohl zur Skalierung von Deskriptoren der Kommunikationsfähigkeit als auch zur Skalierung von Testitems benutzt werden. Bei einer Rasch-Analyse können verschiedenen Tests oder Fragebögen zu einer überlappenden Kette zusammengefügt werden, indem man ,Ankeritems' benutzt, die den aneinander grenzenden Elementen gemeinsam sind (graue Schattierung). Auf diese Weise können die Test- oder Fragebögen auf bestimmte Gruppen abgestimmt werden, sie bleiben aber mit einer gemeinsamen Skala verknüpft. Allerdings muss man bei diesem Prozess sehr sorgfältig vorgehen, weil das Rasch-Modell die jeweils besten und niedrigsten Ergebnisse bei jedem Test verzerrt.

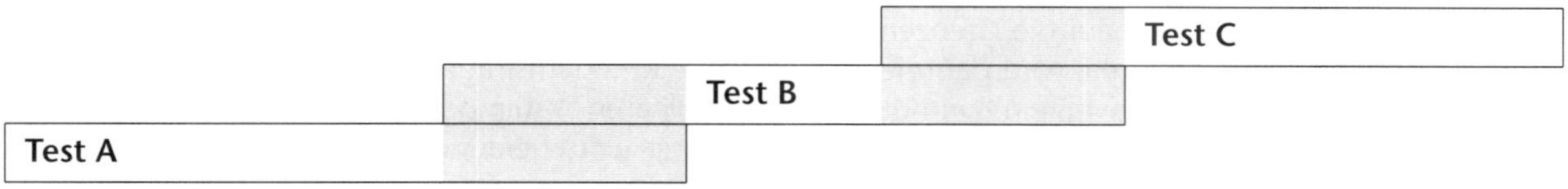

Der Vorteil einer Rasch-Analyse ist, dass sie ein stichproben- und skalenunabhängiges Maß liefern kann, d. h. eine Skalierung, die unabhängig ist von den Stichproben und den Tests/Fragebögen, die bei der Analyse benutzt wurden. Sie liefert Skalenwerte, die bei zukünftigen Gruppen konstant bleiben, vorausgesetzt, die zukünftigen Probanden können als neue Gruppen innerhalb der gleichen statistischen Population gelten. Systematische Veränderungen in den Werten im Verlauf der Zeit (z. B. aufgrund curricularer Veränderungen oder von Prüfertraining) können quantifiziert und in Anpassungen berücksichtigt werden. Ebenso kann systematische Variation zwischen Lernertypen bzw. Typen von Beurteilenden quantifiziert und ausgeglichen werden (Wright & Masters 1982; Linacre 1989).

Man kann das Rasch-Modell auf verschiedene Weise bei der Skalierung von Deskriptoren einsetzen:
(a) Daten aus den qualitativen Verfahren Nr. 6, 7 oder 8 können mit Hilfe des Rasch-Modells auf eine arithmetische Skala übertragen werden.

(b) Man kann umsichtig Tests entwickeln, um die Kompetenzdeskriptoren in Testitems zu operationalisieren. Diese Testitems können dann mit Hilfe des Rasch-Verfahrens skaliert werden, und ihre Skalenwerte können dazu benutzt werden, die relative Schwierigkeit der Deskriptoren anzuzeigen (Brown et al. 1992; Carroll 1993; Masters 1994; Kirsch 1995; Kirsch und Mosenthal 1995).

(c) Deskriptoren können von Lehrenden bei der Beurteilung ihrer Lernenden als Fragebogen-Items benutzt werden (,Kann er/sie X tun?'). So können die Deskriptoren auf die gleiche Art direkt auf einer arithmetischen Skala kalibriert werden, so wie auch Testitems in einer Itembank skaliert werden.

(d) Die Skalen mit Deskriptoren in den Kapiteln 3, 4 und 5 sind auf diese Weise entwickelt worden. Alle drei in den Anhängen B, C und D beschriebenen Projekte haben die Rasch-Methode benutzt, um die Deskriptoren zu skalieren und die gewonnenen Skalen aufeinander zu beziehen.

Zusätzlich zur Nützlichkeit bei der Entwicklung einer Skala, kann man das Rasch-Verfahren auch dazu benutzen, um zu analysieren, auf welche Art und Weise die Niveaus einer Beurteilungsskala in der Praxis verwendet werden. Dies kann dabei helfen, ungenaue Formulierungen bzw. die zu geringe oder zu starke Nutzung eines Niveaus deutlich zu machen und kann damit als Basis für eine Revision dienen (Davidson 1992; Milanovic et al. 1996; Stansfield & Kenyon 1996; Tyndall & Kenyon 1996).

Die Benutzer des *Referenzrahmens* sollten bedenken und, soweit sinnvoll, angeben,
- in welchem Maß die in ihrem System verwendeten Bewertungen/Noten aufgrund gemeinsamer Definitionen eine gemeinsame Bedeutung erlangen;
- welche der oben skizzierten Methoden oder welche anderen Methoden benutzt werden, um solche Definitionen zu entwickeln.

Kommentierte Auswahlbibliographie: Skalen von Sprachkompetenz

Alderson, J.C. (1991) ‚Bands and scores'. In Alderson, J.C.; North, B. (eds.): *Language testing in the 1990s*. London, British Council/Macmillan, Developments in ELT, 71–86.

Erörtert Probleme, die entstehen, wenn man Zweck und Ausrichtung von Skalen nicht beachtet, weiterhin die Entwicklung der IELTS-Skalen für das Sprechen.

Brindley, G. (1991) ‚Defining language ability: the criteria for criteria'. In Anivan, S. (ed.) *Current developments in language testing*. Singapore, Regional Language Centre.

Grundsätzliche Kritik am Anspruch von Kompetenzskalen, kriteriumsbezogene Beurteilung zu ermöglichen.

Brindley, G. (1998) ‚Outcomes-based assessment and reporting in language learning programmes, a review of the issues'. *Language Testing* 15/1, 45–85.

Kritisiert die Fokussierung auf Ergebnisse in Hinblick darauf, was Lernende tun können, statt sich auf Aspekte einer sich herausbildenden Sprachkompetenz zu konzentrieren.

Brown, A.; Elder, C.; Lumley, T.; McNamara, T.; McQueen, J. (1992) *Mapping abilities and skill levels using Rasch techniques*. Paper presented at the 14th Language Testing Research Colloquium, Vancouver. Reprinted in *Melbourne Papers in Applied Linguistics* 1/1, 37–69.

Klassische Anwendung des Rasch-Verfahrens zur Skalierung von Testitems, um eine Kompetenzskala aus den Leseverstehensaufgaben zu bilden, die mit verschiedenen Testitems überprüft wurden.

Carroll, J.B. (1993): ‚Test theory and behavioural scaling of test performance'. In Frederiksen, N., Mislevy, R.J.; Bejar, I.I. (eds.) *Test theory for a new generation of tests*. Hillsdale N.J., Lawrence Erlbaum Associates: 297–323.

Einflussreicher Artikel, der den Einsatz des Rasch-Verfahrens empfiehlt, um Testitems zu skalieren und um eine Kompetenzskala zu erstellen.

Chaloub-Deville M. (1995) ‚Deriving oral assessment scales across different tests and rater groups'. *Language Testing* 12/1, 16–33.

Studie, die darstellt, auf welche Kriterien sich Muttersprachler des Arabischen beziehen, wenn sie Lernende beurteilen. Praktisch die einzige Anwendung eines multi-dimensionalen Skalierungsverfahrens auf Sprachtests.

Davidson, F. (1992) ‚Statistical support for training in ESL composition rating'. In Hamp-Lyons (ed.) *Assessing second language writing in academic contexts*. Norwood N.J., Ablex: 155–166.

Sehr klare Darstellung, wie man eine Bewertungsskala mit Hilfe der Rasch-Analyse in einem zyklischen Prozess validiert. Setzt sich für einen ‚semantischen' Ansatz bei der Skalierung ein statt des ‚konkreten' Ansatzes, der z. B. bei den Beispieldeskriptoren gewählt wurde.

Fulcher (1996) ‚Does thick description lead to smart tests? A data-based approach to rating scale construction'. *Language Testing* 13/2, 208–238.

Systematischer Ansatz der Deskriptoren- und Skalenentwicklung durch eine angemessene Analyse dessen, was tatsächlich in der Performanz geschieht. Sehr zeitaufwändige Methode.

Gipps, C. (1994) *Beyond testing*. London, Falmer Press.

Setzt sich für ‚standard-orientierte Beurteilung' durch Lehrende unter Bezug auf gemeinsame Referenzpunkte ein, die in Netzwerken entwickelt werden. Erörterung der Probleme, die durch vage Deskriptoren im English National Curriculum *verursacht werden. Curriculumübergreifend.*

Kirsch, I.S. (1995) ‚Literacy performance on three scales: definitions and results'. In *Literacy, economy and society: Results of the first international literacy survey*. Paris, Organisation for Economic Cooperation and development (OECD): 27–53.

Einfacher und nicht technischer Bericht über einen anspruchsvollen Einsatz des Rasch-Verfahrens bei der Produktion einer Skala auf der Basis von Testdaten. Die Methode wurde entwickelt, um den Schwierigkeitsgrad neuer Testitems aus den Aufgaben und involvierten Kompetenzen – d. h. in Bezug auf ein Referenzsystem – vorherzusagen und zu erklären.

Kirsch, I.S.; Mosenthal, P.B. (1995) ‚Interpreting the IEA reading literacy scales'. In Binkley, M., Rust., K.; Wingleee, M. (eds.) *Methodological issues in comparative educational studies: The case of the IEA reading literacy study.* Washington D.C., US Department of Education, National Center for Education Statistics: 135–192.

Detailliertere und technischere Version des obigen Beitrags, in der die Entwicklung der Methode im Verlauf dreier aufeinander bezogener Projekte verfolgt wird.

Linacre, J.M. (1989) *Multi-faceted Measurement.* Chicago, MESA Press.

Richtungsweisender Durchbruch in der Statistik, der es ermöglicht, die Strenge von Prüfenden zu berücksichtigen, wenn man das Ergebnis einer Beurteilung festhält. Benutzt im Projekt zur Entwicklung der Beispieldeskriptoren, um die Beziehungen zwischen Niveaus und Lernjahren zu überprüfen.

Liskin-Gasparro, J.E. (1984) ‚The ACTFL proficiency guidelines: Gateway to testing and curriculum'. *Foreign Language Annals* 17/5, 475–489.

Abriss der Ziele und der Entwicklung der amerikanischen ACTFL-Skala aus der zugrunde liegenden Skala des Foreign Service Institute (FSI).

Lowe, P. (1985) The ILR proficiency scale as a synthesising research principle: the view from the mountain'. In James, C.J. (ed.): *Foreign Language Proficiency in the Classroom and Beyond.* Lincolnwood (Ill.), National Textbook Company.

Detaillierte Beschreibung der Entwicklung der Skala des US Interagency Language Roundtable (ILR) *aus der zugrunde liegenden FSI-Skala. Funktionen der Skala.*

Lowe, P. (1986) ‚Proficiency: panacea, framework, process? A Reply to Kramsch, Schulz, and particularly, to Bachman and Savignon'. *Modern Language Journal* 70/4, 391–397.

Verteidigung eines – in einem spezifischen Kontext – gut funktionierenden Systems gegen theoretische Kritik, ausgelöst durch die Verbreitung der Skala und ihrer Interview-Methode auch im Erziehungswesen (mit ACTFL).

Masters, G. (1994):' Profiles and assessment'. *Curriculum Perspectives* 14/1, 48–52.

Kurzer Bericht über die Art und Weise, in der Rasch-Verfahren benutzt wurden, um Testergebnisse und Beurteilungen durch Lehrende zu skalieren, um in Australien ein System curricularer Profile zu schaffen.

Milanovic, M.; Saville, N.; Pollitt, A.; Cook, A. (1996) ‚Developing rating scales for CASE: Theoretical concerns and analyses'. In Cumming, A.; Berwick, R. (eds.) *Validation in language testing.* Clevedon, Avon, Multimedia Matters: 15–38.

Klassische Darstellung der Benutzung des Rasch-Verfahrens, um eine Bewertungsskala, die bei einem Sprechtest benutzt wird, weiterzuentwickeln, indem die Niveaus auf der Skala auf eine Zahl reduziert werden, die Beurteilende effektiv handhaben können.

Mullis, I.V.S. (1981) *Using the primary trait system for evaluating writing.* Manuscript No. 10–W–51. Princeton N.J., Educational Testing Service.

Klassische Darstellung der Methode ‚Primäres Merkmal' für die Entwicklung einer Beurteilungsskala für das Schreiben in der Muttersprache.

North, B. (1993) *The development of descriptors on scales of proficiency: perspectives, problems, and a possible methodology*. NFLC Occasional Paper, National Foreign Language Center, Washington D.C., April 1993.

Kritische Abhandlung über Inhalte und Methoden bei der Entwicklung von traditionellen Kompetenzskalen. Vorschläge für ein Projekt, gemeinsam mit Lehrenden Beispieldeskriptoren zu entwickeln und mit Hilfe des Rasch-Verfahrens auf der Basis von Beurteilungen durch Lehrende zu skalieren.

North, B. (1994) *Scales of language proficiency: a survey of some existing systems*, Strasbourg, Council of Europe, CC-LANG (94) 24.

Umfassender Überblick über curriculare Skalen und Bewertungsskalen, die später analysiert und als Ausgangspunkt für das Projekt zur Entwicklung der Beispieldeskriptoren benutzt wurden.

North, B. (1996/2000) *The development of a common framework scale of language proficiency*. PhD thesis, Thames Valley University. Reprinted 2000, New York, Peter Lang.

Diskussion von Kompetenzskalen: In welcher Beziehung stehen Skalen zu Modellen der Sprachkompetenz und des Sprachgebrauchs? Detaillierte Darstellung der Entwicklungsschritte beim Projekt, in dem die Beispieldeskriptoren entwickelt wurden – Probleme, die auftraten, Lösungen, die gefunden wurden.

North B. (forthcoming) *Scales for rating language performance in language tests: descriptive models, formulation styles and presentation formats*. TOEFL Research Paper. Princeton N.J., Educational Testing Service.

Detaillierte Analyse von und historischer Überblick über Typen von Bewertungsskalen, die man in Sprech- und Schreibtests benutzt: Vorteile, Nachteile, Fallen usw.

North, B.; Schneider, G. (1998) ‚Scaling descriptors for language proficiency scales'. *Language Testing* 15/2, 217–262.

Überblick über das Projekt, in dem die Beispieldeskriptoren konstruiert wurden. Erörtert Resultate und Stabilität der Skalen. Im Anhang Beispiele für Instrumente und Produkte.

Pollitt, A.; Murray, N.L. (1996) ‚What raters really pay attention to'. In Milanovic, M.; Saville, N. (eds.) *Performance testing, cognition and assessment*. Studies in Language Testing 3. Selected papers from the 15th Language Testing Research Colloquium, Cambridge and Arnhem, 2-4 August 1993. Cambridge, University of Cambridge Local Examinations Syndicate: 74–91.

Interessanter methodologischer Artikel, der das Konstruktgitterverfahren (repertory grid analysis) mit einer einfachen Skalierungstechnik verbindet, um zu identifizieren, worauf Beurteilende sich bei verschiedenen Kompetenzniveaus konzentrieren.

Scarino, A. (1996) ‚Issues in planning, describing and monitoring long-term progress in language learning'. In *Proceedings of the AFMLTA 10th National Languages Conference*: 67–75.

Kritisiert die vagen Formulierungen bei typischen britischen und australischen curricularen Profilbeschreibungen für die Beurteilung durch Lehrende sowie das Fehlen von Information darüber, wie gut die Leistungen von Lernenden sind.

Scarino, A. (1997) ‚Analysing the language of frameworks of outcomes for foreign language learning'. In *Proceedings of the AFMLTA 11th National Languages Conference*: 241-258.

Wie oben.

Schneider, G.; North, B. (1999) *„In anderen Sprachen kann ich …" Skalen zur Beschreibung, Beurteilung und Selbsteinschätzung der fremdsprachlichen Kommunikationsfähigkeit*. Bern/Aarau; NFP 33/SKBF (Umsetzungsbericht).

Kurzer Bericht über das Projekt, in dem die Beispieldeskriptoren konstruiert wurden. Stellt auch die Schweizer Version des Sprachenportfolios vor (40 Seiten A5).

Schneider, G.; North, B. (2000): *„Dans d'autres langues, je suis capable de ..." Echelles pour la description, l'évaluation et l'auto-évaluation des competences en langues étrangères.* Berne/Aarau, PNR33/CSRE (rapport de valorisation).

Wie oben.

Schneider, G.; North, B. (2000) *Fremdsprachen können – was heisst das? Skalen zur Beschreibung, Beurteilung und Selbsteinschätzung der fremdsprachlichen Kommunikationsfähigkeit.* Chur/Zürich, Verlag Rüegger AG.

Vollständiger Bericht über das Projekt, in dem die Beispielskalen entwickelt wurden. Unkompliziertes Kapitel über die Skalierung auf Englisch. Stellt auch die Schweizer Version des Sprachenportfolios vor.

Skehan, P. (1984) ‚Issues in the testing of English for specific purposes'. *Language Testing* 1/2, 202–220.

Kritisiert die Normorientierung und die relativen Formulierungen der ELTS-Skalen.

Shohamy, E.; Gordon, C.M.; Kraemer, R. (1992) ‚The effect of raters' background and training on the reliability of direct writing tests'. *Modern Language Journal* 76, 27-33.

Einfache Darstellung der elementaren qualitativen Entwicklungsmethode für eine analytische Skala zum Schreiben. Führte zu einer erstaunlichen Interrater-Reliabilität (Übereinstimmung zwischen Beurteilenden) unter untrainierten Nicht-Spezialisten.

Smith, P.C.; Kendall, J.M. (1963) ‚Retranslation of expectations: an approach to the construction of unambiguous anchors for rating scales'. *Journal of Applied Psychology* 47/2.

Der erste Ansatz, Deskriptoren zu skalieren, statt nur Skalen zu schreiben. Richtungsweisend. Sehr schwer zu lesen.

Stansfield C.W.; Kenyon D.M. (1996) ‚Comparing the scaling of speaking tasks by language teachers and the ACTFL guidelines'. In Cumming, A.; Berwick, R. *Validation in language testing.* Clevedon, Avon, Multimedia Matters: 124–153.

Verwendung der Rasch-Skalierung, um die Rangfolge der Aufgaben zu bestätigen, die in den ACTFL-Richtlinien erscheinen. Interessante methodologische Studie, die Anregungen für den Ansatz gab, der im Projekt zur Entwicklung der Beispieldeskriptoren benutzt wurde.

Takala, S.; Kaftandjieva, F. (forthcoming) ‚Council of Europe scales of language proficiency: A validation study'. In Alderson, J.C. (ed.) *Case studies of the use of the Common European Framework.* Strasbourg, Council of Europe.

Bericht über die Verwendung einer Weiterentwicklung des Rasch-Modells zur Skalierung von Selbstbeurteilungen in Bezug auf Adaptationen der Beispieldeskriptoren. Kontext: DIALANG-Projekt: Erprobungen in Bezug auf Finnisch.

Tyndall, B.; Kenyon, D. (1996) ‚Validation of a new holistic rating scale using Rasch multifaceted analysis'. In Cumming, A.; Berwick, R. (eds.) *Validation in language testing.* Clevedon, Avon, Multimedia Matters: 9–57.

Einfache Darstellung der Validierung einer Skala für Interviews zur Einstufung für Englisch als Zweitsprache bei Studienbeginn. Klassische Verwendung der mehrparametrischen Raschanalyse zur Identifizierung von Ausbildungsbedürfnissen.

Upshur, J.; Turner, C. (1995) ‚Constructing rating scales for second language tests'. *English Language Teaching Journal* 49/1, 3–12.

Anspruchsvolle Weiterentwicklung der Methode ‚Primäres Merkmal' zur Gewinnung von binären Entscheidungsdiagrammen. Sehr wichtig für den Schulbereich.

Wilds, C.P. (1975) ‚The oral interview test'. In Spolsky, B.; Jones, R. (eds.) *Testing language proficiency.* Washington D.C., Center for Applied Linguistics: 29–44.

Das Original der ursprünglichen Bewertungsskala für Sprachkompetenz. Sollte aufmerksam gelesen werden, um Nuancen zu entdecken, die in den meisten späteren Interview-Ansätzen verloren gegangen sind.

Anhang B: Die Beispielskalen und -deskriptoren

Dieser Anhang enthält eine Beschreibung des Schweizer Projekts, in dem die Beispieldeskriptoren für den *Gemeinsamen europäischen Referenzrahmen* entwickelt wurden. Außerdem werden die Kategorien, für die es Skalierungen gibt, in einer Liste aufgeführt mit Verweis auf die Seiten im *Referenzrahmen*, auf denen diese Skalen zu finden sind. Die Deskriptoren aus diesem Projekt wurden skaliert und dazu verwendet, mit Hilfe der im Anhang A skizzierten Methode Nr. 12c (Rasch-Modell) die Niveaus des *Referenzrahmens* herzustellen.

DAS SCHWEIZER FORSCHUNGSPROJEKT

Entstehung und Kontext

Die Skalen mit Deskriptoren in den Kapiteln 3, 4 und 5 wurden auf der Basis der Ergebnisse eines Projekts des *Schweizerischen Nationalfonds zur Förderung der wissenschaftlichen Forschung (SNF)* erstellt, das zwischen 1993 und 1996 durchgeführt wurde. Es handelte sich um ein Folgeprojekt des Symposiums in Rüschlikon von 1991. Sein Ziel bestand darin, transparente Kompetenzbeschreibungen für verschiedene Aspekte des Beschreibungssystems des *Referenzrahmens* zu entwickeln, die auch zur Entwicklung eines Europäischen Sprachenportfolios beitragen könnten.

Eine erste Untersuchung aus dem Jahr 1994 konzentrierte sich auf Interaktion und Produktion und beschränkte sich auf Englisch als Fremdsprache und auf die Beurteilung durch Lehrende. Eine zweite Untersuchung aus dem Jahr 1995 war eine Wiederholung von Teilen der Untersuchung von 1994, wobei der Bereich der Rezeption hinzugefügt und neben Englisch auch die Kompetenz in Französisch und Deutsch mit erhoben wurde. Ebenso kamen zur Beurteilung durch Lehrende ergänzend noch Selbstbeurteilung und Informationen aus Prüfungen (Cambridge; Goethe-Institut; DELF/DALF) hinzu.

Insgesamt waren an den beiden Untersuchungen fast 300 Lehrende und etwa 2.800 Lernende beteiligt, die ungefähr 500 Klassen repräsentierten. Die Lernenden waren wie folgt auf die Sekundarstufen I und II, die Berufsbildung und die Erwachsenenbildung verteilt:

	Sekundarstufe I	Sekundarstufe II	Berufsbildung	Erwachsenenbildung
1994	35%	19%	15%	31%
1995	24%	31%	17%	28%

Es waren Lehrende aus den deutsch-, französisch-, italienisch- und romanisch-sprachigen Regionen der Schweiz involviert, wobei allerdings die Zahlen aus den italienisch- und romanisch-sprachigen Regionen sehr begrenzt waren. In beiden Untersuchungsjahren unterrichteten ungefähr ein Viertel der beteiligten Lehrenden ihre Muttersprache. Die Lehrenden füllten die Fragebögen jeweils in der Zielsprache aus. Daher wurden 1994 nur Deskriptoren auf Englisch benutzt, 1995 dagegen wurden Deskriptoren auf Englisch, Französisch und Deutsch fertig gestellt.

Methoden

Im Projekt wurden, kurz gesagt, folgende Methoden verwendet:

Intuitive Phase:

1. Detaillierte Analyse von öffentlich zugänglichen Sprachkompetenzskalen und solchen, die 1993 durch Kontakte des Europarats erhältlich waren; eine Liste folgt am Ende dieser Zusammenfassung.

2. Auflösung der Skalen in Einzelaussagen in Entsprechung zu den Kategorien, die in Kapitel 4 und 5 umrissen sind, mit dem Ziel, einen Ausgangsfundus klassifizierter und bearbeiteter Deskriptoren zu erhalten.

Qualitative Phase:

3. Analyse von Tonbandaufnahmen in Hinblick auf die Kategorien, welche Lehrende beim Diskutieren und Vergleichen der in Videoaufzeichnungen erkennbaren Sprachkompetenzen von Lernenden verwendet haben, um zu überprüfen, ob die Metasprache, wie sie Praktiker benutzen, angemessen vertreten war.

4. 32 Workshops, in denen Lehrende (a) die Deskriptoren in diejenigen Kategorien sortierten, die diese beschreiben wollten; (b) qualitative Urteile abgaben über die Klarheit, Genauigkeit und Relevanz der Beschreibung; (c) die Deskriptoren nach Kompetenzniveau sortierten.

Quantitative Phase:

5. Beurteilung von repräsentativen Lernenden am Ende eines Schuljahres durch Lehrende, wobei eine Serie von einander überlappenden Fragebögen benutzt wurde, die aus den Deskriptoren erstellt worden waren, welche die Lehrenden in den Workshops als die klarsten, die am genauesten fokussierten und die relevantesten bezeichnet hatten. Im ersten Jahr wurde ein Set von 7 Fragebögen mit je 50 Deskriptoren benutzt, um so die ganze Bandbreite der Kompetenz von Lernenden nach 80 Stunden Englischunterricht bis hin zu fortgeschrittenen Sprechern abzudecken.

6. Im zweiten Jahr wurde ein anderes Set von 5 Fragebögen benutzt. Die beiden Untersuchungen wurden dadurch verbunden, dass die Deskriptoren für die mündliche Interaktion im zweiten Jahr wieder verwendet wurden. Die Lernenden wurden in Bezug auf jeden Deskriptor mit einer Skala von 0 bis 4 beurteilt, in der beschrieben war, unter welchen Performanzbedingungen man die im Deskriptor beschriebene Leistung von ihnen erwarten konnte. Die Art und Weise, wie die Lehrenden die Deskriptoren interpretierten, wurde mit Hilfe des Rasch-Modells für Beurteilungsskalen analysiert. Diese Analyse hatte zwei Ziele:

   (a) mathematisch einen ‚Schwierigkeitswert' für jeden einzelnen Deskriptor zu skalieren.

   (b) statistisch signifikante Variation bei der Interpretation des Deskriptors in Bezug auf unterschiedliche Sektoren des Erziehungswesens, unterschiedliche Sprachregionen und Zielsprachen zu identifizieren; dadurch sollten diejenigen Deskriptoren identifiziert werden, die über unterschiedliche Kontexte hinweg eine hohe Stabilität der Werte aufweisen und daher zur Konstruktion der holistischen Skalen verwendet werden konnten, welche die Gemeinsamen Referenzniveaus zusammenfassen.

7. Beurteilung der auf Video aufgezeichneten Leistungen einiger Lernender aus der Untersuchung durch alle teilnehmenden Lehrenden. Ziel dieser Beurteilung war es, die Unterschiede in der Strenge der beteiligten Lehrenden zu quantifizieren, um eine solche Variation in der Beurteilungsstrenge bei der Ermittlung der Bandbreite von Leistungen im Erziehungssektor der Schweiz berücksichtigen zu können.

Interpretationsphase:

8. Identifikation der Niveaugrenzen auf der Skala, um das System der Gemeinsamen Referenzniveaus herzustellen, das in Kapitel 3 vorgestellt wird. Die Zusammenfassung dieser Niveaus in einer holistischen Skala (Tabelle 1), ein Raster für die Selbstbeurteilung mit Beschreibungen von Sprachaktivitäten (Tabelle 2) und ein Raster zur Beurteilung von Leistungen, welches verschiedene Aspekte kommunikativer Sprachkompetenz beschreibt (Tabelle 3).

9. Präsentation von Beispielskalen in den Kapiteln 4 und 5 für diejenigen Kategorien, die sich als skalierbar erwiesen.

10. Anpassung der Deskriptoren an das Format für Selbstbeurteilung, um die Schweizer Erprobungsversion des *Europäischen Sprachenportfolios* zu erstellen. Es enthält: (a) ein Raster zur Selbstbeurteilung für Hörverstehen, Sprechen, mündliche Interaktion, mündliche Produktion sowie Schreiben (Tabelle 2); (b) eine Checkliste zur Selbstbeurteilung für jedes der Gemeinsamen Referenzniveaus.

11. Eine Abschlusskonferenz, auf der die Ergebnisse präsentiert, Erfahrungen mit dem Portfolio diskutiert und die Lehrenden in die Gemeinsamen Referenzniveaus eingeführt wurden.

Ergebnisse

Die Skalierung von Deskriptoren für verschiedene Fertigkeiten und für verschiedene Kompetenzarten (linguistische, pragmatische, soziokulturelle) wird erschwert durch die Frage, ob sich die Beurteilung dieser unterschiedlichen Merkmale in einer einzigen Messdimension erfassen lässt. Dies ist kein Problem, das durch das Rasch-Modell verursacht wird oder das ausschließlich mit ihm verbunden ist; es betrifft vielmehr alle statistischen Analysen. Jedoch ist das Rasch-Modell weniger „nachsichtig", wenn ein Problem auftritt. Testdaten, Beurteilungen durch Lehrende und Selbstbeurteilung können sich in dieser Hinsicht ganz unterschiedlich verhalten. In diesem Projekt waren bestimmte Kategorien bei der Beurteilung durch Lehrende weniger erfolgreich und mussten aus der Analyse entfernt werden, um die Genauigkeit der Ergebnisse sicherzustellen. Zu den Kategorien, die aus dem ursprünglichen Fundus von Deskriptoren verloren gingen, gehören:

a) ***Soziokulturelle Kompetenz***
Deskriptoren, die ausdrücklich soziokulturelle und soziolinguistische Kompetenz beschreiben. Es ist unklar, inwieweit dieses Problem dadurch verursacht wurde, (a) dass dies ein von der Sprachkompetenz getrenntes Konstrukt ist, (b) dass die in den Workshops als problematisch identifizierten Deskriptoren ziemlich vage waren oder (c) dass Lehrende inkonsistent reagierten, weil ihnen die nötige Kenntnis ihrer Lernenden fehlte. Dieses Problem erstreckte sich auch auf Deskriptoren der Fähigkeit, fiktionale Texte zu lesen und zu verstehen.

b) ***Berufsbezogen***
Deskriptoren, bei denen Lehrende aufgefordert wurden, Vermutungen über Aktivitäten anzustellen (im Allgemeinen berufsbezogene), die sie nicht direkt im Klassenraum beobachten konnten, z. B.: telefonieren, an Besprechungen teilnehmen, einen Vortrag halten, Berichte und Aufsätze schreiben, formelle Korrespondenz. Dies war der Fall, obgleich die Bereiche Erwachsenenbildung und Berufsbildung gut vertreten waren.

c) ***Negative Konzepte***
Deskriptoren in Zusammenhang mit der Notwendigkeit von Vereinfachungen bzw. der Notwendigkeit von Wiederholung oder Klärung, was beides implizit negative Konzepte sind. Solche Aspekte funktionierten besser, wenn sie sich als Einschränkungen bei ansonsten positiv formulierten Aussagen finden, z. B.:

Kann im Allgemeinen verstehen, wenn mit ihm/ihr in deutlich artikulierter Standardsprache über vertraute Dinge gesprochen wird, vorausgesetzt, er/sie kann ab und zu darum bitten, etwas zu wiederholen oder anders zu formulieren.

Lesen erwies sich bei diesen Lehrenden als eine eigene Messdimension, getrennt von mündlicher Interaktion und Produktion. Das Design für die Datenerhebung ermöglichte es jedoch, Lesen zunächst getrennt zu skalieren und später die Leseskala auf die Hauptskala zu beziehen. Schreiben stand nicht im Mittelpunkt der Untersuchung. Die Deskriptoren für das Schreiben, die sich in Kapitel 4 finden, wurden vor allem aus denen für die mündliche Produktion entwickelt. Die relativ hohe Stabilität der Skalenwerte für die Deskriptoren von Lesen und Schreiben aus dem *Referenzrahmen*, wie sie sowohl von DIALANG als auch von ALTE bestätigt wird (vgl. Anhänge C bzw. D), legt jedoch nahe, dass die Ansätze, die für Lesen und Schreiben gewählt wurden, hinreichend effektiv waren.

Die Komplikationen bei den oben diskutierten Kategorien stehen alle in Zusammenhang mit dem Skalierungsproblem der Ein- oder Mehrdimensionalität. Mehrdimensionalität zeigt sich auch auf eine weitere Weise in Bezug auf die Population der Lernenden, deren Kompetenz beschrieben wird. Es gab eine Anzahl von Fällen, in denen die Schwierigkeit eines Deskriptors vom betreffenden Sektor des Erziehungswesens abhing. So nehmen Lehrende von erwachsenen Anfängern an, dass Aufgaben aus dem „wirklichen Leben" für sie beträchtlich einfacher sind als für Vierzehnjährige. Das scheint intuitiv vernünftig. Solche Variation kennt man als ‚Differential Item Funktion' (DIF). Soweit möglich wurden Deskriptoren, bei denen man DIF beobachten konnte, bei der Erstellung der Zusammenfassungen der Gemeinsamen Referenzniveaus – wie in den Tabellen 1 und 2 in Kapitel 3 – vermieden. Es gab wenige signifikante Effekte in Bezug auf die Zielsprachen und keine in Bezug auf die Ausgangssprache, außer dass muttersprachliche Lehrende den Begriff ‚Verstehen' bei fortgeschrittenen Lernenden vielleicht etwas strikter interpretierten, vor allem in Bezug auf Literatur.

Auswertung

Die Beispieldeskriptoren in den Kapiteln 4 und 5 wurden entweder (a) auf dem Niveau platziert, auf dem der ursprüngliche Deskriptor in der Untersuchung empirisch kalibriert worden war; oder (b) geschrieben, indem Elemente von Deskriptoren, die auf diesem Niveau kalibriert worden waren, kombiniert wurden (wie bei einigen Kategorien wie *Öffentliche Durchsagen*, die in der ursprünglichen Erhebung nicht erfasst waren); oder (c) auf der Basis der Ergebnisse der qualitativen Phase (Workshops) ausgewählt oder (d) während der Interpretationsphase verfasst, um in einer empirisch kalibrierten Teilskala eine Lücke zu füllen. Dieser letzte Punkt betrifft fast ausschließlich das Niveau C2 (*Mastery*), für das sehr wenige Deskriptoren in die Untersuchung mit einbezogen worden waren.

Folgeuntersuchung

Ein Projekt der Universität Basel aus den Jahren 1999-2000 adaptierte die Deskriptoren des *Referenzrahmens* für ein Instrument zur Selbstbeurteilung bei Studienbeginn. Es wurden Deskriptoren für soziolinguistische Kompetenz und solche für das Notizenmachen in Universitätssituationen hinzugefügt. Die neuen Deskriptoren wurden in Bezug auf die Niveaus im *Referenzrahmen* skaliert, und zwar mit Hilfe der gleichen Methode, die im ursprünglichen Projekt verwendet worden war; sie sind in diese Ausgabe des *Referenzrahmens* aufgenommen. Die Korrelation zwischen den Skalenwerten der Originaldeskriptoren im *Referenzrahmen* und derjenigen in dieser Folgeuntersuchung betrug 0.899.

Literaturhinweise

North, B. (1996/2000) *The development of a common framework scale of language proficiency*. PhD thesis, Thames Valley University. Reprinted 2000, New York, Peter Lang.

North, B. (erscheint demnächst) ‚Developing descriptor scales of language proficiency for the CEF Common Reference Levels'. In Alderson, J.C. (ed.) *Case studies of the use of the Common European Framework*. Strasbourg, Council of Europe.

North, B. (erscheint demnächst) ‚A CEF-based self-assessment tool for university entrance'. In Alderson, J.C. (ed.) *Case studies of the use of the Common European Framework*. Strasbourg, Council of Europe.

North, B.; Schneider, G. (1998) ‚Scaling descriptors for language proficiency scales'. *Language Testing* 15/2, 217–262.

Schneider, G.; North, B. (1999) *„In anderen Sprachen kann ich ..." Skalen zur Beschreibung, Beurteilung und Selbsteinschätzung der fremdsprachlichen Kommunikationsfähigkeit*. Bern/Aarau, NFP 33 / SKBF (Umsetzungsbericht).

Die Deskriptoren im Referenzrahmen

Zusätzlich zu den Tabellen, in denen in Kapitel 3 die Gemeinsamen Referenzniveaus zusammengefasst sind, sind Beispieldeskriptoren wie folgt in die Kapitel 4 und 5 eingefügt:

Dokument B1 – Beispielskalen in Kapitel 4: Kommunikative Aktivitäten

REZEPTION	**Mündlich**	– Hörverstehen allgemein	Seite 71
		– Gespräche zwischen Muttersprachlern verstehen	Seite 72
		– Als Zuschauer/Zuhörer im Publikum verstehen	Seite 72
		– Ankündigungen, Durchsagen und Anweisungen verstehen	Seite 73
		– Radiosendungen und Tonaufnahmen verstehen	Seite 73
	Audiovisuell	– Fernsehsendungen und Filme verstehen	Seite 77
	Schriftlich	– Leseverstehen allgemein	Seite 74
		– Korrespondenz lesen und verstehen	Seite 75
		– Zur Orientierung lesen	Seite 75
		– Information und Argumentation verstehen	Seite 76
		– Schriftliche Anweisungen verstehen	Seite 76
INTERAKTION	**Mündlich**	– Mündliche Interaktion allgemein	Seite 79
		– Muttersprachliche Gesprächspartner verstehen	Seite 80
		– Konversation	Seite 80
		– Informelle Diskussion	Seite 81
		– Formelle Diskussion und Besprechungen	Seite 82
		– Zielorientierte Kooperation	Seite 83
		– Transaktionen: Dienstleistungsgespräche	Seite 83
		– Informationsaustausch	Seite 84
		– Interviewgespräche	Seite 85
	Schriftlich	– Schriftliche Interaktion allgemein	Seite 86
		– Korrespondenz	Seite 86
		– Notizen, Mitteilungen und Formulare	Seite 87
PRODUKTION	**Mündlich**	– Mündliche Produktion allgemein	Seite 64
		– Zusammenhängendes monologisches Sprechen: Erfahrungen beschreiben	Seite 64
		– Zusammenhängendes monologisches Sprechen: Argumentieren (z. B. in einer Diskussion)	Seite 65
		– Öffentliche Ankündigungen/Durchsagen machen	Seite 65
		– Vor Publikum sprechen	Seite 66
	Schriftlich	– Schriftliche Produktion allgemein	Seite 67
		– Kreatives Schreiben	Seite 67
		– Berichte und Aufsätze schreiben	Seite 68

Dokument B2 – Beispielskalen in Kapitel 4: Kommunikative Strategien

REZEPTION		
	– Hinweise identifizieren und erschließen	Seite 78
INTERAKTION		
	– Sprecherwechsel	Seite 88
	– Kooperieren	Seite 89
	– Um Klärung bitten	Seite 89
PRODUKTION		
	– Planen	Seite 70
	– Kompensieren	Seite 70
	– Kontrolle und Reparaturen	Seite 70

Dokument B3 – Beispielskalen in Kapitel 4: Textarbeit

TEXT		
	– Notizen machen (in Vorträgen, Seminaren etc.)	Seite 98
	– Texte verarbeiten	Seite 98

Dokument B4 – Beispielskalen in Kapitel 5: Kommunikative Sprachkompetenz

LINGUISTISCH		
Spektrum:	– Spektrum sprachlicher Mittel (allgemein)	Seite 110
	– Wortschatzspektrum	Seite 112
Beherrschung:	– Wortschatzbeherrschung	Seite 113
	– Grammatische Korrektheit	Seite 114
	– Beherrschung der Aussprache und Intonation	Seite 117
	– Beherrschung der Orthographie	Seite 118
SOZIOLINGUISTISCH		
	– Soziolinguistische Angemessenheit	Seite 121
PRAGMATISCH		
	– Flexibilität	Seite 124
	– Sprecherwechsel	Seite 124
	– Themenentwicklung	Seite 125
	– Kohärenz und Kohäsion	Seite 125
	– Flüssigkeit (mündlich)	Seite 129
	– Genauigkeit	Seite 129

Dokument B5 – Kohärenz bei der Kalibrierung von Deskriptoren

Der Ort, an dem bestimmte Inhalte auf einer Skala erscheinen, ist in hohem Grad kohärent. Als ein Beispiel kann man Themen nehmen. Es wurden keine eigenen Deskriptoren für Themen mit einbezogen, aber die Deskriptoren für verschiedene Kategorien beziehen sich auf Themen. Die drei wichtigsten Kategorien waren *Erfahrungen beschreiben, Informationsaustausch* und *Spektrum sprachlicher Mittel.*

Anhand der folgenden Tabelle kann man vergleichen, wie Themen in diesen drei Bereichen behandelt wurden. Obgleich der Inhalt der drei Tabellen nicht identisch ist, zeigt der Vergleich einen beträchtlichen Grad an Kohärenz, der sich im gesamten System der kalibrierten Deskriptoren wiederfindet. Eine Analyse dieser Art diente als Basis für die Konstruktion von Deskriptoren für Kategorien, die nicht in der ursprünglichen Datenerhebung erfasst waren (z. B. *Öffentliche Durchsagen*) und die durch eine Kombination von Elementen anderer Deskriptoren erfolgte.

ERFAHRUNGEN BESCHREIBEN					
A1	**A2**	**B1**	**B2**	**C1**	**C2**
– wo man wohnt	– Personen, Aussehen – Ausbildung, Beruf, – Orte und Lebensverhältnisse – Gegenstände, Haustiere, Besitz – Ereignisse und Aktivitäten – Vorlieben/ Abneigungen – Pläne und Vereinbarungen – Gewohnheiten und Alltagsbeschäftigungen – persönliche Erfahrung	– Handlung eines Buchs oder Films – Erfahrungen – Reaktionen auf beides – Träume, Hoffnungen, Wünsche – eine Geschichte erzählen – wichtigste Details unvorhersagbarer Ereignisse, z. B. Unfall		– klare und detaillierte Darstellung komplexer Sachverhalte	
INFORMATIONSAUSTAUSCH					
A1	**A2**	**B1**	**B2**	**C1**	**C2**
– wir und andere – Zuhause – Zeit	– einfach, routinemäßig, direkt – begrenzt, Arbeit und Freizeit – einfache Wegerklärungen und Anweisungen – Freizeitbeschäftigungen, Gewohnheiten, Alltagsbeschäftigungen – vergangene Aktivitäten	– detaillierte Wegbeschreibung – größere Mengen von Sachinformationen über vertraute Dinge im eigenen Sachgebiet			
SPEKTRUM: SITUATIONEN					
A1	**A2**	**B1**	**B2**	**C1**	**C2**
	– elementare Alltagsbedürfnisse – einfache/vorhersagbare Grundsituationen – einfache konkrete Bedürfnisse: Informationen zur Person, Alltagsroutinen, Bitte um Auskunft – routinemäßige Alltagstransaktionen – vertraute Situationen und Themen – Alltagssituationen mit voraussagbaren Inhalten	– die meisten Themen, die zum Alltagsleben gehören: Familie, Hobbys und Interessen, Arbeit, Reisen, aktuelle Ereignisse			

Dokument B6 – Sprachkompetenzskalen, die als Quellen benutzt wurden

Holistische Skalen der Mündlichen Kompetenz allgemein

- Hofmann: Levels of Competence in Oral Communication 1974.
- University of London School Examination Board: Certificate of Attainment – Graded Tests 1987.
- Ontario ESL Oral Interaction Assessment Bands 1990.
- Finnish Nine Level Scale of Language Proficiency 1993.
- European Certificate of Attainment in Modern Languages 1993.

Skalen für verschiedene kommunikative Aktivitäten

- Trim: Possible Scale for a Unit/Credit Scheme: Social Skills 1978.
- North: European Language Portfolio Mock-up: Interaction Scales 1991.
- Eurocentres/ELTDU Scale of Business English 1991.
- Association of Language Testers in Europe, Bulletin 3, 1994.

Skalen für die vier Fertigkeiten

- Foreign Service Institute Absolute Proficiency Ratings 1975.
- Wilkins: Proposals for Level Definitions for a Unit/Credit Scheme: Speaking 1978.
- Australian Second Language Proficiency Ratings 1982.
- American Council on the Teaching of Foreign Languages Proficiency Guidelines 1986.
- Elviri et al.: Oral Expression 1986 (in Van Ek 1986).
- Interagency Language Roundtable Language Skill Level Descriptors 1991.
- English Speaking Union (ESU) Framework Project: 1989.
- Australian Migrant Education Program Scale (Listening only).

Bewertungsskalen für mündliche Prüfungen

- Dade County ESL Functional Levels 1978.
- Hebrew Oral Proficiency Rating Grid 1981.
- Carroll B.J. and Hall P.J.: Interview Scale 1985.
- Carroll B.J.: Oral Interaction Assessment Scale 1980.
- International English Testing System (IELTS): Band Descriptors for the Speaking & Writing 1990.
- Goteborgs Univeritet: Oral Assessment Criteria.
- Fulcher: The Fluency Rating Scale 1993.

Rahmenpläne für curriculare Inhalte und Beurteilungskriterien für pädagogische Lernerfolgsstufen bzw. Abschlussprüfungen

- University of Cambridge/Royal Society of Arts: Certificates in Communicative Skills in English 1990.
- Royal Society of Arts: Modern Languages Examinations: French 1989.
- English National Curriculum: Modern Languages 1991.
- Netherlands New Examinations Programme 1992.
- Eurocentres Scale of Language Proficiency 1993.
- British Languages Lead Body: National Language Standards 1993.

Anhang C: Die DIALANG-Skalen

Dieser Anhang enthält eine Beschreibung des DIALANG-Sprachbeurteilungssystems, das eine Anwendung des *Gemeinsamen europäischen Referenzrahmens* für diagnostische Zwecke ist. Im Mittelpunkt stehen hier die Items zur Selbsteinschätzung, die im System benutzt werden, sowie die Kalibrierungsstudie, die als Teil der Entwicklung des Systems für diese Items durchgeführt wurde. Ein weiterer Bestandteil der Darstellung sind zwei aufeinander bezogene Beschreibungsskalen, die auf dem *Referenzrahmen* basieren und die benutzt werden, um Lernenden die Ergebnisse der Diagnose mitzuteilen und zu erklären. Die Deskriptoren in diesem Projekt wurden skaliert und nach Methode 12c (Rasch-Modell), die am Schluss des Anhangs A in ihren Grundzügen umrissen ist, an die Niveaus des *Referenzrahmens* angeglichen.

Das DIALANG-Projekt

Das DIALANG-Beurteilungssystem

DIALANG ist ein Beurteilungssystem für Sprachenlernende, die diagnostische Information über ihre Sprachkompetenz erhalten wollen. Das DIALANG-Projekt wurde mit finanzieller Unterstützung der Europäischen Kommission, Generaldirektion für Erziehung und Kultur (SOKRATES-Programm, LINGUA Aktion D) durchgeführt.

Das System besteht aus einem Selbsteinschätzungsteil, einem Sprachtest und *feedback*, die alle in vierzehn europäischen Sprachen verfügbar sind: Dänisch, Deutsch, Englisch, Finnisch, Französisch, Griechisch, Irisch, Isländisch, Italienisch, Niederländisch, Norwegisch, Portugiesisch, Schwedisch und Spanisch. DIALANG wird kostenfrei im Internet bereitgestellt.

Der Beurteilungsrahmen von DIALANG und die Beschreibungsskalen, die als Grundlage für das *feedback* verwendet werden, basieren direkt auf dem *Common European Framework*. Die Items zur Selbsteinschätzung in DIALANG sind vorwiegend dem *Referenzrahmen* entnommen und, sofern nötig, den speziellen Bedürfnissen des DIALANG-Systems angepasst.

Ziele von DIALANG

Die Zielgruppe von DIALANG sind Erwachsene, die das Niveau ihrer Sprachkompetenz wissen wollen und *feedback* in Bezug auf die Stärken und Schwächen ihrer Sprachkompetenz erhalten möchten. Das System gibt den Lernenden auch Ratschläge, wie sie ihre Sprachfertigkeiten verbessern können, und versucht darüber hinaus, sie zu bewussteren Sprachenlernenden zu machen. Das System stellt keine Zeugnisse oder Zertifikate aus.

Die Benutzer des Systems werden vor allem einzelne Lernende sein, die Sprachen selbstständig oder auch in Sprachkursen lernen. Aber auch Sprachlehrende werden finden, dass viele Elemente des Systems für ihre eigenen Zwecke brauchbar sind.

Einschätzungsverfahren bei DIALANG

Das Einschätzungsverfahren bei DIALANG besteht aus den folgenden Schritten:

1. Wahl der Arbeitssprache (14 zur Auswahl)
2. Einschreibung
3. Wahl der Sprache, in der der Test abgelegt werden soll (14 zur Auswahl)
4. Einstufungstest basierend auf Wortschatzkenntnissen
5. Wahl der zu testenden Fertigkeit (Lesen, Hörverstehen, Schreiben; Wortschatz, Strukturen)
6. Selbsteinschätzung (nur für Lesen, Hörverstehen und Schreiben)

7. Das System gibt eine vorläufige Einschätzung der Fähigkeiten des Lernenden ab
8. Ein Test mit einem angemessenen Schwierigkeitsgrad wird vom System ausgewählt und dem Benutzer zur Durchführung angeboten
9. Rückmeldung.

Wenn sie sich in das System begeben, wählen die Lernenden zunächst die Sprache, in der sie Arbeitsanweisungen und *feedback* erhalten möchten. Nach der Einschreibung wird den Lernenden ein Einstufungstest gestellt, der auch den Umfang ihres Wortschatzes abschätzt. Nachdem sie die Fertigkeit gewählt haben, in der sie getestet werden möchten, aber bevor sie den ausgewählten Test bearbeiten, erhalten die Benutzer eine Reihe von Items zur Selbsteinschätzung. Diese Items zur Selbsteinschätzung decken die gewählte Fertigkeit vollständig ab, und die Lernenden müssen entscheiden, ob sie die in der jeweiligen Aussage beschriebene Aktivität ausführen können oder nicht. In den beiden anderen Bereichen, die von DIALANG beurteilt werden, nämlich Wortschatz und Strukturen, gibt es keine Selbsteinschätzung, weil dafür im *Referenzrahmen* keine Items als mögliche Quelle vorkommen. Nach dem Test erfahren die Lernenden als Teil des *feedback*, ob die Selbsteinschätzung ihres Niveaus vom Kompetenzniveau abweicht, das das System auf der Basis ihrer Testleistung für sie ermittelt hat. Benutzende erhalten auch die Möglichkeit, anhand eines verbalen *feedback* die möglichen Ursachen für die Abweichungen zwischen Selbsteinschätzung und den Testergebnissen zu erforschen.

Zweck der Selbsteinschätzung bei DIALANG

Items zur Selbsteinschätzung werden im DIALANG-System aus zwei Gründen benutzt. Erstens wird Selbsteinschätzung als eine an sich wichtige Sprachlernaktivität betrachtet. Sie soll autonomes Lernen fördern, den Lernenden mehr Kontrolle über ihr Lernen geben und sie zu bewussteren Lernenden machen.

Der zweite Zweck der Selbsteinschätzung bei DIALANG ist eher ‚technisch': Das System benutzt den Test zur Ermittlung des Umfangs der Wortschatzkenntnisse und die Ergebnisse der Selbsteinschätzung, um die Fähigkeit der Lernenden vorab einzuschätzen und sie dann auf denjenigen Test zu lenken, dessen Schwierigkeitsgrad am besten ihrer Fähigkeit entspricht.

Die DIALANG-Skalen zur Selbsteinschätzung

Quellen

Die meisten der Items zur Selbsteinschätzung, die in DIALANG benutzt werden, sind der englischen Version des *Common European Framework* (Entwurfsfassung 2, 1996) entnommen. In dieser Hinsicht ist DIALANG also eine direkte Anwendung des *Referenzrahmens* für Zwecke der Beurteilung.

Qualitative Weiterentwicklung

Die DIALANG-Arbeitsgruppe für Selbsteinschätzung[7] überprüfte 1998 alle Items im *Referenzrahmen* und wählte diejenigen aus, die am konkretesten, klarsten und einfachsten erschienen; die empirischen Ergebnisse von North (1996/2000) in Bezug auf die Deskriptoren wurden ebenfalls berücksichtigt. Mehr als einhundert Items wurden für Lesen, Hörverstehen und Schreiben ausgewählt. Zusätzlich wurden Items zum Sprechen ausgewählt; weil aber Sprechen nicht Bestandteil des gegenwärtigen DIALANG-Systems ist, wurden sie nicht in die Validierungsstudie mit einbezogen, die weiter unten beschrieben wird, und sind deshalb auch nicht in diesem Anhang dargestellt.

Die Formulierung der Items wurde von ‚Kann' zu ‚Ich kann' geändert, weil sie eher für Zwecke der Selbsteinschätzung benutzt werden sollten als für die Beurteilung durch Lehrende. Einige der Items wurden verändert,

---

[7] Die Gruppe bestand aus Alex Teasdale (Vorsitz), Neus Figueras, Ari Huhta, Fellyanka Kaftandjieva, Mats Oscarson und Sauli Takala.

um sie noch weiter zu vereinfachen, sodass sie für die anvisierten Benutzer geeignet sind. Es wurden auch einige wenige neue Items entwickelt, wo es im *Referenzrahmen* nicht genügend Material gab, das man nutzen konnte (die neuen Items sind in den Tabellen kursiv gedruckt). Alle Items wurden von Dr. Brian North, dem Urheber der Items im *Referenzrahmen*, und einer Gruppe von vier Experten für Sprachtests und Fremdsprachenunterricht überprüft, bevor ihr endgültiger Wortlaut festgelegt wurde.

Übersetzung

Weil DIALANG ein mehrsprachiges System ist, wurden die Items zur Selbsteinschätzung aus dem Englischen in 13 andere Sprachen übersetzt. Die Übersetzung erfolgte nach einem festgelegten Verfahren. Es wurden Richtlinien für die Übersetzung und für die Diskussion der Ergebnisse vereinbart; Verständlichkeit für die Lernenden war das wichtigste Gütekriterium. Zunächst übersetzten zwei oder drei Experten pro Sprache die Items unabhängig voneinander in ihre jeweilige Sprache und trafen sich dann, um die Unterschiede zu diskutieren und einen Konsens über den Wortlaut zu finden. Die Übersetzungen wurden dann an die Arbeitsgruppe für Selbsteinschätzung weitergeleitet, deren Mitglieder über die Sprachkompetenz verfügten, um die Qualität der Übersetzungen noch zusätzlich in neun Sprachen zu überprüfen. Die Übersetzer und Übersetzerinnen wurden dann noch einmal kontaktiert, und alle Fragen, die mit den Formulierungen zusammenhingen, wurden diskutiert und Abänderungen gemeinsam vereinbart.

Die Kalibrierung der Items zur Selbsteinschätzung

Bisher hat das DIALANG-Projekt eine Kalibrierungsstudie für die Items zur Selbsteinschätzung durchgeführt. (Kalibrierung ist ein Verfahren, mit dessen Hilfe der Schwierigkeitsgrad von Items usw. statistisch bestimmt und eine Skala aus ihnen gebildet wird.) Die Kalibrierung basierte auf einer Stichprobe von 304 Probanden (vollständiges Testdesign), die auch eine Anzahl von DIALANG-Tests auf Finnisch machten. Die Items zur Selbsteinschätzung wurden ihnen entweder auf Schwedisch (für 250 Probanden war die Muttersprache Schwedisch) oder auf Englisch vorgelegt. Zusätzlich konnten die meisten der Probanden die finnische Version der Items hinzuziehen.[8]

Die Daten wurden mit dem Programm OPLM analysiert (Verhelst et al. 1985; Verhelst und Glass 1995).[9] Die Ergebnisse der Analyse waren sehr gut: Über 90% der Items konnten skaliert werden (d.h. sie „passten" ins benutzte statistische Modell). Die drei Skalen zur Selbsteinschätzung, die auf der Basis der Kalibrierung der Items konstruiert wurden, waren sehr homogen, wie die hohen Reliabilitätsindizes anzeigten (Cronbachs alpha): .91 für Lesen, .93 für Hörverstehen und .94 für Schreiben.[10]

Ähnliche Kalibrierungsstudien nach dem Ansatz der Arbeitsgruppe für Datenanalyse werden durchgeführt werden, wenn Pilotuntersuchungen für die anderen 13 Sprachen gemacht werden. Sie werden zeigen, in welchem Umfang die hervorragenden Resultate der ersten Studie wiederholt werden können und ob es irgendeine Tendenz gibt, dass einige der Items für Zwecke der Selbsteinschätzung konsistent besser sind als andere.

Obgleich erst eine einzige Kalibrierungsstudie vorliegt, ist es wichtig festzustellen, dass sie über die Qualität der Selbsteinschätzungs-Items in den DIALANG-Skalen in mehr als einer Sprache Auskunft gibt. Sie tut dies, weil die meisten der untersuchten Lernenden beim Ausfüllen des Teils Selbsteinschätzung eine beliebige

---

[8] Die Studie wurde von der Projektgruppe für Datenanalyse, bestehend aus Fellyanka Kaftandjieva (Vorsitz), Norman Verhelst, Sauli Takala, John de Jong and Timo Törmäkangas am *Centre for Applied Language Studies* an der Universität von Jyväskylä durchgeführt, das von 1996-1999 das Koordinationszentrum des Projekts war. Das Koordinationszentrum in der DIALANG-Phase 2 ist die Freie Universität Berlin.

[9] OPLM ist eine Erweiterung des Rasch-Modells, das bei Items Unterschiede in der Diskrimination zulässt. Der Unterschied zwischen diesem und dem zweiparameterischen Modell besteht darin, dass die Diskriminierungsparameter nicht geschätzt, sondern als bekannte Konstanten eingegeben werden.

[10] Die globale Modellanpassung war ebenfalls recht gut ($p = .26$), als die Deskriptoren insgesamt kalibriert wurden. Der Grad der statistischen Übereinstimmung bei der fertigkeitsbasierten Kalibrierung war ebenfalls gut ($p = .10$ für Lesen, .84 für Schreiben und .78 für Hörverstehen).

(oder sogar alle) der drei Versionen (Schwedisch, Englisch oder Finnisch) wählen konnten, obgleich die meisten von ihnen sich sicherlich auf die schwedische verlassen haben. Wegen des sorgfältigen Übersetzungsverfahrens können wir mit Sicherheit annehmen, dass die Items zur Selbsteinschätzung im Großen und Ganzen in allen Sprachen äquivalent sind – eine Annahme, die natürlich als Teil der anderen Kalibrierungsstudien getestet werden wird.
Ein zusätzliches Indiz für die Qualität der DIALANG-Skalen zur Selbsteinschätzung – und für die Skalen im *Referenzrahmen* – wurde von Dr. Kaftadjieva gefunden, die die Korrelation der Schwierigkeitswerte zwischen den Items in dieser Studie und denjenigen für die gleichen Items, die von North (1996/2000) untersucht worden waren, ermittelte. Sie fand, dass die Korrelation sehr hoch war (.83) – oder sogar .897, wenn man ein Item ausklammert, das sich statistisch ungewöhnlich verhielt.

Dokument C1 stellt die 107 Items zur Selbsteinschätzung für Lesen, Hörverstehen und Schreiben vor, die die Kalibrierungsstudie auf der Basis der finnischen Daten „überlebten". Die Items in jeder Tabelle sind nach Schwierigkeit geordnet, beginnend mit den einfachsten bis hin zu den schwierigsten. Items, die nicht dem *Referenzrahmen* entnommen wurden, sind *kursiv* gedruckt.

Andere DIALANG-Skalen, die auf dem Gemeinsamen Europäischen Referenz-Rahmen basieren

Zusätzlich zu den Items zur Selbsteinschätzung benutzt DIALANG zwei Systeme von skalierten Deskriptoren, die auf dem *Referenzrahmen* basieren. Die Skalen beziehen sich auf Lesen, Schreiben und Hörverstehen:

- Die Kurzfassung begleitet das Testergebnis,
- die ausführlichere Version ist Teil der beratenden Rückmeldung.

Die Kurzfassung der Skalen

DIALANG benutzt kurz gefasste Gesamtskalen für Lesen, Schreiben und Hörverstehen, um die Ergebnisse im DIALANG-System rückzumelden. Wenn Lernende eine Rückmeldung über ihre Leistung erhalten, nennt man ihnen ein Ergebnis auf der Skala des *Referenzrahmens*, A1 bis C2, und die Bedeutung dieses Ergebnisses wird mit Hilfe der Skalen für die Rückmeldung erläutert. Diese wurden im DIALANG-Kontext validiert, indem 12 erfahrene Beurteiler aufgefordert wurden, jedes Item im DIALANG-Test für Finnisch einem von sechs Niveaus zuzuordnen. Diese Gesamtskalen für die Rückmeldung wurden dann von den Experten benutzt, um jedes Item im DIALANG-Test für Finnisch einem Niveau im *Referenzrahmen* zuzuordnen. Die Skala basiert auf Abschnitt 3.3 des *Referenzrahmens*; die Beschreibungen wurden leicht verändert, wie dies auch mit den Items zur Selbsteinschätzung geschah. Diese Skalen werden in Dokument C2 vorgestellt.

Beratende Rückmeldung

Der Abschnitt ‚Beratende Rückmeldung' im Beurteilungssystem benutzt Skalen, die ausführlichere Beschreibungen der Lese-, Schreib- und Hörverstehenskompetenz enthalten. Der Abschnitt stellt den Benutzern detailliertere Darstellungen dessen zur Verfügung, was Lernende auf diesen Fertigkeitsniveaus typischerweise mit Sprache tun können. Die Lernenden können auch die Beschreibung eines bestimmten Niveaus mit derjenigen der angrenzen Niveaus vergleichen. Diese ausführlicheren Skalen basieren ebenfalls auf Abschnitt 3.3 des *Referenzrahmens*, aber die Deskriptoren wurden mit Hilfe anderer Abschnitte des *Referenzrahmens* und unter Einbezug anderer Quellen weiter ausgearbeitet. Diese Skalen werden in Dokument C3 vorgestellt.

Leser, die sich für die Ergebnisse der empirischen Untersuchungen interessieren, über die hier berichtet wurde, finden ausführlichere Informationen in Takala und Kaftandjieva (im Druck); weitere Informationen über das das System im Allgemeinen und über die Rückmeldungen, die es gibt, finden sich bei Huhta, Luoma, Oscarson, Sajavaara, Takala und Teasdale (im Druck).

Zitierte Literatur

Huhta, A.; Luoma, S.; Oscarson, M.; Sajavaara, K.; Takala, S.; Teasdale, A. (im Druck) ‚DIALANG – A Diagnostic Language Assessment System for Learners'. In Alderson, J.C. (ed.) *Case Studies of the Use of the Common European Framework*. Strasbourg, Council of Europe.

North, B. (1996/2000) *The Development of a Common Framework Scale of Language Proficiency Based on a Theory of Measurement*. Dissertation. Thames Valley University. Nachdruck 2000: New York, Peter Lang.

Takala, S.; Kaftandjieva, F. (im Druck) ‚Council of Europe Scales of Language Proficiency: A Validation Study'. In Alderson, J.C. (ed.): *Case Studies of the Use of the Common European Framework*. Strasbourg, Council of Europe.

Verhelst, N.; Glass, C.; Verstralen, C. and H. (1985) *One-Parameter Logistic Model: OPLM*. Arnhem; CITO.

Verhelst, N.; Glass, C. (1995) ‚The One-Parameter Logistic Model'. In Fisher, G.; Molenaar, I. (eds.) *Rasch Models: Foundations, Recent Developments and Applications*. New York, Springer-Verlag: 215–237.

Dokument C1 – DIALANG: Items zur Selbsteinschätzung

Niveau im Referenz-rahmen	*LESEN*
A1	Ich kann die Grundaussage eines einfachen Informationstextes und kurzer, einfacher Beschreibungen verstehen, insbesondere wenn diese Bilder enthalten, die den Text erklären.
A1	Ich kann sehr kurze, einfache Texte mit bekannten Namen, Wörtern und grundlegenden Redewendungen verstehen, wenn ich zum Beispiel Teile des Textes noch einmal lese.
A1	Ich kann kurzen, einfach geschriebenen Anleitungen folgen, insbesondere wenn sie Bilder enthalten.
A1	Ich kann bekannte Namen, Wörter und sehr einfache Redewendungen in einfachen Mitteilungen in den häufigsten Alltagssituationen erkennen.
A1	Ich kann kurze, einfache Mitteilungen, z. B. auf Postkarten, verstehen.
A2	Ich kann kurze, einfache Texte verstehen, welche die gebräuchlichsten Wörter beinhalten, einschließlich international verständlicher Wörter.
A2	Ich kann kurze, einfache, in der Alltagssprache verfasste Texte verstehen.
A2	Ich kann kurze, einfache Texte verstehen, die sich auf meine Arbeit beziehen.
A2	Ich kann einfachen alltagssprachlichen Materialien, wie Anzeigen, Broschüren, Speisekarten und Fahrplänen, bestimmte Informationen entnehmen.
A2	Ich kann kurze, einfache persönliche Briefe verstehen.
A2	Ich kann standardisierte Routinebriefe und -faxe über geläufige Sachverhalte verstehen.
A2	Ich kann einfache Gebrauchsanleitungen für Gegenstände des alltäglichen Lebens, wie zum Beispiel ein öffentliches Telefon, verstehen.
A2	Ich kann gebräuchliche Schilder und Mitteilungen an öffentlichen Stätten, wie auf der Straße, in Restaurants und Bahnhöfen oder am Arbeitsplatz, verstehen.
B1	Ich kann einfache Texte verstehen, deren Themen sich mit meinen Interessen decken.
B1	Ich kann in alltäglichen Materialien, wie Briefen, Broschüren und kurzen offiziellen Schriftstücken, die von mir benötigte Information finden und verstehen.
B1	Ich kann in einem längeren oder in mehreren kurzen Texten eine von mir benötigte spezifische Information finden, welche ich zur Fertigstellung einer Aufgabe benötige.
B1	Ich kann die wichtigsten Punkte in einfachen Zeitungsartikeln zu geläufigen Themen erkennen.
B1	Ich kann in einer verständlich geschriebenen Argumentation die wesentlichen Schlussfolgerungen erkennen.
B1	Ich kann in einem Text den roten Faden einer Argumentation erkennen, jedoch nicht unbedingt alle Details verstehen.
B1	Ich kann die Beschreibung von Ereignissen, Gefühlen und Wünschen in persönlichen Briefen so gut verstehen, dass ich mit einem Freund oder Bekannten einen Briefwechsel führen kann.
B1	Ich kann verständlich geschriebene, einfache Gebrauchsanweisungen für Geräte verstehen.
B2	Ich kann Schriftverkehr, der sich mit meinen persönlichen Interessen befasst, lesen und dabei die wichtigsten Aussagen ohne größere Mühe verstehen.
B2	Ich kann Fachtexte, die nicht aus meinem Fachgebiet kommen, verstehen, vorausgesetzt, ich kann ein Wörterbuch benutzen, um Fachbegriffe nachzuschlagen.
B2	Ich kann Texte unterschiedlicher Textsorte relativ leicht in unterschiedlicher Geschwindigkeit und auf unterschiedliche Art und Weise lesen, je nachdem, mit welchem Ziel ich den Text lese und um welche Textsorte es sich handelt.
B2	Ich kann beim Lesen einen umfangreichen Wortschatz verstehen, habe jedoch manchmal Schwierigkeiten mit weniger geläufigen Wörtern und Redewendungen.
B2	Ich kann den Inhalt und die Bedeutung von Nachrichten, Aufsätzen und Berichten aus einem breiten Spektrum fachbezogener Sachverhalte schnell erfassen, um zu entscheiden, ob eine genauere Bearbeitung lohnend ist.
B2	Ich kann Aufsätze und Berichte verstehen, die sich mit aktuellen Problemen beschäftigen und in denen die Verfasser bestimmte Standpunkte oder Sichtweisen vertreten.

C1 C1 C2	Unter gelegentlicher Zuhilfenahme des Wörterbuches kann ich jegliche Art von Schriftverkehr verstehen. Ich kann lange, komplexe Anleitungen für neue Geräte oder neue Verfahren auch außerhalb meines Fachgebietes genau verstehen, wenn ich schwierige Passagen mehrmals lesen kann. Ich kann nahezu jegliche Form geschriebener Sprache verstehen und interpretieren, einschließlich abstrakter, bezüglich der Struktur komplexer oder stark umgangssprachlicher literarischer und nicht-literarischer Schriftstücke.

Niveau im Referenzrahmen	*SCHREIBEN*
A1 A1 A1 A1 A1 A1	Ich kann einfache Mitteilungen an Freunde schreiben. Ich kann beschreiben, wo ich wohne. Ich kann auf Formularen meine persönlichen Daten eintragen. Ich kann einzelne, einfache Ausdrücke und Sätze schreiben. Ich kann eine kurze, einfache Postkarte schreiben. Ich kann mit Hilfe eines Wörterbuches kurze Briefe und Mitteilungen schreiben.
A2 A2 A2 A2 A2 A2 A2	Ich kann kurze, einfache Beschreibungen von Ereignissen und Aktivitäten liefern. Ich kann sehr einfache persönliche Dankes- und Entschuldigungsschreiben verfassen. Ich kann kurze, einfache, alltägliche Nachrichten und Mitteilungen schreiben. Ich kann Pläne und Vereinbarungen beschreiben. Ich kann über meine Vorlieben und Abneigungen bei bestimmten Dingen schreiben. Ich kann über meine Familie, mein Umfeld, meinen schulischen Werdegang sowie meine gegenwärtige oder letzte berufliche Tätigkeit schreiben. Ich kann über Aktivitäten und persönliche Erfahrungen aus der Vergangenheit schreiben.
B1 B1 B1 B1 B1 B1 B1	Ich kann sehr kurze Berichte schreiben, in welchen Alltagsinformationen weitergeleitet werden und welche Gründe für Handlungsweisen angeben. Ich kann in persönlichen Briefen Erfahrungen, Gefühle und Ereignisse detailliert beschreiben. Ich kann die wichtigsten Einzelheiten eines unvorhersehbaren Ereignisses, wie zum Beispiel eines Unfalls, beschreiben. Ich kann Träume, Hoffnungen und Wünsche beschreiben. Ich kann, z. B. bei Problemen, Anfragen entgegennehmen und dazu Notizen anfertigen. Ich kann die Handlung eines Buches oder Films sowie meine Reaktionen beschreiben. Ich kann Meinungen, Pläne und Handlungen kurz schriftlich begründen und erklären.
B2 B2 B2 B2	Ich kann unterschiedliche Ideen und Lösungsmöglichkeiten für ein Problem gegeneinander abwägen. Ich kann Informationen und Argumente aus unterschiedlichen Quellen zusammenfassen. Ich kann eine logische Argumentationskette entwickeln. Ich kann über Ursachen, Folgen und hypothetische Situationen spekulieren.
C1 C1 C1 (geschätzt C1) (geschätzt C1)	Ich kann Standpunkte durch zusätzliche Argumente, Begründungen und sinnvolle Beispiele weiter ausführen und untermauern. Ich kann eine Erörterung systematisch aufbauen und dabei wesentliche Punkte angemessen hervorheben sowie unterstützende Einzelheiten mit gewisser Bedeutung anführen. Ich kann komplexe Sachverhalte klar und detailliert schriftlich darstellen. *Ich kann normalerweise ohne Zuhilfenahme eines Wörterbuchs schreiben.* *Ich kann so gut schreiben, dass meine Ausdrucksweise nur dann überprüft werden muss, wenn es sich um ein wichtiges Schriftstück handelt.*

C2	Ich kann mich schriftlich erfolgreich, angemessen und gut strukturiert ausdrücken, sodass der Leser die wesentlichen Punkte leicht erfassen kann.
C2	Ich kann klare und flüssige komplexe Berichte, Artikel oder Aufsätze verfassen, die einen Sachverhalt darstellen oder eine kritische Bewertung von Anträgen oder literarischen Werken abgeben.
(geschätzt C2)	*Ich kann so gut schreiben, dass Muttersprachler meine Texte nicht überprüfen müssen.*
(geschätzt C2)	*Ich kann so gut schreiben, dass meine Texte nicht wesentlich verbessert werden können, nicht einmal von einem Lehrer, der speziell das Schreiben übt.*

Niveau im Referenzrahmen	*HÖRVERSTEHEN*
A1	Ich kann alltägliche Äußerungen, die sich auf einfache und konkrete alltägliche Bedürfnisse beziehen, verstehen, wenn langsam, deutlich und mit Wiederholungen gesprochen wird.
A1	Ich kann einem Gespräch folgen, wenn sehr langsam und deutlich gesprochen wird und wenn lange Pausen es mir ermöglichen, das Gesagte zu verstehen.
A1	Ich kann Fragen und Anweisungen verstehen und kurzen, einfachen Weisungen folgen.
A1	Ich kann Zahlen, Preise und Zeitangaben verstehen.
A2	Ich kann genug verstehen, um mich in einfachen, routinemäßigen Situationen ohne große Anstrengung zu verständigen.
A2	Ich kann normalerweise das Thema eines Gesprächs in meiner Umgebung erkennen, wenn dieses langsam und deutlich geführt wird.
A2	Ich kann normalerweise Gespräche in deutlich gesprochener Standardsprache über geläufige Sachverhalte verstehen, auch wenn ich im tatsächlichen Alltagsleben eventuell um Wiederholung oder eine andere Formulierung bitten müsste.
A2	Ich kann genug verstehen, um konkreten Bedürfnissen im alltäglichen Leben gerecht zu werden, vorausgesetzt, es wird deutlich und langsam gesprochen.
A2	Ich kann Redewendungen und Ausdrücke verstehen, die unmittelbare Bedürfnisse betreffen.
A2	Ich kann einfache Angelegenheiten in Geschäften, Postämtern oder Banken erledigen.
A2	Ich kann einfache Wegbeschreibungen verstehen, wenn es darum geht, wie ich zu Fuß oder mit öffentlichen Verkehrsmitteln von A nach B komme.
A2	Ich kann die wichtigsten Informationen kurzer Tonbandaufnahmen verstehen, die von vorhersehbaren Alltagsthemen handeln, wenn langsam und deutlich gesprochen wird.
A2	Ich kann Nachrichtensendungen im Fernsehen, die über Ereignisse, Unfälle usw. berichten, die Hauptinformation entnehmen, wenn Bildmaterial die Kommentare begleitet.
A2	Ich kann die Hauptaussagen in kurzen, klaren und einfachen Mitteilungen und Durchsagen erfassen.
B1	Ich kann die Bedeutung gelegentlich vorkommender unbekannter Wörter aus dem Zusammenhang erschließen und die Bedeutung des Satzes verstehen, wenn es sich um ein bekanntes Thema handelt.
B1	Ich kann normalerweise den wesentlichen Punkten einer längeren Diskussion um mich herum folgen, wenn deutlich gesprochen und Standardsprache verwendet wird.
B1	Ich kann einer alltäglichen Unterhaltung in deutlicher Sprechweise folgen, auch wenn ich in einer tatsächlichen Situation manchmal um Wiederholung einzelner Wörter und Sätze bitten muss.
B1	Ich kann einfache, sachliche Informationen über die geläufigen Themen des Alltags- und Berufslebens verstehen und sowohl allgemeine Aussagen als auch spezifische Details erkennen, sofern deutlich und mit geläufigem Akzent gesprochen wird.
B1	Ich kann Gesprächen über geläufige, regelmäßig vorkommende Ereignisse die Hauptaussagen entnehmen, wenn deutlich und in Standardsprache gesprochen wird.
B1	Ich kann einem Vortrag oder einem Gespräch innerhalb meines Fachgebiets folgen, sofern mir die Thematik vertraut ist und der Vortrag einfach und klar strukturiert ist.

B1 B1 B1 B1	Ich kann einfache technische Informationen verstehen, wie zum Beispiel Bedienungsanleitungen für Geräte des alltäglichen Gebrauchs. Ich kann meist den Informationsgehalt aufgezeichneten oder übertragenen Tonmaterials verstehen, vorausgesetzt, es handelt sich um geläufige Themen und es wird relativ langsam und deutlich gesprochen. Ich kann vielen Filmen folgen, wenn Bild und Aktion die Handlung im Wesentlichen tragen, eine einfache Geschichte erzählt und deutlich gesprochen wird. Ich kann die wesentlichen Inhalte in Sendungen zu geläufigen Themen oder Themen, die für mich von persönlichem Interesse sind, erfassen, wenn relativ langsam und deutlich gesprochen wird.
B2 B2 B2 B2 B2 B2 B2 B2 B2	Ich kann genau verstehen, was mir in gesprochener Standardsprache gesagt wird, selbst bei Hintergrundgeräuschen. Ich kann gesprochene Standardsprache verstehen, live oder durch Medienübertragung, sowohl zu bekannten als auch zu unbekannten Themen, welchen man normalerweise im persönlichen, akademischen oder beruflichen Leben begegnet. Nur extreme Hintergrundgeräusche, unklare Strukturen und/oder der Gebrauch idiomatischer Ausdrücke bereiten mir einige Probleme. Ich kann die Hauptaussagen komplexer Redebeiträge sowohl zu konkreten als auch zu abstrakten Themen, welche in Standardsprache formuliert sind, einschließlich technischer Diskussionen innerhalb meines Fachgebietes verstehen. Ich kann längeren Gesprächen und komplexen Argumentationslinien folgen, sofern mir das Thema einigermaßen vertraut ist und Ziel und Richtung des Beitrags vom Redner klar benannt werden. Ich kann den wesentlichen Punkten von Vorträgen, Gesprächen und Berichten sowie anderen Redebeiträgen mit komplexen Gedankengängen und komplexer Sprache folgen. Ich kann in Standardsprache und normaler Geschwindigkeit gesprochene Ansagen und Mitteilungen konkreten und abstrakten Inhalts verstehen. Ich kann die meisten Rundfunkreportagen und fast alle anderen Tonaufnahmen oder -übertragungen in Standardsprache verstehen und dabei die Stimmung, den Tonfall usw. des Sprechers heraushören. Ich kann die meisten Fernsehnachrichten und Sendungen zu aktuellen Themen, wie Dokumentarfilme, Live-Interviews, Talkshows, Theaterstücke und die meisten Spielfilme in Standardsprache verstehen. Ich kann einem Vortrag oder einem Gespräch innerhalb meines Fachgebietes folgen, soweit der Beitrag klar vorgetragen wird.
C1 C1 C1 C1 C1 C1 C1 C1 C1	Ich kann bei angeregter Unterhaltung unter Muttersprachlern mithalten. Ich kann genug verstehen, um längeren Gesprächen über abstrakte und komplexe Themen, welche über mein Fachgebiet hinausgehen, zu folgen. Allerdings muss ich gelegentlich bei einzelnen Details nachfragen, vor allem wenn ich mit dem Akzent nicht vertraut bin. Ich kann vielerlei idiomatische Ausdrücke und umgangssprachliche Wendungen sowie den Wechsel der Stilebene erkennen. Ich kann längeren Redebeiträgen folgen, selbst wenn diese nicht klar strukturiert sind und die gedanklichen Verknüpfungen nur angedeutet und nicht explizit benannt werden. Es fällt mir relativ leicht, den meisten Vorträgen, Diskussionen und Debatten zu folgen. Ich kann öffentlichen Ansagen schlechter Qualität bestimmte Informationen entnehmen. Ich kann komplexe technische Informationen, wie Bedienungsanleitungen und Beschreibungen für geläufige Produkte und Dienstleistungen, verstehen. Ich kann die verschiedensten Tonaufnahmen verstehen, auch wenn nicht alle Beiträge in der Standardsprache gesprochen werden, und kann dabei Feinheiten erkennen, einschließlich impliziter Einstellungen und Beziehungen zwischen den Sprechern. Ich kann Spielfilmen mit einem hohen Anteil an Umgangssprache und idiomatischen Ausdrücken folgen.
C2	Ich kann Fachvorträgen und Referaten folgen, in welchen in hohem Maße von Umgangssprache, regionalen Besonderheiten oder fremder Terminologie Gebrauch gemacht wird.

Dokument C2 – Die (Kurzfassung der) Überblicks-Skalen für die Rückmeldung der DIALANG-Ergebnisse

Niveau im Referenz-rahmen	*LESEN*
A1	Ihr Testergebnis zeigt, dass Sie sich im Leseverstehen auf oder unterhalb der Stufe A1 der Skala des Europarats befinden. Auf dieser Stufe kann man sehr einfache Sätze verstehen, zum Beispiel auf Hinweisschildern, Plakaten oder in Katalogen.
A2	Ihr Testergebnis zeigt, dass Sie sich im Leseverstehen auf Stufe A2 der Skala des Europarats befinden. Auf dieser Stufe kann man sehr kurze, einfache Texte verstehen. Man kann in einfachen alltäglichen Texten spezifische Informationen, nach denen man sucht, finden, wie zum Beispiel auf Werbeanzeigen, Flugblättern, Speisekarten und Fahrplänen, und man kann kurze persönliche Briefe in einfacher Sprache verstehen.
B1	Ihr Testergebnis zeigt, dass Sie sich im Leseverstehen auf Stufe B1 der Skala des Europarats befinden. Auf dieser Stufe kann man Texte verstehen, welche alltägliche oder berufsbezogene Sprache beinhalten. Man kann persönliche Briefe verstehen, in welchen der Verfasser Ereignisse, Gefühle oder Wünsche beschreibt.
B2	Ihr Testergebnis zeigt, dass Sie sich im Leseverstehen auf Stufe B2 der Skala des Europarats befinden. Auf dieser Stufe kann man Artikel und Berichte über aktuelle Themen verstehen, wenn der Verfasser zu einem Problem einen bestimmten Standpunkt bezieht oder einen bestimmten Blickwinkel zum Ausdruck bringt. Man kann die meisten Kurzgeschichten und bekannten Romane verstehen.
C1	Ihr Testergebnis zeigt, dass Sie sich im Leseverstehen auf Stufe C1 der Skala des Europarats befinden. Auf dieser Stufe kann man lange, komplexe Fachtexte und literarische Texte verstehen sowie stilistische Unterschiede erkennen. Man kann Fachsprache in Artikeln und technischen Anleitungen verstehen, sogar wenn diese nicht aus dem eigenen Fachgebiet stammen.
C2	Ihr Testergebnis zeigt, dass Sie sich im Leseverstehen auf oder oberhalb der Stufe C2 der Skala des Europarats befinden. Auf dieser Stufe kann man problemlos fast alle Arten von Texten lesen, einschließlich abstrakter Texte oder Texten mit schwierigen Wörtern oder grammatikalischen Konstruktionen, wie zum Beispiel Bedienungsanleitungen, Artikel über spezielle Themenbereiche oder literarische Texte.

Niveau im Referenz-rahmen	*SCHREIBEN*
A1	Ihr Testergebnis zeigt, dass Sie sich im Bereich Schreiben auf oder unterhalb Stufe A1 der Skala des Europarats befinden. Auf dieser Stufe kann man kurze, einfache Postkarten schreiben, zum Beispiel um Urlaubsgrüße zu verschicken. Man kann Formulare mit persönlichen Daten ausfüllen, z. B. Namen, Nationalität und Adresse in ein Anmeldeformular des Hotels eintragen.
A2	Ihr Testergebnis zeigt, dass Sie sich im Bereich Schreiben auf Stufe A2 der Skala des Europarats befinden. Auf dieser Stufe kann man kurze, einfache Notizen und Nachrichten, welche alltägliche Angelegenheiten und Bedürfnisse betreffen, schreiben. Man kann einen sehr einfachen persönlichen Brief schreiben, z. B. um sich bei jemandem für etwas zu bedanken.
B1	Ihr Testergebnis zeigt, dass Sie sich im Bereich Schreiben auf Stufe B1 der Skala des Europarats befinden. Auf dieser Stufe kann man einfache Texte über vertraute Themen oder Themen des persönlichen Interesses schreiben. Man kann persönliche Briefe schreiben und darin Erfahrungen und Eindrücke beschreiben.

B2	Ihr Testergebnis zeigt, dass Sie sich im Bereich Schreiben auf Stufe B2 der Skala des Europarats befinden. Auf dieser Stufe kann man übersichtliche, detaillierte Texte über vielerlei Themen des persönlichen Interesses verfassen. Man kann einen Aufsatz oder Bericht schreiben, in dem Informationen weitergegeben und Argumente für oder gegen einen bestimmten Standpunkt dargelegt werden. Man kann Briefe schreiben, in welchen die persönliche Bedeutung von Ereignissen und Erfahrungen hervorgehoben wird.
C1	Ihr Testergebnis zeigt, dass Sie sich im Bereich Schreiben auf Stufe C1 der Skala des Europarats befinden. Auf dieser Stufe kann man klare und gut strukturierte Texte verfassen und persönliche Standpunkte ausführlich darlegen. Man kann in einem Brief, Aufsatz oder Bericht zu komplexen Themenbereichen Stellung beziehen und dabei die Punkte, die einem am wichtigsten erscheinen, hervorheben. Man kann mit verschiedenen Textarten umgehen und dabei einen sicheren, persönlichen Stil verwenden, welcher dem angestrebten Leserkreis angemessen ist.
C2	Ihr Testergebnis zeigt, dass Sie sich im Bereich Schreiben auf oder oberhalb der Stufe C2 der Skala des Europarats befinden. Auf dieser Stufe kann man klar, flüssig und in einem angemessenen Stil schreiben. Man kann komplexe Briefe, Berichte oder Artikel auf eine Art und Weise schreiben, die dem Leser hilft, wichtige Punkte zu erfassen und sich später an diese zu erinnern. Man kann Zusammenfassungen und Besprechungen von Fachtexten oder literarischen Texten verfassen.

Niveau im Referenzrahmen	*HÖRVERSTEHEN*
A1	Ihr Testergebnis zeigt, dass Sie sich im Hörverstehen auf oder unterhalb der Stufe A1 der Skala des Europarats befinden. Auf dieser Stufe kann man sehr einfache Sätze über sich selbst, über Bekannte oder Dinge der eigenen Umgebung verstehen, wenn langsam und deutlich gesprochen wird.
A2	Ihr Testergebnis zeigt, dass Sie sich im Hörverstehen auf Stufe A2 der Skala des Europarats befinden. Auf dieser Stufe kann man Äußerungen und die gebräuchlichsten Worte über persönlich wichtige Dinge verstehen, beispielsweise sehr einfache Informationen zur eigenen Person und Familie, zum Einkaufen oder über den Beruf. Man kann kurzen, klaren und einfachen Nachrichten und Durchsagen das Wesentliche entnehmen.
B1	Ihr Testergebnis zeigt, dass Sie sich im Hörverstehen auf Stufe B1 der Skala des Europarats befinden. Auf dieser Stufe kann man die wesentlichen Punkte von Gesprächen in deutlicher Standardsprache über vertraute Dinge wie Arbeit, Schule, Freizeit etc. verstehen. In Fernseh- und Radioprogrammen über das Tagesgeschehen sowie Programmen über persönliche oder berufliche Themen kann man das Wesentliche verstehen, vorausgesetzt, die Sprache ist relativ langsam und deutlich.
B2	Ihr Testergebnis zeigt, dass Sie sich im Hörverstehen auf Stufe B2 der Skala des Europarats befinden. Auf dieser Stufe kann man längere Reden und Vorträge verstehen sowie komplexeren Argumentationsketten folgen, vorausgesetzt, das Thema ist einigermaßen vertraut. Man kann die meisten Fernsehnachrichten und Programme über das Tagesgeschehen verstehen.
C1	Ihr Testergebnis zeigt, dass Sie sich im Hörverstehen auf Stufe C1 der Skala des Europarats befinden. Auf dieser Stufe kann man gesprochene Sprache verstehen, sogar wenn diese nicht klar strukturiert ist und Ideen und Gedanken nicht explizit ausgedrückt sind. Man kann Fernsehprogramme und Filme nahezu mühelos verstehen.
C2	Ihr Testergebnis zeigt, dass Sie sich im Hörverstehen auf oder oberhalb der Stufe C2 der Skala des Europarats befinden. Auf dieser Stufe kann man jegliche Art von gesprochener Sprache verstehen, egal ob „auf der Straße" oder in den Medien. Wenn man etwas Zeit hat, sich an den Akzent zu gewöhnen, kann man auch einen schnell sprechenden Muttersprachler verstehen.

Dokument C3 – DIALANG-Skalen für die beratende Rückmeldung bei Schreiben

SCHREIBEN

	A1	A2	B1	B2	C1	C2
Textsorten, die ich schreiben kann	- Sehr kurze Texte: einzelne Wörter und sehr kurze, einfache Sätze; z. B. einfache Mitteilungen, Notizen, Formulare und Postkarten	- Kurze, einfache Texte, z. B. einfache persönliche Briefe, Mitteilungen, Notizen, Formulare	- Ich kann einen fortlaufenden, verständlichen Text schreiben, dessen Teile miteinander verbunden sind	- Ich kann durchaus unterschiedliche Textsorten schreiben	- Ich kann unterschiedliche Textsorten bewältigen - Ich kann mich klar und präzise ausdrücken, Sprache flexibel, angemessen und effektiv einsetzen	- Ich kann durchaus unterschiedliche Textsorten schreiben - Ich kann feine Bedeutungsunterschiede genau formulieren - Ich kann überzeugend schreiben
Was ich konkret schreiben kann	- Zahlen, Daten, Namen, Nationalitäten, Adressen und andere persönliche Angaben, die für das Ausfüllen von Formularen auf Reisen erforderlich sind - Einfache, kurze Sätze, die durch Konnektoren wie *und* oder *dann* verbunden sind	- Texte, die unmittelbare Bedürfnisse, Ereignisse aus dem Privatleben, vertraute Orte, Hobbys, Arbeit usw. beschreiben - Texte, die hauptsächlich aus kurzen, einfachen Sätzen bestehen - Ich kann die gebräuchlichsten Konnektoren (z. B. *und, aber, weil*) benutzen, um Sätze zu einer Geschichte zu verbinden oder um Einzelaspekte aufzulisten	- Ich kann einfache Informationen an Freunde oder Servicepersonal (Alltagskontakte) weitergeben. Ich kann einfache Sachverhalte kommunizieren - Ich kann aktuelle Informationen und abstrakte Ideen zu kulturellen Themen wie Filmen, Musik usw. ausdrücken - Ich kann Erfahrungen, Gefühle und Ereignisse in einiger Genauigkeit vermitteln	- Ich kann Neuigkeiten und Standpunkte erfolgreich kommunizieren - Ich kann eine ganze Reihe von Konnektoren/Verbindungswörtern verwenden, um logische Beziehungen zu verdeutlichen - Rechtschreibung und Zeichensetzung sind im Großen und Ganzen korrekt	- Ich kann klar, flüssig, gut strukturiert schreiben, ich setze sprachliche Mittel zur Verbindung und Kohärenz ein - Ich kann graduelle Unterschiede von Meinungen und Aussagen z. B. in Bezug auf Sicherheit/Unsicherheit, Überzeugung/Zweifel, Wahrscheinlichkeit formulieren - Layout, Absätze und Zeichensetzung sind korrekt und unterstützen die Textorganisation - Die Rechtschreibung ist abgesehen von gelegentlichen kleineren Fehlern korrekt	- Ich kann kohärente und zusammenhängende Texte schreiben und ganz unterschiedliche textstrukturierende sprachliche Mittel angemessen verwenden - Ich kann fehlerfrei schreiben
Voraussetzungen und Einschränkungen	- Außer für die gebräuchlichsten Wörter und Wendungen muss das Wörterbuch benutzt werden	- Nur vertraute Themen und Alltagsthemen - Das Schreiben eines zusammenhängenden kohärenten Textes ist noch schwierig	- Die Bandbreite meiner Texte ist auf vertraute und allgemeine Themen beschränkt, z. B. Beschreibung von Dingen und Abläufen, aber Argumentation und Gegenüberstellung gegensätzlicher Sachverhalte ist schwierig	- Normalerweise fällt es mir noch schwer, Standpunkte, Gefühle und Erfahrungen nuanciert auszudrücken	- Es fällt mir nur gelegentlich noch schwer, Standpunkte, Gefühle und Erfahrungen nuanciert auszudrücken	- Der Gebrauch eines Wörterbuchs ist nicht notwendig, außer gelegentlich für Fachbegriffe aus unbekannten Fachgebieten

Dokument C3 – DIALANG-Skalen für die beratende Rückmeldung bei Leseverstehen

LESEVERSTEHEN

	A1	A2	B1	B2	C1	C2
Texte, die ich verstehe	– Sehr kurze, einfache Texte, insbesondere kurze, einfache Beschreibungen, die Bilder beinhalten – Kurze einfach geschriebene Anweisungen, z. B. einfache Notizen und Postkarten	– Texte über vertraute und konkrete Themen – Kurze, einfache Texte, z. B. Alltagskorrespondenz, persönliche und Geschäftsbriefe, Faxe, die meisten Schilder, Anzeigentexte und das Branchenbuch	– Klar gegliederte Sachtexte, die sich auf meine Interessengebiete beziehen – Alltagstexte, z. B. Briefe, Broschüren und Prospekte, offizielle Dokumente – Klar strukturierte Zeitungsartikel über vertraute Themen und Beschreibungen von Geschehnissen/Ereignissen – Klar geschriebene argumentative Texte – Persönliche Briefe, die Gefühle und Wünsche ausdrücken – Klar geschriebene und klar strukturierte Gebrauchsanweisungen	– Korrespondenz, die auf mein Interessengebiet bezogen ist – Längere Texte, sowohl Fachtexte außerhalb meines Interessengebiets als auch spezialisierte Fachtexte aus meinem Interessenschwerpunkt – Artikel und Berichte über aktuelle Probleme, die von einem bestimmten Standpunkt aus geschrieben sind	– Große Bandbreite von langen, komplexen Texten aus Gesellschaft, Wirtschaft und Wissenschaft – Komplexe Bedienungsanleitungen für unbekannte Geräte bzw. Beschreibungen von Prozessen außerhalb des eigenen Fachgebietes	– Große Bandbreite langer und komplexer Texte, d. h. jede Form geschriebener Sprache
Was ich konkret verstehe	– Vertraute Namen, Wörter und Redewendungen	– Kurze einfache Texte – Ich kann spezifische Informationen in einfachen Alltagstexten finden	– Klare, sachliche Sprache – Klar gegliederte Argumentationsgänge, aber nicht unbedingt jedes Detail – Ich kann nach Hauptinformationen in einem Alltagstext suchen – Ich kann nach spezifischen Informationen in einem oder mehreren längeren Texten suchen	– Verständnis wird unterstützt durch breiten aktiven Lesewortschatz, Schwierigkeiten bestehen bei weniger gebräuchlichen Wendungen und Ausdrücken und bei Fachsprache – Grobverständnis von Korrespondenz in meinem Fachgebiet und von Fachartikeln außerhalb meines Interessengebiets (mit Wörterbuch) – Ich kann Informationen, Ideen und Meinungen in spezialisierten Fachtexten aus meinem Wissensgebiet erkennen und verstehen	– Verständnis für Nuancen in Texten, Standpunkte und Meinungen, die nicht explizit ausgedrückt sind	– Nuancen in Stil und Bedeutung, die implizit und explizit in einem Text enthalten sind
Voraussetzungen und Einschränkungen	– Wiederholtes Lesen von Textabschnitten ist notwendig	– Hauptsächlich Alltagssprache und Texte, die auf die eigene Arbeit bezogen sind	– Ich kann klare Argumentationsgänge und Schlussfolgerungen in einfachen Texten verstehen	– Bandbreite der Texte und Textsorten kaum begrenzt; ich kann verschiedene Textsorten in unterschiedlicher Geschwindigkeit und in unterschiedlicher Weise je nach Zweck und abhängig von der Textsorte lesen – Wörterbuch notwendig für wenig vertraute Themen und Fachtexte	– Verständnis von Details komplexer Texte, wobei schwierige Abschnitte wiederholt gelesen werden müssen – Gelegentliche Benutzung des Wörterbuchs ist nötig	– Kaum Einschränkungen, kann praktisch jede Form geschriebener Sprache verstehen – Sehr ungebräuchliche und veraltete Wörter und Wendungen sind mir unbekannt, behindern das Verständnis aber nicht

Dokument C3 – DIALANG-Skalen für die beratende Rückmeldung bei Hörverstehen

HÖRVERSTEHEN

	A1	A2	B1	B2	C1	C2
Sprache, die ich verstehe	– Sehr einfache Wendungen, die mich selbst, Menschen, die ich kenne, und Dinge meiner Umgebung betreffen – Fragen, Anweisungen und Wegbeschreibungen – Beispiele: Alltagsausdrücke, Fragen, Anweisungen und kurze, einfache Wegbeschreibungen	– Einfache Ausdrücke und Wendungen, die mich selbst betreffen und mir wichtig sind – Einfache Alltagsgespräche und Diskussionen – Alltagsthemen in den Medien, z. B. Nachrichten – Floskeln typisch für Alltagsgespräche, Richtungsangaben	– Gespräche über vertraute Themen und Sachinformationen – Alltagsgespräche und Diskussionen – Fernseh-, Radiosendungen und Filme – Beispiele: Anleitungen zu Prozessabläufen, kurze Vorträge und Präsentationen	– Jede Art von Sprache über vertraute Themen – Vorträge – Radio- und Fernsehsendungen, Filme – Beispiele: Fachgespräche, Berichte, Live-Interviews	– Gesprochene Sprache im Allgemeinen – Vorträge, Diskussionen und Debatten – Ansagen – Komplexe fachspezifische Informationen – Aufgenommenes Hörmaterial und Filme – Beispiele: Unterhaltung zwischen Muttersprachlern	– Jede Art von gesprochener Sprache, ob in den Medien oder in direktem Kontakt – Fachvorträge und Präsentationen
Was ich konkret verstehe	– Namen und einfache Wörter – das Wesentliche/Hauptgedanken – Ich verstehe genug, um zu antworten, wenn es um Persönliches oder Wegbeschreibungen geht	– Einfache Alltagsgespräche und Diskussionen – Hauptgedanken – Ich verstehe genug, um einem Gespräch zu folgen	– Die Bedeutung einiger unbekannter Wörter kann erraten werden – Hauptgedanken und bestimmte Einzelheiten	– Hauptgedanken, Einzelheiten sowie spezifische Informationen – Komplexere Ideen und Sprache – Meinung und Standpunkt des Sprechers	– Ich verstehe genug, um aktiv an Gesprächen teilzunehmen – Abstrakte und komplexe Themen – Implizite Haltungen und Standpunkte sowie Beziehungen zwischen Gesprächsteilnehmern	– Nuancen in Stil und Bedeutung, die implizit und explizit in einem Text enthalten sind
Voraussetzungen und Einschränkungen	– Klare, langsame und deutlich artikulierte Sprache – Gesprächspartner muss auf die sprachlichen Voraussetzungen eingehen	– Klare und deutliche Sprache – Ich bin angewiesen auf die Hilfe des Gesprächspartners oder Verdeutlichung durch Bilder – Ich muss manchmal um Wiederholung oder eine andere Formulierung bitten	– Klares Hochdeutsch – Visuelle Unterstützung nötig – Manchmal angewiesen auf Wiederholung eines Wortes oder einer Wendung	– Standardsprache und einige idiomatische Wendungen, sogar mit einigen Hintergrundgeräuschen	– Bei ungewohntem Dialekt bzw. ungewohnter Aussprache ist gelegentliches Nachfragen notwendig	– Keine, wenn Möglichkeit vorhanden ist, mit Unvertrautem, vertraut zu werden

Anhang D: Die Kann-Beschreibungen der ALTE

Dieser Anhang enthält eine Beschreibung der ALTE-Kann-Beschreibungen, die Teil eines langfristigen Forschungsprojekts der *Association of Language Testers in Europe* (ALTE) sind. Beschrieben werden die Zwecke und die Inhalte der Kann-Beschreibungen. Sodann wird dargestellt, wie die Beschreibungen entwickelt wurden, wie sie auf die Prüfungen der ALTE bezogen und wie sie im *Referenzrahmen* verankert sind. Die Deskriptoren in diesem Projekt wurden skaliert und nach Methode 12c (Rasch-Modell), die im Anhang A in ihren Grundzügen umrissen ist, mit den Niveaus des *Referenzrahmens* gleichgesetzt.

Der Rahmenplan der ALTE und das Projekt der Kann-Beschreibungen

Der Rahmenplan der ALTE

Die Kann-Beschreibungen der ALTE bilden einen zentralen Teil eines langfristigen Forschungsprojekts der ALTE, dessen Ziel es ist, einen Rahmenplan für die ‚Schlüsselniveaus' der Sprachleistung zu schaffen, in dem Prüfungen objektiv beschrieben werden können.

Die Prüfungen der ALTE-Mitglieder wurden anhand einer sorgfältigen Analyse ihrer Inhalte, Aufgabentypen und anhand von Kandidatenprofilen untersucht und einer der Leistungsstufen des Rahmenplans zugeordnet. Das *ALTE Handbuch: Europäische Sprachprüfungen und Prüfungsverfahren* zeigt die Einstufung der Prüfungen (S. 4) und enthält eine umfassende Einführung in die Prüfungssysteme und Projekte der ALTE (S. 1–15).

Die Deskriptoren der ALTE sind benutzerorientierte Skalen

Ziel des ‚Kann'-Projekts ist es, ein System von leistungsbezogenen Skalen zu entwickeln und zu validieren, das beschreibt, was Lernende in der Fremdsprache tatsächlich tun können.

Bezogen auf Aldersons (1991) Unterscheidung zwischen Skalen für Benutzer, Skalen für Beurteilende und Skalen für Testautoren sind die ALTE-Kann-Beschreibungen ihrer ursprünglichen Idee nach benutzerorientiert. Sie unterstützen die Kommunikation zwischen den verschiedenen Interessenten im Testprozess und besonders die Interpretation von Testergebnissen durch Nichtfachleute. Somit sind sie

a) ein nützliches Werkzeug für alle, die mit Sprachlehren und mit dem Prüfen von Sprachenlernenden befasst sind. Sie können als Checkliste für Dinge benutzt werden, die Sprachverwendende tun können, und somit die Stufe definieren, auf der sich diese befinden;

b) eine Basis für die Entwicklung diagnostischer Testaufgaben, aktivitätsbasierter Curricula und Lehrmaterialien;

c) ein Mittel, um eine aktivitätsbasierte Sprachprüfung durchzuführen, wie sie Personen benötigen, die sich in Firmen mit Sprachtraining und Einstellungen befassen;

d) ein Mittel, um die Ziele von Kursen und Materialien in verschiedenen Sprachen zu vergleichen, die im gleichen Kontext stehen.

Sie können auch für Personen nützlich sein, die in Fortbildungszentren und in der Personalentwicklung tätig sind, weil sie leicht verständliche Leistungsbeschreibungen zur Verfügung stellen, die man benutzen kann, um Sprachtrainern spezielle Anforderungen mitzuteilen, Arbeitsplatzbeschreibungen zu formulieren und die sprachlichen Anforderungen für neue Stellen zu spezifizieren.

Die Deskriptoren der ALTE sind mehrsprachig

Ein wichtiger Aspekt der Kann-Beschreibungen ist, dass sie mehrsprachig sind, da sie bislang in zwölf der Sprachen übersetzt wurden, die in ALTE repräsentiert sind. Diese Sprachen sind: Dänisch, Deutsch, Englisch, Finnisch, Französisch, Italienisch, Katalanisch, Niederländisch, Norwegisch, Portugiesisch, Schwedisch, Spanisch. Als sprachneutrale Beschreibungen von Sprachkompetenzniveaus bilden sie einen Referenzrahmen, auf den verschiedene Sprachprüfungen auf unterschiedlichen Niveaus bezogen werden können. Sie bieten daher die Möglichkeit, in den Prüfungssystemen der Mitglieder von ALTE gleichwertige Komponenten aufzuzeigen, und sie tun dies mit sinnvollen Formulierungen, die sich auf sprachliche Fertigkeiten im wirklichen Leben beziehen, wie sie höchstwahrscheinlich Personen zur Verfügung stehen, die solche Prüfungen erfolgreich bestehen können.

Die Organisation der Deskriptoren

Die Kann-Beschreibungen bestehen zurzeit aus ungefähr 400 Items, die in drei allgemeine Bereiche organisiert sind: den Bereich *Soziales und Tourismus,* den *Berufs-* und den *Bildungsbereich.* Diese Bereiche sind für die meisten Lernenden von großem Interesse. Jeder umfasst eine Anzahl von spezielleren Gebieten; z. B. ist der Bereich ‚Soziales und Tourismus' unterteilt in *Einkaufen, im Restaurant essen, Unterkunft* usw. Für jede dieser Gruppen gibt es wiederum bis zu drei Skalen für die Fertigkeiten *Hörverstehen/Sprechen, Lesen* und *Schreiben.* Der Fertigkeitsbereich *Hörverstehen/Sprechen* verbindet die Skalen für *Interaktion.*

Jede Skala umfasst Items auf mehreren Niveaus. Einige Skalen decken nur einen Teil des gesamten Kompetenzspektrums ab, weil es viele Situationen gibt, in denen für erfolgreiche Kommunikation nur eine elementare Kompetenz erforderlich ist.

Der Entwicklungsprozess

Der Entwicklungsprozess des Formulierens der Deskriptoren durchlief folgende Schritte:

a) Die Benutzer von Sprachtests der ALTE wurden mit Hilfe von Fragebögen, Berichten aus Schulen usw. beschrieben;

b) diese Information wurde benutzt, um das Spektrum der Bedürfnisse der Kandidaten zu bestimmen und deren Hauptinteressen zu identifizieren;

c) Testbeschreibungen und international anerkannte Niveaustufen wie *Waystage* und *Threshold* wurden benutzt, um die Ausgangsitems zu konstruieren;

d) die Items wurden vorrevidiert und ihre Relevanz für Testteilnehmer wurde überprüft;

e) die Items wurden mit Lehrenden und Lernenden erprobt, um ihre Relevanz und ihre Transparenz zu überprüfen;

f) unter Berücksichtigung der Ergebnisse der Erprobung wurden die Formulierungen der Items korrigiert, revidiert und vereinfacht.

Empirische Validierung der Deskriptoren der ALTE

Die Skalen, die auf die oben beschriebene Weise entwickelt wurden, sind ausführlich empirisch validiert worden. Der Validierungsprozess zielt darauf ab, die Items aus einem im Kern subjektiven System von Niveaubeschreibungen in ein kalibriertes Messinstrument umzuformen. Dies ist ein langfristiger und immer noch andauernder Prozess, der fortgesetzt werden wird, sobald weitere Daten aus allen weiteren Sprachen, die in ALTE vertreten sind, zur Verfügung stehen.

Bislang basierte die Datenerhebung hauptsächlich auf introspektiven Verfahren, wobei die Kann-Beschreibungen den Probanden als ein Satz von miteinander verbundenen Fragebögen präsentiert wurden. Fast 10.000 Probanden haben solche Fragebögen ausgefüllt. Für viele dieser Probanden gibt es auch zusätzliche Daten in Form von Ergebnissen einer Sprachprüfung. Dies ist wahrscheinlich die bei weitem größte Datensammlung, die jemals zur Validierung einer beschreibenden Sprachkompetenzskala erstellt wurde.

Mit der empirischen Arbeit wurde begonnen, indem man die interne Kohärenz der Kann-Skalen mit folgenden Zielen überprüfte:

1. die Funktion eines jeden einzelnen Items innerhalb der jeweiligen Kann-Skala zu ermitteln;
2. die verschiedenen Items aufeinander zu beziehen, d. h. die relative Schwierigkeit der Skalen festzustellen;
3. herauszufinden, ob die Kann-Skalen sprachneutral sind.

Außer auf sehr fortgeschrittenem Niveau, und vor allem in europäischen Ländern, füllten die Probanden die Fragebögen in ihrer Muttersprache aus. Den Probanden wurden angemessene Fragebögen zugeteilt – die Skalen für ‚Beruf' wurden Personen gegeben, die eine Fremdsprache beruflich benutzen, die Skalen für ‚Bildung' solchen Probanden, die in einem fremdsprachigen Studiengang eingeschrieben waren oder die sich darauf vorbereiteten. Die Skalen für ‚Soziales und Tourismus' wurden wiederum anderen Probanden gegeben, wobei allerdings ausgewählte Skalen aus diesem Bereich auch als „Anker" in die Fragebögen für ‚Beruf' und für ‚Bildung' aufgenommen wurden.

Man benutzt Ankeritems bei der Datensammlung für eine Rasch-Analyse, um verschiedene Tests oder Fragebögen miteinander zu verbinden. Wie in Anhang A erklärt, schafft eine Rasch-Analyse einen Messrahmen, indem man als Design eine Matrix für die Datensammlung benutzt bzw. eine Serie von überlappenden Testformaten, die durch Ankeritems verbunden sind, also durch solche, die in beiden der aneinander grenzenden Skalen enthalten sind. Solch eine systematische Benutzung von Ankeritems ist notwendig, damit man die relative Schwierigkeit der allgemeinen Bereiche und der speziellen Skalen feststellen kann. Skalen für ‚Soziales und Tourismus' wurden als Anker benutzt in der Annahme, dass diese Bereiche einen gemeinsamen Kern von Sprachkompetenz aktivieren und dass man daher erwarten kann, dass sie die besten Referenzpunkte für einen Vergleich der Skalen für die Bereiche ‚Beruf' und ‚Bildung' liefern.

Revision der Deskriptoren

Ein Ergebnis der ersten Erprobungsphase war die Überarbeitung der Formulierungen der Kann-Beschreibungen. Besonders Items mit negativer Orientierung sind dabei entfernt worden, weil diese sich vom Standpunkt der Statistik her als problematisch erwiesen und weil es schien, dass sie für eine Beschreibung von Lernerfolgsniveaus nicht angemessen sind. Hier sind zwei Beispiele für solche Veränderungen:

1. Negative Items wurden positiv umformuliert, wobei die ursprüngliche Bedeutung beibehalten wurde:
   - Erste Fassung: *KANN NICHT mehr als einfache, vorhersagbare Fragen beantworten.*
   - Geändert zu: *KANN einfache, vorhersagbare Fragen beantworten.*

2. Beschreibungen, die auf niedrigerem Niveau als negative Einschränkungen formuliert waren, wurden zu positiven Beschreibungen auf einem höheren Niveau geändert:
   - Erste Fassung: *KANN KEINE unsichtbaren Symptome beschreiben, wie z. B. verschiedene Arten von Schmerz wie ‚dumpf', ‚stechend', ‚pochend' usw.*
   - Geändert zu: *KANN unsichtbare Symptome beschreiben, wie z. B. verschiedene Arten von Schmerz wie ‚dumpf', ‚stechend', ‚pochend' usw.*

Wie die Kann-Beschreibungen zu den Prüfungen von ALTE in Beziehung gesetzt werden

Nach der anfänglichen Kalibrierung der Kann-Deskriptoren und der Revision der Formulierungen, wie sie oben beschrieben wurde, richtet sich die Aufmerksamkeit jetzt darauf, die Verbindung zwischen den Kann-Beschreibungen und anderen Indikatoren für Sprachniveaus herzustellen. Insbesondere haben wir begonnen,

Leistungen bei ALTE-Prüfungen und die Beziehung der Kann-Skalen zu den Referenzniveaus im *Framework* des Europarats zu untersuchen.

Seit Dezember 1998 werden Daten gesammelt, um die Selbsteinschätzungen anhand der Kann-Beschreibungen mit den Einstufungen zu verbinden, die durch die Prüfungen von UCLES *(University of Cambridge Local Examinations Syndicate)* ermittelt werden. Dabei wurde eine sehr klare Beziehung festgestellt, die es ermöglicht, damit zu beginnen, die Bedeutung eines Prüfungsergebnisses in Form von typischen Profilen der Kann-Kompetenz zu beschreiben.

Wenn die Kann-Bewertungen jedoch auf Selbsteinschätzungen beruhen und aus einer großen Zahl von Ländern und Probandengruppen stammen, findet man einige Variabilität in der globalen Wahrnehmung der eigenen Fähigkeiten. Das heißt, dass Menschen dazu neigen, ‚kann' jeweils etwas anders zu verstehen – abhängig von Faktoren, die mit dem Alter oder dem kulturellen Hintergrund zu tun haben. Für einige Probandengruppen schwächt dies die Korrelation mit den Prüfungsergebnissen ab. Deshalb wurden analytische Verfahren benutzt, um die Beziehung zwischen den Kann-Selbstbewertungen und den als Kriterium benutzten Kompetenzniveaus, wie sie in Prüfungsbewertungen gemessen werden, so klar wie möglich festzustellen. Weitere Forschungen, die auf den Kann-Bewertungen durch erfahrene Beurteilende basieren, werden wahrscheinlich nötig sein, um die Beziehungen zwischen Prüfungsergebnissen und typischen ‚Kann'-Profilen der Kompetenz vollständig zu beschreiben.

Ein konzeptuelles Problem, das in diesem Zusammenhang angesprochen werden muss, betrifft das Konzept von zielerreichendem Lernen – d. h. was genau meint man mit ‚kann'? Benötigt wird eine Definition im Sinne von: *Mit welcher Wahrscheinlichkeit* dürfen wir erwarten, dass eine Person Aufgaben auf einem bestimmten Niveau erfolgreich bewältigt? Sollte es sicher sein, dass die Person die Aufgabe immer perfekt löst? Diese Anforderung wäre sicherlich zu streng. Andererseits wäre eine Erfolgswahrscheinlichkeit von 50 Prozent zu niedrig, um als Lernerfolg zu zählen.

Die Zahl 80 Prozent wurde gewählt, weil 80 Prozent oft in bereichs- oder kriteriumsorientierten Tests als Indiz für Lernerfolg in einem bestimmten Bereich benutzt wird. Deshalb sollten Kandidaten, die eine Prüfung der ALTE auf einem bestimmten Niveau mit ‚befriedigend' bestehen, eine achtzigprozentige Chance haben, Aufgaben erfolgreich zu lösen, die als charakteristisch für dieses Niveau betrachtet werden. Daten, die bislang über Kandidaten der Cambridge-Prüfungen gesammelt wurden, zeigen, dass dieser Wert gut harmoniert mit der durchschnittlichen Wahrscheinlichkeit, dass ein Kandidat auf diesem Niveau auch die entsprechenden Kann-Beschreibungen wählt.

Indem man ‚Kann' auf diese Weise explizit definiert, hat man eine Basis für die Interpretation bestimmter ALTE-Niveaustufen als ‚Kann'-Fertigkeiten.

Während die Beziehungen zu Prüfungsleistungen bislang auf den Cambridge-Prüfungen basierten, werden weiterhin Daten gesammelt, die die Kann-Deskriptoren mit Leistungen in anderen ALTE-Prüfungen verbinden. Dies wird den Nachweis zulassen, dass die verschiedenen Prüfungssysteme im Wesentlichen alle in der gleichen Weise auf die fünf Niveaustufen des ALTE-Rahmenplans bezogen sind.

Verankerung im Referenzrahmen des Europarats

Im Jahr 1999 wurden Antworten gesammelt, in denen Anker in Form von Items enthalten waren, die aus dem *Framework* des Europarats von 1996 stammen. Diese Anker umfassten:

1. die Deskriptoren im Raster für die Selbstbeurteilung in den wichtigen Kategorien des Sprachgebrauchs auf verschiedenen Niveaus, dargestellt als Tabelle 2 in Kapitel 3;

2. 16 Deskriptoren bezogen auf die kommunikativen Aspekte von Flüssigkeit aus den Beispielskalen in Kapitel 5.

Tabelle 2 wurde gewählt, weil sie als zusammenfassende Beschreibung von Niveaustufen in der Praxis weite Verbreitung gefunden hat. Dass ALTE Antwortdaten in einer großen Zahl von Sprachen und aus vielen Ländern sammeln konnte, eröffnete die Möglichkeit, zur Validierung der Skalen in Tabelle 2 beizutragen.

Die Items für ‚Flüssigkeit' waren empfohlen worden, weil es sich herausgestellt hatte, dass sie die stabilsten Schwierigkeitsschätzungen enthielten, als sie in den verschiedenen Kontexten des Schweizer Projekts (North 1996/2000) gemessen wurden. Es wurde erwartet, dass sie deshalb eine gute Angleichung der ALTE-Kann-Beschreibungen an das *Framework* des Europarats ermöglichen würden. Die geschätzten Schwierigkeiten der Items für Flüssigkeit, so fand man, stimmten sehr eng mit den von North (1996/2000) bekannten überein und zeigten eine Korrelation von r=0.97. Dies stellt einen hervorragenden Anker zwischen den Kann-Beschreibungen und den Beispielskalen des *Framework* des Europarats dar.

Die Rasch-Analyse, mit der man Item-Systeme (Skalen) aufeinander beziehen kann, ist jedoch nicht einfach. Die Daten passen niemals genau ins Modell: Es gibt Probleme mit der Dimensionalität, der Diskrimination und mit *Differential Item Functioning* (systematische Variation bei der Interpretation durch verschiedenen Gruppen), die man identifizieren und verarbeiten muss, um die exaktest mögliche Beziehung zwischen den Skalen zum Vorschein kommen zu lassen.

Dimensionalität bezieht sich auf die Tatsache, dass die Fertigkeiten Hörverstehen/Sprechen, Lesen und Schreiben zwar hoch korrelieren, aber dennoch deutlich selbstständig sind: Analysen, bei denen sie getrennt sind, produzieren kohärentere und diskriminierendere Unterscheidungen der Niveaus.

Variablendiskrimination wird augenfällig, wenn man Tabelle 2 und die Kann-Beschreibungen vergleicht. Tabelle 2, so hat man herausgefunden, produziert eine längere Skala (zur feineren Unterscheidung der Niveaustufen) als die Kann-Beschreibungen. Der Grund dafür ist wahrscheinlich, dass Tabelle 2 das Endprodukt eines ausführlichen Prozesses der Auswahl, Analyse und Verfeinerung darstellt. Das Ergebnis dieses Prozesses ist, dass jede Niveaubeschreibung eine Zusammensetzung von sorgfältig ausgewählten typischen Elementen ist, was es den Probanden auf einem gegebenen Niveau einfacher macht, das Niveau zu erkennen, das sie am besten beschreibt. Dies produziert ein kohärenteres Antwortmuster, was wiederum eine längere Skala produziert. Dies steht im Gegensatz zur gegenwärtigen Form der Kann-Beschreibungen, die immer noch kurze, atomare Items sind, die noch nicht zu solchen abgerundeten, holistischen Niveaubeschreibungen gruppiert worden sind.

Gruppeneffekte (differential item functioning) werden in der Tatsache sichtbar, dass bestimmte Gruppen von Probanden (d. h. solche, die mit den Fragebögen für ‚Soziales und Tourismus', ‚Beruf' und ‚Bildung' arbeiteten) die Niveaustufen auf bestimmten Ankerskalen erheblich feiner unterscheiden – und dies aus Gründen, die nur schwer zu identifizieren waren.

Keiner dieser Effekte ist unerwartet, wenn man für die Angleichung von Skalen den Ansatz des Rasch-Modells wählt. Sie zeigen, dass eine systematische und qualitative Untersuchung der Formulierungen der einzelnen Items selbst ein notwendiger und wichtiger Schritt bei der „endgültigen" Angleichung der Skalen bleibt.

Kompetenzniveaus im Rahmenplan der ALTE

Zurzeit ist der Rahmenplan der ALTE ein System aus 5 Niveaustufen. Die oben beschriebene Validierung bestätigt, dass diese im Großen und Ganzen den Referenzniveaus A2 bis C2 im Referenzrahmen entsprechen. Die Arbeit an der Definition eines weiteren Eingangsniveaus (*Breakthrough*) geht voran, und das ‚Kann'-Projekt trägt zur Beschreibung dieses Niveaus mit bei. Somit kann man die Beziehung zwischen den beiden Rahmenplänen wie folgt sehen:

Europarat-Niveaus	A1	A2	B1	B2	C1	C2
Niveaus der ALTE	ALTE *Breakthrough*	ALTE Niveau 1	ALTE Niveau 2	ALTE Niveau 3	ALTE Niveau 4	ALTE Niveau 5

Die wichtigsten Merkmale der einzelnen ALTE-Niveaus sind die Folgenden:

ALTE Niveau 5 (Good User): Die Fähigkeit, mit akademisch oder kognitiv anspruchsvollem Material umzugehen und Sprache mit gutem Erfolg auf einem Leistungsniveau zu benutzen, das in mancher Hinsicht fortgeschrittener sein mag als das eines durchschnittlichen Muttersprachlers.

Beispiel: KANN Texten relevante Information entnehmen, die Hauptgedanken eines Texts verstehen und dabei fast so schnell lesen wie ein Muttersprachler.

ALTE Niveau 4 (Competent User): Die Fähigkeit zu kommunizieren, mit Betonung darauf, wie gut etwas erledigt wurde in Hinblick auf Angemessenheit und Feingefühl, und die Fähigkeit, mit nicht vertrauten Themen umzugehen.

Beispiel: KANN mit unfreundlichen Fragen sicher umgehen. Kann zu Wort kommen und das Wort behalten.

ALTE Niveau 3 (Independent User): Die Fähigkeit, die meisten Ziele zu erreichen und sich über eine Vielzahl von Themen ausdrücken.

Beispiel: KANN Besucher und Besucherinnen herumführen und detaillierte Beschreibungen eines Orts geben.

ALTE Niveau 2 (Threshold User): Die Fähigkeit, sich auf begrenzte Weise in vertrauten Situationen auszudrücken und auf allgemeine Weise nicht-routinemäßige Informationen zu bewältigen.

Beispiel: KANN die Eröffnung eines Kontos auf der Bank beantragen, vorausgesetzt, das Verfahren ist unkompliziert.

ALTE Niveau 1 (Waystage User): Die Fähigkeit, mit einfachen, unkomplizierten Informationen umzugehen, und der Beginn der Fähigkeit, sich in vertrauten Kontexten auszudrücken.

Beispiel: KANN sich an einer routinemäßigen Unterhaltung über vorhersagbare Themen beteiligen.

ALTE Breakthrough Niveau: Die elementare Fähigkeit, auf einfache Weise zu kommunizieren und Informationen auszutauschen.

Beispiel: KANN einfache Fragen über eine Speisekarte stellen und einfache Antworten verstehen.

Verweise

Alderson, J.C. (1991) ‚Bands and scores'. In Alderson, J.C.; North, B. (eds.) *Language testing in the 1990s.* London: British Council/Macmillan, Developments in ELT: 71–86.

North, B. (1996/2000) *The development of a common framework scale of language proficiency.* PhD thesis, Thames Valley University. Nachdruck 2000, New York, Peter Lang.

ALTE Handbook of Language Examinations and Examination Systems (erhältlich über das ALTE-Sekretariat bei UCLES).

Weitere Informationen über das ALTE-Projekt von Marianne Hirtzel: Hirtzel.m@ucles.org.uk

Neil Jones, Marianne Hirtzel, University of Cambridge Local Examinations Syndicate, März 2000

Dokument D1 – Zusammenfassungen der Fertigkeitsniveaus der ALTE

ALTE Stufe	Hören/Sprechen	Lesen	Schreiben
ALTE Stufe 5	KANN über komplizierte oder heikle Angelegenheiten sprechen und darüber beraten, umgangssprachliche Anspielungen verstehen und sicher mit unfreundlichen Fragen umgehen.	KANN Unterlagen, Schriftwechsel und Berichte verstehen, unter Einschluss der Einzelheiten in komplexen Texten.	KANN mit gutem Ausdruck und Genauigkeit Briefe über jedes Thema schreiben und sorgfältige und vollständige Aufzeichnungen über Besprechungen oder Seminare machen.
ALTE Stufe 4	KANN erfolgreich zu Besprechungen und Seminaren innerhalb des eigenen Arbeitsgebiets beitragen oder ein alltägliches Gespräch aufrechterhalten und sich ziemlich fließend über abstrakte Themen unterhalten.	KANN schnell genug lesen, um die Anforderungen eines Universitätskurses zu bewältigen; kann Zeitungen/Zeitschriften zu Informationszwecken lesen und nicht-standardisierte Schriftwechsel verstehen.	KANN Geschäftsbriefe entwerfen, während Besprechungen verhältnismäßig genaue Aufzeichnungen machen oder einen kommunikativ angemessenen Aufsatz schreiben.
ALTE Stufe 3	KANN einer Präsentation über ein vertrautes Thema folgen, eine Präsentation geben oder ein Gespräch über ein relativ breites Spektrum an Themen in Gang halten.	KANN Texten relevante Informationen entnehmen und detaillierte Anweisungen oder Ratschläge verstehen.	KANN sich Notizen während eines Gesprächs/Vortrags machen oder einen Brief schreiben, der auch nicht-standardisierte Anfragen enthält.
ALTE Stufe 2	KANN begrenzt Meinungen zu abstrakten/kulturellen Themen äußern, innerhalb eines vertrauten Bereichs beraten und Anweisungen oder öffentliche Durchsagen verstehen.	KANN einfache Anleitungen und Artikel sowie die Hauptinformationen in nicht-standardisierten Texten zu einem vertrauten Thema verstehen.	KANN Briefe schreiben oder sich Notizen zu Inhalten machen, deren Thematik vertraut oder vorhersehbar ist.
ALTE Stufe 1	KANN in einem vertrauten Kontext einfache Meinungen ausdrücken oder Wünsche äußern.	KANN einfache Informationen zu einem vertrauten Thema verstehen, z. B. in Produktinformationen, Hinweisen oder Berichten.	KANN Formulare ausfüllen und kurze, einfache Briefe oder Postkarten schreiben, die sich auf Persönliches beziehen.
ALTE Breakthrough	KANN einfache Anweisungen verstehen oder an einem einfachen Gespräch über ein vorhersehbares Thema teilnehmen.	KANN einfache Hinweise, Anleitungen oder Informationen verstehen.	KANN einfache Formulare ausfüllen und Notizen schreiben, z. B. zu Zeiten, Terminen und Orten.

Dokument D2 – Zusammenfassung der Kann-Beschreibungen der ALTE im Bereich ‚Soziales und Tourismus'

ALTE Stufe	Hören/Sprechen	Lesen	Schreiben
ALTE Stufe 5	KANN über komplizierte und heikle Sachverhalte sprechen, ohne ungeschickt zu wirken.	KANN einen Mietvertrag im Einzelnen verstehen, z. B. technische Details und deren rechtliche Implikationen.	KANN mit gutem Ausdruck und Genauigkeit Briefe über jedes beliebige Thema schreiben.
ALTE Stufe 4	KANN Gespräche informeller Art über längere Zeit aufrechterhalten und über abstrakte/kulturelle Themen relativ flüssig und mit relativ breitem Wortschatz sprechen.	KANN komplexe Meinungen/Argumente, wie sie in anspruchsvollen Zeitungen vorkommen, verstehen.	KANN Briefe über die meisten Themen schreiben. Die Schwierigkeiten, die der Leser haben könnte, werden vorwiegend durch lexikalische Fehler verursacht.
ALTE Stufe 3	KANN ein Gespräch über eine relativ breite Auswahl von Themen aufrechterhalten, z. B. über persönliche und berufliche Erfahrungen oder aktuelle Ereignisse in den Nachrichten.	KANN detaillierte Informationen, z. B. eine große Zahl kulinarischer Begriffe auf einer Speisekarte, sowie die meisten Wörter und Abkürzungen in Wohnungsanzeigen verstehen.	KANN sich nach den Serviceleistungen eines Hotels erkundigen, zum Beispiel zu Einrichtungen für Behinderte oder zur Zubereitung einer speziellen Diät.
ALTE Stufe 2	KANN in begrenztem Umfang Meinungen zu abstrakten/kulturellen Themen äußern und Nuancen von Bedeutungen/Meinungen verstehen.	KANN sachliche Artikel in einer Zeitung/Zeitschrift, Routineschreiben von Hotels und Briefe verstehen, in denen persönliche Meinungen ausgedrückt werden.	KANN in Briefen über eine begrenzte Anzahl von vorhersehbaren Themen im Bereich der persönlichen Erfahrungen schreiben und Meinungen äußern.
ALTE Stufe 1	KANN in vertrauten Situationen das, was ihm/ihr gefällt oder nicht gefällt, mit einfachen Worten ausdrücken.	KANN einfache Informationen verstehen, z. B. Hinweise auf Nahrungsmitteln, einfache Speisekarten und Hinweisschilder.	KANN die meisten Formulare ausfüllen, die sich auf persönliche Daten beziehen.
ALTE Breakthrough	KANN einfache, sachliche Fragen stellen und die Antworten verstehen, soweit diese in einfacher Sprache gegeben werden.	KANN einfache Hinweise und Informationen verstehen, z. B. in Flughäfen, Kaufhäusern oder auf Speisekarten. KANN einfache Hinweise auf Medikamenten oder einfache Wegbeschreibungen verstehen.	KANN eine einfache Nachricht für die Gastfamilie hinterlassen oder einfache Dankesbriefe schreiben.

Dokument D3 – ALTE-Items im Bereich ‚Soziales und Tourismus': Überblick über erfasste Sachverhalte und Aktivitäten

Sachverhalt	Aktivität	Umgebung/Ort	Erforderliche sprachliche Fertigkeit
Überleben im Alltag	– Einkaufen – Im Restaurant essen – Unterkunft (Typ: Hotel) – Vorübergehend eine Unterkunft mieten (Wohnung, Zimmer, Haus) – Sich in einer Unterkunft niederlassen – Finanz- oder Postdienstleistungen nutzen	– Selbstbedienungsladen, andere Läden, Marktplatz – Restaurant, Selbstbedienung (*Fastfood*) – Hotel, *Bed & Breakfast* usw. – Agentur, private Vermieter – Gastfamilien – Banken, Wechselstuben, Postämter	– Hörverstehen/Sprechen Lesen – Hörverstehen/Sprechen Lesen – Hörverstehen/Sprechen Lesen, Schreiben (Formulare ausfüllen) – Hörverstehen/Sprechen Lesen, Schreiben (Formulare ausfüllen) – Hörverstehen/Sprechen Lesen, Schreiben (Briefe) – Hörverstehen/Sprechen Lesen, Schreiben
Gesundheit	– Gesund werden/Gesund bleiben	– In der Apotheke – Beim Arzt, Zahnarzt – Im Krankenhaus	– Hörverstehen/Sprechen Lesen
Reisen	– In einem Land ankommen – Herumreisen – Wegbeschreibungen erhalten und geben – Mieten	– Flughafen/Hafen – Bahnhof/Busbahnhof – Straße, Werkstatt usw. – Reisebüro – Firmen, die etwas vermieten (Autos, Boote usw.)	– Hörverstehen/Sprechen Lesen, Schreiben (Formulare ausfüllen)
Notfälle	– Mit Notfallsituationen umgehen (Unfall, Krankheit, Verbrechen, Autopannen usw.)	– Öffentliche Orte – Private Orte, z. B. Hotelzimmer – Krankenhaus, Polizei	– Hörverstehen/Sprechen Lesen
Besichtigungen	– Informationen erhalten – Eine Rundreise machen – Personen herumführen	– Touristenbüro, Reisebüro – Touristische Sehenswürdigkeiten (Denkmäler usw.) – Städte, Großstädte – Schulen/Hochschulen/Universitäten	– Hörverstehen/Sprechen Lesen
Geselligkeit	– Informelle Zusammenkünfte/mit Leuten zurechtkommen – Unterhalten	– Diskotheken, Partys, Schulen, Hotels, Zeltplätze, Restaurants usw. – Zuhause, außerhalb des Hauses	– Hörverstehen/Sprechen
Medien/kulturelle Ereignisse	– Fernsehfilme, Filme, Theaterstücke usw. ansehen – Radio hören – Zeitungen/Zeitschriften lesen	– Zuhause, im Auto, Kino, Theater, ‚*Son et lumière*' usw.	– Hörverstehen/Lesen
Persönliche Kontakte (über eine Distanz)	– Briefe und Postkarten schreiben usw.	– Zuhause, außerhalb des Hauses	– Hörverstehen/Sprechen (Telefon) Lesen, Schreiben

Dokument D4 – Zusammenfassung der Kann-Beschreibungen im Bereich ‚Beruf'

ALTE Stufe	Hören/Sprechen	Lesen	Schreiben
ALTE Stufe 5	KANN in komplizierten, heiklen und umstrittenen Angelegenheiten sprachlich handeln und beraten, z. B. bei juristischen und finanzpolitischen Fragen, wenn er/sie die dafür notwendigen Kenntnisse besitzt.	KANN die meisten Artikel verstehen, mit denen er/sie in seinem/ihrem Bereich zu tun hat, einschließlich komplexer Ideen, die in komplexer Sprache ausgedrückt werden.	KANN sorgfältige und vollständige Aufzeichnungen machen und sich gleichzeitig an der Besprechung oder am Seminar beteiligen.
ALTE Stufe 4	KANN erfolgreich zu Besprechungen und Seminaren innerhalb des eigenen Arbeitsgebiets beitragen und gegen oder für einen Standpunkt diskutieren.	KANN auch Schriftwechsel verstehen, die in nicht-standardisierter Sprache abgefasst sind.	KANN eine große Bandbreite von alltäglichen und nicht-alltäglichen Situationen bewältigen, in denen professionelle Leistungen von Kollegen oder externen Ansprechpartnern verlangt werden.
ALTE Stufe 3	KANN die meisten Mitteilungen annehmen und weitergeben, die während eines normalen Arbeitstages anfallen.	KANN die meisten Schriftwechsel, Berichte und Produktbeschreibungen, die er/sie erhält, verstehen.	KANN alle Routineanfragen hinsichtlich Waren oder Dienstleistungen bewältigen.
ALTE Stufe 2	KANN innerhalb des eigenen Arbeitsgebiets Kunden in einfachen Angelegenheiten beraten.	KANN innerhalb des eigenen Arbeitsgebiets die allgemeine Bedeutung von nicht-alltäglichen Briefen und theoretischen Artikeln verstehen.	KANN in einer Besprechung oder einem Seminar ziemlich genaue Notizen machen, wenn die Thematik vertraut und vorhersehbar ist.
ALTE Stufe 1	KANN innerhalb des eigenen Arbeitsgebiets einfache Wünsche äußern, z. B.: *Ich möchte 25 … bestellen.*	KANN die meisten kurzen Berichte oder Handbücher vorhersehbarer Art verstehen, die im eigenen Arbeitsgebiet anfallen, vorausgesetzt, es steht genügend Zeit zur Verfügung.	KANN eine kurze Anfrage an einen Kollegen oder an einen bekannten Ansprechpartner in einer anderen Firma schreiben.
ALTE Breakthrough	KANN einfache Mitteilungen verstehen und weiterleiten, z. B. *Treffen Freitag um 10 Uhr.*	KANN einen kurzen Bericht über ein vertrautes Thema verstehen, vorausgesetzt, dieser ist in einfacher Sprache ausgedrückt und die Inhalte sind vorhersehbar.	KANN eine einfache alltägliche Anfrage an einen Kollegen schreiben vom Typ: *Kann ich 20 … haben?*

Dokument D5 – ALTE-Items im Bereich ‚Beruf‘:
Überblick über erfasste Sachverhalte und Aktivitäten

Sachverhalt	Aktivität	Umgebung/Ort	Erforderliche sprachliche Fertigkeit
Berufs-bezogene Dienst-leistungen	– Berufsbezogene Dienst-leistungen anfordern – Berufsbezogene Dienst-leistungen anbieten	– Arbeitsplatz (Büro, Fabrik usw.) – Arbeitsplatz (Büro, Fabrik usw.) – Zuhause beim Kunden	– Hörverstehen/Sprechen Schreiben – Hörverstehen/Sprechen Schreiben
Sitzungen und Seminare	– An Sitzungen und Semi-naren teilnehmen	– Arbeitsplatz (Büro, Fabrik usw.) – Konferenzzentrum	– Hörverstehen/Sprechen Schreiben (Notizen)
Formelle Präsentatio-nen und Vor-führungen	– Etwas präsentieren oder vorführen oder einer Präsentation oder einer Vorführung folgen	– Konferenzzentrum, Aus-stellung, Fabrik, Labor usw.	– Hörverstehen/Sprechen Schreiben (Notizen)
Korrespon-denz	– Faxe, Briefe, Memos, E-Mail usw. verstehen und schreiben	– Arbeitsplatz (Büro, Fabrik usw.)	– Lesen Schreiben
Berichte	– Berichte schreiben und verstehen (von beträcht-licher Länge und hohem Grad an Formalität)	– Arbeitsplatz (Büro, Fabrik usw.)	– Lesen Schreiben
Öffentlich zugängliche Information	– Wichtige Information beschaffen (z. B. aus Produktbeschreibungen, Fachzeitschriften, Handels-blättern, Anzeigen, Web-sites usw.)	– Arbeitsplatz (Büro, Fabrik usw.), Zuhause	– Lesen
Anweisun-gen und Hand-reichungen	– Hinweise verstehen (z. B. Sicherheit) – Anleitungen verstehen und schreiben (z. B. in Handbüchern für die Installation, den Betrieb und die Wartung)	– Arbeitsplatz (Büro, Fabrik usw.)	– Lesen Schreiben
Telefon	– Jemanden anrufen – Angerufen werden (ein-schließlich Nachrichten festhalten/Notizen machen)	– Büro, Zuhause, Hotel-zimmer usw.	– Hörverstehen/Sprechen Schreiben (Notizen)

Dokument D6 – Zusammenfassung der Kann-Beschreibungen im Bereich ‚Bildung'

ALTE Stufe	Hören/Sprechen	Lesen	Schreiben
ALTE Stufe 5	KANN auch Witze sowie umgangssprachliche und kulturelle Anspielungen verstehen.	KANN alle Informationsquellen schnell und sicher nutzen.	KANN im Verlauf eines Seminars, Tutoriums oder Kurses genaue und vollständige Aufzeichnungen machen.
ALTE Stufe 4	KANN einer abstrakten Argumentation folgen, z. B. dem Abwägen von Alternativen und dem Ziehen von Schlussfolgerungen.	KANN schnell genug lesen, um die Anforderungen eines Studiums zu bewältigen.	KANN Aufsätze schreiben, deren Lektüre dem Leser wenig Schwierigkeiten bereitet.
ALTE Stufe 3	KANN eine klare Präsentation über ein vertrautes Thema geben und vorhersehbare faktische Fragen beantworten.	KANN Texten relevante Informationen entnehmen und die Hauptinformationen verstehen.	KANN einfache Aufzeichnungen machen, die für Aufsätze oder zu Lernzwecken von Nutzen sein können.
ALTE Stufe 2	KANN Anweisungen im Unterricht und zu Hausarbeiten verstehen, die der Lehrer/Dozent gibt.	KANN mit etwas Hilfe einfache Anleitungen und Hinweise verstehen, z. B. Bibliothekskataloge im Computer.	KANN sich während einer Vorlesung Notizen machen, vorausgesetzt diese werden mehr oder weniger diktiert.
ALTE Stufe 1	KANN seine Meinung in einfacher Sprache ausdrücken, z. B.: *Ich bin nicht einverstanden.*	KANN die allgemeine Bedeutung eines vereinfachten Lehrbuchtextes oder Artikels verstehen, wenn er/sie sehr langsam liest.	KANN einen einfachen Bericht oder eine Beschreibung verfassen, z. B. „Mein letzter Urlaub".
ALTE Breakthrough	KANN einfache Anweisungen hinsichtlich Unterrichtszeiten, Terminen und Klassenräumen sowie Anweisungen zu Hausaufgaben verstehen.	KANN einfache Ankündigungen und Hinweise verstehen.	KANN Zeiten, Termine und Orte von Ankündigungen an der Tafel oder am schwarzen Brett abschreiben.

Dokument D7 – ALTE-Items im Bereich ‚Bildung': Überblick über erfasste Sachverhalte und Aktivitäten

Sachverhalt	Aktivität	Umgebung/Ort	Erforderliche sprachliche Fertigkeit
Vorlesungen, Referate, Präsentation und Vorführungen	– Einer Vorlesung, einem Referat, einer Präsentation oder einer Vorführung folgen – Eine Vorlesung, ein Referat halten, etwas vorführen	– Hörsaal, Klassenzimmer, Labor usw.	– Hörverstehen/Sprechen Schreiben (Notizen)
Seminare und Tutorien	– An Seminaren und Tutorien teilnehmen	– Klassenzimmer, Arbeitszimmer	– Hörverstehen/Sprechen Schreiben (Notizen)
Fachbücher, Artikel usw.	– Sich Information beschaffen	– Arbeitszimmer, Bibliothek usw.	– Lesen Schreiben (Notizen)
Aufsätze	– Aufsätze schreiben	– Arbeitszimmer, Bibliothek, Prüfungsraum usw.	– Schreiben
Berichte	– Einen Bericht schreiben (z. B. über ein Experiment)	– Arbeitszimmer, Labor	– Schreiben
Techniken der Informationsbeschaffung	– Sich Information erschließen (z. B. aus einer Computer-Datenbank, einer Bibliothek, einem Wörterbuch usw.)	– Bibliothek, Archiv usw.	– Lesen Schreiben (Notizen)
Organisation des Studiums	– Vereinbarungen treffen, z. B. mit Mitarbeitern der Hochschule über Abgabetermine für eine einzureichende Arbeit	– Hörsaal, Klassenzimmer, Arbeitszimmer usw.	– Hörverstehen/Sprechen Lesen Schreiben